普通高等教育"十三五"规划教材

国际通信服务贸易

杜振华　编著

北京邮电大学出版社
www.buptpress.com

内 容 简 介

随着信息社会的深入发展,数字经济的到来,国家之间的通信服务贸易越来越重要,已经成为弥合数字鸿沟、提升人类福祉的重要因素。数据的存取、处理、深耕和应用以及国家之间的数据流通,使数据和传播数据的设施成为与土地、劳动力和资本同样重要的战略资源。通信既作为可以贸易的产品和服务,同时又是促进其他产品和服务国际化进一步深化的重要手段,这种双重角色在经济全球化过程中发挥着越来越重要的作用。

本书以国际服务贸易理论为基础,在电信网、互联网与广播电视网三网融合的基础上,以国际通信服务及其基本特征为出发点,具体阐述了国际通信服务贸易的基本理论和规则;研究和分析通信服务贸易与通信技术贸易和设备贸易的关系;国际通信服务贸易的主要模式及其新的发展形式;国际通信技术标准竞争中所凸显出来的通信服务竞争、知识产权竞争以及未来技术路线竞争等,移动通信同一代际不同技术标准之间的竞争,以及不同代际技术标准之间之争;WTO框架下的国际电信服务贸易协议,各国在国际通信服务贸易中的政策较量等。

电信服务贸易是WTO服务贸易框架下的重要组成部分,是近年来信息社会发展中遇到困难较多的部分。目前,国际电信贸易已渗透国际经济、政治、文化交往的方方面面。电信网与广播电视网及互联网在向宽带通信网、数字电视网、下一代互联网演进过程中的三网融合,使电信通信进入了更广泛的领域。因此,本书以《国际电信服务贸易》一书为基础,结合近年来信息通信技术的变化和国际通信服务贸易的新发展,全面修改、丰富和完善了国际电信服务贸易理论。同时,启发人们去思考、分析和研究信息社会中由通信服务贸易所表现出的各国的软实力竞争等问题。

本书共分为10章,第1章为导言,主要介绍国际通信服务贸易的研究对象、研究方法和主要内容;第2章和第3章为国际服务贸易内涵及其相关理论;第4章、第5章和第6章主要介绍通信服务及其特点和国际通信服务贸易概况,国际通信服务贸易的主要模式和新发展;第7章为国际通信服务贸易与技术贸易和设备贸易的关系;第8章为国际通信技术标准的竞争;第9章和第10章分别阐述国际通信服务贸易规则、协议和主要国家通信服务贸易政策。

本书的主要特点是,全书层次分明,通信技术发展的历史顺序与逻辑顺序相统一,除了理论阐述分析之外,还引用了大量的实际数据和案例。每章后面都附有该章的关键概念和思考题,以备学生学习训练之用。

图书在版编目(CIP)数据

国际通信服务贸易 / 杜振华编著. -- 北京:北京邮电大学出版社,2019.1
ISBN 978-7-5635-5544-4

Ⅰ. ①国… Ⅱ. ①杜… Ⅲ. ①国际通信-国际贸易-服务贸易 Ⅳ. ①F740.47

中国版本图书馆 CIP 数据核字(2018)第 169136 号

书　　名	国际通信服务贸易
责 任 编 辑	满志文　穆菁菁
出 版 发 行	北京邮电大学出版社
社　　址	北京市海淀区西土城路 10 号(邮编:100876)
发 行 部	电话:010-62282185　传真:010-62283578
E-mail	publish@bupt.edu.cn
经　　销	各地新华书店
印　　刷	保定市中画美凯印刷有限公司
开　　本	787 mm×1 092 mm　1/16
印　　张	17.5
字　　数	420 千字
版　　次	2019 年 1 月第 1 版　2019 年 1 月第 1 次印刷

ISBN 978-7-5635-5544-4　　　　　　　　　　　　定价:45.00 元

・如有印装质量问题,请与北京邮电大学出版社发行部联系・

前　言

人类社会已进入数字经济时代。随着全球物联网、云计算、移动互联网和人工智能等新一代信息通信技术(Information Communications Technology,ICT)的发展和应用的深入,ICT 已普遍渗透人类活动的各个领域。ICT 对经济发展的转型升级、提高经济增长的质量起着至关重要的作用。

国际电信联盟的《2017 年信息通信技术事实与数字》报告显示,由于宽带网络的不断普及,移动互联网接入正在取得长足进步。从 2007 年起,全球活跃的移动宽带签约用户迅速增长,签约用户总数由 2007 年的 2.68 亿户发展到 2010 年的 8.07 亿户,再由 2015 年的 33.0 亿户发展到 2017 年的 42.2 亿户(估计值)。全球从 2007 年百户人口 4% 的渗透率发展到 2010 年的 11.5%,再由 2015 年的 45.1% 发展到 2017 年的 56.4%。同时,固定宽带签约用户从 2005 年的 5.26 亿户发展到 2015 年的 8.42 亿户,再到 2017 年的 9.79 亿户(估计数)[1]。移动宽带和固定宽带作为数字经济的基础设施在改善人们生产和生活方面发挥着至关重要的作用,它为全球数十亿人口获取知识、就业和得到其他经济机遇开辟了前所未有的道路。

ICT 的快速发展以及互联网的普及为服务贸易的发展、实施和交易提供了广阔空间。通信服务通过自身的发展和贸易的发展直接推动了服务贸易的普及和繁荣,知识产权保护的完善为通信服务贸易的安全性和稳定性提供了保障。而云计算则从技术层面解决了服务贸易底层架构及升级的需求,从而极大地加速了全球范围内服务贸易的进程。在 ICT 服务、知识产权保护和云计算三大因素驱动下,全球贸易迅速发展。全球服务贸易出口额从 2006 年的 2.9 万亿美元发展到 2016 年的 4.8 万亿美元,增长 65.5%。WTO 成员国之间的商品贸易则由 2006 年的 11.7 万亿美元发展到 2016 年的 15.4 万亿美元[2],增长 31.6%。

基于 ICT 的发展和积累产生的海量数据,借助于云计算为代表的计算技术的不断进步,围绕个人及组织的行为构建起了与物质世界相适应的数字世界。数据正成为继土地、劳动力、资本之后的非常重要、非常有价值的资产,成为推动产业发展的核心要素,进而成为可贸易的商品进入流通,并成为国家之间的数据流。数据分析和运用能力成为组织的核心竞争力。

企业为了充分利用 ICT,正在不断改变供需链条和内部组织结构,并借助于国际贸易渠道,发展为全球价值链;政府部门在重构内部职能、改变为公众和企业提供服务及互动的方式;电子商务、远程办公、远程教育、电子保健的出现使人们也在不断改变他们的消费方式和行为方式。

---

[1] ITU,Measuring the Information Society Report,Volume 1. 2017.
[2] WTO,World Trade Statistical Review 2017.

ICT 影响社会发展的方式主要包括：加速信息与思想的传播、扩展人际网络、更好地交换信息、实现低成本的信息传递、跨越社会和文化界线的互动、提高透明度、有助于将权力和决策分散、提高工作效率等。

以上发生的一切主要源于 ICT 的发展和应用。根据汤森路透发布的《开放的未来：2015 全球创新报告》显示，2014 年全球信息技术专利数量从 2013 年的 36.7 万件增加到 38.0 万件，增幅 4%，占全球专利总数的 30%。在我国，截止到 2015 年 12 月 31 日，信息技术领域专利申请总量共计 300.6 万件，同比 2014 年增长 19%[①]。

中国经济发展进入新常态后，依靠资源继续驱动经济持续发展已经难以为继，创新驱动经济发展已逐渐深入人心。在新旧动能转换中，ICT 渗透到各产业发展与城市管理和服务中，形成智慧制造、智慧管理、智慧城市、智慧社区等。传统经济利用数字经济广度、深度不断扩展，新模式、新业态持续涌现，经济成本大幅降低，劳动生产率显著提升，产业组织形态和实体经济形态不断重塑。拓展了产业链的覆盖范围，形成全球价值链，创造了巨大的市场空间。

这在许多方面得益于通信服务贸易在国家之间的发展和扩散。发展中国家经济发展的实践证明了并继续证明着这一点。我国在改革开放后，信息通信服务的落后制约着国民经济的全面迅速发展，也正是在当时落后的情况下，借助于国家政策的支持和国际通信服务贸易渠道，我国主要通过从国外进口来满足基础通信业务的需求。不同厂商生产的电信设备的制式不同，导致了 20 世纪八九十年代的"七国八制"局面。也正因为如此，我国才有了后来的"五朵金花"，特别是华为和中兴两家通信设备生产厂商的诞生和发展。在移动通信方面，我国 1G、2G 从移动终端到基站设备，再到通信技术标准，全部硬件产品和所有的软件都从国外进口和购买，但通过消化吸收先进技术，我国提出了 3G 国际标准，紧跟着是 4G、5G 移动通信技术标准的国际并行和领跑。因此，国际通信服务贸易在弥合发达国家和发展中国家数字鸿沟方面起着重要作用。

通信服务贸易是经济全球化的基础，信息以及存取、处理和传播信息的设施已经成为与土地、劳动力和资本同样重要的战略资源。通信产品既作为可以贸易的产品和服务，同时又是其他产品和服务贸易的一种促进手段，它的这种双重角色和在国际贸易中显现出日益增强的重要性，使通信服务贸易从国际服务贸易中独立出来，具有重要的理论探索价值和广泛的现实意义。

教材是一个传播知识、启迪思想的工具。2006 年 12 月出版的《国际电信服务贸易》作为研究生教材，经过 11 年的授课、研讨、应用，广泛吸收业内人士意见，并对国际通信服务贸易理论与实物的研究和发展进行了持续跟踪和探索。总体来看，《国际电信服务贸易》中的一些基本理论得到了实践的检验和确证。但也有一些通信服务贸易的规则和统计随着 ICT 的发展出现了变革，如电信网、广播电视网、互联网三大网络通过技术改造；网络互联互通、资源共享；为用户提供语音、数据和广播电视等多种服务；三网相互渗透、相互兼容，并逐步整合成为全世界统一的信息通信网络，从而颠覆了传统的电信服务。此外，现代邮政借助于 ICT，也得到了快速发展，特别是邮政 EMS 和物流快递随着跨境电子商务的发展而出现新

---

① 国家信息中心信息化研究部：全球信息社会发展报告 2016。

的形式,因此教材内容也必须与时俱进。一方面本书将国际电信服务贸易扩展到国际通信服务贸易;另一方面,还加入了一部分现代邮政的内容,使通信服务外延与国际电联规定相一致。同时,对国际通信贸易中出现的新业态进行一定的理论探讨,并对信息通信服务贸易理论进行更新和完善。

本书的出版,希望能够为国际商务、国际经济与贸易、应用经济学等专业的学生、理论工作者,通信服务贸易的研究人员,通信企业的实际工作者,特别是邮电院校的学生提供关于国际通信服务贸易发展的理论坐标和未来的发展思路,为我国通信服务贸易的健康发展提供参考和启迪。

本书由杜振华教授带领编写组成员共同完成,它是集体智慧的结晶。各章节的撰写分工如下:第1章至第5章由杜振华撰写,第6章由郑雪菲、和佩珊撰写,第7章由陈偲、宿天娇撰写,第8章由杜振华、李婷、朱硕撰写,第9章由周舒、郝萌撰写,第10章由刘智颖、爱卡、杜振华撰写。最后由杜振华教授统一修改、增删、润色。

本书的出版,得益于北京邮电大学出版社教材出版基金的资助,在此表示衷心的感谢!同时还要感谢北京邮电大学出版社的姚顺老师给予的热情帮助和支持鼓励。除了本书编写组的精诚协作、共同努力外,还要特别感谢我丈夫焦玉良博士的理解和支持,他使我全身心地投入到教材的编纂和写作中。此外,还要感谢许多老师给予的理解与支持!当然,还有许许多多协助我们完成工作的人需要感谢,特别是学院及教务办公室所有老师给予的真诚鼓励和帮助,奠定了我们完成工作的基础。

在本书的写作过程中,我参阅了大量的数字经济、通信经济、网络经济、电子商务、国际服务贸易、国际技术贸易等方面的专业书籍和许多学者的著作、论文及相关研究报告,并在互联网上查阅了大量的有关国际通信服务贸易发展的相关资料和大量文献,这些都在本书的参考文献中列出,在此对其作者表示衷心的感谢!

由于通信技术的飞速发展,国际通信服务贸易模式仍在迅速变化,并采取了更多的其他形式,本书所持的观点甚至所述的通信服务贸易的一些做法,可能已发生变化或正在发生变化。因此,本书中可能存在着一些值得商榷的观点和一些必须改正的缺点和错误,不当之处,恳请广大读者给予批评指正,我们将不胜感激!您提出的宝贵意见和建议将在我们的课堂上和今后的教材修改和完善中助力。

北京邮电大学经济管理学院
国际经济与贸易教研中心　杜振华
2017年11月15日

目 录

第1章 导言 ··· 1
  1.1 国际通信服务贸易研究对象 ·· 1
  1.2 国际通信服务贸易研究方法 ·· 5
  1.3 国际通信服务贸易的主要内容 ·· 8

第2章 服务与服务贸易 ·· 10
  2.1 服务及其特征 ·· 10
  2.2 服务业 ··· 20
  2.3 国际服务贸易 ·· 23

第3章 国际服务贸易的基本理论 ··· 39
  3.1 传统比较优势学说适用性的争论 ······································ 39
  3.2 国际服务贸易纯理论的发展与深化 ··································· 47
  3.3 规模报酬递增和不完全竞争条件下的服务贸易 ··················· 54
  3.4 国际服务贸易与知识产权保护理论 ··································· 67

第4章 国际通信服务贸易概述 ·· 71
  4.1 现代通信服务 ·· 71
  4.2 网络经济定律 ·· 81
  4.3 国际通信服务贸易的基本特征与作用 ······························· 86
  4.4 通信服务贸易发展的状况 ·· 90

第5章 国际通信服务贸易规则 ·· 99
  5.1 《服务贸易总协定》概述 ·· 99
  5.2 《服务贸易总协定(GATS)》与TISA的联系和区别 ············ 107
  5.3 《基础电信协议》概述 ··· 110
  5.4 WTO与电信服务贸易相关的其他协议 ···························· 116
  5.5 万国邮政联盟和《万国邮政公约》 ································· 121

第6章 国际通信服务贸易的主要模式 ... 125
6.1 国际通信服务贸易模式概述 ... 125
6.2 国际电信服务贸易的主要模式 ... 128
6.3 国际电信服务贸易模式的变化 ... 146

第7章 通信服务贸易与技术贸易和设备贸易的关系 ... 152
7.1 电信服务贸易价值链 ... 152
7.2 电信服务贸易与技术贸易的关系 ... 160
7.3 电信服务贸易与电信设备贸易的关系 ... 166

第8章 国际通信技术标准及其竞争 ... 180
8.1 通信技术标准及其作用 ... 180
8.2 标准和利益的分配 ... 187
8.3 标准的锁定 ... 191
8.4 网络型产业的市场结构与标准竞争 ... 194
8.5 影响标准竞争的因素 ... 204

第9章 国际通信服务贸易的新发展 ... 211
9.1 数据国际贸易 ... 211
9.2 数据的国际流动与存储 ... 220
9.3 软件贸易形式 ... 225
9.4 信息技术服务外包 ... 227

第10章 国际通信服务贸易政策 ... 237
10.1 国际服务贸易政策概况 ... 237
10.2 国际服务贸易的保护政策 ... 239
10.3 国际服务贸易的自由化政策 ... 251
10.4 主要国家和地区的通信服务贸易政策 ... 257

参考文献 ... 264

第1章 导言

本章重点介绍国际通信服务贸易的研究对象、研究方法和主要内容,对于即将涉入"国际通信服务贸易"这门课程的学生和研究者来说,总体把握研究对象,运用科学的研究方法,找到人们在国际通信服务贸易活动中的内在规律,从而运用这些规律使人们的通信服务贸易活动更有效率和效益,进而增进整个社会的效率,提高人类社会生产和生活的质量。

1.1 国际通信服务贸易研究对象

国际通信服务贸易主要是指以国家之间通信服务为交易对象的贸易活动,包括邮政服务和电信服务两种方式。

邮政服务最早只传递信函,随着邮政业务的发展,现在的邮政服务还承办包裹运送、汇兑、储蓄等业务。所以,现在的邮政服务是指借助班轮、班机、班车等运输方式,利用邮政网络,承担信函和报刊的传递、包裹的运送以及部分金融业务,如国际信使专递行业中具有代表性的 DHL 敦豪全球货运有限公司的信使专递和民航快递服务。

电信业务是指以光、电为载体,将语言、文字、数据、图像等各种非电信息转换成电信号,由电气手段将电信号自甲地传送到乙地,然后再还原成原来的信息符号,并传递到接收人手里。随着电子科学和光电技术装备的发展,现在的电信服务已不再限于传输,还包括了对信息和数据的存储、处理、编辑、转换、综合等多功能服务,如电传、传真等。在信息技术发展的基础上,电信通信还出现了一些新业务形式,如电子信箱、电子货币、会议电视电话、可视图文信息系统等。

目前邮政和电信两种服务方式通过互联网高度融合,共同满足人们对信息的获取和传输的需要。传统通信业内涵不断拓展,电子邮政不断发展,电信已由固话、电报、传真、移动通信、数据通信,发展到互联网通信和多媒体通信。国际通信服务贸易作为一种特殊的服务贸易,不仅自身成为可贸易的对象,而且直接在推动货物贸易和服务贸易的发展中赢得了自身的发展。

1.1.1 国际通信服务贸易的主要形式及其发展变化的规律

1. 国际通信服务贸易的产生

国际通信服务贸易的主要形式是随着通信服务于经济社会的发展需求和通信技术本身的发展而逐渐发展起来。贸易从来就是最先进信息技术的最先使用者和受益者。从电报、电话、电传到传真、电子数据中心、互联网等,总是在商贸领域得到广泛的应用。

早在公元968年,中国便发明了一种叫"竹信"(Thumtsein)的东西,它被认为是今天电话的雏形。欧洲对于远距离传送声音的研究,始于18世纪。1796年,休斯提出了用话筒接力传送语音信息的办法,并把这种通信方式称为Telephone(电话),一直沿用至今。

最早的古代通信主要是为军事、生产和生活提供服务的工具。在中国始于商周并延至明清的烽火狼烟,是古代用以传递边疆军事情报的一种通信方式。在边防军事要塞通过烽火台,达到报告敌情、求得援兵、防御敌兵入侵的目的。"鸿雁传书"或"飞鸽传书"也是人们用来传递家书或信息的一种工具。"马上飞递"是中国古代建立的以驿传方式通达信息的制度。在西周时期就已经产生了邮驿传命的制度,以传递紧要公文信件。它是由驿站马夫逐程更替滚动传递公文信件,直至完成传递任务全过程,同时还规定了传递公文的速度要求——限昼夜行三百里,如遇紧急情况,可每天传递四百到八百里不等。

现代通信不仅用来满足人们社会生产、生活传递和交换信息的服务需要,而本身也被作为可以贸易的对象。现代通信主要包括邮政通信、电信通信、卫星通信和互联网通信。

邮政通信是以实物传递为基础,通过对文字、图片、实物的空间转移传递实物本身蕴含的全部信息,即实物全息。其中信件是信息传递最简单、最原始的方式。而当前电子商务的发展也使一部分商品的物流环节通过邮政渠道完成相应的点到点服务。

电信通信主要包括电话、传真、电报等。

(1) 电话是一种可以传送与接收声音、数据、图像的远程通信设备。电话又分为固定电话、移动电话与网络电话。智能手机的发展使手机的应用功能越来越强大,几乎是缩小版的计算机,具有独立的操作系统和运行空间,可以由用户自行安装软件、游戏、导航等第三方服务商提供的程序,并可以通过移动通信网络来实现无线网络接入互联网,其通话功能却退居其次。

(2) 传真是将文字、图表、相片等记录在纸面上的静止图像,通过扫描和光电变换,变成电信号,经各类信道传送到目的地,在接收端通过一系列逆变换过程,获得与发送原稿相似记录副本的通信方式。目前,由于信息通信技术的飞速发展,电子网络传真逐渐成为取代传真机的新一代通信工具。此外,智能手机的照相功能及录像功能等,可以实时传输各种多媒体信息,几乎取代了传真机的地位。

(3) 电报就是用电信号传递的文字信息。它是最早使用电进行通信的方法。它利用电流(有线)或电磁波(无线)作为载体,通过编码和相应的电处理技术实现人类远距离传输与交换信息的通信方式。早期的电报只能在陆地上进行通信,后来使用了海底电缆,开展了越洋服务。到了20世纪初,人们开始使用无线电拍发电报,电报业务基本上已能抵达地球上大部分地区。在通信越来越迅捷的今天,电报的作用已经不是很大了。随着电话、传真等的普及应用,电报已很少被人使用了。

卫星通信是基于卫星通信系统来传输信息,利用人造地球卫星作为中继站来转发无线电波,从而实现两个或多个地球站之间的通信。最主要的是卫星电话。卫星电话是现代移动通信的产物,其主要功能是填补现有通信(有线通信、无线通信)终端无法覆盖的区域,为人们的工作提供更为健全的服务。在现代通信中,卫星通信是无法被其他通信方式所替代的,现有常用通信所提供的所有通信功能,均已在卫星通信中得到应用。

互联网通信是通过网络将各个孤立的设备进行连接,通过信息交换实现人与人,人与计算机,计算机与计算机之间的通信。不论是声音、图片还是影片图形等多媒体,都可以在互联网上传输,以实现资源的共享。互联网通信技术打破了传统的地域和空间的限制,使得信息可以实时传送到目的地。这为网络电话、网络电视、网络会议等提供了一种新型便捷、费用低廉的信息传输。互联网商务活动即电子商务迅速发展起来,而电子商务活动又进一步推动了国际互联网的发展。

未来通信将以融合技术的形式实现统一通信。统一通信可以让人们无论在任何时间、任何地点,都可通过任何设备、任何网络,获得数据、图像和声音的自由通信。即统一通信系统将声音、传真、电子邮件、移动短消息、多媒体和数据等所有信息类型合为一体,从而为人们带来选择的自由和效率的提升。它不同于网络层面的互联互通,而是以人为本的应用层面的融合与协同。

了解通信服务发展的历史,对于研究国际通信服务贸易非常重要,也是把握国际通信服务贸易未来发展的重要方面。同时,大数据、云计算、物联网、移动互联等技术的运用,极大地提高了服务的可贸易性,服务贸易企业形态、商业模式、交易方式也发生了深刻变革,这又进一步促进了通信服务贸易的发展。

2. 国际通信服务贸易的主要形式

国际通信服务贸易是各国对通信服务进行的交换活动。按照《服务贸易总协定》对服务贸易的定义,通信服务贸易与其他服务贸易形式一样,也分为跨境交付、境外消费、商业存在和自然人移动四种模式。

在上述四种贸易方式中,跨国电信服务是目前较重要的服务模式。跨境指"服务"过境,通过电信、邮政、互联网等实现。随着国际电子商务的发展,电信、互联网与邮政特快专递相互依赖,相互衔接,相互促进,共同推动国际通信服务贸易的发展。通过对通信服务贸易四种形式发展变化及其运行规律的研究,找到通信服务贸易各种形式的内在联系,以及各种服务贸易形式对整个国民经济的依赖、引领和促进作用。

3. 国际通信服务贸易的发展变化规律

国际通信服务贸易既遵循网络运行的一般规律,同时也遵循一般服务的贸易规律,双重规律交互作用,共同推动国际通信服务贸易的发展。国际通信服务贸易由于通信服务的网络性,使其在自身运动和发展中必然要遵循网络经济 14 定律①,特别是摩尔定律(Moore's Law)、吉尔德定律(Gilder's Law)和麦特卡尔夫定律(Metcalfe's Law)三大定律运用频次尤其高。同时,国际通信服务贸易又属于服务贸易,因此,必然遵循比较优势理论、规模报酬递增规律、垄断条件下的服务贸易理论、知识产权保护理论和服务外包理论等内在规律。通过分析研究国际通信服务贸易的一般发展,逐渐发现这一领域的特殊规律,从而为促进通信服务贸易的发展服务。

1.1.2 国际贸易理论在通信服务贸易领域的应用和发展

目前,各国的贸易理论研究部门都尝试着将国际贸易的一般理论应用于服务贸易的研

---

① 网络经济 14 定律包括:摩尔定律;吉尔德定律;麦特卡尔夫定律;无限的能力与机会;良性循环带来收益递增;"物以多为贵"、拥抱标准;注意力经济;价格永恒降低;自我管制经济带来消费者的天堂;不创新则灭亡;自食生存;快吃慢、新吃旧;最终必须获利;实虚必合。

究,而本书更是尝试着将服务贸易的一般理论引入到通信服务贸易领域中来,从而发现促进国际通信服务贸易的特殊规律。从国际贸易发展的实践看,目前,我国与230个国家和地区建立了贸易联系,货物贸易大国地位有利于相关服务贸易的发展。同时,运用信息技术提升服务的可贸易性,重点支持远程医疗、在线教育等新型业态,促进金融与互联网深度融合,不断提高服务贸易的跨境交付能力。各国服务贸易的发展特别是国际通信服务贸易这种新型服务贸易的蓬勃发展,是促进货物贸易与其他服务贸易发展的基础,客观上要求必须对国际通信服务贸易问题进行系统的理论研究。

从目前各国的理论研究来看,一种是另辟蹊径,依据国际服务贸易本身的实践和特点,借鉴相关学科领域的研究方法特别是货物贸易的研究成果,发展出相对独立的国际服务贸易理论;另一种是将现有的国际货物贸易理论加以延伸,扩展到服务贸易领域,拓展和丰富现有的国际贸易理论研究框架。从现实的研究来看,由于前者相对困难较多,大多数研究者一般都选择后者。而本书研究对象的特殊性,通信服务贸易既是可贸易的对象,又是促进贸易发展、文化交流和沟通的工具,因此,既要借鉴现有国际贸易理论在通信服务贸易领域的应用和发展,又要另辟蹊径,结合通信服务本身的特点来探索和构建通信服务贸易本身的理论。将贸易不仅仅看作社会生产的一个环节,还要从整个产业价值链的高度来分析研究各国在国际通信服务贸易中的地位和国际市场上的价值分配。

1.1.3 国际通信服务贸易规则与政策

服务贸易规则是维持市场秩序的重要方面。国际服务贸易随着货物贸易的产生而逐渐发展起来。但由于服务贸易一般作为货物贸易的辅助项目并未受到重视,直到第二次世界大战之后,服务贸易的作用日益突出,已成为国际贸易发展的重要组成部分,多边贸易谈判的重点也逐渐从货物贸易转移到服务贸易上来,并对服务贸易的规则进行相应的规范。1986年开始的关贸总协定第八轮谈判——"乌拉圭回合"——首次将服务贸易列为新议题之一,经过多轮谈判,最后终于在1994年4月15日正式签署了《服务贸易总协定》(General Agreement on Trade in Services,GATS),并于1995年1月1日生效。它是全球第一个具有法律约束力的国际服务贸易协定。作为国际贸易基础性规则的GATS在促进市场开放和贸易发展方面发挥着重大作用。

随着世界经济多元化趋势的发展,以世界贸易组织(WTO)平台推动服务贸易继续开放的难度越来越大。从2001年11月起,WTO进行多哈回合谈判,以促进成员国市场开放、推动形成新的贸易规则。但由于发达成员与发展中成员的利益分歧,多哈回合谈判没有达成一致意见而陷入僵局。2012年年初,澳大利亚驻WTO大使邀请美国、欧盟等以发达国家为主要参与方的16个成员国组成"服务业挚友"(Really Good Friends of Services),旨在达成覆盖服务贸易所有领域的、更高水平的《服务贸易协定》(Trade in Services Agreement,TISA)。维基解密披露的TISA核心文本揭示了上述国家试图绕开WTO其他成员国,以这些国家的企业利益为主来重建服务贸易新规则。这也使得TISA中政府以各自国家利益进行规制的风险更加突出。由于众多基础性的文本来源于WTO的《服务贸易总协定》,因此TISA无须另行修改核心规则便可被直接引入WTO。通过增加新的规则和改变现有的规则,TISA试图收紧政府规制服务贸易的自由度。

最早的国际电信服务贸易规则的建立始于《国际电报公约》的签订。1865年5月17日，为了顺利实现国际电报通信，法、德、俄、意、奥等20个欧洲国家的代表在巴黎签订了《国际电报公约》，国际电报联盟（International Telegraph Union，ITU）也宣告成立。从此开始了国际通信有秩序的服务贸易。1871年5月23日，丹麦大北电报公司用中国文字发电报至香港，可以说是电信服务最早的跨境提供活动之一。1881年英籍电气技师皮晓浦在上海十六铺沿街架起一对露天电话，36文钱可通话一次。这是中国的第一部电话，也是最早的商业存在形式。

电信服务贸易是WTO服务贸易框架下的重要组成部分。1997年2月15日，各成员国经过多轮谈判终于达成了全球电信自由化协议即《基础电信协议》，正式名称为《服务贸易总协定第四议定书》，于1998年2月15日正式生效。

通信服务涉及国家信息安全等敏感问题，因此，对于国际电信服务贸易各国都有严格的政策规定，以保护本国的产业安全和国家利益。以美国电信与信息通信行业为例，美国一直推崇自由竞争、呼吁各国开放市场，但对欲进入美国信息通信市场的中国电信，却屡屡刁难，并利用美国的国家安全审查机制等，阻止中国企业进入美国市场。

在我国《服务贸易发展"十三五"规划》中提出了今后服务贸易发展的指导思想和创新、协调、绿色、开放、共享的发展理念，以提高服务贸易开放程度和便利化水平。通信服务作为重点培育的服务出口领域，要"积极参与规则制定，主动融入国际服务贸易新格局。积极参与多边、区域服务贸易谈判和全球服务贸易规则制定。积极维护多边贸易体制在国际服务贸易发展中的主渠道作用，切实反映发展中国家特别是新兴经济体的贸易利益诉求。"

1.2 国际通信服务贸易研究方法

国际通信服务贸易是从经济学的角度来解释、分析通信服务部门跨境提供服务的职能和作用的科学。从性质上看，国际通信服务贸易属于一门应用性理论学科。一方面将一般经济理论特别是国际贸易理论从国际通信服务贸易的角度进一步深化；另一方面以一般经济理论、国际贸易理论和信息经济学理论为基础，对通信企业的国际通信服务贸易活动进行理论性分析和阐述。同时，它也是一门从一国国际通信服务贸易经济行为中探索信息服务贸易活动运行规律并上升为理论，继而又将理论应用于实践，为实践活动提供科学的理论依据、指导实践活动的应用型学科。由于国际通信服务贸易是应用学科，因而在研究方法、分析方法和叙述方法上必须吸收现代科学哲学的成果，逐渐形成一套科学的研究方法。

1.2.1 基本研究方法：唯物辩证法

唯物辩证法是马克思主义创立的科学研究方法，是研究自然科学和社会科学所必须遵循的科学的方法论。根据唯物辩证法，物质世界发生、发展、变化过程无不体现以下三大规律：对立统一规律、质量互变规律、否定之否定规律。按照唯物辩证法的方法学习和研究国际通信服务贸易，就是以唯物辩证法所揭示的物质世界运动的三大规律为基本线索，来把握和研究国际通信服务贸易活动过程与其他经贸活动的关系以及与其他国家之间的通信服务贸易活动之间的联系,进而了解和揭示其规律性。

运用唯物辩证法的方法学习和研究国际通信服务贸易,首先应当正确理解并掌握国际通信服务贸易活动中的一些基本概念、基本范畴,这是理解国际通信服务贸易一般原理的前提条件。如果不理解"服务贸易"的含义,就无法进一步理解国际通信服务贸易的内容、主要研究对象等问题。其次,学习和研究国际通信服务贸易应当理论联系实际。国际通信服务贸易作为一门新兴的应用性理论学科,与实践有着密不可分的关系,它的一切理论、原理和规范,都是从实践中总结出来的,并且经过在实践中的应用、检验、再应用而趋于完善。因此,学习国际通信服务贸易理论应当密切结合实际,运用经济学理论特别是国际贸易理论以及互联网思维去分析实际问题、解决实际问题。

1.2.2 实证分析法与规范分析法

实证分析法和规范分析法是两种相互联系、同时又相互区别的研究方法。一般来说,国际通信服务贸易研究方法就是这两种具体研究方法的统一。

所谓实证分析,是指按照事物的本来面目来描述事物,说明研究对象究竟"是什么"(What is it),或者究竟是什么样的。实证分析方法主要是通过对客观存在物的验证,即所谓的"实证",来概括和说明已有的结论是否正确。它的主要作用是阐述清楚事物的来龙去脉,进而做出事物究竟是什么或者是什么样的结论。将实证分析法运用于国际通信服务贸易的研究,就是通过对通信服务贸易活动实际情况的分析与描述,讲清楚国际通信服务贸易活动的现实,对国际经济贸易活动产生了什么样的影响以及将来会产生什么样的影响,各国政府之间如何通过政策博弈,抢夺国际通信服务贸易规则的制定权,在国际通信服务贸易中发挥怎样的作用,在协调各国利益关系中最大化实现本国在通信服务贸易中的利益。

规范分析是根据一定的价值判断提出某些标准作为分析处理经济问题的标准,通过分析,所要回答的问题是"应当是什么"(What ought to be)。规范分析方法的主要特点是在进行分析以前,要先根据一定的价值判断确定相应的准则;然后,再依据这些准则来分析判断研究对象目前所处的状态是否符合这些准则。如果不符合,那么,其偏离的程度如何,应当如何调整等。将规范分析方法运用于国际通信服务贸易的研究,就是要根据一系列准则,来分析和判断现行国际通信服务贸易活动是否与国际既定准则相符合。如果不符合,那么应当如何调整。至于如何运用规范化分析方法研究国际通信服务贸易行为,则要视具体的研究对象而定。例如,如果我们将规范分析方法用于对现行国际通信服务贸易准则的研究,就需要根据各国经济发展水平的不同阶段进行设置,来分析和判断现行国际通信服务贸易规则是否符合这些原则。如果不符合,那么究竟在哪些方面存在偏离,今后应当如何调整使之与上述原则要求相一致等。

对国际通信服务贸易乃至所有经济科学来说,实证分析方法和规范分析方法具有同等重要的作用。作为研究和叙述的方法,两者只在适用的条件下服务的目的不同而已。换一个角度看,两种方法又是相互联系、相互补充的。在国际通信服务贸易的研究中,一方面,在运用规范分析方法研究某些问题时,常常需要运用实证分析方法论证研究对象与给定规则之间的符合程度;另一方面,在运用实证分析方法研究某类国际规则与各国政府政策问题时,常常需要运用某些既定准则来验证分析结果。此外,某些规范分析准则实际上也是在实践探索的基础上,运用实证分析方法概括和总结出来的。

1.2.3 博弈论分析方法

博弈论(Game Theory)在国际通信服务贸易分析研究中被广泛应用。博弈论最早是由德国数学家莱布尼兹于 1710 年提出的。1713 年詹姆斯·瓦尔德格雷夫首次提出了博弈论中的极大中的极小定理,即损失的大中取小法,亦即"两害相权取其轻"。1838 年和 1883 年,古诺和约瑟夫·伯特兰分别提出了关于产量决策的古诺模型和关于价格决策的伯特兰模型。1944 年数学家冯·诺伊曼和经济学家摩根斯坦通过长达 8 年的合作,在《博弈论和经济行为》一书中首次把博弈论应用于经济,并取得了成功。这一研究在以后的纳什、泽尔腾和海萨尼等一批数学家和经济学家的努力下又获得了进一步的发展。

博弈论也称对策论,或者赛局理论,是研究决策者在某种竞争下,当成果无法由个人完全掌握,而结局需视局中人共同决策而定时,个人为了取胜而应采取何种策略的一种数学理论和方法。它是应用数学的一个分支,也是运筹学的一个重要学科。

博弈可以分为合作博弈和非合作博弈两种类型。合作博弈亦称为正和博弈,假设存在一种制度,其对局中人之间的任何协议都有约束力,博弈的结果是使博弈双方的利益都有所增加,或者至少是一方的利益增加,而另一方的利益不受损害,因而整个社会的利益有所增加。合作博弈研究人们在达成合作时如何分配合作得到的收益,即收益分配问题。合作博弈采取的是一种合作的方式,或者说是一种妥协。妥协之所以能够增进妥协双方的利益以及整个社会的利益,就是因为合作博弈能够产生一种合作剩余。非合作博弈是指一种参与者不可能达成具有约束力的协议的博弈类型。非合作博弈研究人们在利益相互影响的局势中如何选择决策使自己的收益最大,即策略选择问题。负和博弈和零和博弈统称为非合作博弈。合作博弈和非合作博弈的区别在于相互发生作用的当事人之间有没有一个具有约束力的协议,如果有,就是合作博弈,如果没有,就是非合作博弈。

博弈论作为一门方法论科学,提供了分析和解决国际经济问题的独特新颖的具有战略思维的思想方法。如何进行国际合作,在遵守共同的服务贸易规则下进行竞争;如何解决国际通信服务贸易中面临的共同问题,如通信服务贸易的开放度、通信服务标准的确立、非关税壁垒问题;双边与多边服务贸易协作等问题。国际通信服务贸易作为应用性学科,包含着企业理性与国家理性以及国际通信服务贸易秩序的矛盾与相容的研究。因此,在国际通信服务贸易的分析方法中采用博弈论的方法将为研究各种经济现象开辟出全新的视野。

1.2.4 历史与逻辑相结合的分析方法

思维方法本质上是主体化了的客观事物的规律,是在客观规律基础上依据主体需要而形成的思维规则、工具和手段。

所谓历史,一是指认识对象本身的发展史;二是指人们对认识对象认识过程的发展史。所谓逻辑,是指理性思维以概念、范畴等思维形式所构建的理论体系。历史分析方法是对历史的归纳,是通过对国际通信服务贸易发展历史的事实和经验的概括与抽象,从而归纳出国际通信服务贸易发展的本质和规律来。逻辑分析方法是通过逻辑的演绎,以基本假设或基本概念为前提或起点,通过严密的逻辑分析,推导出一定的结论来。历史和逻辑的统一是指主观的逻辑要以客观的历史为基础和内容,逻辑是历史的理论再现。恩格斯说:"历史从哪里开始,思想进程也应当从哪里开始。"

逻辑与历史的统一并不是无差别的等同,逻辑反映历史,是抛弃了历史发展中大量非本质的、支流的、偶然的东西,集中反映历史发展的本质的、主流的、必然的东西,从而形成的理论体系。逻辑反映历史"是经过修正的,然而是按照现实的历史过程本身的规律修正的"。这种"经过修正"的东西,不是对历史的背离,而是以严密的逻辑、前后一贯的形式对历史的深刻地反映。

1.2.5 统计分析方法

统计分析方法主要是对收集到的国际通信服务贸易数据资料进行整理归类并进行解释的过程。采用统计分析方法进行研究,是研究达到高水平的客观要求。应用统计分析方法进行科学研究,具有科学性、直观性和可重复性等特点,从而对国际通信服务贸易的研究符合一定的逻辑和标准,使研究的主观性与客观世界紧密相连,从而揭示和洞悉现实世界的本质及其规律,同时还能对研究所得的结果进行验证。

统计分析方法虽然是一种定量分析方法,但是也要按照定性与定量方法相结合的原则进行分析研究,按"定性—定量— 定性"的顺序,即首先是通过定性分析,选择适当的统计分析方法,继而进行定量分析,最后还要落脚到定性分析,做到定量分析与定性分析巧妙结合。

统计分析在人们的认识过程中有三个作用:第一,对客观事物量化,包括反映客观事物规律的数量表现;第二,根据量变程度确认事物的质,即确定区别事物质量的数量界限;第三,揭示新的规律,即通过分析数量关系,发现尚未被认识的事物的规律。

当然,除了以上研究分析方法之外,演绎和归纳分析方法、比较分析方法、成本收益分析方法等都是研究分析国际通信服务贸易的基本方法。随着国际通信服务贸易的发展,还会有新的研究方法不断涌现。总之,国际通信服务贸易正在逐步形成一个学科体系,并在国际通信服务贸易的发展中不断深化和完善。

1.3 国际通信服务贸易的主要内容

国际通信服务贸易作为一门应用型学科,其主要内容包括:国际服务贸易的一般理论、WTO 中关于国际服务贸易的一般性规则和各国服务贸易的相关政策;国际通信服务贸易的主要特点、基本理论和规则;对通信服务贸易与通信技术贸易和设备贸易的关系的研究和分析;国际通信服务贸易的模式;国际通信技术标准中的竞争与锁定;国际通信服务贸易的发展趋势等。

在主要内容的阐述中,主要包括已被国际通信服务贸易活动证明正确的基本理论和行为规范,以及相应的规律性等研究成果,同时也包含着对一些有争议的国际通信服务贸易活动的理论探讨。

我国通信服务业面临的挑战：

从国际上看，一是世界经济复苏缓慢，建立在服务于全球经济和社会发展需要的通信服务业必然受到经济减速的拖累。表现为国际金融危机深层次影响依然存在，世界经济持续调整、增速放缓。我国通信服务贸易发展面临外需不振、贸易保护主义抬头等不利因素。二是通信服务贸易的国际竞争加剧。表现为发达国家力争巩固在通信服务贸易领域的国际竞争制高点地位；发展中国家纷纷加大支持通信服务贸易力度，努力迈向全球价值链和国际服务业分工的中高端。三是通信服务贸易领域的国际经贸规则面临重构。表现为发达国家积极推进服务贸易规则谈判，不断提高服务业开放标准，服务贸易领域国际规则制定权争夺更加激烈。

关键概念

实证分析　规范分析　合作博弈　非合作博弈

思考题

1. 简述国际通信服务贸易研究对象。
2. 国际通信服务贸易的主要研究方法有哪些？

第 2 章 服务与服务贸易

服务、服务业和服务贸易是国际服务贸易中的三个基本范畴。国际服务贸易的发展依赖于各国服务业的发展,服务业发展水平是衡量一个国家或地区生产社会化程度和市场经济发展水平的重要标志。目前各国服务业迅速发展,许多国家服务业已成为推动国民经济发展的第一大产业。而国际服务贸易又是国际贸易增长最快的部分之一,特别是许多服务贸易的新形式是借助于信息通信技术的发展而发展起来的。本章重点介绍国际服务贸易的内涵与外延,是全书内容的基础。为以后章节的展开和深入探讨国际通信服务贸易打下良好的基础。

2.1 服务及其特征

2.1.1 服务的概念

人们生活水平的提高,不仅需要实实在在的商品,也需要各种各样的服务。对于"服务"的定义,国内外学者在所出版的学术著作中的表述各不相同。下面将按照时间顺序介绍其发展与著名学者对服务概念的探讨。

在以往经济学传统上,人们普遍认为"服务不创造价值,是非生产性活动"。比如,亚当·斯密认为,工业和商业才是生产性产业。他说道:"家仆的劳动……不能使价值有所增加……某些社会上层阶级认识的劳动,与家仆的劳动一样,不生产价值,既不固定或实现在耐久物品或可卖商品上,也不能储存起来供日后雇佣等量劳动之用……在这一类中,当然包含着各种职业……如牧师、律师、演员、歌手、舞蹈家。"马尔萨斯也认为,服务只有导致物质产品的生产时,才具有生产性价值。

约翰·希克斯指出了亚当·斯密之所以以商品移动为中心定义生产的原因,并将人们直接生产的各种服务纳入了生产的范畴。然而,人类的直接服务则是服务生产与消费同时进行,具有难以区分的性质,亚当·斯密没有注意到这一点,因此,容易以商品移动为中心来定义生产。约翰·希克斯认为,那些被亚当·斯密认为是非生产劳动职业的人们,在商品生产的过程中也做了贡献,相应地也应该得到报酬,所以也是生产者。

最早定义服务内涵和外延的是法国的古典经济学家萨伊,他在《政治经济学概论》中指出:"无形产品(服务)同样是人类劳动的果实,是资本的产物。"基于此,萨伊对无形产品(服务)进行了分类。

对服务经济理论做出重要贡献的另一位古典经济学家是巴斯夏。巴斯夏在《政治经济学概论》中写道:"这(劳务)是一种努力,对于甲来说,劳务是他付出的努力,对于乙来说,劳务则是需要和满足。""劳务必须含有转让的意思,因为劳务不被人接受也就不可能提供,而且劳务同样包含努力的意思,但不去判断价值同努力是否成比例。"① 巴斯夏还认为,服务业是资本,是物。劳动可以归纳为人们彼此提供服务。因此,交换也就是服务的交换。

马克思认为,"服务这个名词,一般说,不过是指这种劳动所提供的特殊使用价值,犹如其他商品所提供的特殊使用价值一样;但是劳动的特殊使用价值在这里取得了'服务'这个特殊名词,是因为劳动而不是作为物,而是作为活动提供服务的"。②

希尔(T. Hill,1977 年)提出了为理论界所公认的服务概念。希尔指出:"服务是指人或隶属于一定经济单位的物在事先合意的前提下由于其他经济单位的活动所发生的变化。"③ 希尔的这一定义,抓住了服务的本质,避免单纯描述服务的特征,强调服务生产和服务产品的区别,具有积极的作用。但希尔的定义并非完美无瑕,因为在很多情况下,某些服务目的并非是变化的,而是希望避免变化,比如保安和卫生防疫等。因此,希尔的这种定义也不能全面地解释服务。

虽然要准确定义服务的概念比较困难,但揭示和勾勒出服务以及服务业各产业之共性,以下三个因素在定义服务时就必须予以考虑:一是产出特征,即服务主要体现为一种过程或活动;二是投入特征,即服务涉及生产者与消费者的投入;三是目的特征,即服务提供时间、空间或形式上的效用或有用性。

综上所述,我们可以把**服务定义为**:个人或社会组织为消费者直接或凭借某种工具设备、设施、通信终端、媒体等所做的工作或进行的活动,并主要以活动的形式表现的使用价值或效用。

2.1.2 对服务的经济学认识

在农业社会,服务业的就业和产值在整个社会总产值中比重较小,没有成为经济学的主要研究对象而被忽视。进入 20 世纪后,各主要发达国家经济的结构性变动和周期性波动日益强烈。服务经济在促使充分就业、缓解总供求矛盾以及抑制经济过分波动等方面的特殊功能日渐突出,所以经济学界才对服务经济的研究投入了更大精力。世界商业服务贸易出口总额从 2006 年的 2.9 万亿美元发展到 2016 年的 4.8 万亿美元④。而服务业对美国经济做出了巨大贡献:2015 年,服务业占美国私营部分 GDP 的 78%,达到 110 000 亿美元;也占据了美国 9180 万个私营岗位,占美国所有工作岗位的 82%⑤。由此,各主要发达国家相继发表了有关服务经济问题的专著。总体上说,对服务认识的一个核心问题是关于服务的价值问题。

---

① 巴斯夏.和谐经济论.北京:中国社会科学出版社,1995 年,第 76、160 页.
② 《马克思恩格斯全集》第 26(1)卷.北京:人民出版社,1979 年,第 435 页.
③ T. Hill:On Goods and Services, Review of Income and Wealth Series 23, 1977, p315.
④ WTO:World Tread Statistical Review 2017.
⑤ USITC 发布美国服务贸易 2016 年度最新趋势报告,WTO 快讯,2016-11-29.

（1）西方古典经济学家一般都认为服务不创造价值。新古典学派只讲效用而不讲价值。服务产品的使用价值是一种运动形式的使用价值,或称非实物使用价值。由于它是使用价值,因而具有一切使用价值都具有的共性——可消费性,构成服务型生产资料和服务消费品,可满足人的物质或精神需求,具有消费替代性、消费互补性和消费引致性;又由于它具有非实物特性,因而是一种在活动形态上提供的、不能离开服务劳动者单独存在的、不采取实物形式的特殊使用价值——非实物使用价值。

（2）由于服务产品在生产上所耗费的劳动具有凝结性、社会性、抽象性等,因此形成价值。服务的价值的质的规定性就是凝结在服务产品上的非实物使用价值上的、得到社会表现的抽象劳动。它是服务产品的生产者的劳动力耗费的单纯凝结,而不是从任何其他领域转移或"再分配"来的价值[①]。

2.1.3 服务的基本要素

服务的基本要素分为两部分:资本和人力资本。这与一般商品生产必须具备的生产资料和劳动力两个基本要素有着一定的区别。

1. 资本

资本是构成生产的基本条件,是能够带来利润的价值。资本一般表现为服务过程的物质资本投入:首先是购买生产资料,如生产设备、原材料以及其他辅助设施等;其次表现为流动资金,在一些服务行业中,流动资金在资本总量中占相当大的比重。再次,服务业中的资本要素包括对服务人员进行培训,服务人员才能进入市场为消费者提供服务。最后,服务产品的经营所需要的广告宣传费用。

2. 人力资本

人力资本(Human Capital)是指劳动者受到教育、培训、实践经验、迁移、保健等方面的投资而获得的知识和技能的积累,亦称"非物力资本"。由于这种知识与技能可以为其所有者带来工资等收益,因而形成了一种特定的资本——人力资本。人力资本比物质、货币等硬资本具有更大的增值空间,特别是在当今的知识经济时期,人力资本将有着更大的增值潜力。因为作为"活资本"的人力资本,具有创新性、创造性,具有有效配置资源、调整企业发展战略等市场应变能力。人力资本所具有的知识和技能是人力资本的基本要素,又是所提供服务的基本内容,几乎所有的服务都是提供知识或技术的。服务与一般商品具有不同的特征,这就决定了在估算服务产品的价值时,应考虑到劳动的不同质量。服务是一种包含了知识和技能的复杂劳动。

总之,人力资本是体现在人身上的资本,是对生产者进行普通教育、职业培训、高等专业教育等支出和其接受教育的机会成本等价值在生产者身上的凝结,它表现在蕴含于人中的各种生产知识、劳动与管理技能和健康素质的存量总和。人力资源是一切资源中最主要的资源,在经济增长中,人力资本的作用大于物质资本的作用。对 GDP 的增长具有更高的贡献率,比物质资源增长速度快。

---

① 关于服务产品的价值量,其确定相当困难,还有待于进一步研究。

2.1.4 服务的特征

服务是现代社会的主要特征。服务型社会主要表现为：第一，在各个国家的国民生产总值的构成中，服务业所占份额越来越大；第二，从事服务活动的从业人员占劳动力就业人数的比重越来越大；第三，消费者支付结构中服务的比重越来越大。从表 2-1 所示中可以看到现代信息社会与以往农业社会和工业社会的区别，服务业已成为信息社会的主导产业。

表 2-1 不同社会的主导产业和生产特征

社会的演进	主导产业	劳动手段	生产特征
农业社会	农业	畜力、人力	分散生产
工业社会	制造业、矿业	机器设备	规模化、标准化
信息社会	服务业	信息、智力	多样化、个性化

与有形产品相比，服务具有以下特征。

1. 无形性

"无形性"被认为是服务产品的最基本特征，也是服务最为显著的一个特征。它可以从三个不同的层次来理解：一是服务与实体商品相比较，服务的特质及组成服务的元素大多都是无形无质的，让人不能触摸或凭视觉感到它的存在，难以确定其价值或价格；但人们却可以根据商品的空间形态直接判断商品的价值或价格。二是顾客在购买服务之前，往往不能肯定他能得到什么样的服务。因为大多数服务都非常抽象，很难描述。三是顾客在接受服务后通常很难察觉或立即感受到服务的利益，也难以对服务的质量做出客观的评价。随着科学技术的发展，有些无形的服务变得"有形化"了。加拿大经济学家 H. 格鲁伯和 M. 沃克于 1989 年提出了物化服务（Embodied Service）的概念，唱盘、软盘作为服务的载体，本身的价值相对其提供的整个价值来说，可以忽略不计，其价值主体是服务，这就是"无形"的"有形"化，服务的物质化。

2. 不可分离性

有形的工业品或消费品在从生产、流通到最终消费的过程中，往往要经过一系列的中间环节，生产和消费过程具有一定的时间间隔。而服务则与之不同，它具有不可分离性的特点，即服务的生产过程与消费过程同时进行，也就是说服务人员向顾客提供服务时，也正是顾客消费服务的时刻，两者在时间上不可分离。这为顾客参与（Customer Involvement）服务过程提供了一些机会，也带来了问题。例如，顾客的参与使服务提供者必须关注文化层面的东西，因为文化差异，使国际服务提供者必须针对每一个国家开发单独的业务系统。当然，在现代通信技术条件下，服务的提供者与使用者可以通过电子信息流和其他通信手段而发生相互作用，如网上进行远程医疗会诊，提供医疗服务等。

3. 异质性

异质性是指服务的构成成分及其质量水平经常变化，难以统一认定。商品的消费效果和品质通常是均质的，同一品牌的家电或服装，只要不是假冒，其消费效果和品质基本上没有差异。显然，商品的标准化已为之做出了贡献。而服务的主体和对象均是人，人是服务的中心，而人又具有个性，人涉及服务方和接受服务的顾客两方面，服务品质的差异性既由服务人员素质的差异所决定,也受到顾客本身的个性特定的影响。具体表现为:一是服务提供者的技术水平和服务态度,往往因人、因时而异,其服务随之发生差异;二是服务消费者对服务也时常提出特殊要求,其知识水平、道德素养、处世经验、社会阅历等基本素质,也直接影响服务质量。因此,统一的服务质量标准只能规定一般要求,难以满足特殊的、个别的需要。这样,服务质量就具有很大的弹性。服务质量的差异或弹性,既为服务行业创造优质服务开辟广阔的空间,也给劣质服务留下了活动余地。因此,服务质量管理比商品质量管理要困难得多,也灵活得多。

4. 不可储存性

不可储存性是指服务不可能像商品那样保存,既不能在时间上储存下来,以备未来使用;也不能在空间上将服务转移带回家去安放下来。这使提供服务的企业必须解决缺乏库存所引致的服务供求不均衡的问题。如果服务不能及时被消费,就会造成服务的损失。这一特征使得加速服务产品的生产和扩大服务的规模出现困难。例如,医院、商店、银行、电信等若没有顾客光顾或使用,就会造成巨大的经济损失。当然,随着科学技术的发展,作为无形的服务,有时也是可以储存的。服务是否可以储存的问题,主要是指时间上的储存,即服务是购买时消费还是在购买以后某个时候消费。购买保险就可以在一段时间内消费。

5. 经验性与信任性

服务的卖方就是服务产品的提供者,并以消费过程中的物质要素为载体提供相对应的服务。服务的买方则往往就是服务的消费者,并作为服务提供者的劳动对象直接参与服务产品的分享过程。从有形商品到一般服务,再到专业性服务,商品的品质特征逐渐由较强的寻找特征向经验特征和信任特征过渡,如图 2-1 所示。这一过程,消费者对商品的评价越来越难;相应地,消费者购买和消费所承担的风险越来越大,其根本原因在于服务的无形性和异质性。1970 年,美国经济学家 F. 尼尔森将产品品质区分为寻找特征和经验特征。1973 年,达比和卡内两人在此基础上又提出了信任品质。**寻找品质是指消费者购买之前就能够确认的产品属性**(如颜色、款式、手感、硬度、气味等)**及产品价格。经验品质是指只有在购买之后或在消费的过程中才能体会到的产品属性**(包括味道、耐用程度、满足程度等)。**信任品质是指消费者即使在购买和消费之后也很难做出评价的属性**。如医疗服务中的外科手术,病人很难在接受手术后对手术的效果做出恰当的评判,只是基于对医生的信任,认为手术的确能达到自己所期望的效果。

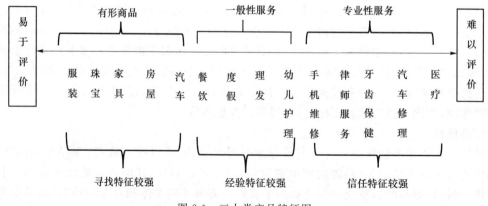

图 2-1 三大类产品特征图

6. 缺乏所有权或所有权的不可转让性

缺乏所有权或者所有权的不可转让性是指在服务的生产和消费过程中不涉及任何东西的所有权转移。既然服务是无形的又不可储存,服务产品在交易完成后便消失了,消费者并没有实质性地拥有服务产品。服务具有易逝性,如通过互联网传递的数据信息并未发生数据所有权的转移。服务的这一特征是导致服务风险的根源。由于缺乏所有权的转移,消费者在购买服务时往往因为感受到购买服务的风险而造成消费心理的障碍。

2.1.5 服务的分类

对服务进行分类,既为了理论研究需要,也为了进行国际服务贸易统计的需要,从而进行同口径分析比较。

1. 以行业为标准的分类

鉴于国民经济各部门特点,一些经济学家以服务行业各部门的活动为中心,将服务贸易分为以下七大类。

(1) 银行和金融服务。银行和金融服务是服务贸易中较重要的部门,其范围包括:①零售银行业务,例如储蓄、贷款、银行咨询服务等;②企业金融服务,如金融管理、财务、会计、审计、追加资本与投资管理等;③与保险有关的金融服务;④银行间服务,如货币市场交易、清算和结算业务等;⑤国际金融服务,如外汇贸易等。

(2) 保险服务。保险服务其职能是为保险单持有者提供特定时期内对特定风险的防范及其相关的服务。如风险分析、损害预测咨询和投资程序。保险服务贸易既包括非确定的保险者,也包括常设保险公司的国际交换。目前,保险服务贸易主要体现在常设保险公司的业务。

(3) 国际旅游和旅行服务。旅游服务贸易为国内外的旅行者提供旅游服务;而国际旅游服务贸易主要指为国外旅行者提供旅游服务。旅游贸易包括个人的旅游活动,也包括旅游企业的活动。其范围涉及旅行社和各种旅游设施及客运、餐饮供应、食品等,它与建筑工程承包、保险和数据处理等服务有直接联系,它与国际空运的联系极其密切。在国际服务贸易中的比重较大。

(4) 空运和港口运输服务。空运与港口运输服务是一种古老的服务贸易项目,一般的货物由班轮、集装箱货轮、定程或定期租轮运输,特殊的商品通过航空、邮购、陆上运输。港口服务与空运服务密不可分,它包括港口货物装卸及搬运服务。

(5) 建筑和工程服务。这类服务包括基础研究、工程项目建设、维修和运营过程的服务。其中还涉及包括农业工程和矿业工程的基础设施和仪器仪表的生产和服务、专业咨询服务和与劳动力移动有关的服务。这类服务贸易一般要受到各国国内开业权的限制,并与经济波动、政策和各国产业政策、投资规划等引起的波动有密切关系。政府部门是这类服务的主要雇主,这类服务一般涉及政府的基础设施与公共部门投资项目。

(6) 专业(职业)服务。这类服务主要包括律师、医生、会计师、艺术家等自由职业的从业人员提供的服务,以及在工程、咨询和广告业中的专业技术服务,国际专业(职业)服务贸易的层次性较强,在不同层次交易水平也不同。目前主要有以下层次:①由个人承担的专业服务;②由国际专业服务企业承担的专业服务;③作为国际多边集团经营的一部分专业服务;④发达国家雇用发展中国家的企业承包工程项目的专业服务。

（7）信息、计算机与通信服务。这类服务涉及三个主要方式：①计算机信息服务。如数据搜集服务、建立数据库和数据接口服务，并通过数据接口在电信网络中进行数据信息的传输等；②计算机服务。如数据处理服务，服务提供者使用自己的计算机设备满足用户的数据处理要求，并向服务消费者提供通用软件包和专用软件等；③电信服务。包括基础电信服务，如电报、电话、电传等，以及综合业务数据网提供的智能化的电信服务等。电信服务的质量和水平受电信基础设施的影响。发达国家这类服务占有绝对优势。

2. 以要素密集度为标准的分类

沿袭商品贸易中所密集使用某种生产要素的特点，有的经济学家按照服务贸易中对资本、技术、劳动力投入要求的密集程度，将服务贸易分为：

（1）资本密集型服务。这类服务包括空运、通信、工程建设服务等。

（2）技术与知识密集型服务。这类服务包括银行、金融、法律、会计、审计、信息服务等。

（3）劳动密集型服务。这类服务包括旅游、建筑、维修、消费服务等。

这种分类以生产要素密集程度为核心，涉及产品或服务竞争中生产要素，尤其是当代高科技的发展和应用。发达国家资本雄厚，科技水平高，研究与开发能力强，它们主要从事资本密集型和技术、知识密集型服务贸易，如金融、银行、保险、信息、工程建设、技术咨询等。这类服务附加值高，产出大。相反，发展中国家资本短缺，技术开发能力差，技术水平低，一般只能从事劳动密集型服务贸易，如旅游、种植业、建筑业及劳务输出等。这类服务附加值低、产出小。因此，这种服务贸易分类方法从生产要素的充分合理使用以及各国以生产要素为中心的竞争力分析，是有一定价值的。不过，现代科技的发展与资本要素的结合更加密切，在商品和服务中对要素的密集程度的分类并不是十分严格，也很难加以准确无误地区别，更不可能制订一个统一的划分标准。

3. 按与货物贸易的关联度为标准的分类

以服务贸易同货物的国际转移（由商品贸易或国际投资引起）的关联程度为标准，服务贸易可划分为核心服务贸易与追加服务贸易。

（1）核心服务（Core Service）。核心服务是指与有形商品的生产和贸易无关，它是作为消费者单独所购买的、能为消费者提供核心效用的一种服务。核心服务又包括面对面服务（Face to Face Service）和远程服务（Long-distance Service）。

① 面对面核心服务。其是指服务供给者与消费者双方实际接触才能实现的服务。实际接触方式可以是供给者移向消费者，也可以是消费者移向供给者，或是供给者与消费者双方的双向流动。面对面核心服务伴随着生产要素中的人员和资本的跨国界移动。如国际旅游、医疗服务、国际教育培训服务等。例如，金融业的输出存在资本跨国界移动。许多发达国家的国际金融联合企业，如美国花旗银行，通过供给者移动与服务消费者的接触，在世界各地设立分支机构，并凭借电子化和信息化的技术将业务范围延伸向国际经济生活的各个角落。国际旅游服务则是主要伴随人力资本跨国界移动而形成的一种面对面核心服务。

② 远程核心服务。它不需要服务供给者与消费者实际接触，一般需要通过一定的载体方可实现跨国界服务。包括国际通信、信息咨询、互联网技术等服务。例如，通过通信卫星作为载体传递进行的国际视听服务，其中包括国际新闻报道、国际问题活动和传真业务等，通过互联网进行离岸服务外包等。

远程核心服务中国际金融服务在国际资本移动加快的推动下，加之西方发达国家广泛将计算机、移动互联网技术等应用于各行业。一个以计算机数据处理、电子信息传递和电子资金转账系统为标志的金融服务体系已经形成。自动出纳机的普及、利用计算机转账或信用卡代替以往的支票等都加速了国际资本移动的速度。因而为远程国际金融服务的发展创造了良好的条件,国际金融服务在国际服务贸易中所占比重也逐渐增大。

(2) 追加服务(Additional Service)。其是指服务是伴随商品实体出口而进行的贸易。对消费者而言,商品实体本身是其购买和消费的核心效用,服务则是提供或满足某种追加的效用。在科技革命对世界经济的影响不断加深和渗透的情况下,这种追加服务对消费者消费行为的影响,特别是所需核心效用的选择具有深远的影响。第二次世界大战后,国际市场的竞争已经不再是以商品价格之间的竞争为主要竞争手段,市场竞争主要是以产品的质量、优质的技术服务、良好的售后服务和多种营销策略取胜。而消费者的消费满足也不仅限于商品实物形态的消费所可能给其带来的效用。消费者更加重视产品的功能、技术服务、商品消费过程或消费后的荣誉感、成就感、精神需求的满足。

追加服务是有形商品的国际贸易和国际投资的延伸,可分为三个阶段:①上游阶段,包括可行性研究、风险资本筹集、市场调研、产品设计等;②中游阶段,包括质量控制和检验、设备租赁、产品养护、会计、人员培训等;③下游阶段,包括广告、商品运输、商品使用指南、售后服务退货索赔等。追加服务是形成产品差异和增值的主要源泉,也是厂商之间开展非价格竞争的一个决定性因素。

追加服务很难同某一特定生产阶段相脱离,只能与一定比例的生产要素相结合,完全附属于有形商品价值实体之中,不能形成独立的交换对象。也有的追加服务虽与有形商品贸易有关,但可以独立于某种有形商品而成为独立的交易对象。不过,各类追加服务一般都是相互依存而结合为一个一体化的服务网络。随着经济服务化的发展,生产厂商提供的追加服务越来越成为其非价格竞争的重要因素。

在追加服务中,相对较为重要的是国际交通、运输和国际邮电通信。它们对于各国社会分工、改善工业布局与产业结构调整、克服静态比较劣势、促进经济发展是一个重要因素。特别是不断采用现代的科学技术,促使交通运输和邮电通信发生了巨大的变化,缩短了经济活动的时空距离,消除了许多障碍,为全球经济的增长日益发挥着重要作用,也成为国际服务贸易的重要内容。

可以说,服务与商品的区别在于有形程度的不同,而从高度无形到高度有形之间存在着一个连续谱,如图2-2所示。

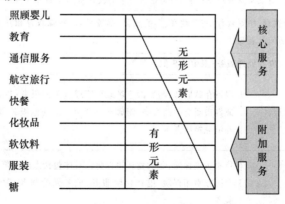

图2-2 高度无形到高度有形之间的连续谱

4. 世界贸易组织的分类

世界贸易组织(WTO)在征求各谈判方的提案和意见的基础上,提出了以部门为中心的服务贸易分类方法,将服务贸易分为12大类,共155个分部门,如表2-2所示。

表2-2 WTO对服务贸易的分类

1. 商务性服务	专业性(包括咨询)服务	法律服务、工程设计服务、旅游机构提供服务、城市规划与环保服务、公共关系服务等,以及涉及上述服务项目的有关咨询服务活动、安装及装配工程服务(不包括建筑工程服务)、设备的维修服务
	计算机服务	计算机硬件安装的咨询服务、软件开发与执行服务、数据处理服务、数据库服务及其他
	研究与开发服务	自然科学、社会科学及人类学中的研究与开发服务、在纪律结束下的研究与开发服务
	不动产服务	不动产范围内的服务交换,但不包含土地的租赁服务
	设备租赁服务	交通运输设备,如汽车、卡车、飞机、船舶等;非交通运输设备,如计算机、娱乐设备等的租赁服务。但不包括其中有可能涉及的操作人员的雇用或所需人员的培训服务
	其他服务	生物工艺学服务、翻译服务、展览管理服务、广告服务、市场研究及公众观点调查服务、管理咨询服务、与人类相关的咨询服务;以及技术检测及分析服务;与农、林、牧、采掘业、制造业相关的服务;与能源分销相关的服务;人员的安置与提供服务;调查与保安服务;与科技相关的服务;建筑物清洁服务;摄影服务;包装服务;印刷、出版服务;会议服务;其他服务;等等
2. 通信服务		邮电服务;信使服务;电信服务,其中包含电话、电报、数据传输、电传、传真。视听服务,包括收音机及电视广播服务;其他电信服务
3. 建筑服务		选址服务,涉及建筑物的选址;国内工程建筑项目,如桥梁、港口、公路等的地址选择等;建筑物的安装及装配工程;工程项目施工建筑;固定建筑物的维修服务;其他服务
4. 销售服务		商业销售(主要指批发业务);零售服务;与销售有关的代理费用及佣金;特许经营服务;其他销售服务
5. 教育服务		各国间在高等教育、中等教育、初等教育、学前教育、继续教育、特殊教育和其他教育中的服务交往。如互派留学生、访问学者等
6. 环境服务		污水处理服务;废物处理服务;卫生及相似服务等
7. 金融服务	银行及相关的服务	银行存款服务;与金融市场运行管理有关的服务;贷款服务;其他贷款服务;与证券市场有关的服务;附属于金融中介的其他服务,包括贷款经纪、金融咨询、外汇兑换服务等
	保险服务	货物运输保险;非货物运输保险。具体包括人寿保险、养老金或年金保险、伤残及医疗费用保险、财产保险服务、债务保险服务;附属于保险的服务;再保险服务

续表

8. 健康及社会服务	医疗服务、其他与人类健康相关服务；社会服务等
9. 旅游及相关服务	旅馆、饭店提供的住宿、餐饮服务、膳食服务及相关的服务；旅行社及导游服务
10. 文化、娱乐和体育服务	指不包括广播、电影、电视在内的一切文化、娱乐、新闻、图书馆、体育服务，如文化交流、文艺演出等
11. 交通运输服务	货物运输服务，如航空运输、海洋运输、铁路运输、管道运输、内河和沿海运输、公路运输服务，也包括航天发射以及运输服务，如卫星发射等；客运服务；船舶服务（包括船员雇用）；附属于交通运输的服务
12. 其他服务	

资料来源：根据WTO新馆文件整理。

5. 国际货币基金组织的分类

国际货币基金组织（IMF）按照国际收支统计将服务贸易分为四类：民间服务（商业性服务）、投资收益、其他政府服务和收益、不偿还的转移，如表2-3所示。一般把劳务收入、所有权收益、其他民间服务统称其他民间服务和收益。

表2-3 IMF对服务贸易的分类

1. 民间服务（或商业性服务）	（1）货运	运费、货物保险费及其他费用
	（2）客运	旅客运费及有关费用
	（3）港口服务	船公司及其雇员在港口的商品和服务的花费及租用费
	（4）旅游	在境外停留不到一年的旅游者对商品和服务的花费（不包括运费）
	（5）劳务收入	本国居民的工资和薪水
	（6）所有权收益	版权和许可证收益
	（7）其他民间服务	通信、广告非货物保险、经纪人、管理、租赁、出版、维修、商业、职业和技术服务
2. 投资收益		国与国之间因资本的借贷或投资等所产生的利息、股息、利润的汇出或汇回所产生的收入与支出。
3. 其他政府服务和收益		不列入上述各项的涉及政府的服务和收益
4. 不偿还的转移		因属单方面的（或片面的）、无对等的收支，即意味着资金在国家之间移动后，并不产生归还或偿还的问题，因而，又称单方面转移。其一般指单方面的汇款、年金、赠予等。根据单方面转移的接受对象不同，又分为私人转移与政府转移两大类。私人转移主要包括：汇款、年金和赠予等。政府转移主要指政府间的无偿经济技术或军事援助、战争赔款、外债的自愿减免、政府对国际机构缴纳的行政费用以及赠予等收入与支出

资料来源：根据1977年国际货币基金组织编制的《国际收支手册》整理。

由于服务内涵的复杂性,决定了人们考察服务时从不同的视点介入,因而导致不同的分类法。给服务分类是为了认识不同行业、不同部门服务的特征,它是制定服务贸易战略,进行分析和研究、经济统计的基础。

2.2 服务业

2.2.1 服务业的概念

服务业是指专门从事生产服务产品的行业和部门的总称。服务业的概念最早源于西方"第三产业"这个概念,1935年,英国经济学家、新西兰奥塔哥大学教授埃伦·费希尔在其所著的《安全与进步的冲突》一书中,最先提出了"第三产业"概念,并用于国民经济产业结构的划分,从而形成三次产业的分类法。按照费希尔的观点,"第三产业"泛指旅游、娱乐、文化、艺术、教育、科学和政府活动等以提供非物质性产品为主的部门。1957年,英国经济学家柯林·克拉克丰富了费希尔第三产业概念的内涵,最早提出"服务业"概念,并把国民经济结构明确地分为三大部门,即第一大部门以农业为主,包括畜牧业等;第二大部门包括制造业、采矿业等;第三大部门是服务业,包括建筑业、运输业、通信业、商业、金融业、专业性服务和个人生活服务、政府行政、律师事务和服务军队等。

第三产业近似于服务业。从20世纪30年代经济学家费希尔在《安全与进步的冲突》一书中提出"第三产业"的概念以后,人们开始对第三产业作为一个完整概念提出并进行系统的理论研究。服务业和第三产业分类并不完全一致。第三产业一般用"剩余法"界定。即第三产业是除农业、工业以外的包括文教卫生、政府机关、军队警察在内的各行各业的总称,内容十分庞杂。迄今为止,关于什么是服务业也还没有一个得到普遍认可的完整的理论描述。服务业不但作为中间产业强化农业和工业的结合,而且为工农业和自身提供生产资料和消费资料。服务业的发展一方面围绕着实物产品的生产、流通和消费提供服务;另一方面则为提高人们的素质服务。

表2-4 不同收入国家1990年与2000年产业结构比较

三次产业 国家	第一产业增加值比重		第二产业增加值比重		第三产业增加值比重	
	1990年	2000年	1990年	2000年	1990年	2000年
低收入国家	29	24	30	41	41	44
中等收入国家	13	9	39	47	47	55
其中:中低收入国家	21	13	40	39	39	45
中高收入国家	9	7	39	52	52	62
法　国	4	3	30	66	66	71
英　国	2	1	35	63	63	70
丹　麦	4	3	27	69	69	71
德　国	2	1	38	60	60	68

资料来源:The World Bank:《2002 World Development Indicators》,pp. 208-210.

表 2-4 所示中,就不同国家的同一时间而言,随着人均收入的提高,第一产业增加值的比重不断降低,从低收入国家的近 30%,降到了高收入国家的 2%、1%;第三产业增加值的比重则不断提高,从低收入国家的超过 40% 提高到了高收入国家的 70%;而第二产业的比重则大致经历了一个先上升再下降的过程,低收入国家和高收入国家第二产业的比重相对较低,中等收入国家则相对较高,但第二产业比重的变动幅度较小。

目前在我国,服务业等同于第三产业。在国家统计局 2012 年 12 月《三次产业划分规定》中明确规定,"第三产业即服务业,是指除第一产业、第二产业以外的其他行业。"

服务业可分为初级服务业(如餐饮)、中级服务业(如仓储、运输)和高级服务业(金融、财务、投资、法律、会计)。其中高级服务业被认为是知识型服务业。知识型服务业具体包括:由银行、证券、信托、保险、基金、租赁等组成的现代金融服务业;由通信、网络、传媒、咨询等组成的信息服务业;由会计、审计、资产评估、法律服务等组成的中介服务业;由教育、培训、展览、国际商务、现代物流等组成的新型服务业等。

2.2.2 服务业的分类

1. 克拉克"三次产业分类法"

克拉克对三次产业进行了详细的划分,其中第一产业是指对自然界存在的劳动对象进行加工生产的产业部门,包括农业、畜牧业、狩猎业、林业和渔业。第二产业是指对初级产品进行再加工生产的产业部门,包括制造业和矿业等。第三产业是指一般不直接创造物质资料,但对第一产业、第二产业提供生产性作业或服务,以满足人类生产和生活需要的各种生产部门。克拉克后来将第三产业称为"服务性行业",具体包括:建筑业、运输业、旅游业、通信、商业、金融、专业性服务、行政管理、军队和律师业等。

2. 联合国有关组织对三大产业的划分

联合国、经济合作与发展组织、世界银行对三大产业的划分,使第三产业近似于服务业。其对三大产业的划分总结如表 2-5 所示。

表 2-5 联合国经合组织和世界银行对三大产业的划分

产业划分	产业范围
第一产业	农业、畜牧业、林业、渔业、狩猎业
第二产业	制造业、建筑业、自来水、电力和煤气生产、采掘业和矿业
第三产业	商业、餐饮业、仓储业、运输业、交通业、邮政业、电信业、金融业、保险业、房地产业、租赁业、技术服务业、职业介绍、咨询业、广告业、会计事务、律师事务、旅游业、装修业、娱乐业、美容业、修理业、洗染业、家庭服务业、文化艺术、教育、科学研究、新闻传媒、出版业、体育、医疗卫生、环境卫生、环境保护、宗教、慈善事业、政府机构、军队、警察等

3. 中国对第三产业的划分

改革开放以来,我国社会生产力水平不断提高,服务业发展迅速,1985 年 4 月,国家统计局借鉴国际通用的三次产业分类法,对我国三次产业进行了划分。以后又从我国实际出发,并根据《国民经济行业分类》(GB/T 4754—2011),于 2017 年进行了第四次修订,即《国民经济行业分类》(GB/T 4754—2011),明确第三产业即为服务业。规范了三次产业、服务业的口径、范围,以推动我国服务业发展。我国产业范围分类如下。

第一产业是指农、林、牧、渔业(不含农、林、牧、渔服务业)。

第二产业是指采矿业(不含开采辅助活动),制造业(不含金属制品、机械和设备修理业),电力、热力、燃气及水生产和供应业,建筑业。

第三产业即服务业,是指除第一产业、第二产业以外的其他行业。第三产业包括:批发和零售业,交通运输、仓储和邮政业,住宿和餐饮业,信息传输、软件和信息技术服务业,金融业,房地产业,租赁和商务服务业,科学研究和技术服务业,水利、环境和公共设施管理业,居民服务、修理和其他服务业,教育,卫生和社会工作,文化、体育和娱乐业,公共管理、社会保障和社会组织,国际组织,以及农、林、牧、渔业中的农、林、牧、渔服务业,采矿业中的开采辅助活动,制造业中的金属制品、机械和设备修理业。

2013年我国服务业即第三产业增加值超过第二产业2.7个百分点,成为国民经济的第一大产业;2015年服务业超过第一、二产业之和,达到50.2%,2016年达到51.6%,如图2-3所示。虽然目前服务业已占据国内生产总值(GDP)的半壁江山,但必须清醒地看到我国服务业发展速度虽然较快,但技术含量不高、附加值较低、结构不合理,对制造业的渗透力和支撑力不够,服务业的主导地位虽然初步确立,但还很不稳固,迈向真正的服务经济时代依然任重道远。

图 2-3　2012—2017 年三次产业增加值占国内生产总值比重(%)

数据来源:国家统计局.中华人民共和国 2016 年、2017 年国民经济和社会发展统计公报,2017-2-28 和 2018-2-28.

图 2-4　2016 年中国三次产业增加值占 GDP 比重

资料来源:中国国家统计局,2012—2016 年数据,中国信息通信研究院(工业和信息化部电信研究院)《中国信息经济发展白皮书(2016)》.

《中国信息经济发展白皮书(2016)》显示,2015年中国信息及总量达到18.63万亿元,占GDP的比重达27.5%,对GDP的贡献率平均达31.4%,信息经济已成为促进经济转型升级的新引擎。

在现实经济生活及研究中,人们习惯根据服务业的服务范围把服务业划分为生产服务业和生活服务业,或者根据服务业发挥作用的机制不同,将其划分为传统服务业与现代服务业。

生产性服务业是指为保持工业生产过程的连续性、促进工业技术进步、产业升级和提高生产效率提供保障服务的服务行业。生产性服务业范围包括:为生产活动提供的研发设计与其他技术服务、货物运输仓储和邮政快递服务、信息服务、金融服务、节能与环保服务、生产性租赁服务、商务服务、人力资源管理与培训服务、批发经纪代理服务、生产性支持服务。生产性服务业与制造业的关系日趋紧密,信息技术的发展使生产性服务业的服务方式呈现虚拟化、网络化、外包化的趋势。

生活性服务业是指利用一定设备、工具和经验技能为消费者提供一定效能的行业。主要包括:商贸服务业、文化产业、旅游业、健康服务业、法律服务业、家庭服务业、体育产业、养老服务业、房地产业、教育培训服务业等。推动生活消费方式由生存型、传统型、物质型向发展型、现代型、服务型转变,促进和带动其他生活性服务业领域发展。生产性服务业与生活性服务业的划分不是绝对的,有些产业既为生产服务,也为生活服务。

传统服务业是指为人们日常生活提供各种服务的行业。如商贸业、餐饮业、住宿业、旅游业。传统服务业的特点在于,它是劳动密集型的,就业者不需要很高的技能或知识,它所提供的服务主要满足人们最基本的生产和生活需求。

现代服务业是指以现代科学技术特别是信息网络技术为主要支撑,伴随着社会分工的细化和消费结构的升级而新生的行业,或用现代化的新技术、新业态和新的服务方式改造提升传统服务业而产生的,向社会提供高附加值、满足社会高层次和多元化需求的服务业。它既包括随着技术发展而产生的新兴服务业态,也包括运用现代技术对传统服务业的改造和提升的服务业,因此,有时人们也称新兴服务业。当今世界贸易的特征是服务产品的生产居主导地位,开始进入服务经济时代。

2.3 国际服务贸易

2.3.1 国际服务贸易的定义

国际服务贸易是指国与国之间互相提供服务的经济交换活动。国际服务贸易之所以被经济理论界长期忽视,主要是因为大多数人认为服务是不可跨境贸易的,是"非贸易品"(Non-traded)。但随着国际贸易的发展,服务的可贸易性开始进入国际经济分析的视野。最早采用"服务贸易"一词的文献有经济合作与发展组织(OECD)关于东京回合的有关文件。美国1972年和1974年贸易法中也使用了该词。这些文献在提到服务贸易这一概念的时候,实际上都是指的国家之间的服务交易。20世纪70年代后期之后,服务贸易作为一个通用的贸易专门用语开始流行。人们所说的服务贸易,实际上指的就是国际服务贸易。

关于国际服务贸易,各国统计和各种经济贸易文献并无统一的、公认的确切的定义。下面介绍几种有代表性的定义。

1. 基于国际收支统计的定义

统计学家从国民收入、国际收支平衡为出发点,将服务出口定义为将服务出售给其他国家的居民;服务进口则是本国居民从其他国家购买服务。**各国的服务进出口活动即构成了国际服务贸易。**"居民"是指按所在国法律,基于居住期、居所、总机构或管理机构所在地等负有纳税义务的自然人、法人和其他在税收上视同法人的团体。"贸易"是销售具有价值的东西给居住在另一国家的人,"服务"是任何不直接生产制成品的经济活动。

2. 联合国贸易与发展会议的定义

联合国贸易与发展会议利用过境现象阐述服务贸易。将国际服务贸易定义为货物的加工、装配、维修以及货币、人员、信息等生产要素为非本国居民提供服务并取得收入的活动,是一国与他国进行服务交换的行为。狭义的国际服务贸易是指有形的、发生在不同国家之间,并符合于严格的服务定义的直接的服务输出与输入。广义的国际服务贸易既包括有形的服务输出和输入,也包括在服务提供者与使用者在没有实体接触的情况下发生的无形的国际服务交换。如卫星传送和传播、专利技术贸易等。广义服务贸易范围十分广泛,世贸组织各缔约方提交的材料中列出的服务项目多达 150 多种。

一般我们所指的服务贸易都是广义的国际服务贸易概念,只有在特定情况下"服务贸易"才是狭义的"国际服务贸易"的概念。本书的"国际服务贸易"均指广义的"国际服务贸易"概念。

3. 世贸组织的定义

在世贸组织的乌拉圭回合服务贸易谈判中,什么该列入服务贸易,什么该剔除在外,为此进行了旷日持久的谈判。在乌拉圭回合谈判中流行一种观点,认为服务贸易仅指越境服务贸易。这是发展中国家在谈判初期主张的观点,属服务贸易的狭义定义。

在 1988 年蒙特利尔部长级中期评审会议上,各缔约方部长倾向于认为服务贸易的概念应具有开放性,以便包括那些需要生产要素越境移动才能产生的服务,既包括服务的越境移动、消费者的越境移动以及生产要素移动的服务。

关税与贸易总协定主持下的乌拉圭回合谈判,于 1994 年 4 月签订了《服务贸易总协定》(General Agreement Trade in Services,GATS),并对服务贸易作了如下定义。**服务贸易是指:**①从一成员的国境向另一成员的国境提供服务;②从一成员的国境向另一成员的服务消费者提供服务;③通过一成员的(服务提供实体)法人在另一成员的商业存在(**Commercial presence**)提供服务;④由一成员的自然人在另一成员境内提供服务。这个定义已成为"国际服务贸易"的权威性定义,被各国普遍接受。本书也采用这一观点。2011 年世界服务贸易模式估算比例如表 2-6 所示,其中商业存在模式占有的份额最大,达 55%。

表 2-6 2011 年世界服务贸易模式估算比例

服务贸易模式	估算份额
跨境交付	30%
境外消费	10%
商业存在	55%
自然人移动	5%(少于 5%,大约 2 200 亿美元)

资料来源:WTO Secretariat.

GATS 中的服务贸易定义实际上是按照服务的提供方和消费方是否发生空间上的移动作为各种类型的服务贸易的划分依据的。

(1) 跨境交付(Cross-border Supply)

跨境交付是指从一成员方境内向任何其他成员方境内提供服务,服务的生产者和消费者均不移动。其中的"跨境"是指"服务"过境,跨境交付的媒介主要通过电话、传真、网络、计算机联网、电视等实现,还包括用邮件或信使方式发送文件、软盘和磁带等。至于人员和物资在现代科技环境下则一般无须过境。例如,国际金融中的电子清算与支付、国际电信服务、信息咨询服务、卫星影视服务、离岸服务外包等。跨境交付又可分为被分离服务(Separated Service)贸易和被分离生产要素服务(Disembodied Service)贸易两种类型。前者如金融服务贸易和保险服务贸易可以通过国家之间的通信手段进行,后者也称缺席要素(Absent Factor)服务贸易,即在提供服务时,并不需要所有要素都移动,可能存在某种要素如管理要素在母国不移动即可通过信息通信技术提供服务,以强化海外生产要素。

作为世界上最大的服务市场,2015 年美国是世界最大的跨国服务进出口商。专业服务进出口额分别为 910 亿美元和 1 397 亿美元,顺差 487 亿美元。美国出口服务在全球服务市场中继续保持着强大的竞争力,占全球服务出口份额最高,达 15%。

(2) 境外消费(Consumption Abroad)

境外消费是通过服务的消费者的国境移动实现的,服务是在服务提供者实体存在的那个国家(地区)生产的。其他国家的消费者作为旅游者、留学生或病人前往服务提供者境内进行服务消费。只有消费者亲自前往或位于境外,才能获得这样的服务。例如,本国病人到外国就医、外国人到本国旅游、本国学生到外国留学等。

(3) 商业存在(Commercial Presence)

商业存在是指服务提供者通过在任何其他成员境内的商业实体提供服务,以获取报酬。它是四种服务提供方式中最主要的方式,也是服务贸易活动中最主要的形式。它主要涉及市场准入(Market Access)和对外直接投资(Foreign Direct Investerment,FDI),即允许一成员方的服务提供商在另一成员方境内投资设立机构并提供服务,包括投资设立合资、合作和独资企业,该机构的服务人员既可以从提供商母国带来,也可以从东道国雇用。例如,外国公司到中国来开酒店、建零售商店和开办律师事务所等。

(4) 自然人移动(Movement of Natural Persons)

自然人移动是指一成员方的服务提供者过境移动在其他成员方境内提供服务而形成的贸易。它包括两层意义:一是外国的服务提供者作为独立的自然人个体前往服务消费者所在国提供服务,如服务提供者作为咨询顾问或健康工作者前往另一国境内提供服务;另一方面,境外个人可作为服务提供企业或机构的雇员前往另一国境内提供服务,如以咨询机构、医院或建筑机构雇员的身份前往提供服务。自然人移动的前提条件是:进口方允许个人入境来本国提供服务。例如,外国教授、工程师或医生来本国从事个体服务。

图 2-5 所示反映了 GATS 框架下四种服务贸易模式。2011 年各种服务贸易模式的大体比例如表 2-6 所示。对于服务贸易的定义,乌拉圭回合中期评审报告中指出,多边服务贸易法律框架中的定义,应包括以上四种服务模式,它们一般要符合以下四个标准:服务和支付的过境移动性(Cross-border Movement of Services and Payments);目的具体性

(Specificity of Purpose);交易连续性(Discreteness of Transactions);时间有限性(Limited Duration)。这四种判别标准,有助于理解服务贸易的含义。

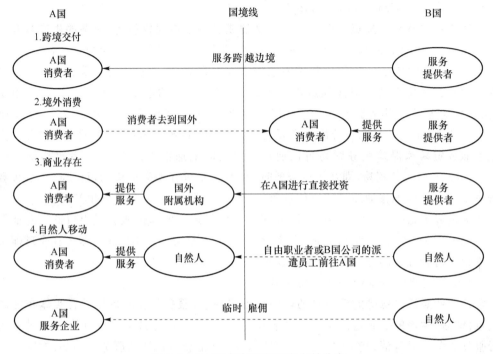

图 2-5　GATS 框架下的服务贸易分类

2.3.2　服务贸易的基本范畴

1. 服务贸易的几何解释

假设生产活动 $Y=F(X_1,X_2)$。其中,Y 为货物或服务的产出;X_1 和 X_2 代表投入,其中一项属于服务。假设生产出现在 A 国,X_1 由 B 国提供。问题是 B 国将出口什么?如果 Y 代表汽车,X_2 代表 A 国劳动力,X_1 为 B 国资本,这样,在 A 国有 B 国的外国投资,但没有贸易选择。如果 X_1 代表外国技术专利或管理服务,可以认为 X_1 为 B 国的服务出口。另外一个例子,设 Y 代表理发,X_1 代表来自 B 国的理发师,X_2 表示一间租用的理发店,即使这种服务生产实际上发生在 A 国,也可认为 Y 服务出口。最后,假设 X_1 为 C 国汽车,X_2 为 A 国汽车特许经销商,Y 为 A 国的 C 国汽车。可认为 Y 为进口商品,即使其价值通过 A 国服务也获得增值。

根据国际贸易理论,应考虑一个标准的两种要素和两种商品模型。假设两种商品 X 和 Y 使用两种要素 K 和 L 生产。两种初始水平上生产函数同质一致,要素 K 和 L 被混合和充分就业。两国间的唯一差别被假定为本国具有相对丰裕的劳动禀赋 K,且 Y 为相对 K 的密集型商品。为简化,假设两国间偏好一致或近似(假定贸易等于要素价格)。

(1) 纯商品贸易。图 2-6 所示为含有世界总资本和劳动在两国间的分配 E 的世界要素图。K_h 和 L_h 分别表示国家 H 以 O_x 为原点的资本和劳动禀赋。K_f 和 L_f 分别表示国家 F 以 O_y 为原点的资本和劳动禀赋。

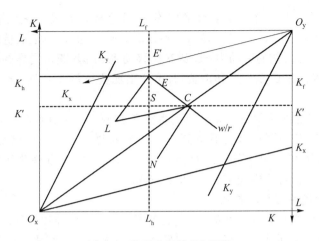

图 2-6　纯要素贸易（要素图）

在图 2-7 所示中，$T_h T'_h$ 和 $T_f T'_f$ 分别为国家 H 和 F 的生产可能性曲线。货物自由贸易时国家 H 和 F 分别在 C_h 和 C_f 点消费。当国家 F 具有同样的贸易三角时，国家 H 在 C_h 点消费是因为出口 $Q_h B$ 的 Y 以进口 BC_h 的 X。

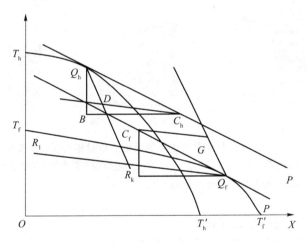

图 2-7　纯商品贸易（生产曲线图）

虽然商品贸易在图 2-6 所示中没有被典型地表述，但也容易理解。由于假设消费相同或相似，包括在两个消费向量中的要素 K 和 L 必然位于对角线 $O_x O_y$，且各国生产价值必须等于消费价值，因此，包含于产品中的要素价值等于含于消费中的要素价值。这样，经过 E 点，且以均衡要素价格比率为斜率的直线将给出在 $O_x O_y$ 线上 C 点处两个国家包含要素的消费。

在图 2-6 所示中，K_y 和 K_x 分别表示产业 Y 和 X 的资本/劳动力比率，它们分别对应于图 2-7 所示中在 Q_h 和 Q_f 点上的均衡生产。通过画出与 K_y 平行的 EL 线和与 K_x 平行的 LC 线，可以确定包含于商品贸易群中的生产要素。这样，EL 线给出图 2-7 所示中生产 $Q_h B$ 要求的要素向量，LC 线表示生产 BC_h 所需要的要素。这样，图 2-6 所示中的要素流三角 ELC 决定图 2-7 所示中包含在商品贸易三角中的要素流动。

(2) 纯要素贸易。若对含有要素价格均等化、要素流动与商品流动完全替代特征的标准 H-O 模型进行分析。那么,图 2-6 显示的不是商品交易,而是一定数量的资本 ES 从 H 国移动到 F 国,以及一定数量的劳动力 SC 从 F 国移动到 H 国,获得同样的最终均衡点。当这些要素交易时,两国将在 C 点生产和消费,且不会出现贸易要求。图 2-6 表明两国除规模外完全一致。

图 2-7 也能描述这些要素的流动。当资本离开 H 国,H 国沿着图 2-7 所示中的基线 R_k 从 Q_h 点移动到 D 点,F 国则从 Q_f 点移动到 G 点。当劳动力在基线 R_l 交易时,劳动力从 F 国移动到 H 国,在 H 国和 F 国分别用从 D 点移动到 C_h 点和从 G 点移动到 C_f 点表示。新的转换曲线(图中未显示)将与价格线 P 和 C_f 及 C_h 相切。

2. 服务贸易与货物贸易的关系

服务贸易与货物贸易既有互补的一面,也有替代的一面。同时,随着科学技术的发展,两者不断渗透和融合,共同推动国际贸易的发展,提高人们的福利水平。目前服务贸易发展速度已快于货物贸易,如图 2-8 所示。

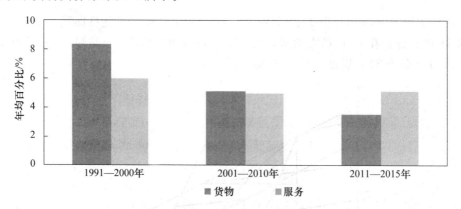

图 2-8 世界货物贸易和服务贸易的进口量年均百分比变化

资料来源:上海 WTO 事务咨询中心,OECD 报告全球贸易增速放缓主要受全球价值链重构影响,2016-10-11,http://www.sccwto.org/post/24538?locale=zh-CN。

(1) 服务贸易和货物贸易的互补性

一是货物贸易的发展推动相关的服务贸易的发展。国际货物贸易的增长带动了与之相关的金融、保险、运输、通信等服务行业的国际化。特别是随着货物服务密集程度的提高以及世界竞争逐步由有形的单纯的物质实体竞争转向物质实体竞争和无形的各种附加服务的复合商品的竞争。使服务贸易跟随货物贸易的发展同步地快速发展。

二是传统服务贸易的发展和新型服务贸易的出现也促进了货物贸易的发展。运输的增长增加了对汽车、轮船、飞机等交通工具的需求。数据处理和通信服务贸易的增长促进了对微机、程控电话设备、通信卫星等商品的需求。

三是服务生产和商品生产的相互渗透也大大增强了两者互补性。伴随着科学技术的进步,服务生产出现了"服务硬件化"趋势。比如无形的程序可以固化到有形光盘中,同时商品生产出现了"商品软化"的现象。商品中嵌入式软件的出现提高了货物贸易中的智能化水平,货物商品贸易越来越密集使用科学技术、管理、营销、物联网技术等服务要素,服务和货物相互渗透形成复合产品,从而两者互补性增强。

(2) 服务贸易和货物贸易的替代性

一是服务贸易对货物贸易有负面影响。知识技术等服务产品的出口会降低国外对相关货物商品的需求;汽车、电器等货物商品维修服务业的发展,会延长汽车和电器等使用寿命,从而相应减少对汽车、电器的需求。国际贸易的发展实践表明,在服务贸易上表现为顺差,则货物贸易就是逆差,反之也是。例如,2016 年我国贸易顺差 16 426 亿元,其中货物贸易顺差 33 523 亿元,而服务贸易逆差 5 029.25 亿元[①]。美国商务部宣称 2016 年美国商品及服务贸易逆差 5 029.25 亿美元,其中,服务贸易顺差 2 470.82 亿美元,货物贸易逆差 7 500.07 亿美元[②]。美国实际上是服务净出口国,而且从 2000 年以来,服务贸易方面的净盈余已经增长了 145%。

二是货物商品质量的提高会减少相应的服务贸易量。货物商品的耐用性、可靠性增强,自动化程度的提高会相应减少有关的维修等人力服务。

2.3.3 国际服务贸易统计

由于服务业本身的复杂性,使服务贸易的统计十分复杂。目前,在国际经济统计中,主要有三种统计:(1) 以记录跨境货物交易为特征的国际商品贸易统计;(2) 以记录跨境服务交易为特征的跨境服务贸易统计;(3) 与国际投资活动有关,具有非跨境交易特征外国附属机构贸易(Foreign Affiliates Trade,FAT)的统计。三者互为补充,从不同角度记录国际经济交易状况。

1. 国际服务贸易的传统统计方法:BOP 统计

现存较为成熟的、在世界各国运行的服务贸易统计体系属于国际收支(Balance of Payments,BOP)统计的一部分,它是根据国际货币基金组织(IMF)统一规定和使用的各国国际收支账户形式,如表 2-7 所示。BOP 统计是一国政府或专业机构搜集的有关产业和具体部门的信息,反映一定时期内一国与外国或境外地区发生各种经济往来的流量和规模。BOP 口径的服务贸易统计,将服务贸易流量分为要素服务贸易与非要素服务贸易,如图 2-9 所示。只能搜集和整理跨境提供、境外消费两类服务贸易的数据,以及某些自然人流动提供的服务,而无法涵盖到商业存在提供的服务。

表 2-7 国际收支账户(IMF 格式)

1. 经常项目(current account)
(1) 货物(goods)
(2) 服务(services)
(3) 收益(incomes)
(4) 经常转移(current transfer)
2. 资本与金融项目(capital and financial account)
(1) 资本项目(capital account)
(2) 金融项目(financial account)
3. 错误和遗漏(errors and omissions)

资料来源:陈宪,殷凤编著. 国际服务贸易. 北京:机械工业出版社,2016 年 1 月,第 16 页。

---

① 国家统计局:中华人民共和国 2016 年国民经济和社会发展统计公报,2017-2-28。
② 美国 2016 年贸易逆差达到四年来最高水平,商务部网站,2017-2-11。

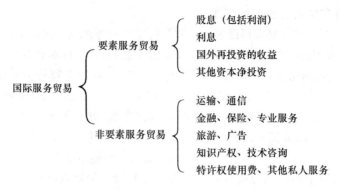

图 2-9 BOP 统计示意图

目前,国际货币基金和世界贸易组织两大国际经济组织对服务贸易的统计数据都来源于各国的 BOP 统计,但两者提供的数据并不完全相同。国际货币基金组织的统计包括政府服务,而世界贸易组织的统计则不包括此项内容。

图 2-10 所示中,2015 年美国在全球出口服务中的份额是第二大单出口国英国的两倍多。其中,专业服务进出口额分别为 910 亿美元和 1 397 亿美元,顺差 487 亿美元。

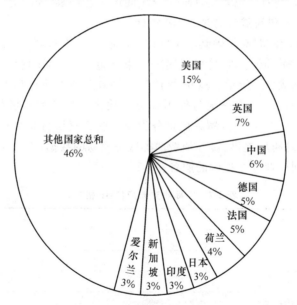

图 2-10 2015 年主要国家在跨境商业服务出口方面份额

资料来源:世贸组织,商业服务贸易,2005 年及以后(BPM6)。注:不包括公共部门交易。

虽然在目前的国际服务贸易统计中,BOP 统计发挥着不可替代的作用,但从国际服务贸易的发展来看,BOP 统计存在以下两大明显的不足。

(1) 按照 BOP 统计的原则,国际服务贸易只是居民与非居民间的服务性交易,其反映的主要是跨境交易(包括过境交付、国外消费及自然人移动),而对当前世界服务贸易中占据主导地位的商业存在形式提供的服务贸易却没有反映。

(2) BOP虽然提供了一种对服务贸易进行分类的标准,但它与《服务贸易总协定》中所规定的分类标准还存在着较大的差距。《服务贸易总协定》将国际服务贸易具体化分为商业服务、通信服务、建筑及有关工程服务、销售服务、教育服务、环境服务、金融服务、健康与社会服务、与旅游有关的服务、文化与体育服务、运输服务以及别处未提及的服务12大类,共计155个部门,这与BOP的划分无论在项目个数还是在统计内容上都有明显的差别,传统的BOP统计显然无法适应《服务贸易总协定》下新的划分方法的统计需要。BOP统计分类是《国际收支平衡表手册(第5版)》(BPM5)中对服务贸易所做的分类。其列入服务贸易统计范围的服务部门包括11个:运输服务、旅游服务、通信服务、建筑服务、保险服务、金融服务、计算机和信息服务、特许权使用和许可费用、其他服务、个人文化娱乐服务、政府服务。这表明传统的BOP统计无法适应《服务贸易总协定》。

2. 国际服务贸易统计新领域:FATS统计

FATS(Foreign Affiliates Trade in Service)即"外国附属机构服务贸易统计",记录的是外国商业存在的交易活动,着重记录外国投资所形成的商业存在的经营情况,包括与投资母国之间的交易、与东道国居民的交易以及与其他国家之间的交易,可分为外向统计和内向统计两大部分,别国在东道国的附属的服务交易称为"内向FATS",东道国在别国的附属机构的服务交易称为"外向FATS",如图2-11所示。

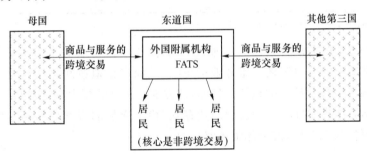

图2-11 FATS统计示意

FATS统计对设立在引资国家境内、为外国公司所拥有的企业的服务贸易和其他基本经济指标进行统计。它通过企业销售指标和雇员报酬指标涵盖了商业存在服务提供和(部分)自然人存在服务提供。FATS统计是对BOP口径服务贸易统计的补充,它从另一个角度对后者不能全面描述服务贸易总体数量特征的缺憾加以弥补。两者的统计数据不能简单地加总,因为有重复的地方。

FATS统计也并不是十全十美,它依然无法提供《服务贸易总协定》四种服务提供方式的各部分详细、确切的统计数据。特别是目前还没有能对自然人移动所提供的这部分服务贸易进行统计的具体方法。

3. 四种提供方式的简化统计

广义的服务贸易统计必须将贸易统计与投资统计紧密结合起来,因为,对某些服务贸易而言,投资不再是补充手段,而是贸易的必要条件,所以,必须在记录投资活动的同时,对其经营活动和经营本质进行反映,这一点可以通过FATS来解决。当然,FATS统计在操作中会遇到一些难处,会给服务贸易统计带来困难。如何进行服务贸易统计成为各国十分棘手的问题。

为了将传统的 BOP 统计和 FATS 统计逐步统一在 GATS 的四种提供方式下,《国际收支平衡表手册》(第 5 版)提出了一个简化的统计方法,只用于统计目的,不包含对 GATS 条款的任何法律解释,如表 2-8 所示。

表 2-8 服务贸易四种模式的 BOP 统计(BPM5)和 FATS 统计范围

服务贸易模式	相关统计范围
跨境交付	BPM5:运输服务(大部分),通信性服务,保险服务,金融服务,计算机和信息服务,特许权使用费和许可费用,其他商业服务,个人、文化及娱乐服务
境外消费	BPM5:旅行(旅行者购买的货物除外),在外国港口修理船只(货物),运输部分(在外国港口对船只进行支持和辅助服务)
商业存在	FATS:FATS 统计 BPM5:建筑服务部分
自然人移动	BPM5:部分计算机和信息服务,其他商业服务,个人、文化及娱乐服务以及建筑服务 FATS(补充信息):外派到国外附属机构的就业 BPM5(补充信息):与劳务相关的流量 其他来源:移民、就业的统计

资料来源:Manual Statistics International Trade in Servies,2002,P.22.

需要强调的是,上述方法只是近似地反映了服务项目与服务贸易模式的对应关系。FATS 统计直接地或间接地衡量了服务业的 FDI,从而直接地或间接地反映了服务对外直接投资在整个国际服务贸易中的地位。目前,这方面的统计数据大都能在 OECD 国家得到。根据 WTO 的估算结果,目前全球通过"商业存在"模式交易的服务贸易额是传统服务贸易模式(即跨境交付)的 1.5 倍,占全部服务贸易的一半以上。

2.3.4 国际服务贸易的发展特点及趋势

1. 国际服务贸易的发展阶段

依据第二次世界大战后国际服务贸易发展过程的不同特征,可将国际服务贸易发展分为三个阶段。

(1) 作为货物贸易附属地位的服务贸易("二战"后—1970 年之前)

这一时期,世界各国还未意识到服务贸易作为一个独立实体的存在,在实际经贸活动中,服务贸易基本上是以货物贸易附属的形式进行。如仓储、运输、保险等服务。因此,当时尽管事实上存在着服务贸易,但却独立于人们的意识之外,所以对服务贸易缺乏具体的数量统计。

(2) 服务贸易快速增长阶段(1970—1994 年)

服务贸易从货物贸易附属地位逐渐开始独立出来,并得到快速发展,对服务贸易的确认始于 20 世纪 70 年代,1972 年 10 月,经合组织(OECD)最先在一份报告中正式使用服务贸易这一概念。1974 年美国贸易法第 301 条款中第一次提出"世界服务贸易"的概念。服务贸易在这一阶段随人们的重视程度的提高而快速发展。根据国际货币基金组织的统计,在 1970—1980 年间,国际服务贸易年均增长率为 17.8%,与同期货物贸易的增长速度大体持平。服务贸易在20世纪80年代后,开始超过货物贸易的增长速度。在1980—1990年间,国际服务贸易年平均增长率为5.02%,而同期货物贸易年平均增长率为3.69%,这一势头一直持续到1993年。

(3) 服务贸易在规范中向自由化方向发展阶段(1994年以来)

1994年4月,规范服务贸易的多边框架体系《服务贸易总协定》(GATS)签署后,服务贸易的发展进入了一个新的历史时期。服务贸易在高速发展的同时又有一些反复。1994年和1995年,服务贸易的增长速度分别为8.03%、13.76%,比同期货物贸易的增长速度略低,但从1996年以来,服务贸易和货物贸易几乎处于同步增长并略高于货物贸易的增长速度。这反映了《服务贸易总协定》的签署不仅规范了服务贸易的发展,还大大促进了货物贸易的发展;不仅给服务贸易以较为准确的定义,还规范了服务贸易的统计范围,使其成为国际贸易活动的三个组成部分之一,即货物贸易、服务贸易和技术贸易。世界银行的数据显示,1997—2014年,所有收入类别国家的服务业在GDP中的比重均有提升。其中,高收入国家由69.5%增至73.9%,中高收入国家由48.9%增至56.9%,中等收入国家由48.1%增至55.8%,低收入国家由40.4%增至47.7%。从地域分布来看,2014年,除中东和北非地区外,所有地区服务业增加值在GDP中的占比均超过50%。2005—2015年,全球服务贸易规模翻一番,接近10万亿美元。2015年,虽然全球贸易增速低于经济增速,且出现13.23%的负增长,但服务贸易增速下滑速度仍低于货物贸易。

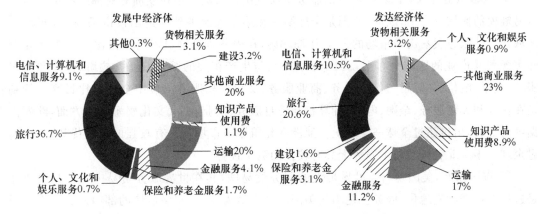

图2-12 2015年发展中经济体与发达经济体在世界商业服务出口中的结构

资料来源:WTO. World Trade Statistical Review 2016. P57.

图2-12所示中,2015年旅行和运输占了发展中经济体的大部分,分别占到37%和20.2%,这两项比发达经济体都要高。然而,发展中经济体在商业服务的高技能服务业出口方面继续落在了后面,如知识产权使用费、保险、个人服务与金融服务,要提高竞争力增加培训和金融资源是非常困难的。

2. 当代国际服务贸易发展的特点

(1) 范围不断扩展。早期的国际服务贸易仅限于运输、贸易结算和劳工输出等少数几项。由于科技的进步,国际服务贸易的范围已扩大到软件处理服务、多媒体技术服务、卫星通信服务、卫星影视服务、金融、运输、旅游以及信息产业、知识产权保护等众多新兴领域。计算机与信息服务、通信服务、技术服务等新兴服务增速较快,正在成为未来国际服务贸易新的增长点。其中,计算机与信息服务增速最快,2005—2013年,平均年增速为14%①。

(2) 在国际贸易中的地位不断提高。1970年,国际服务贸易的出口额仅有710亿美元,而到1980年则猛增至4 020亿美元,10年间增长5倍多;到1996年增长到12 600亿美元,2002年达到15 400亿美元,比1970年增长了20倍,明显高于同期世界货物贸易出口额的增长速度。服务贸易在整个国际贸易中所占比重,在20世纪80年代约占五分之一;进入20世纪90年代后逐步增至四分之一。从规模与增速看,国际服务贸易以高于GDP和货物贸易的速度增长。2015年WTO成员国商业服务贸易出口总额为4.68万亿美元,其中发展中经济体占36%,而服务贸易前10名的国家则占了总额的53%②。

由图2-13所示可以看到,1990—2011年以来,服务增加值在世界范围内起着重要的作用,其GDP中的比例由60%上升到70%,但以BOP计算的服务在世界贸易中的份额在此期间一直在20%左右波动③。

(3) 服务贸易市场具有高度的垄断性。在世界范围内服务贸易的发展状况极不平衡。这与服务市场所提供的服务产品受各个国家的历史特点、区域位置及文化背景等多种因素影响有关。

① 从区域分布看,全球约70%的服务贸易进出口市场集中在欧洲和亚洲。在国际服务贸易规模的区域分布上,欧洲、亚洲是全球第一和第二大服务贸易进出口市场,2015年两大区域在全球服务贸易出口市场的占比为73.6%,在服务贸易进口市场中占比74.2%。在国际服务贸易产业的区域分布上,2015年欧洲在与生产相关的服务、运输、旅游、保险和养老服务、金融、电信、计算机与信息服务、商业服务、文化娱乐服务出口中全球占比最高。特别是在保险和养老服务、金融、电信、计算机与信息服务、商业服务、文化娱乐服务方面,欧洲占据绝对优势,出口超过全球一半以上。亚洲在建筑服务市场上具有较强的竞争优势,出口超过全球一半。北美则在技术服务上具有较强的竞争优势。

② 按国家看,美国是当今世界最大的服务贸易国,其在世界服务贸易中不论是出口还是进口都占据领先地位,服务业是当代美国经济中最为庞大、发展最快的部门。美国十大服务输出行业是旅游、运输、金融、教育培训、商业服务、通信、设备安装维修、娱乐业、信息和医疗保健,均在世界居领先地位。四种服务贸易模式中,商业存在都居于主要部分,2013年出口和进口分别占到66.5%和66.4%④。

③ 按国家类型看,在国际服务贸易中发达国家是主体,发展中国家的服务贸易还很弱小,与发达国家差距巨大,极不平衡。根据世界贸易组织的统计数据,2015年,国际商业服务贸易排名前十位的美国、英国、中国、德国、法国、荷兰、日本、印度、新加坡和爱尔兰,占国

---

① 赵瑾:全球服务贸易发展未来走势明朗,经济日报,2017-2-21。
② WTO: World Trade Statistical Review 2016, p15.
③ WTO: World Trade Statistical Review 2016.
④ WTO: World Trade Statistical Review 2016, p50.

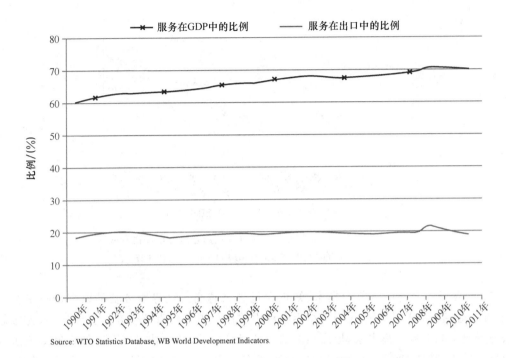

图 2-13 服务在世界 GDP 和出口中的重要性

际服务出口额 53%，发达国家在世界服务贸易中仍占有主导地位。从近 10 年发达国家与发展中国家国际贸易收支的走势来看，发达国家服务贸易顺差额逐年扩大，发展中国家服务贸易逆差额逐年扩大，双方的比较优势差异有扩大的趋势。美国是全球第一大服务贸易顺差国，中国是全球第一大服务贸易逆差国。

（4）发展中国家、地区在世界服务贸易中的地位趋于上升。进入 20 世纪 90 年代，发展中国家服务出口增长明显加快。1990—1994 年，发展中国家、地区服务出口年均增长 12%，高于发达国家年均增速 1 倍以上，在世界服务出口中的比重由 1990 年的 20.7% 上升到 1994 年的 25%。在发展中国家里，亚洲（主要是东亚）服务贸易发展尤为迅速。亚洲在世界服务出口中所占比重已从 1990 年的 9.6% 上升到 1994 年的 13.8%，超过所有发展中国家、地区服务出口的一半。在亚洲服务出口中，海上运输业发展强劲。发展中国家、地区还在旅游、劳务出口方面取得了显著成绩。发展中经济体 2015 年在世界服务贸易中的份额继续上升，达到世界出口的 32%（15 210 亿美元），进口的 39.4%，如图 2-14 所示。自 2005 年以来，这些国家在服务贸易中的份额日益扩张，增长主要来自发展中的亚洲，2015 年占世界服务贸易的 22.4%，中国、印度、朝鲜、中国香港、泰国是主要的贡献者。2015 年，美国依然保持了世界商业服务贸易中的领头羊地位。而第二位的中国，是除了中东地区外，唯一保持进出口贸易正增长的国家。2016 年，美国外贸逆差为 5 002.25 亿美元，其中服务贸易顺差 2 470.82 亿美元，货物贸易逆差 7 500.07 亿美元，最大逆差来自中国。2016 年，中国全年服务进出口总额 53 484 亿元，比上年增长 14.2%。服务进出口逆差 17 097 亿元。

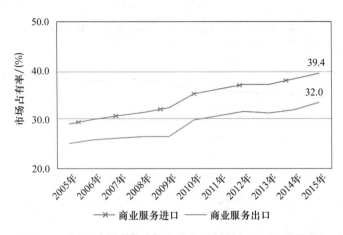

图 2-14　2005—2015 年发展中经济体在商业服务市场占有率
资料来源：WTO；World Trade Statistical Review 2016，P57.

(5) 国际服务贸易的对象中技术、知识含量越来越高。世界服务贸易以高新技术为载体，服务产业与高新技术产业在当今世界经济中的作用越来越重要。在过去十年中，许多新兴服务行业从制造业分离出来，形成独立的服务经济行业，其中技术、信息、知识密集型服务行业发展最快；其他如金融、运输、贸易、管理咨询等服务行业，由于运用了先进的通信技术手段，也很快在全世界范围内扩大。

(6) 贸易保护方式更具有刚性和隐蔽性。由于服务贸易标的物的特点，各国无法通过统一国际标准或关税进行限制，更多的是采用国内的政策、法令的形式进行限制。国际服务贸易壁垒分为五大类：外资所有权和其他市场准入限制、人员流动限制、其他歧视性措施和国际标准、竞争和国有化要求、监管透明度和管理要求。

如市场准入制度，对于贸易出口国或进口国进行限制或者是非国民待遇等非关税壁垒形式。各国对服务贸易的保护往往不是以地区性贸易保护和"奖出"式的进攻型保护为主，而是以行业性贸易保护和"限入"式的防御型保护为主。这种以国内立法形式实施的"限入"式非关税壁垒，使国际服务贸易受到的限制和障碍往往更具刚性和隐蔽性，难以体现为数量形式，也往往缺乏透明度，而且调整国内立法的难度一般都比调整关税的难度大。对国际服务贸易的各种壁垒比商品贸易多 2 000 多种，从而严重阻碍了国际服务商品进行正常地交易。

从国际服务贸易限制的主要手段来看，外资所有权和其他市场准入限制是主要手段。2016 年经济合作与发展组织（OECD）发布的服务贸易限制指数显示，在 18 个行业中，外资所有权和其他市场准入限制是各国实行服务贸易限制的主要手段，主要分布在电视广播、海运、公路运输、保险、分销、电影、快递、商业银行、会计、空运等行业；人员移动限制是法律、工程和设计三大行业服务贸易限制的主要手段；其他歧视性措施和国际标准是建筑服务贸易限制的主要手段；竞争和国有化要求是音像、电信、铁路运输三大行业服务贸易限制的主要手段；监管透明度和管理要求是计算机行业服务贸易限制的主要手段。

从各国监管来看，全球性规制协调和规制合作将推动建立合理有效的监管体制和政策。与降低关税、取消非关税壁垒实现货物贸易自由化不同，由于服务贸易的无形性，无法通过关境交易,一国国内规制或者说服务贸易的政府监管成为影响国际服务贸易自由化的重要因素。与此同时,近年来信息技术发展和全球经济一体化深化引发的规制缺位、规制壁垒也对现行国内规制提出了新的挑战,并对开展全球性的规制协调和规制合作提出了新的要求。

(7) 国际服务贸易的约束条例相对灵活。GATS 条款中规定的义务分为一般性义务和具体承诺义务。一般性义务适用于 GATS 缔约国所有服务部门,不论缔约国这些部门是否对外开放,都对其有约束力,包括最惠国待遇、透明度和发展中国家更多参与。具体承诺义务是指必须经过双边或多边谈判达成协议之后才承担的义务,包括市场准入和国民待遇,且只适用于缔约方承诺开放的服务部门,不适用于不开放的服务部门。对于市场准入来说,GATS 规定可以采取循序渐进、逐步自由化的办法;允许缔约方初步进行承诺,并提交初步承诺书,然后再进行减让谈判,最后达到自由化。对于国民待遇来说,GATS 规定允许根据缔约方自身的经济发展水平选择承担国民待遇义务。总之,GATS 对于服务贸易的约束是具有一定弹性的。

3. 国际服务贸易未来的发展趋势

根据世界银行和其他国际组织预测,未来世界服务贸易将继续保持较快增长,增长速度继续高于货物贸易。

为确保一国为实现国内政策目标实施的服务业监管措施不会造成服务贸易壁垒,推动全球服务贸易自由化,近年来,WTO 一直致力于构筑新的服务贸易监管国际框架。可以预见,在 WTO 框架下,未来国内规制改革将在明确国内监管的形式、透明度、必要性测试、国际标准、规制协调等方面出现新的变化。在全球价值链生产的国际背景下,改革和完善国内监管体制、促使国内监管与国际规制协调正在成为各国面临的重要课题。

(1) 全球将迎来新一轮服务贸易自由化浪潮。从服务贸易规则看,国际服务贸易协定(TISA)谈判是由美国、澳大利亚倡议实行的新一轮服务贸易谈判。美欧积极推动 TISA 谈判,旨在促使 TISA 诸边谈判协议与 WTO 多边谈判协议的 GATS 兼容。新的服务贸易谈判将覆盖所有的服务部门,包括金融服务、ICT 服务(包括电信和电子商务)、专业服务、海运服务、空运服务、快递服务、能源服务、商人临时进入、政府采购、国内管制的新规则等。随着国际社会对服务贸易认识的深化,WTO 成员也对在扩大市场准入、完善国内规制,以及跨境电子商务等方面推动全球服务贸易多边谈判显示了浓厚的兴趣。预计随着 WTO 多边贸易体制的推进和 TISA 的进展,全球将迎来新一轮服务贸易自由化浪潮。

但也应看到在今后很长的一段时期内,服务贸易自由化仍将面临重重困难。以美国为首的发达国家凭借其强大的政治和经济实力向发展中国家施压,希望加快服务贸易自由化的进程;而广大的发展中国家由于在服务业方面比较落后,不愿将本国的服务市场置于发达国家的控制之下。发达国家与发展中国家之间在服务贸易领域的矛盾是尖锐的,而发达国家之间在这个领域的竞争也将是激烈的。可以预料,今后国际贸易摩擦不仅存在于商品贸易领域,而且更多会出现在服务贸易领域。如何缓和这一领域的贸易摩擦,将是国际社会面临的重要课题。

(2) 货物贸易与服务贸易协同发展将促使全球服务贸易发展进入新时代。信息技术的发展打破了三大产业间的传统界限,出现了服务业制造化和制造业服务化的产业融合发展新趋势。与此同时,全球价值链生产引发的中间产品贸易的增加也表明,货物贸易与服务贸易两者并非分离,而是彼此互动共生,有机地融为一体。2017 年 WTO 最新研究显示:运输、物流、分销为货物贸易的发展提供了必要的基础设施;服务使全球价值链生产成为可能,如果没有跨境服务,就不可能有效地协调跨境生产,有效服务是提升制造业产品出口的决定性因素;服务贸易在数字经济时代将发挥重要作用。德国相关研究也认为,如果成功地将基于网络的服务整合进工业4.0,将极大发挥制造业的创新潜力。这意味着货物贸易与服务贸易的协同发展,将促使全球服务贸易发展进入一个新的时代。

(3) 国际服务贸易中知识密集型和技术密集型服务继续占据优势地位。随着现代信息技术的发展,知识密集型和技术密集型的服务业迅速扩张,贸易能力也大大增强。专业和技术服务、信息服务、银行与保险服务、现代健康与教育服务、法律和会计服务已构成当代服务经济的主要内容,无论服务人员素质,还是物化了的知识类服务,都朝着高附加值方向发展,整个服务贸易市场也向高附加值服务型转移。而传统的以非技术服务人员输出为主的工程承包服务市场呈停滞和下降趋势。以美国为例,在1985—1995年间整个服务业有85%的投资属于信息类软件服务项目,在1995—2000年信息服务出口额每年增长了13%。

(4) 国际服务贸易继续以较快的速度发展。关贸总协定乌拉圭回合将服务贸易纳入多边贸易体系后,使国际服务贸易有了国际规范。服务贸易总协定生效后,对服务贸易领域的贸易保护主义起到了一定抑制作用。随着各签约方对市场准入和国民待遇原则承诺的执行,为国际服务贸易进一步加快发展创造了有利条件。从今后总体发展趋势看,国际贸易的增长将快于世界经济的增长,而国际服务贸易的发展则会快于商品贸易的发展。1995年1月1日正式生效《服务贸易总协定》,WTO成为统辖当今国际贸易中货物、知识产权、服务贸易等领域重大的政府间国际组织,将在世界范围内正式推动实施服务贸易自由化的进程,通过服务贸易的逐步自由化来促进所有贸易伙伴的经济增长和提升发展中国家的经济发展水平,并通过不断进行多边谈判,将世界服务贸易的自由化程度发展到一个新的阶段,以扩大服务贸易的市场准入程度。

(5) 国际服务贸易市场呈多元化趋势。①地理位置分布多元化。各大洲基本上都形成了自己的服务市场。②服务贸易内容多元化。随着科技进步,新增服务业不断出现,原先认为"不可贸易"的服务项目,现在已进行着国际交换并不断扩大。③贸易形式多元化。跨境交付、国外消费、商业存在和自然人移动四类贸易模式,包含项目成百上千。④贸易国家多元化。无论是服务的供给还是需求,各国都在全球范围内寻求服务的供给,并以自己的服务优势向外输出。

关键概念

服务　服务业　现代服务业　国际服务贸易

思考题

1. 简述服务的基本要素和服务的特征。
2. 简述服务贸易的四种提供方式。
3. 关于服务的种类,目前世界上存在几种主要的划分方法?
4. 国际服务贸易的含义是什么?
5. 当代国际服务贸易的发展特点和趋势有哪些?

第3章 国际服务贸易的基本理论

本章主要阐述国际服务贸易的基本理论,一是传统比较优势理论的发展及其在国际服务贸易中适用性的争论;二是介绍国际服务贸易的具体理论模型,主要列举了国际服务贸易显性比较优势论、服务价格国际差异模型、迪尔道夫模型、伯格斯模型、规模报酬递增和不完全竞争条件下的服务贸易,以及国际服务贸易与知识产权保护理论等几种典型的国际服务贸易理论模型,并对各种理论模型的优劣做出了具体的分析和比较,从而对国际服务贸易的发展和应用提出了理论性的建设意见。

3.1 传统比较优势学说适用性的争论

3.1.1 服务贸易的比较优势理论

1. 外生比较优势理论及其发展

比较优势理论认为,国际贸易的基础是生产技术的差别,在两国之间,劳动生产率的差距并不是在任何产品上都是相等的,每个国家都应集中生产并出口具有比较优势的产品,进口具有比较劣势的产品,双方均可节省劳动力,获得专业化分工提高劳动生产率的好处。比较优势理论有外生与内生之分。外生比较优势理论是以国家之间先天赋予的(Endowed)生产条件差别为贸易基础,其主要代表有李嘉图(Ricardo,1817年)的外生技术比较优势说和赫克歇尔-俄林(简称 H-O 理论)的要素禀赋比较优势说。在 20 世纪 70 年代末期以前,外生比较优势理论一直是贸易理论的主流,为大多数经济学家所信奉。

(1) 亚当·斯密的绝对优势理论。亚当·斯密是国际分工和国际贸易理论的创始者。他认为,每一个国家都应该生产具有绝对优势的产品,去交换本国必需的但自己生产又处于绝对不利地位的产品,从而使本国的土地、劳动和资本得到最有效的利用,提高劳动生产率,增加社会财富。

(2) 李嘉图的比较优势理论。如果一个国家在各方面都处于绝对的优势,而另一个国家在各方面则都处于劣势。这时两国仍存在进行贸易的可能性,即遵循"有利取重,不利择轻"的原则。如果一个国家在本国生产一种产品的机会成本低于在其他国家生产该产品的机会成本,则这个国家具有生产该产品的比较优势。比较优势的存在,是由于技术的不同而作用的结果。

(3) 赫克歇尔(E. Heckscher)-俄林(B. Ohlin)的要素禀赋理论(H-O 理论)。20 世纪 30

年代,瑞典经济学家俄林和他的老师赫克歇尔从生产要素比例的差别而不是生产技术的差别上,解释了生产成本和商品价格的不同,从而导致比较优势的产生。H-O 理论假定在各国的劳动生产率一样的(即各国生产函数相同)情况下,产生比较成本差异的原因有以下两个。

一是各个国家生产要素禀赋比率的不同。由于自然和历史的原因,各国生产要素资源的拥有状况(即资源禀赋)的相对丰裕程度是不同的,有的国家劳动力丰裕,有的资本丰裕,有的技术丰裕等。一般来说,一个国家的生产要素丰裕,其价格就便宜;反之,比较稀缺的生产要素价格就高些。因此,每个国家应该出口的是本国生产要素禀赋较多,生产成本相对低的商品,而进口本国稀缺生产要素生产的商品。

另一个原因是生产各种商品所需投入的生产要素的组合或比例,即商品生产的要素密集度。如有些商品的生产技术性较高,需要大量的机器设备和资本投入,这种商品可称为资本密集型产品。有些商品的生产则主要依靠大量的体力劳动,这种商品则称为劳动密集型产品。不论是生产不同的商品,还是生产相同的商品,只要各国生产商品所投入的生产要素的组合或比例不同,就会产生比较成本的差异。因此,一国如果对生产要素进行最佳组合,在某种商品的生产中密集地使用价格低廉的生产要素,就能在该种商品上具有较低的比较成本。

(4) 里昂惕夫(Leontief)之谜。美国经济学家里昂惕夫 1953 年用投入—产出模型对美国 20 世纪 40 年代和 50 年代的对外贸易情况进行分析,考察了美国出口产品的资本—劳动比和美国进口替代产品中的资本—劳动比,发现美国参加国际分工是建立在劳动密集型专业分工基础之上的,即美国出口的商品是劳动密集型产品,而进口的则是资本密集型产品。这一结果恰与 H-O 的要素禀赋论相悖,这被称为"里昂惕夫之谜"(Leontief Paradox)或"里昂惕夫悖论"。这引起了经济学界和国际贸易界的巨大争议。

"里昂惕夫之谜"的提出大大推动了贸易理论的发展,到 20 世纪 60 年代末期,西方经济学者已提出了各种各样的解释,以试图说明"里昂惕夫之谜"。[①] 也有一些经济学家提出了颇有新意的理论,比如,林德(Linder,1961)的"需求相似学说",以解释国际贸易发生机制。他认为,需求因素在发达国家间的相互贸易中起着主要作用。通常的情形是某一发达国家居领先地位的厂商率先开发出新产品,在满足国内消费者的需求后,向有着相似收入水平和消费偏好的其他发达国家出口。面向大众消费的产品更有可能在发达国家间找到消费市场,并在发达国家之间进行国际分工。这样,由相似收入水平和消费习惯形成的市场需求就成为国际贸易的基础。这一假说在一定程度上解释了国际贸易的主体发生在发达国家之间的现象。

2. 内生比较优势理论及其发展

直到 20 世纪 70 年代末期,随着国际贸易的迅速发展和结构变化,在 H-O 理论体系中徘徊多年的国际贸易理论又活跃起来,西方学术界出现了一个"新"的国际贸易理论群体[②]。

---

① 对"里昂惕夫之谜"的解释有:(1)美国工人的劳动生产率高;(2)以资本为基础的消费;(3)生产要素密集型倒转;(4)关税;(5)充裕的自然资源;(6)充裕的人力资本;(7)技术差别。(张二震,马野青. 国际贸易学. 南京:南京大学出版社,1998,78-82 页)。

② 人们把 20 世纪 70 年代以前的贸易理论统称为传统贸易理论,而把 70 年代以后发展起来的贸易理论称为新贸易理论。

如克鲁格曼(P. Krugman)、迪克斯特(Dixit)、布兰德(Brander)以及斯潘塞(Spencer)等开始以规模报酬递增和不完全竞争为前提,对国际贸易的原因和基础、国际专业化分工的决定因素以及不完全竞争条件下的贸易政策等问题进行了重新探讨。在对这些问题讨论的过程中,人们逐渐认识到比较优势可以通过后天的专业化学习获得(Acquired)或通过投资创新与经验积累人为创造出来(Created),比较优势的内生理论才有了较大的进展。主要表现在以下几方面。

(1) 克鲁格曼的规模收益递增理论。克鲁格曼等创立的规模经济贸易理论,认为规模经济会导致规模收益递增,从而产生内生比较优势。

1977年,迪克斯特(A. K. Dixit)和斯蒂格利茨(Stiglitz)联名发表了一篇题为《垄断竞争与最优产品多样化》的论文。他们建立了一个规模经济和多样化消费之间两难选择的模型。他们得出的结论是,即使两国的初始条件完全相同,没有李嘉图所说的外生比较优势,但如果存在规模经济,则两国可以选择不同的专业,从而产生内生的(后天的)比较优势[1]。克鲁格曼(1979年)正是看到了这种模型分析国际贸易的潜力,首先将它应用到国际贸易分析中[2],并大有收获。克鲁格曼建立了一个由规模经济而不是由要素禀赋或技术的差异引致贸易的模型,模型中假定规模经济内在于厂商,并有"张伯伦式"的垄断竞争市场结构,通过采用垄断竞争分析方法去分析规模报酬递增条件下的国际贸易,最终得出结论认为,贸易并不是技术或要素禀赋差异的结果,相反,由于与劳动力增长和区域聚集(Regional Agglomeration)相类似的贸易效应,贸易可能仅仅是扩大市场和获取规模经济的一种途径;人们所期望的清楚、严密、有说服力的收益递增条件下的贸易模型是可以建立起来的。

正是在克鲁格曼等人的推动下,规模经济自20世纪70年代末以来成为国际贸易理论中的热点。后来的学者又进一步把规模经济细分成以下三类。

① 内部规模经济。其是指单个公司水平上的效益递增。它又可以分为两种,一种是"传统的规模经济",即在其他条件不变的情况下,厂商在生产同类产品时,随着产量的增加,平均成本下降。另一种是"专业化规模经济",它强调在差异产品生产中专业化分工的程度,生产效率主要源自专业化分工,而不是总体规模。

② 外部规模经济。其是指产业水平上的规模经济。外部经济也分为两种,一种是技术外部经济,指厂商通过同一产业或相关产业中其他厂商的技术外溢和从"干中学"获得技术与知识,从而带来生产效率的提高和成本的下降;另一种是货币外部经济,指厂商从同一产业或相关产业厂商的聚集中获得的市场规模效应。狭义的外部经济仅指技术外部经济,而广义的外部经济则既包括技术外部经济,又包括货币外部经济,引入广义的外部经济概念是新贸易理论的重要贡献之一。

③ 动态规模经济。其是指新兴产业产品的单位成本是积累产量的减幂函数,随着新兴产业产量的增加,生产成本沿学习曲线下降。与外部经济相比,它更注重长期的动态效益,即使对新兴产业的保护会导致静态资源配置的损失,但只要产业成熟后所产生的利益能超

---

[1] 杨小凯,张永生. 新贸易理论、比较利益理论及其经验研究的新成果:文献综述. 北京:经济学(季刊),2001. 1.
[2] Krugman, P. 1979. Increasing Returns, Monopolistic Competition and International Trade. Journal of International Economics (9):61-64.

过当前的损失,则从动态的、长期的观点来看,仍然值得保护。

(2) 杨小凯等的内生比较优势理论。杨小凯等运用分工与交易成本理论,提出专业化分工导致人力资本与知识的积累,产生内生比较优势。

杨小凯是第一个脱离新古典经济学框架,用分工和专业化来解释贸易现象及其本质的经济学家。在杨小凯(Yang,1991年,1996年)的内生贸易模型中,每个人的天生条件可能相同,人们之间不一定有与生俱来的差别,即可能不存在外生比较优势,人们喜好多样化消费,专业化生产能带来高效率,但却会增加交易次数,这就产生了一对两难冲突:如果利用专业化经济,生产效率肯定会提高,但是它却带来了交易费用的增加。这种两难冲突的结果,会产生最优分工水平。这种分工经济当然是以内生比较利益为基础的。当人们专于不同行业时,他们就会通过专业化而内生地(或后天地)获得比外行高的生产率。内生分工与专业化的贸易模型产生了命题:随着交易效率不断改进,劳动分工演进会发生,而经济发展、贸易和市场结构变化现象都是这个演进过程的不同侧面。伴随着分工的演进,每个人的专业化水平、生产率、贸易依存度、商业化程度、内生比较利益、生产集中度、市场一体化程度、经济结构多样化程度、贸易品种类及相关市场个数都会增加,而同时自给自足率下降[①]。

杨小凯进一步分析了内生比较利益随着分工水平提高而提高的情形。分工后的总和生产力水平之所以高于自给自足水平,原因在于分工可以节省重复学习的费用。这可以通过下面这个例子来说明。假定有甲和乙两个人,每个人可以生产粮食和衣物两种产品,两者都要通过学习才能掌握特定的技能。为分析方便,还假定每个人在每种生产活动中的学习费用均为 A。如果甲专门生产粮食,那么他生产粮食的劳动生产率是 $1-A$,即等于他的可用劳动时间(假定为 1)减去学习时间 A,然后再除以可用劳动时间 1。对专门生产衣物的人来说,他生产粮食的劳动生产率就为零。专门生产衣物的乙的情况正好相反。但是,如果是自给自足的情况,则甲生产粮食和生产衣物的生产率都为 $(0.5-A)/0.5=1-2A$。此处我们假定每个人在自给自足时各用一半即 0.5 的时间生产每种产品。这样,甲在专业生产粮食时,其劳动生产率就从 $1-2A$ 上升到 $1-A$,而乙专业生产粮食时,其劳动生产率也会从 $1-2A$ 上升到 $1-A$。因此,内生比较利益会随着分工的发展而不断被创造和增进。

(3) 卢卡斯、克鲁格曼等的比较优势的内生性与动态转移理论。卢卡斯(Robert E. Lucas)、克鲁格曼等把技术作为内生变量,并结合新经济增长理论研究比较优势的内生性与动态转移。

把技术作为内生变量的贸易理论研究的主要内容是:研究技术变动的原因,研究技术进步作为生产和贸易的结果对贸易模式与社会福利的影响等方面。从技术变动的原因来看,它主要有两个来源:一种是被动的,不是经过专门研究开发出来的,而是从看中、干中学会的,是通过经济行为学来的,这被称为"干中学"(Learning by Doing)。这里所说的技术不只是生产技术,还包括管理知识。技术进步很多情况下表现为对别人先进技术(包括思想、管理)的学习,也可以说它是从事生产或其他经济行为的副产品。作为先进技术的拥有者,有时并非有意转让或传播其技术,而是在贸易、投资或其他经济行为中自然地输出了技术,这种技术进步被称为"技术外溢"(Spillovers)。不管什么技术,都有一个外溢过程。"干中学"

[①] 杨小凯、张永生. 新贸易理论、比较利益理论及其经验研究的新成果:文献综述. 北京:经济学(季刊),2001(1)。

式的技术进步,大部分是从技术外溢中获得的。技术外溢又可分为国际技术外溢、国内技术外溢、行业间技术外溢和行业内技术外溢四种不同的情况。亚那戈娃(Yanagawa)分析了通过直接或间接的途径传播技术及其影响的国际技术外溢;克鲁格曼和卢卡斯分别讨论了国内技术外溢的问题;而鲍尔均和塞克曼(Bodlrin and Sheinkman)以及格罗斯曼和赫尔普曼(Grossman and Helpman)则系统研究了行业间和同行业内部技术的外溢及其作用。

技术进步的另外一种形式是技术创新(Innovation),它是主动的,是投资、开发和研究的结果,新技术的开发主要表现为:①要素生产率的提高,即用有限的资源生产出更多的产品,或保证产量的情况下,使用更少的资源;②产品质量的提高和新产品的开发。与"干中学"不同,技术创新或开发型的技术进步需要大量的投资,只有保证投资能够获利,企业才会研究新技术。

因此,一国能否获得大幅度的开发型技术进步,需要具备两个必要条件:一是对知识产权的保护,若没有保护的话,则企业开发新产品所冒的风险与其收益不对称,也就没有动力支持投资、研究。二是鼓励对科研的投资。干中学虽然也能提高技术,但毕竟有局限性,毕竟只能缩短与先进技术的差距,一个国家要想技术上领先,就必须有开发型的技术进步,但开发型的技术进步是需要有法律和投资来保证的。

技术创新与国际贸易存在一种互动关系,贸易不仅通过国际市场的竞争,而且通过各国努力开发新技术、新产品,也通过国际技术外溢给各国互相启发的机会。新技术开发不再是个别国家的行为,而成为各国的共同努力。贸易和技术的国际流动不仅使R&D形成规模经济且降低各国R&D成本,同时技术创新也会影响贸易模型。

3.1.2 传统比较优势学说对国际服务贸易的适用性

作为新兴的国际贸易方式,服务贸易的发生、发展和得失是否适用传统的国际贸易比较优势理论。由表3-1可以看到世界服务贸易进出口额前十位的国家和地区进出口额及其所占比重。服务贸易的竞争优势是如何产生的?在构建服务贸易理论体系方面,学术界主要沿着两个方向推进:一是尝试建立独立于传统国际贸易理论的新服务贸易理论;二是将现有的国际商品贸易理论扩展到服务贸易领域。目前理论界沿着第二个方向做了许多探索,存在不同的看法。

表3-1 2015年全球服务贸易发展状况

国家	出口贸易		国家	进口贸易	
	出口金额/10亿美元	占全球出口份额		进口金额/10亿美元	占全球出口份额
世界	4675	100.0%	世界	4570	100.0%
美国	690	14.8%	美国	469	10.3%
英国	341	7.3%	中国	425	9.6%
中国	288	4.9%	德国	292	6.4%
德国	246	5.3%	法国	224	4.9%
法国	239	5.1%	英国	205	4.5%
日本	158	3.4%	日本	174	3.8%

资料来源:我国的数据来自商务部服贸司,其他国家的数据来自世贸组织。

1. 国际贸易比较优势原理不适用于服务贸易

R. 迪克和 H. 迪克(R. Dick and H. Dicke,1979 年)运用"显示性比较优势法"来验证知识密集型服务贸易是否遵循比较优势原理,他们对 18 个经合组织国际资料进行了跨部门的回归分析,结果是,没有证据表明比较优势在服务贸易模式的决定中发挥了作用,如果不考虑贸易扭曲,要素禀赋在服务贸易中没有重要的影响[①]。

美国经济学家菲克特库迪(Feketekuty,1988 年)认为,服务同商品相比具有许多不同的特点,这些特点决定了国际贸易原理不适用于服务贸易。这些特点包括:服务贸易是劳动活动和货币的交换,不是物品和货币的交换;服务的生产和消费同时发生,不能存储;服务贸易在各国海关进出口和国际收支表上没有体现。

桑普森和斯内普(G. sam Psoll and R. Snape 1985 年)认为,传统的赫克歇尔-俄林(H-O)理论基本前提假定之一是"没有要素的国际移动",但一些服务要求生产者和消费者直接接触,这就有可能出现生产者或消费者的跨国移动。因此,传统的要素禀赋理论不足以解释国际服务贸易。

2. 国际贸易比较优势原理完全适用于服务贸易

很多学者认为没有必要把服务贸易与一般国际贸易区分开来。萨皮尔和卢兹(A. Sapir and Lutz,1981 年)合作进行了一系列著名的服务贸易实证研究,其主要结论是:传统贸易理论不仅适用于货物贸易,也适用于服务贸易,要素禀赋在货物贸易和服务贸易模式的决定上都具有重要作用[②]。拉尔(S. Lall,1986 年)通过对发展中国家的实证研究,也得出了相似的结论。

亨德利和史密斯(B. Hindley and A. Smith,1984 年)提出,没有必要探求专门用于服务贸易的研究方法,比较优势理论完全适用于服务贸易。尽管服务同商品相比存在显著的值得我们关注的区别,但比较优势理论的强有力的逻辑完全可以超越这些区别。比较优势原理的标准理论为分析服务部门中的贸易和投资问题提供了一个有用的分析框架。无论是理论分析还是经验分析,都没有必要过分地严格区分商品或服务。真正的困难来自于服务贸易的测度和统计。

美国著名国际经济学家理查德·库伯(Richard Kumpe,1988 年)坚持认为:作为一个简单的思想,比较优势论是普遍有效的……对传统比较优势论的依赖是基于一个简单的命题——每个团体所专注的共同利益正是自身效率更高的那项活动所带来的……正如存在于商品生产中那样,比较优势也存在于服务业中[③]。

3. 辩证地看待国际贸易基本原理对于服务贸易的适用性

第三种观点介于前两种观点之间,既肯定国际贸易的基本原理对服务贸易的适用性,同时也承认具体理论在解释服务贸易上的缺陷,主张利用国际贸易理论来解释服务贸易时,必须对传统理论进行若干修正。

[①] R. Dick and H. Dicke, 1979, Patterns of trade in knowledge, in H. Giersch (ed) International Economic Development and Resources Transfer, Tubingen: J. C. B. Mohr, p346.

[②] A. Saper, 1982: Trade in services: policy issues for the eighties. Columbia Journal of World Business, p79.

[③] 韶译,等. 国际服务贸易的相关理论. 北京:财贸经济,1996 年第 11 期.

迪尔道夫(Deardorff,1985年)认为,至少有以下三个特征可能会导致比较优势理论失灵。

(1) 一些服务的需求仅仅是货物的派生需求,不存在贸易前价格;

(2) 许多服务涉及要素流动;

(3) 某些要素服务可以由国外提供。

迪尔道夫通过分析指出,前两点不影响比较优势理论在服务贸易中的运用,但第三个特征会导致比较优势原则不成立。然后,他运用标准的 H-O 模型,通过改变其中的个别约束条件,率先成功地解释了国际服务贸易是如何遵循比较优势原则的[①]。

"迪尔道夫理论"的指导意义在于,任何一个国家在发展服务贸易时,首先有必要研究本国发展服务贸易的比较优势,比较优势应该是一个国家发展服务贸易的出发点。当然,在不同的服务活动类型上,各国的比较优势不同,这就要求各个国家必须将服务贸易的发展对策建立在认识自身比较优势的基础上。

塔克和桑德伯格(k. Trcker and M. Sundberg,1988 年)指出,传统国际贸易理论适用于分析服务贸易,但也存在下述局限性。

(1) 要素禀赋理论是从供给角度来分析国际贸易,而国际服务贸易在许多情况下主要受到需求条件而不是生产成本的影响;

(2) 商品和服务在研究与开发、广告等方面的效用上存在着差别;

(3) 许多服务往往作为中间投入出现在生产过程中,在生产的不同阶段会出现两个不同的生产函数;

(4) 服务贸易受市场结构和政府管制的影响比货物贸易要大得多。

他们主张在运用国际贸易原理来分析服务贸易时,需要更多地关注相关的市场结构和需求特征[②]。

总的来说,第三种观点得到了国内外学术界较多的认可。因为在商品和服务之间存在一个连续谱,在所有的商务活动中,服务和制造具有高度的相关性和互补性,因而可以认为服务贸易在很大程度上是受商品贸易的决定因素影响的。由此出发,传统的商品贸易理论基本上是可以用来解释作为全部商品和物质实体贸易一部分的服务贸易。

3.1.3 国际服务贸易显性比较优势论

比较优势可以陈述成几种既相同又相互联系的形式。巴拉萨(Balassa)总结了比较优势衡量技术的新近发展,在以下序列中的任一阶段,比较优势都可以得到衡量:

$$D \rightarrow CA \rightarrow T, P, C \rightarrow RCA$$

此处 D 为经济要素,CA 为比较优势,T、P、C 分别为贸易、生产和消费,RCA 为显性比较优势(Revealed Comparative Advantage, RCA),它是巴拉萨首创的国际竞争力测度工具,又称"相对出口绩效指数"(Index of Relative Export Performance, REP),用来衡量一国某

[①] A. Deardorf,1985:Comparative advantage and international trade and investment in services. In R. B. M. Stern (ed). Trade and Investment in Services: Canada/US perspectives,Toronto:Ontario Economic Council,pp39-71.

[②] K. Trcker and M. Sundberg,1988:International trade in services. Rortledge.

类产品的出口量占世界该产品出口总额的比重,即RCA=(某国某种产品的出口额/该国全部产品的出口额)/(世界该种产品的出口额/世界全部产品的出口总额)。在 n 个经济体,m 种出口产品中,一经济体显性比较优势可以表示为式(3-1)所示。若RCA>1,则意味着该国以出口该种产品为主,并拥有"显性"比较优势,具有一定的国际竞争力;相反,当一经济体的RCA<1时,则处于非比较优势地位,国际竞争力相对较弱。

$$\text{RCA}_{ij} = \frac{X_{ij}}{\sum_{j=1}^{n} X_{ij}} \div \frac{\sum_{i=1}^{m} X_{ij}}{\sum_{j=1}^{n}\sum_{i=1}^{m} X_{ij}} \tag{3-1}$$

式中,RCA_{ij} 表示 j 经济体在产品 i 上的显性比较优势指数;X_{ij} 表示 j 经济体在产品 i 的出口;$\sum_{j=1}^{n} X_{ij}$ 表示 n 个经济体在产品 i 上的总出口;$\sum_{i=1}^{m} X_{ij}$ 表示 j 经济体 m 种产品的总出口;$\sum_{j=1}^{n}\sum_{i=1}^{m} X_{ij}$ 表示 n 个经济体 m 种产品的总出口。

$$\text{RCA}_{ij} = \frac{X_{ij}}{\sum_{i=1}^{m} X_{ij}} \div \frac{\sum_{j=1}^{n} X_{ij}}{\sum_{j=1}^{n}\sum_{i=1}^{m} X_{ij}} = f(\text{rc}_{ij}, T_{wi}, \text{tc}_{ij}, \text{NTB}_{wi}) \tag{3-2}$$

式中,rc_{ij} 表示 j 国产品 i 的相对成本,$\dfrac{\sum_{j=1}^{n} X_{ij}}{\sum_{j=1}^{n}\sum_{i=1}^{m} X_{ij}}$ 表示世界产品的出口比;T_{wi} 表示世界各国对 j 国产品 i 的关税率,tc_{ij} 和 NTB_{wi} 分别表示 j 国产品的运输成本和非关税壁垒等非价格因素。如果式(3-2)中各因素对任何国家都起同等程度的作用,那么RCA指数"显示"的正好是某贸易商品或服务的实际相对生产成本情况。需要强调的是,显性比较优势指数是一种衡量国际竞争结构的事后指标。上述有关指标都是以贸易数据为评估基础,以下列假设为前提条件的,即特定商品或服务(或相对同质的一组商品或服务)的国际贸易格局能够反映一个经济体在该商品或服务上的比较优势。这一假设可以进一步理解为:当生产机会成本在经济体之间存在差异时,国际贸易就会发生。如果一个经济体的出口结构由比较优势相对较强的产品主导,那么就存在这样一种趋势,即生产日益专业化,贸易格局日益反映生产的专业化。

迪克等人试图借助RCA分析知识密集型服务贸易。他们以要素禀赋为基础,对各种RCA指标进行回归分析,发现在OECD成员国中,没有证据表明优势决定着服务贸易的模式。虽然这种现象可以部分归咎于非关税壁垒(NTBs)的存在,但他们仍然坚持:如果不考虑贸易扭曲,那么要素禀赋在服务贸易中的决定性作用并不明显。依据RCA指数,许多最贫穷的发展中国家都具有服务出口的比较优势,因为它们的服务RCA指数均大于1,如表3-2所示。然而,萨皮尔认为,服务贸易的比较优势是动态的,发展中国家具有成为服务出口国的潜力。

表 3-2　不同收入国家和地区商品贸易与服务贸易显性比较优势指数

人均收入(美元)	商品出口		服务出口	
	1970 年	1985 年	1970 年	1985 年
500 美元以下	1.10	1.07	0.57	0.67
500~1500	1.02	0.88	0.91	1.53
1500~3000	1.00	1.07	1.00	0.69
3000~6000	1.07	1.05	0.67	0.68
6000~10000	0.82	0.89	1.75	1.50
10000 以上	1.00	1.00	1.00	1.01
LDC(最不发达国家)	0.15	0.93	0.79	1.25

资料来源:谢康. 国际服务贸易,中山大学出版社,1998 年。

当然,RCA 指数可以将一国在世界服务出口中占的比重与其全部商品和私人服务在世界出口中所占的比重联系起来,其高低说明一国在某些方面实际的对外经济贸易地位或竞争地位。但值得注意的是,比较的竞争地位不仅取决于一国在实际服务市场中的地位,而且取决于该国在实际商品市场中的地位。这说明 RCA 指数在显示一国服务贸易比较优势方面存在着较大的局限:当一个产业的产业内贸易盛行时,以显示性比较优势指数所衡量的该经济体和产业的比较优势不具有客观性,更不能用来预测一个贸易发展的模式。另外,RCA 指数忽视了进口的作用。

3.2　国际服务贸易纯理论的发展与深化

3.2.1　服务价格国际差异模型

价格差异常常是国际商品贸易发生的基础,服务贸易也不例外。如何解释服务贸易差异,人们采取了两种途径:一是借助传统贸易理论解释服务价格与实际人均收入之间的相关性;二是用实证方法分析价格差异的决定因素。

1. 国际服务贸易价格与实际人均收入的相关性

格莱维斯(Kravis,1982 年)等人指出,在相对价格状况下,一个典型的穷国比富国的服务价格显得更低。联合国有关部门对 34 个国家的调查证明了这一点。在此基础上,格莱维斯首先提出了一个标准的李嘉图式贸易理论假设,即不同国家贸易品的价格相同。尽管如此,各国生产这些贸易品的行业工资却因生产率的差别而不尽相同。由于各国贸易品行业的工资率决定非贸易品(主要是服务业)的工资率,而且服务行业的国际生产差异率较小,因此,穷国的低生产率贸易品行业的低工资,运用于生产率相对于富国并不低的服务和其他非贸易行业。结果导致了低收入国家或地区的服务和其他非贸易品的低价格。

巴格瓦蒂(Bhagwati)通过两要素一般均衡模型进一步阐述了格莱维斯的上述见解。在如图 3-1 所示中，X 和 Y 分别代表两种贸易品，S 代表非贸易品——服务，下标 R 和 P 分别表示富国和穷国。

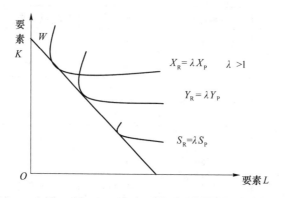

图 3-1　巴格瓦蒂两要素一般均衡

假设生产中规模报酬不变，作一条与三条的等产量曲线相切的工资-租金价格线 W，它决定各种商品（包括服务）的价格。这样，在富国，X_R 能交换 Y_R，并且两者都能交换 S_R。

克莱维斯认为，如果自由贸易使穷国贸易品价格与富国相等，而穷国贸易品部门生产率只相当于富国的 $1/\lambda$，那么，λX_P 交换 λY_P 必然得出同样的价格比 X/Y。但是，由于穷国服务部门的生产率与富国相等，因此，λX_P 虽可以交换 λY_P，但只能交换 S_P。由于穷国与富国的贸易联系导致 $S_R = \lambda S_P (\lambda > 1)$，所以出现了穷国的服务价格相对于富国而言较低的现象。

克莱维斯的解释并不令人满意，其缺陷在于假定各国的非贸易部门生产率相等，但相对于富国，穷国的贸易部门则在技术上处于劣势。巴格瓦蒂认识到了这一点，于是他摒弃国家贸易品和非贸易品（服务）部门之间的生产率差异，提出了另一种模型进行解释，如图 3-2 所示。

在图 3-2(a) 所示中，巴格瓦蒂假定富国和穷国的各个部门的生产函数相同，即假定不存在生产率差异，W_R 为富国工资-租金比，暗示 X_R 可以交换 Y_R 或 S_R。但如果穷国具有同样的工资-租金比，它们所有部门的总禀赋比 $(K/L)_P$ 必然在 OA 和 OC 线的跨度内，然而 $(K/L)_P$ 不完全在 AOC 范围之内，故 W_R 不再可行。假设穷国的劳动力禀赋丰富，则其工资-租金比 $W_P < W_R$，结果，在富国既定的价格 $X_R = Y_R$ 条件下，穷国不可能再生产 X，且 Y_P 不是交换 S_P 而是 $\overline{S_P}$。因为穷国的禀赋比 $(K/L)_P$ 在 EOD 范围之内，且 $\overline{S_P} > S_P$，所以穷国的服务价格比富国低。

巴格瓦蒂也承认，在他的模型中，穷国服务部门的劳动生产率比商品部门高，这似乎与现实情况相悖。导致这一矛盾的主因在于该模型所隐含的假设条件，即假定服务部门为劳动密集型的。事实上，在现代发达国家中，服务尤其是生产服务部门大多是资本和技术密集型部门。如果将技术作为无形资产归入资本，那么，生产性服务的资本密集型将更加明显，据此，可以将巴格瓦蒂模型所隐含的假设条件改为：假定服务为资本和技术密集型部门。这样，如图 3-2(b) 所示，S^K 表示资本密集型服务。显然，在 $X_P = Y_P$ 条件下，由于 Y_P 可以交换 X_P，故富国不会再生产 X，而且由于 Y_P 不是交换 S_R^K，而是交换 S_P^K，且 $S_R^K > S_P^K$，所以富国的资本密集型服务价格较低。

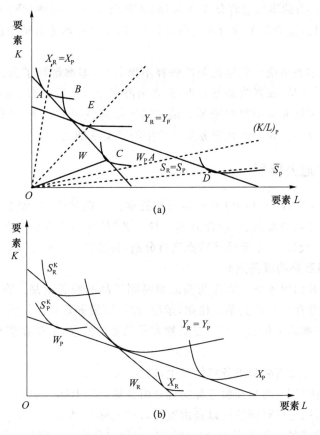

图 3-2 服务价格国际差异模型

归纳起来,图 3-2(a)和(b)所示的可以在相当程度上解释为什么发达国家在金融、工程咨询、信息处理等资本密集型服务上相对价格较低,而某些发展中国家在工程承包等劳动密集型服务上具有比较优势。

2. 国际服务贸易价格水平的计量分析

法尔维和格默尔(Falvey and Gemmell,1991 年)两人独辟蹊径,运用计量分析方法解释了国际服务贸易价格水平的差异。首先,他们从一个包括贸易品部门和非贸易品部门、固定和流动要素的一般贸易模型出发,试图将各国的服务价格表示为许多外生变量的函数,这些外生变量大小的不同导致各国服务价格之间的差异;其次,将国家间服务价格和实际人均收入的差异表示为要素禀赋、贸易差额、人口和贸易品价格差异的函数,以此建立分析国家间服务价格差异的计量模型。他们以美国为基准国(Numeraire Country),在对 1980 年 52 个国家的数据进行回归分析后,得出以下主要结论。

(1) 国家间服务价格与人均实际收入成正相关。

(2) 假设其他因素不变,农业耕地、矿藏、资本、较大的贸易赤字和较高的贸易品价格(由于贸易政策的影响),将倾向于提高国内服务价格和人均实际收入。相反,较多的人口和劳动力禀赋倾向于提高人均实际收入,但却会降低对服务的净需求,从而降低国内服务价格。

（3）非熟练劳动力的增加会降低服务价格,而熟练劳动力的增加则可能降低也可能提高服务价格,但当对有技能的劳动力进行劳动补贴时,无论是熟练劳动力还是非熟练劳动力都将降低服务价格。

法尔维和格默尔的结论与巴格瓦蒂的解释不谋而合,即都解释了为什么穷国的服务价格比富国更低,不同的是,前者为动态分析,后者为静态分析。虽然穷国的服务价格较低,但并不意味着穷国一定能向富国出口服务。他们的工作都说明了一个问题,即各国要素禀赋不同而导致的服务价格差异可能是服务贸易产生的坚实基础之一。

3.2.2 迪尔道夫模型

1985年,迪尔道夫(Deardorff)率先运用赫克歇尔—俄林模型(即$2\times2\times2$的H-O理论),建立了一个"两国、两要素、一种商品和一种服务"的模型来探讨服务贸易的比较优势。他选择了服务业三个假设的重要经济特点进行分析,包括以下三种情况。

1. 同商品贸易互补的服务贸易

同商品贸易互补的服务贸易即作为商品贸易副产品的服务贸易。在现实经济中,服务贸易和货物贸易常常存在互补关系。比如,运输、保险等服务贸易都是为了方便国际货物贸易而发展起来的,一些服务的需求仅仅是货物贸易的派生需求,不存在贸易前价格。假设存在以下三种情形。

（1）封闭状态下:无商品和服务贸易发生,以"上标a"表示。
（2）自由贸易状态下:商品和服务都实现自由贸易,以"上标f"表示。
（3）半封闭状态下:只有商品可以自由贸易,以"上标h"表示。

这样,封闭下的市场均衡可以为(p^a,q^a,x^a),p^a和q^a分别表示商品和服务的均衡价格;x^a表示商品的均衡数量,由于禁止贸易没有服务需求,故服务的均衡产量为零,即$s^a=0$。假设已实现利润最大化,那么对于所有可能的产出集合(x,s),有

$$p^a x^a \geqslant p^a x + q^a s \tag{3-3}$$

自由贸易状态下的市场均衡为(p^d,q^w,x^f,s^f)。其中,p^d表示食品价格;q^w表示国际服务的均衡价格。如前所述,商品的国际价格$p^w=p^d+q^w$。如果T,V和U分别代表商品、服务的净出口和本国的服务消费量,那么,自由贸易状态下的均衡条件如下所示。

①对于所有可能的产出集合(x,s),有

$$p^d x^f + q^w s^f \geqslant p^d x + q^w s \tag{3-4}$$

②对于所有可能的T和U,有

$$(p^w - p^d)T^f - q^w U^f \geqslant (p^w - p^d)T - q^w U \tag{3-5}$$

$$p^w T^f + q^w V^f = 0 \tag{3-6}$$

式(3-4)表示在均衡价格状态下实现收益最大化;式(3-5)表示服务的出口达到利润最大化,式(3-6)为贸易平衡方程。

依据显示偏好弱定理[①],通过比较上述情形,可以证明:$p^a T^f + q^a V^f \leqslant 0$,即按封闭

---

① 显示偏好弱定理:如果组合A直接显示出比B更被消费者所偏好,而且,A和B不同,则不可能有直接显示出B比A更被消费者偏好。

状态下的价格出口产品不如进口产品,这说明产品贸易与传统的比较优势理论是一致的。

对于半封闭状态下产品贸易状况,其市场均衡为(p^h,q^a,x^f,s^a),均衡状态下的利润最大化表示为:对于所有的(x,s),有$p^h x^f+q^a s^a \geqslant p^h x+q^a s$。如果将$T^f$换成$T^a$,且由于没有服务贸易,故$V=0$。那么,同样可以推出:$p^a T^a \leqslant 0$。这意味着即使互补性服务不可贸易,也不会影响传统的比较优势理论在服务贸易分析中的适用性。因此,比较优势理论解释商品贸易和作为商品贸易副产品的服务贸易是有效的。

2. 流动性服务要素贸易

服务贸易一个显著但并非必不可少的特征是要求出口企业在进口地有商业存在,即出口企业或者在当地建厂生产并提供服务,或者派遣部分雇员至东道国进行市场管理或监督服务,这些都涉及资本要素或劳动要素从出口地转移到进口地。

很多服务在传统意义上是不能参与国际贸易的,如"钱之旅"特有的三星级餐饮服务只能在巴黎享受到。但是服务(劳动)要素一般可以在国家之间自由流动,假设生产这种"钱之旅"餐饮服务需要两种要素投入:技术性劳动(厨师)和非技术性服务(服务生),再假设存在比较优势,法国技术性劳动比较充裕;而美国非技术服务比较充裕,三星级服务属于非技术性劳动密集型部门。在封闭状态下,法国的三星级餐饮服务价格高,如果允许技术性劳动跨国界流动,法国厨师就会到纽约与当地非技术性劳动相结合,可以用较低的价格提供星级服务。这种服务要素的流向是由相对比较优势决定的。

3. 非流动性服务要素贸易

有时在要素实体不流动的情况下,也能进行国家之间的贸易。一个经理完全可以通过电话、传真、互联网等通信工具管理千里之外的生产活动。假设A和B两个国家均生产两种产品:一种是可贸易品X,另一种是非贸易品S,且两国对两种产品需求一致。进一步假定生产这两种产品需要两种要素投入:劳动L和管理M。并且在不移动的情况下,也能促进国际贸易活动。

封闭状态下,如果A国服务要素价格比B国低,这可能由以下三种情况引起。

(1)要素禀赋不同。A国管理要素丰富,且S属于管理密集型产品;

(2)要素禀赋差异。A国劳动充裕,且S属于劳动密集型产品;

(3)技术差别,A国在S的生产上具有中性技术优势。

由封闭状态转向自由贸易后,A国在第一种情况下,将"出口"(非实体流动)管理要素M进口可贸易品X;在第二种情况下,出口X,进口(非实体流动)M;此时考虑的只是可贸易品X和非流动管理要素M的价格,所以在要素禀赋不同情况下(1)、(2)比较优势原则能够成立。在第三种情况下,尽管管理要素M价格比B国高,但A国享有中性技术优势,两国间技术差异更大,抵消了要素价格差别,A国将向B国提供管理要素M的"非实体"服务,这样要素价格较高的A国,反而成了该要素的"出口"方,似乎同比较优势相矛盾。其实决定管理要素M是否参与国际贸易的因素不仅要素M价格,还有非贸易品S的价格。只要A国劳动密集型产品S的价格低于B国,在第三种情况下,A国就"出口"管理要素M,在这个意义上,比较优势同样成立。

迪尔道夫的主要贡献在于,通过自己的研究证明:如果给定某些条件,国际贸易理论完全可以用来分析国际服务贸易。总之,在完全竞争条件下,比较优势理论适应于国际服务贸易[①]。但很多情况下,服务业经营是在规模和范围递增(Increasing Return to Scale and Scope)以及不完全竞争条件下进行的。因此,比较优势理论不能足以解释贸易格局。还有一些研究者已经意识到不完全竞争在服务业中的作用,但没有人研究这对于服务贸易格局的影响。相反,人们将注意力集中于服务的规范问题上。

3.2.3 伯格斯模型

伯格斯(D. F. Burgess,1990 年)运用修正过的赫克歇尔—俄林—萨缪尔森(H-O-S)模型,探讨了服务贸易、服务技术出口对于服务贸易双方的影响,提出关于服务贸易的一般模型。该模型说明了服务提供者的服务技术差别如何形成比较优势从而决定服务贸易格局。

根据伯格斯模型,厂商是选择按合约经营还是自我服务经营,取决于服务和要素的市场价格比较。服务价格超过工资和租金的程度越高,厂商依赖服务部门的程度就会越低,自我服务经营程度就越高。由于要素间存在替代关系,服务的成本就会相应降低。如果存在技术、贸易政策壁垒阻碍服务贸易,各国在服务供给上的技术差别就成为商品生产比较优势的重要决定因素。

伯格斯指出,国际贸易理论是可以用来解释服务贸易的。如果把标准的 H-O-S 模型作简单修正,就可以得到解释服务贸易的一般模型。就能从中揭示不同国家服务提供技术的差别是如何形成比较优势和商品贸易模式的。他认为:服务贸易自由化和服务技术的出口一般会改变出口国的贸易条件,提高出口国的经济福利水平。

假设:市场完全竞争;规模报酬不变;用资本 K 和劳动力 L 两种要素生产两种产品和一种服务。这样该经济的技术结构形式可描述为三个单位成本等于价格的方程。

$$\begin{cases}(a) C^1(w, r, p_s) = p_1 \\ (b) C^2(w, r, p_s) = p_2 \\ (c) C^3(w, r) = p_s\end{cases}$$

式中,$C^i(\cdot)$表示生产一单位商品 i 的最小成本;w 和 r 分别表示工资和租金;$p_i(i=1,2)$是两种可贸易商品的价格;p_s是服务价格。将(c)代入(a)和(b),得到使用两种最初投入生产两种最终产出的简单模型。因该模型与标准的 H-O 模型相同,故可认为,传统的 H-O 模型在一定程度上可以解释服务贸易。应当指出,服务部门的产出应作为中间投入参与最终产品的生产,而服务部门使用的全部要素同样可以用于产品生产部门。劳动力与资本要素市场的均衡条件为

$$(d)\ Q_1 C_w^1(\cdot) + Q_2 C_w^2(\cdot) + Q_s C_w^3(\cdot) = L$$
$$(e)\ Q_1 C_r^1(\cdot) + Q_2 C_r^2(\cdot) + Q_s C_r^3(\cdot) = K$$

式中,$Q_i(i=1,2,s)$表示两种商品生产部门和一个服务部门的产出水平。如果技术和政策壁垒阻碍国际服务贸易,服务的供给必须等于部门需求的总和,即

$$(f)\ Q_1 C_{ps}^1(\cdot) + Q_2 C_{ps}^2(\cdot) = Q_s$$

---

① 还可参见 Hoekman,B. M. Serves as the Quid Pro Quo for a Safeguard Code,*The World Economy*,1988-11,p203-215.

如果一国经济并没有集中生产一种产品,则式(a)～式(c)可单独决定相对于世界市场贸易品价格中任何组合的竞争要素价格和国内服务价格。商品价格决定于要素价格,同时决定各部门对每种要素和服务单位成本的最低需求(除产出外,其他已知)。式(d)～式(f)构成一个含有三个未知数的三个线性方程的方程组,从中可解出唯一一组作为要素禀赋函数的部门产出。如使经济保持分散化,则要素存量的任何变化只会导致部门产出的变化,而不会影响要素价格和国内服务价格的变化。并且,如果技术相同的两国商品可自由贸易(服务不可贸易),即使无一种要素能在国际上流动,两国的要素价格和国内服务价格的差异也会缩小。如果没有运输成本,这种价格差异则会完全消失。因此,在服务存在于消费者的效用函数而不是存在于厂商的生产函数内的情况下,商品贸易壁垒的减少,将降低市场参与者从事服务贸易的欲望。

按照伯格斯模型,一个厂商是选择合约经营,还是选择自身进行服务,取决于服务的市场价格与要素价格孰高孰低。若前者较高,生产厂商就较少依赖服务部门,但用于服务的支出将因要素间替代程度的不同而升降。如果技术或政策壁垒阻碍服务贸易,那么提供服务的技术差别将成为一国商品比较优势的重要决定因素。当然,对此做完整的分析存在困难,但考虑到作为各部门中间投入的服务需求,若两个部门的要素密集程度与两种产品的要素密集程度相反,且各国只在服务技术上存在差别,那么,具有服务技术优势的国家将获得相对昂贵的服务而不是相对低廉的服务。服务技术优势反映在较高的要素报酬上,这种较高投入成本的损失可能超过技术优势带来的收益,即使服务在技术先进国相对低廉,但它们也可能不会给相对密集使用服务的部门带来比较优势。

事实上,较低廉的服务意味着服务密集部门相对于其他部门而言将会扩张规模,同时意味着那些大量使用服务部门中密集使用的要素的部门也将扩大规模。当然,这两种部门的扩张不尽相同。比如,如果服务部门只使用劳动一种要素,而技术符合里昂惕夫条件,即投入—产出系数不受投入价格的影响,那么无论哪种产品密集使用服务,服务部门的中性技术进步都将导致劳动密集型产品的增加和资本密集型产品的减少。如果技术符合柯布—道格拉斯函数,即各部门的要素分配与投入价格无关,则相对其他部门的产品,密集使用服务部门的产品将会增加。据此,伯格斯认为,即使服务部门的产品不可贸易,服务技术的国际扩散也会对收入分配和贸易条件产生影响。

这一结论导致一个问题,即一国通过许可证贸易或免费向外国转让其具有优势的服务技术是否会削弱其竞争优势?如果服务技术优势是服务贸易比较优势的唯一来源,或服务技术优势加强了其他决定服务贸易比较优势的因素,那么答案将是肯定的。相反,如果一国服务技术优势抵消了其他更重要的比较优势的决定因素,那么,即使该国无偿转让技术,也可以通过这种转让改善贸易条件而获得某些收益。

如果具有服务技术优势的国家同时也是资本丰富的国家,且资本丰富就可提高资本密集型产品的比较优势,这样,如果服务部门密集使用劳动,且服务被密集使用于劳动密集型产品的生产中,那么服务技术优势将增强劳动密集型产品的比较优势。如果相对要素存量差别是比较优势和服务贸易的决定因素,且服务技术优势可无偿转让给外国,那么,外国劳动密集型产品的生产将会增加,资本密集型产品的生产将会减少,服务技术出口国的贸易条件将会得到改善。因此,服务技术的出口未必会损害服务出口国的比较优势。相反,由于服务是作为中间产品参与国际贸易,服务贸易自由化可能会损害服务进口国的利益。

3.3 规模报酬递增和不完全竞争条件下的服务贸易

传统贸易理论有两个关键假设"完全竞争"和"规模报酬不变",而现实经济大量存在的是"不完全竞争"(主要是垄断竞争)和"规模经济"(即规模报酬递增),规模经济往往要求并导致一个不完全竞争的市场结构。正是在两个全新的假设上产生了规模经济贸易理论。规模经济和与国际市场不完全竞争相联系的产品差异,可以更好地解释增长迅速的工业国之间和同产业之间的贸易,这种状况在服务贸易领域表现得更加明显。然而,处于发展中的商品贸易规模经济和不完全竞争理论,也给服务贸易的分析带来一些困难。琼斯等人的生产区块和服务链理论是关于规模经济和不完全竞争条件下的服务贸易的代表性理论。下面介绍琼斯等人的生产区块和服务链理论。

3.3.1 生产区块和服务链理论

科技进步使服务生产成本趋于下降,服务价格变得越来越低廉,这一变化导致了服务生产的分散化、迂回性。将生产过程分散在不同地点,增加了生产方式的组合,从而导致对服务链更为强烈的需求。由此,国际服务链得到了更为频繁和大量的使用而成为生产过程必不可少的组成部分。琼斯和凯茨考斯基(Jones, R. and Kierzkowski, H.)为此提出"生产区块和服务链"(Production Blocks and Service Links)理论,来探讨企业产出水平的提高、收益的增加和要素分工的益处,以及三者如何促进使企业转向通过服务链联结各个分散生产区块的新型生产方式。一系列协调、管理、运输和金融服务组成服务链,当生产过程逐渐分散到由不同国家的生产区块合作生产时,对国家服务链的需求就会明显上升,从而诱发国际服务贸易。

1. 生产过程的分散化

图 3-3 描述了生产过程的分散化过程。图 3-3(a)所示为单一生产区块,服务投入的影响在这一阶段并不明显,仅仅参与生产区块的内部协调和联结厂商和消费者的营销活动。若假设某厂商位于生产区块内的技术隐含着规模报酬递增效应,且边际成本不变,则在图 3-4 所示中,线 aa' 表示总成本随生产规模的扩大而上升,其斜率为边际成本;截距 Oa 表示厂商和其他与生产区块有关的固定成本。

如图 3-3(b)所示,随着生产扩张,社会分工与专业化程度愈益加深,从而加速了生产区块的分离。假定生产分散化改变固定成本和变动成本之间的比例,而且在生产区块之间增加投入,大量固定成本可以导致较低的边际成本,如图 3-4 所示的 bb' 线。在该阶段中,服务业起到了重要作用。图 3-3(b)所示中的两个生产区块需要通过服务来协调和联结,这种协调和联结必然需要成本,比如运输服务成本。由于生产区块的分散导致总成本中增加了联结生产区块的服务链成本,故新的成本—产出线应为虚线 cc'。在图 3-4 所示的服务成本与生产规模基本无关,因为线 cc' 与线 bb' 平行。即使服务成本随着生产水平的上升而增大,也只需将线 cc' 画得比线 bb' 稍陡一些即可。但是,含有服务链的边际成本应低于相对集中生产(线 aa')的边际成本,否则,厂商将不愿意采用分散生产的方式。

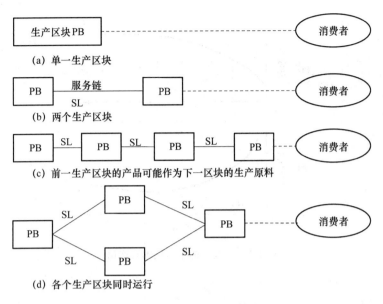

图 3-3 生产过程的分散化

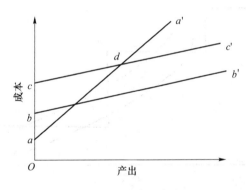

图 3-4 总成本和产出

如果生产区块与服务链重复图 3-4 所示的过程,生产区块与服务链数量将不断增加,最终演变成如图 3-5 所示的情形。

事实上,工业的发展使劳动分工和专业化不断加深,从而导致分散度和生产者服务贸易的增加。图 3-3(c)表示前一生产区块的产品可能作为下一生产区块的生产原料;图 3-3(d)则显示了一种新组合,即各个生产区块同时运行,每一生产区块的产品在最后的一个生产区块组装成最终产品。图 3-5 所示为上述分散化过程。

对于任何分散水平,生产区块内固定成本和边际成本的结合,即各生产区块通过各服务链对较大固定成本的联结,使得平均成本随着产量的增加而降低。而且,当一项新的分散技术导致更高的分散水平时,平均成本下降的速度将会更快。

图 3-6 所示说明随着生产的扩大,边际成本与产量的关系刺激厂商采用更为分散的生产技术。若假定生产仍停留在由单一厂商完成的生产区块,且市场需求弹性小于无穷大,则

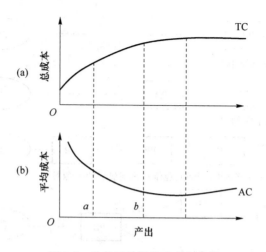

图 3-5 分散后的平均成本与产出

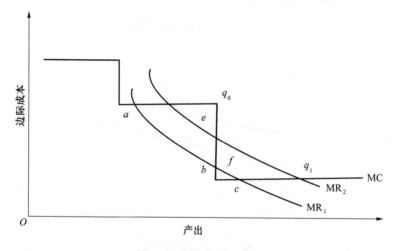

图 3-6 边际成本和产出

厂商将增加生产直至 MC＝MR。然而一条既定的边际收益曲线可能与边际成本曲线相交于多个不同的点。如果需要增长且足以使边际收益曲线移到 MR_1 处，位于 b 点的边际收益等于边际成本，但 b 点仅是局部利润最大点，因为增加或减少某个微小产量都将增加利润。a 和 c 点更具竞争力：a 点处的利润显然大于 c 点，这就是说，如果产量从 a 点移到 c 点，那么较低水平的分散生产技术将导致边际成本超过边际收益的边际损失；但如果一旦采用更为分散的生产技术，从 b 点向 c 点方向的任何微小延伸，都将使边际成本低于边际收益。

如果需求持续平稳增长，同时边际收益曲线外移至 MR_2 处，e 部分与 f 部分的面积恰好相等，厂商在 q_0 和 q_1 处生产没有差别。需求的平稳增加导致生产更加分散，使产量呈阶梯状上升。如果边际收益曲线或相应的需求曲线越富有弹性，则产量的阶梯状就越明显。

科斯在《企业的性质》一文中强调，面对生产的低效率和市场交易的高成本，厂商可能会更愿意实行内部化经营或贸易。然而，生产过程复杂程度的提高使垂直专业化和新厂商的出现成为可能。这时,每个独立的新厂商可能代表着一个新的生产区块和服务链,位于生产链最下游的生产最终产品的厂商可能完全依赖市场来提供所需的中间产品或服务。如果不止一个部门或一个部门内不止一个生产不同产品的厂商能够利用各个生产区块和服务链,那么子公司抽资脱离母公司的可能性就会大大增加。电信服务部门存在着固定成本高昂的自然垄断限制,新厂商需要在使用市场服务所带来的成本与直接投资该服务部门获得服务的成本之间进行权衡。许多新厂商往往选择前一种策略,即依靠市场获取电信服务。

2. 国际贸易中的服务链

假定在世界市场上交易的都是最终产品而非中间产品和服务,国内生产的商品集中反映比较优势,人们重视且规模报酬递增导致的集中化生产,那么与闭关自守状态相比,允许最终产品自由贸易带来的专业化分工能够增加贸易国的福利。同时,生产过程数量的减少使得剩下的生产过程可以更大限度地分散生产。如果一国在某种商品上具有总体比较优势,但并非国内每个生产区块和服务链的成本都比较低,那么,为了追求效率,厂商将在国内和国外分散生产。现实中生动的例子就是,世界汽车工业的发展推动着汽车零部件的国际贸易。

图 3-7 所示为外国服务链引入前后的成本变化,即在同一分散水平上由一条服务链联结的两个生产区块的比较优势结构。H 线代表两个生产区块均在国内时的固定成本和可变成本;H' 则增加了服务链成本。若国内和国外各有一个生产区块成本降低,则国内和国外组合生产之后的成本由 M 表示。假定固定成本仍与 H 相同,但联结国内和国外生产区块的服务链成本大于两个区块均在国内时的成本,即 $ca>ba$,那么,用于联结跨国生产区块的服务链成本将会把最优成本—产出曲线 beH' 即 H' 线折成 beM。也就是说,当产量大于 h 时,可以采用国内和国外相互结合的分散方式进行生产。

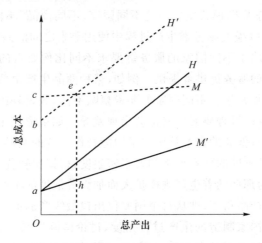

图 3-7 总成本和产量:外国服务链的影响

在上述模型中,生产区块位于不同地点,服务链可由一国以上的服务提供者提供。图 3-7所示的是假定国内外生产区块的固定成本相同,实际上也可以不同。如果国外生产区块拥有成本优势,那么,它不仅体现在可变成本上,也应体现在固定成本上。另外一个假定是联结跨国生产区块的服务链成本大于联结国内生产区块的成本,这也有例外情况。

以电信、运输和金融服务业为代表的现代服务技术的进步,已卓有成效地降低了国际服务链的相对成本,使得跨国生产所需的最小规模变得越来越小,即图 3-7 所示中的 h 点逐渐左移,或者说,服务成本的降低使图 3-4 所示中的 cc' 线下移,拐点 d 也随之沿着 aa' 线向左下方移动。这样就极大地刺激了各生产区块跨国生产的积极性。在各厂商积极利用国际服务链进行高效率分散生产的过程中,国际服务贸易,特别是生产性服务贸易就获得了大幅度增长。这一理论也揭示了在国际服务贸易中生产性服务贸易比重持续上升的根本原因。

3. 对"生产区块和服务链"理论的不同解释

(1) 李嘉图解释。从李嘉图理论框架出发,假设:①最初本国建立了两个生产区块,其边际劳动投入系数用 a_{L1} 表示,国外生产区块的投入系数为 a_{L1}^*;②两个生产区块的产品必须按 1∶1 的比例组装成一单位最终产品;③生产区块内和国家之间的固定成本相同;④若不允许零件贸易,本国固定成本拥有生产该产品的总体比较优势,且 w 和 w^* 分别表示两国工资率。根据比较优势原理可得出公式:

$$\frac{a_{L_1}^* + a_{L_1}^*}{a_{L_1} + a_{L_2}} > \frac{w}{w^*} \tag{3-7}$$

如果本国的比较优势在第一个生产区块,而外国则在第二个生产区块,这样,李嘉图不等式为

$$\frac{a_{L_1}^*}{a_{L_1}} > \frac{w}{w^*} > \frac{a_{L_2}^*}{a_{L_2}} \tag{3-8}$$

如果外国接管第二生产区块的生产,那么,将降低边际成本并因此获益。如果实施这种生产的合理配置,那么,就需要扩大生产规模,以使由此降低的可变成本小于利用国际服务链额外增加的成本。

(2) "H-O"解释。李嘉图模式主要讨论不同国家、不同商品、不同生产区块相对劳动生产率变动的可能性。H-O 模型则考虑生产过程中使用要素之间的差别即不同生产区块的要素密集度不同。这里忽略了不同国家的服务链要求不同比例要素的可能性,即假设服务链由世界市场中成本最低的服务提供者提供。例如,某种商品生产由两个阶段组成,前一阶段相对于后一阶段资本更加密集。不同国家的要素禀赋不同,假定外国劳动力相对充裕,且即使实行自由贸易,部分生产过程要素价格也会出现差异。如果形成国际服务链,那么国外相对低廉的劳动和本国相对低廉的资本就构成了国际合作生产的基础。由于国际市场中存在不同的要素生产率,以及不同的要素价格和要素密集度,根据比较优势而在各生产区块之间的产业内服务贸易,将为那些随着生产规模扩大而加大分散度的生产区块带来更多的收益。

上述分析仅从最终产品角度,即从每个国家仅出口最终产品的一体化生产过程,以及既定产品可以分散到不同国家制造的生产过程角度,讨论国际贸易中服务链的作用。如果每个生产区块只从事一种最终产品的生产,且每种最终产品只在一国完成生产,那么,根据比较优势原则,允许生产过程所需要的零件的自由贸易将因世界资源的重新配置而产生收益。然而,如果这种最终产品贸易反映一种相当大程度上的产业内贸易,或如果生产区块主要用于支持完全不同的行业的生产,那么,这种收益的潜力将更大。

(3) 埃塞尔解释。埃塞尔认为,贸易国规模报酬递增体现在使各种生产要素与各种产出相联系的线性生产函数中。这些生产函数能够被描述为固定成本与可变成本的组合关

系。琼斯等人在分析生产区块内规模报酬递增效应时就是采用这种思路进行的。在他们看来,生产规模的扩大受到来自国内外需求增长的驱动,从而导致生产分散水平的提高。需指明的是,琼斯等人的生产区块与服务链理论阐述的服务规模经济理论与埃塞尔的结论大相径庭。在后者的模型中,厂商极力利用更为多样化的零件来扩大生产,因为其国际贸易规模报酬递增依赖于零件多样化程度,而前者模型出现的规模报酬递增依赖于产出规模和生产分散水平。正如传统比较优势带来更高效率的资源配置那样,生产区块国际分散的潜力通过服务链的联结而成为现实,并由此在一定程度的离散和分工水平上获取收益。总之,在琼斯等人的模型中,服务贸易或服务链在贸易中的主要作用是促进生产区块在国内和国外的分散化,由此形成的服务贸易收益应归于规模经济的范畴。

(4) 弗农解释。弗农的产品生命周期理论认为,产品生命周期的早期阶段往往处于一国之内,以便利用本国一系列潜在要素和技能,因为在此阶段人们难以确定哪些资源或技能在产品制造中不可或缺。一旦这些不确定得到解决,生产技术得以规范、简化,并且与国外资源相结合能够产生比较优势,那么,该产品的生产就有可能转至国外。

弗农注意到生产过程在国际上的重新布局,但没有考虑利用比较优势法则解释生产过程部分在国内、部分在国外的现象。琼斯等人的理论阐明,由服务链联结的独立生产区块的发展,即每个生产区块的国际分布取决于国际相对要素价格和相对劳动生产率的变化;产品的产出规模确定整个生产区块的分散水平。在这一过程中,服务技术传播与扩散的"生命周期"似乎也与生产区块的分散化联系,服务贸易规模经济或边际成本递减效应在宏观上影响生产区块的国际分布。

3.3.2 马库森理论

生产性服务贸易目前在国际服务贸易中增长很快。许多生产性服务贸易既具有差异性,又具有知识密集性。它们大多要求高额的初始投资,但投资后其边际生产成本迅速下降。这一特征表明其具有较高的规模经济效益。

马库森(James R. Markusen)在埃塞尔研究基础上发展了差异性中间要素贸易的模型。在埃塞尔的模型中,两个国家分别拥有竞争部门(Y)和需要使用中间要素或服务进行市场的部门(X),后者具有规模报酬递增效应和生产互补性。结果表明,有两个原因使含有生产要素的贸易优于单纯的最终品贸易。第一,由于价格与边际成本之间发生扭曲,当单纯的商品贸易不能确保帕累托改进时,允许生产要素自由贸易可使两国被扭曲部门的生产得以扩张,这一扩张已被作为当价格超过边际成本时贸易得益的充分条件。最终产品的自由贸易导致小国或技术落后国该生产部门的收缩,这一收缩则是构成丧失贸易得益的充分条件。第二,从世界角度分析,允许要素自由贸易也优于单纯的最终产品自由贸易。其根据在于,在最终产品生产中国内外专业要素之间的互补性和自由贸易带来的更高水平的社会分工。

马库森根据服务部门的柯布-道格拉斯生产函数和熟练劳动力生产的不变替代弹性生产函数,得出结论:生产企业和任何特定专业化服务的生产规模报酬不变,而服务业及其所提供的服务总量则呈规模报酬递增。服务部门产出虽处于竞争均衡,但并不是帕累托最优状态,因为它没有将规模效应考虑在内。服务贸易同样存在"先入者优势",报酬递增规律会使率先进入服务业的厂商以较低成本扩展规模,阻止后来者提供同样的服务,结果必然会降低后来者的福利水平。同理,这一现象也使小国生产规模报酬递增的趋势萎缩,并遭受福利损失。因此,马库森的政策主张是适当的补贴,包括生产补贴和政府提供的公共收入,可使福利最大化。

马库森提出,在一个有两种商品 X 和 Y 的模型中,包含作为 X 生产排他性投入的 n 个生产者服务 $S_i(i=1,2,\cdots,n)$。X 和 Y 都在规模报酬不变条件下生产和在完全竞争市场上销售,而生产者服务投入在规模报酬递增条件下生产和在垄断竞争市场上销售。假定两国在所有其他方面都相同,仅仅在绝对大小上存在差别,这时需要考虑以下两种情形。

(1) X 和 Y 可贸易,而 S_i 不可贸易;

(2) S_i 和 Y 可贸易,而 X 不可贸易。

在情形(1)中,现代国际贸易理论预言,若两国情况完全相同,它们在 X 和 Y 的贸易自由化中间不会获得任何利益。若两国大小存在差异,则小国甚至可能在贸易中受损。这一结果可以通过比较封闭条件下的均衡和与市场出清条件下自由贸易均衡而获得。可以认为,自由贸易条件下 X 的国内生产得以扩张并构成获得贸易利益的充分条件。然而,若小国国内 X 的价格 P 与边际转换率之间发生扭曲,造成相对大国的成本劣势,情况将发生变化。

在情形(2)中,第一,由于允许两国共同承担与 S_i 的生产相联系的固定成本,它们都将从生产者服务中获益。第二,虽然 X 不能贸易,但由于有更多种类的 S_i,以比情形(1)更低的成本提供给每个国家,两国将因生产性服务贸易而使他们的市场可能性边界向外移动。第三,一般情形下,两国都将从更加多样化的生产性服务中获益。第四,两国在情形(2)下通常都因得到较情形(1)更多样化的生产性服务而获益。

规模报酬递增是资本密集型中间产品的生产和知识密集型生产性服务的生产共性,而许多中间产品又呈现差异化或与国内要素互补的特征。马库森的结论是:生产性服务贸易优于单纯的最终产品贸易。

1989 年,马库森建立了一个两部门的一般均衡模型来探讨具有规模经济的生产性服务和其他专业服务的国际贸易。其分析结果是,允许生产性服务等特殊中间投入贸易优于最终产品的贸易,中间投入的自由贸易可以保证贸易双方的福利同时增加。但是,马库森把这一分析延伸到跨国公司内部进行的生产性服务贸易时,发现跨国公司的生产性服务优势将在东道国商品生产中造成垄断,从而可能使东道国的福利减少。

3.3.3　邓宁的国际生产折中理论

邓宁(Dunning)认为,在国际投资中,只有同时具备所有权优势(Ownership-special Advantages)、区位优势(Location Choice Advantages)和内部化优势(Internalization-special Advantages),才能进行有利的对外直接投资。如果仅有所有权优势和内部化优势而无区位优势,这意味着缺乏有力的投资场所,只能将有关优势在国内加以运用,即在国内进行生产,然后出口。如果没有内部化优势和区位优势,仅有无形资产优势即所有权优势,企业则难以在内部使用,只能转让给外国企业,即称"特许转让"。"三优势"理论(OLI)是邓宁提出的"国际生产折中理论"的核心。1989 年邓宁将其在制造业发展起来的国际生产折中理论扩展到服务部门,认为国际生产折中理论的基本框架可适用于服务业跨国企业并对原有的所有权优势、内部化优势和区位优势在服务业跨国企业的具体表现进行了阐述。

1. 所有权优势

所有权优势可理解为企业满足当前或潜在顾客需求的能力。在服务业中有以下三个重要标准。

(1) 所提供服务的特征和范围。即值得顾客购买的构成服务的所有组成部分,如构思、舒适、实用、效率、可靠、专业化程度,以及对顾客的态度等属性。

(2) 价格,减去折扣,但包括预期的售后成本,如维修成本。

(3) 与产品购买和使用相关的服务。

跨国公司为了比其竞争对手更好地满足上述标准,要么必须独家或特许拥有特殊的技术、管理、金融或营销资产,以便以最低生产成本生产和销售特定的产品或服务,要么拥有良好的组织能力,从而把这些不同资产所实现的增值活动结合起来。

服务业跨国公司特有的所有权优势主要表现在以下几个方面。

(1) 质量控制。几乎所有的服务都很复杂,包含许多人为因素。所有的服务要么体现在货物之中,要么体现在人身上,有很强的异质性。所以,保证服务质量对企业尤为重要。特别是随着收入水平的提高和企业之间竞争的加剧,质量日益成为影响消费性服务和生产性服务需求的重要变量。在许多情况下,服务质量甚至比服务价格更重要,它可能是决定服务业跨国公司竞争力的一个重要变量。

(2) 范围经济。其主要指在地点和品种选择方面能满足顾客需要的程度。如对零售商店提供的服务,如果零售商储存产品的范围较广,数量较大,就越能通过讨价还价方式以较低价格从供应商处获得商品;相应地,顾客的交易成本也会随之降低,因为消费者只需在一处而不必多处就能够买到所需多种商品。连锁店讨价还价能力的提高,也能增强他们对其买卖产品和服务的控制;另外,在航空公司、连锁旅店、企业咨询、金融等服务行业中,也都不同程度地存在着范围经济。

(3) 规模经济和专业。服务业企业的规模经济和专业化与制造企业没有多大区别。大医院的医疗服务与小医院相比,前者的单位成本往往比较低。大型服务公司往往得益于优惠的融资条件和折扣等。至于规模经济和范围经济产生的分散风险优势,则在保险、再保险和投资银行行业更为明显,而且在这三个行业中,规模经济几乎是成功进行跨国经营的前提条件。

(4) 技术和信息。在一些服务行业中,采用数据技术以获得扩展、加工、储存、监控、解析和交换信息,并尽量降低成本的能力,是关键的无形资产或核心竞争优势;而且,以信息的获得、储存、加工和运输为主要内容的服务行业,情况尤为如此。信息经济的持续发展和跨境交易成本的不断下降,导致知识密集型行业跨国公司激增。虽然各种规模的企业都得益于数据技术,但因为数据技术需要昂贵的辅助资产、固定成本或基础设施,并且能为规模经济、范围经济以及垂直一体化提供机会,所以特别有利于大型的、经营多样化的跨国公司。

(5) 获得投入或进入市场的有利机会。这一点对服务企业尤为重要。如面向全球的商业与金融业活动之所以集中于世界几个主要城市(如伦敦、纽约、巴黎、香港等),集中于这些城市的特定区域(如伦敦商业区、纽约华尔街等),其原因在于能够获得和维持这种特殊的所有权优势。另外,行业的互补性使得许多服务行业出现融合和多元化经营的趋势,为服务业跨国公司提供了获得投入以及进入相应市场的大好机会。

2. 区位优势

服务的生产和消费通常是同时发生的,这种不可分性要求服务提供者和服务消费者不能与服务在时间或空间上进行分割。这就决定了服务生产和消费过程中的区位因素的重要性。对于许多服务行业,对外直接投资是向外国市场提供服务的最主要形式;而且随着贸易、制造业对外直接投资、技术转让和旅游的增加,对支撑其增长的服务需求也将随之增大。

邓宁认为,区位优势不是企业所拥有的,而属东道国所有。因此,与所有权优势以及内部化优势不同,区位优势是企业无法自行支配的,企业只能适应和利用这项优势。这种优势主要包括以下两个方面。

(1) 东道国不可移动的要素禀赋所产生的优势,如自然资源丰富、地理位置方便、人口众多等。

(2) 由于东道国良好的政治体制、灵活而优惠的政策法规而形成的有利条件,以及良好的基础设施等。

区位因素直接影响着跨国公司对外投资设厂的选址及其整个国际化生产体系的布局。区位优势的获得与保持往往是服务业对外直接投资的关键。如旅游业服务店的选址显然与金融业大不相同,前者必须考虑气候、自然风光、名胜古迹等;后者则要集中于工商业中心。除了区位约束型服务外,跨国公司东道国的区位选择主要受服务消费者需求的支配。下面列出了影响服务业跨国公司活动区位的特殊因素以及服务业跨国公司活动有关的优势。

(1) 自然资源、人造资源禀赋和市场空间分布。

(2) 劳动力、能源、原料、原件、半成品等投入的价格、质量和生产率。

(3) 国际运输和通信成本(在服务中可能极高)*①。

(4) 鼓励和抑制投资的因素,包括业绩要求等。

(5) 对服务贸易的人为障碍,如进口管制。

(6) 基础设施提供,包括商业、法律、教育、运输和电信*。

(7) 文化差异的心里差距*。

(8) 语言、商业、习俗等差异的心里差距。

(9) 信息收集和解释的集聚经济。

(10) R&D、生产及销售的集聚经济。

(11) 经济制度与政府政策、资源配置的框架。

(12) 政府对市场和市场准入制定的法规*。

3. 内部化优势

(1) 内部化应用条件。邓宁认为,拥有无形资产所有权优势的企业,通过股权投资形式进行纵向或横向一体化经营,通过组织和经营活动,将这些优势的使用内部化。因为在这种情况下,内部化使用比非股权式转让带给无形资产所有者更多潜在的或现实的利益;当然,同时具有所有权优势和内部化优势的企业并非一定选择对外投资,因为它也可以在国内扩大规模,然后进行出口。所以,这两项优势只是企业对外直接投资的必要条件,而非充分条件。另外,不应过分强调高技术等无形资产对市场失灵的影响,低技术在市场交易中也存在障碍。邓宁把市场失灵分为两类:一是结构性失灵,主要是由于东道国政府的限制、无形资

---

① *表示与服务业跨国公司活动有关的优势。

产的特性等导致的。二是交易性失灵,包括交易渠道不一、交易方式僵化等。在服务业中,实现内部化优势的跨国组织形式不一定以对外独资或合资经营的股权形式为主,也可以而且有时必须以非股权的国际合作协议(如特许经营)来实现跨国化。表3-3列出了与服务业跨国公司活动有关的内部化优势。

表 3-3　与服务业跨国公司活动有关的内部化优势

(1) 避免寻找合作伙伴并与其进行谈判的成本*
(2) 弱化或消除买方所购投入(如技术)的性质和价值的不确定性*
(3) 禁止价格歧视的规定
(4) 卖方对中间产品或最终产品质量的保障*
(5) 弥补期货市场不足或缺乏
(6) 避免或利用政府干预(如配额、关税、价格管制、税收差异等)*
(7) 控制投入(包括技术)的供应和销售条件
(8) 控制市场渠道(包括可能被竞争者利用的市场渠道)
(9) 使用交叉补贴、掠夺性定价、提前或推迟结汇、转移价格等竞争或反竞争策略

注:*表示与服务业跨国公司活动有关的优势。
资料来源:尹晓波,袁永友,主编. 国际服务贸易. 大连:东北财经大学出版社,2013,第85页。

(2) 服务业跨国公司的组织形式。服务业跨国公司采取的组织形式取决于各种形式的相对成本和收益以及政府干预的程度和类型。首先,股权投资的成本主要包括:①进行股权投资所需的资本以及丧失该资本的风险。②管理、协调和监控国外股权投资的风险。③放弃从前向专业生产者或高效率供应商购买而得到的收益。非股权安排的风险主要是交易性的,包括:①与契约条件有关的成本,如寻找合适契约伙伴的搜寻成本和谈判成本。②与契约条件有关的成本,包括价格(由于信息不对称,签约人可能准备向承包商支付低于服务价格的报酬)、对所提供服务的详细说明、对所提供服务用途的控制以及交货的次数和时间(包括存货和仓储成本)。③监督成本特别是质量管理和检验程序方面的成本。④与契约条款能否被遵守(特别是条款受到破坏时)相关的成本。⑤由于实行市场交易内部化而放弃的收益。

其次,关于政府的作用,包括直接行政干预以及财政、税收、关税和非关税等政策措施的实行。

(3) 市场交易内部化的具体形式。倾向于把市场交易内部化而采取的组织类型,因活动性质即交易的服务类型、组织交易的企业性质,以及参与交易的国家的生产条件差异而不同。例如,如果企业的核心资产是风格独特、有竞争力的资产,而且利用这种资产生产的服务对消费者具有特别吸引力,那么,一般不会采取特许经营形式让其他企业经营。另外,如果服务的生产和贸易所处国际环境越动荡、越危险,企业就越倾向于将交易内部化。

第一,选择对外直接投资方式。倾向于选择对外直接投资方式,而不是通过契约关系(非股权安排)方式来进行跨国生产和经营的服务业部门有三大类:①金融服务业、大多数信息密集型服务行业和专业服务业,如管理和工程咨询、数据服务、租赁公司、旅行社和航空公司。这类服务行业中,沿着增值链进行纵向一体化或者跨越增值链进行横向一体化的主要原因在于,许多专有知识和信息只能意会而不可言传,生产费用高,复杂而独特,但易于复制;另外,生产活动的地区多样化也可以使服务业跨国公司获得强有力的协同优势。②倾向于一体化的服务行业,如广告、市场调研、管理咨询以及与商品有关的个人服务业(如汽车维修)。③由非服务业跨国公司拥有的、与贸易有关的附属性服务企业。这类企业的目的是以尽可能多的有利条件为母公司获取收入,或为母公司生产和出口的商品和服务开拓市场。

第二,采取少数股权投资或非股权安排形式。倾向于采取少数股权投资或非股权安排形式的服务业跨国公司有四种:①旅馆、餐馆、快餐店和汽车出租公司。②需要有当地特有知识或按顾客要求生产的行业,如工程、建筑、技术服务业、会计和法律服务业。③出于降低销售和分销成本考虑,新成立的或较小规模的制造业跨国公司,可能希望与当地销售代理商或相关服务业企业联手,或将其作为被特许企业。④投资银行和财产保险等服务行业。这些行业的风险很大,必须由一国或几国的企业集团或银团共同分担。

(4) 内部化服务业跨国公司模型说明。下面通过模型分析服务业跨国公司的内部化问题。服务业跨国公司内部化以及所采取的组织形式不是一成不变的,而是随着经济特别是服务本身的发展而不断变化。

假设确定总成本函数为

$$\mathrm{TC} = C(Q) = a + bQ$$

平均成本函数为

$$\mathrm{AC} = \mathrm{TC}/Q = C(Q)/Q = a/Q + b$$

式中,a 代表初始固定成本;b 代表单位可变成本;Q 为产出量(或交易量、销售量、购买量)。

如果存在两种生产方式($i=1,2$),那么图 3-8(a)所示的是与两种生产方式相对应的两种总成本曲线,即 $\mathrm{TC}_1 = a_1 + b_1 Q$,$\mathrm{TC}_2 = a_2 + b_2 Q$(图中所示 $a_1 < a_2$,至于 b_1 和 b_2 哪个更大并不影响分析结果),b_1 和 b_2 是两条总成本曲线的斜率。在图 3-8(b)所示的 $M_1 M_1'$ 和 $M_2 M_2'$ 分别表示两种生产方式的边际成本(等于常数);$A_1 A_1'$ 和 $A_2 A_2'$ 分别代表两种生产方式的平均成本曲线。当 $Q \to 0$ 时,$A_1 A_1'$ 和 $A_2 A_2'$ 递增并无限接近纵轴;当 $Q \to \infty$ 时,$A_1 A_1'$ 和 $A_2 A_2'$ 分别无限接近于 $M_1 M_1'$ 和 $M_2 M_2'$。

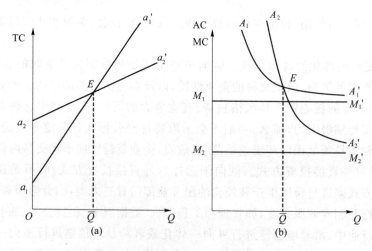

图 3-8 两种生产方式的成本曲线

由图 3-8 可知,若 $a_1<a_2$,同时 $b_1>b_2$,产量 Q 小于交点 E 显示的产量水平,则第一种生产方式更有效率或总成本(平均成本)更小,因为曲线 a_1E 和 A_1E 分别位于曲线 a_2E 和 A_2E 的下方;当 $Q>\bar{Q}$ 时,则第二种生产方式更有效率或成本更小。

这说明对于有较高固定成本和较低可变成本的企业来说,要想更具有效率或使成本更小,只有扩大生产规模。可变成本越低,生产方式越优。据此,跨国公司的经营就可以通过内部化更好地实现技术和管理上的规模经济,从而使固定成本 a 和可变成本 b 降低。假定 $a=P_aA$,A 代表公司的有形与无形资产;P_a 代表获得资本 A 的价格。注重经营方法的跨国公司能够降低 P_a,但规模经济的产生在技术上依赖于 A 的规模和厂商的管理效率及相关能力等。尽管外国直接投资可以通过获取廉价劳动力而降低可变成本 b,但真正的好处则来源于通过一体化组织形式而实现的规模经济。

一般来说,当国际交易成本高到一定程度时,通过对外直接投资建立分支机构,将交易成本较高的外部市场内部化,是较为合理的国际化战略方式。下面用图来说明制造业和服务业在选择跨国经营方式上的差别。

图 3-9 表示水平一体化模式,图 3-9(a)和图 3-9(b)分别表示市场交易成本 C_1 和内部管理成本 C_2 的关系,以及两者之差。图 3-9(a)中横轴代表技术复杂程度,单位市场交易成本 C_1 随技术复杂程度而上升,内部管理成本 C_2 与技术复杂程度的关系没有前者那么明显。纵轴代表单位成本,单位管理成本随交易量的增加而减少,单位交易成本则几乎恒定不变。在图 3-9(b)的 π 点左边,内部化成本高于市场交易成本,右边则相反。这样,π 点为内部化的边界点。这说明技术复杂程度越高,技术转移的规模越大,内部化的收益就可能越高。这在一定程度上解释了在高技术如计算机领域中水平一体化直接投资时较为普遍的现象。

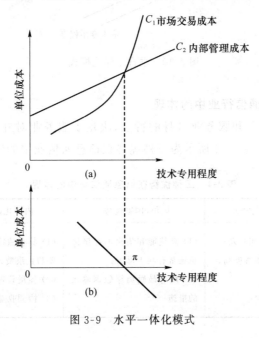

图 3-9 水平一体化模式

图 3-10 表示垂直一体化模式。图 3-10(a)所示主要描述资本专用程度与平均成本之间的关系。单位交易成本随资本专用程度的增加而递增。假设内部管理成本受此影响不明显,但会因东道国的政策干预而向上移动。图 3-10(b)表示两种成本之差,π 和 π' 分别表示垂直一体化的边界点。这说明,随着资本专用程度的增强,东道国政府干预的减少,垂直一体化的可能性在不断增加。比如,需要投入大量专用设备的石油、冶金等产业,由垂直一体化直接投资形成的跨国公司较为普遍。

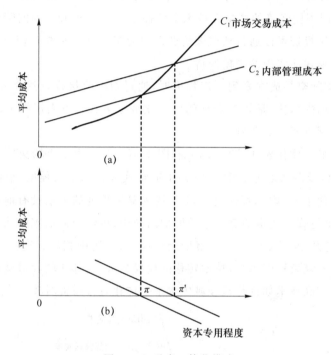

图 3-10　垂直一体化模式

4. 三种优势在信息通信行业中的体现

三种优势,再加上服务和服务业自身的特点,决定了服务业对外直接投资、进行跨国化经营的重要性和必然性。表 3-4 所示为三种优势在信息通信业中的体现。

表 3-4　三种优势在信息通信业中的体现

行业	所有权(竞争优势)	区位(国家优势)	内部化(协调优势)	组织形式
软件、数据处理	(1) 与计算机硬件相联系; (2) 技术、信息密程度高; (3) 范围经济; (4) 政府支持	(1) 高技能和集聚的经济区位通常有利于母国; (2) 政府鼓励离岸数据输入的措施	(1) 具有独特的专门知识,需要防止浪费; (2) 质量管理; (3) 协调收益	常常是计算机公司的一部分

续表

行业	所有权(竞争优势)	区位(国家优势)	内部化(协调优势)	组织形式
电信	(1) 知识密集； (2) 技术、资本、规模经济(如经营国际通信网络的能力)； (3) 政府支持	(1) 政府对贸易和市场的管制； (2) 有时受区位限制(电话或互联网通信)	(1) 成本巨大,一般要求成立财团； (2) 服务的"产品"部分质量通常需要等级管理,否则以租赁或出口形式提供服务	混合形式,但许多是租赁形式

资料来源：The Center on Transnational Corporation, *Foreign Direct Investment and Transnational Corporation in Services*, United Nations Publicational, 1989.

3.4 国际服务贸易与知识产权保护理论

3.4.1 知识产权内涵

1. 知识产权定义

知识产权是指人们就其智力劳动成果所依法享有的专有权利,它是依照各国法律赋予符合条件的著作者、发明者或成果拥有者在一定期限内享有的专有权或独占权(Exclusive Right)。知识产权从本质上说是一种无形财产权,它的客体是智力成果或是知识产品,是一种无形财产或者一种没有形体的精神财富,是创造性的智力劳动所创造的劳动成果。知识产权更像是一种垄断权——在一段时间内对于智慧活动成果的垄断。

知识产权一般分为两类：版权(著作权)和工业产权。**版权(著作权)是指创作文学、艺术和科学作品的作者及其他著作权人依法对其作品所享有的人身权利和财产权利的总称**。主要包括著作权及与著作权有关的邻接权(Neighboring Right)；如计算机软件著作权和作品登记。邻接权又称作品传播者权,是指与著作权相邻近的权利,指作品传播者对其传播作品过程中所做出的创造性劳动和投资所享有的权利。

工业产权是指包括发明专利、实用新型专利、外观设计专利、商标、服务标记、厂商名称、货源名称或原产地名称等在内的权利人享有的独占性权利。工业产权是三次产业中具有实用经济意义的一种无形财产权,主要包括专利权与商标权。用"产业产权"的名称可能更为贴切。

五千年前,中国半坡村陶器就有了世界最早的尖底瓶和鱼尾纹盆,而且有了生产者的名字,旨在保护自己的产品。为了保护世界人类社会的共同财产,1474年3月19日,威尼斯共和国颁布了世界上第一部专利法《发明人法规》(*Inventor By laws*)。1967年世界知识产权组织成立后签订了《世界知识产权组织公约》[(WIPO)公约],"知识产权"开始被广泛使用。目前,保护知识产权的三大支柱就是专利权、商标权和版权。实践经验表明,知识产权的保护能够确保智慧活动创造者的利益受到保护,并鼓励更多智慧活动的产生,从而对社会经济的发展起到推进作用,其他公众也能从知识产权保护中受益。知识产权所有者的利益可以通过对使用者收取费用,或在一段时间内禁止他人抄袭、竞争来获得保护。

随着知识产权在国际经济竞争中的作用日益上升,越来越多的国家都已经制定和实施了知识产权战略。我国自2008年《国家知识产权战略纲要的通知》颁布之后,陆续出台了《商标法》《专利法》《技术合同法》《著作权法》和《反不正当竞争法》等法律法规文件。由于科学技术的进步,人类智能产物应受法律保护的日益增多,知识产权的范围也逐渐扩大。例如受保护对象又增加了版面设计、计算机软件、专有技术、集成电路等,而且还在增加。所以知识产权是一个尚在扩大中的一类权利的总称。发达国家在高新技术方面占有绝对的优势,因此不断地扩展电子、通信、网络、生物领域的保护范围,如美国、德国、英国、瑞典等国家都开办了基因专利授予业务。美国甚至将网络营销模式等理念都列入了专利保护范围。

2. 知识产权的特征

知识产权保护已成为国际经济秩序的战略制高点,并成为各国激烈竞争的焦点之一。其主要特征如下所述。

(1) 专有性。即独占性或垄断性;除权利人同意或法律规定外,权利人以外的任何人不得享有或使用该项权利。

(2) 地域性。即只在所确认和保护的地域内有效,即除签有国际公约或双边互惠协定外,经一国法律所保护的某项权利只在该国范围内发生法律效力。

(3) 时间性。只在规定的期限内对知识产权进行保护。法律对各项权利的保护,都规定一定的有效期。一般来说,商标保护期经注册人申请可无限延续,版权的保护期为作者终身享有,再加上作者死后50年;发明专利的保护期一般为15~20年,实用新型的外观设计的保护期最短,这主要是考虑了技术的发展及更新换代的速度。一旦超过了法律的有效期限,这一权利就自行消失,知识产权即进入公有领域,成为整个社会的共同财富,任何人都可以使用。

3.4.2 服务贸易知识产权的特征

1. 载体的动态性

在货物贸易中,货物的跨境流动是其主要的贸易形式,货物往往成了专利权与商标权的载体,从而不但使专利标准化成为货物贸易至今最强硬的贸易壁垒,与商标权相关的贴牌制造也可以成为主要的经济实体。而在服务贸易领域,贸易形式既有服务提供者的跨境移动,如商业存在和自然人移动;也有服务产品的跨境移动,如跨境交付;还有被服务对象的跨境移动,如境外消费。服务贸易的标的主要是服务主体的服务过程或服务结果,难以完全以具体载体的形式来表现。以"服务过程"为贸易形式的主要有自然人移动、境外消费和商业存在;以"服务结果"为贸易形式的则以跨境交付为主,往往以服务外包为主要代表(服务外包也可以商业存在的方式进行)。知识产权在"服务过程"中起到的是提高服务水平的作用,对增强服务主体的竞争力有着重要的帮助,仅仅在"服务结果"中,知识产权才可能以具体载体的形式来体现。

2. 标的主要是著作权

服务贸易所包含的12个服务领域中,几乎都与著作权相关,这表明著作权在发展并保护服务贸易中发挥着重要作用。因为教育、文化、娱乐服务以及设计服务等在服务贸易中占据异常重要的地位。与货物贸易中专利权和商品注册商标的地位特别重要显著不同,服务贸易中著作权(版权)许可贸易和服务注册商标将会突显其的重要性。在"服务过程"和"服务结果"中都起着重要作用的是体现在计算机软件中的商业操作方法,而商业操作方法在一些国家是可以通过专利途径给予保护的,但是在我国目前的立法中,体现在计算机软件中的商业操作方法只能通过版权的形式给予保护。所以,如果服务贸易的标的可以以载体的形式来表现的话,那么版权将是其主要的表现形式。

3. 服务贸易质量因人力资本差异而异

专利权与商标权在货物贸易中,往往落实到货物为载体的贸易标的上,货物的质量直接影响凝结于其之上的专利与商标的声誉。而货物的质量标准在同批次的生产中基本上是一致的,所以货物质量可以通过抽查来判断和评价。影响商标声誉的货物专利质量标准可以通过一定的计算机程序来控制,对生产货物的人的知识含量没有绝对严格的素质要求。但在服务贸易中,不管是"服务过程",还是"服务结果",都与提供服务的具体人的技能、知识和提供服务时的心理状态等相关。服务的技能、知识和心理状态具有很强的因人、因时而异的特点,这使得服务贸易的质量很难保证绝对的一致,也难以仅仅通过抽查就能得出准确的结论。在服务贸易中,专利作为服务手段的载体,起到提升服务质量和品质的作用,而服务商标的驰名更多地需要依靠服务者因人而异的服务技能与知识营造的更优良的"服务过程"来打造。相对于货物贸易的贴牌复制对生产者知识含量要求并不高的情形,服务贸易则是建立在服务者具有高的知识含量和责任心的基础上,服务的技能与知识具有很强的因人而异的特点,这使得服务贸易的"服务过程"往往难以被复制。因此,受过良好教育的劳动者才能成为服务贸易的主力军。

4. 重视服务外包的商业秘密保护

商业秘密作为知识产权受到保护,与世界贸易组织的《与贸易有关的知识产权协议》(Agreement on Trade-Related Aspects of Intellectual Property Rights,TRIPS)有关,TRIPS 的第三十九条规定了对"未披露信息"的保护。"未披露信息"就是民间通常所说的"商业秘密"。TRIPS 协议对未披露信息的定义是"此种信息,在作为一个实体或其组成部分的精确形状及组合不为正规地处理此种信息的那部分人所共知或不易被其得到的意义上说是秘密的;由于是秘密的而具有商业价值,被其合法的掌握者根据情况采取了合理的保密措施"。由此可见,TRIPS 协议提出的"未披露信息"要件与我国法律对"商业秘密"的定义是一致的,即秘密性、价值性、实用性、管理性。在拓展服务贸易的过程中,"跨境交付"中的服务外包,除了与版权的许可使用相关的知识产权问题,最重要的就是商业秘密的保护问题了。是否能严格保护服务外包委托人的商业秘密,决定着服务外包这一服务贸易形式的良性发展。商业秘密的保护既有知识产权领域的问题,也有劳动合同的约束问题。版权有原创性原则给予保护,专利有严格的排他性给予保护,而商业秘密的保护完全取决于保密状态。商业秘密一旦泄露,除了知道泄露者为何人外,可能连进行法律救济的对象都没有。

随着服务贸易的发展和知识作为生产要素地位的空前提升,世界各国均加强了对知识产权侵权的处罚力度,一方面是知识产权侵权赔偿额逐步增加。如美国在 1990—1994 年间知识产权诉讼中所涉及的损害赔偿总额初步估计达到 9200 万美元,侵权赔偿呈现高额化趋势。另一方面,相当一部分知识产权侵权行为要承担刑事责任,如我国刑法就专章规定了侵犯知识产权罪。

关键概念

比较优势理论　资源禀赋学说　里昂惕夫之谜　国际服务贸易显性比较优势论　服务价格国际差异模型　迪尔道夫模型　伯格斯模型　知识产权　著作权　工业产权

思考题

1. 传统优势学说理论经历了哪些发展阶段？
2. 比较优势适用性存在哪些争论？
3. RCA 指数在显示一国服务贸易比较优势方面的局限性是什么？
4. 迪尔道夫模型对比较优势理论的重要贡献是什么？
5. 伯格斯如何用服务技术差别来阐述比较优势和商品贸易模式的形成的？
6. 你是怎样看待国际贸易基本原理对于服务贸易的适用性的？
7. 阐述邓宁的国际生产折中理论。
8. 简述服务贸易的知识产权特征。

第4章 国际通信服务贸易概述

人类今天已进入了信息社会,信息已成为人类社会生产和生活的基本需要。现代通信从人与人的信息沟通到人与物、物与物的万物互联,由于借助现代通信技术,从而使现代通信服务成为信息时代的生命线,成为推动人类社会文明进步与发展的巨大动力。现代通信服务不仅自身是可贸易的对象,而且也是促进世界其他商品贸易、技术贸易和服务贸易发展的强大的基础设施。本章从现代通信特点出发,揭示了国际通信服务贸易内涵、外延和目前的发展状况,特别是中国通信服务贸易的状况,以及在当今的变化情况。

4.1 现代通信服务

4.1.1 现代通信

现代通信是信息社会的基础设施。2003年日内瓦信息社会世界峰会所发表的《原则宣言》指出,"信息社会是一个以人为本、具有包容性和面向全面发展的社会。在此信息社会中,人人可以创造、获取、使用和分享信息和知识,使个人、社会和各国人民均能充分发挥各自的潜力,促进实现可持续发展并提高生活质量。"[①]

现代通信通过提供通信服务为全社会政治、经济、军事和社会生活服务。**通信服务主要指所有与信息产品、操作、储存设备和软件功能等有关的服务。**包括现代电信和现代邮政两个部分。从古代通信到现代通信,通信本质并没有发生变化,一直都是实现信息的沟通与交换。

1. 现代电信

现代电信是以移动通信技术与互联网技术广泛应用为标志,提高了通信的速度和质量,扩展了通信对象的内容与范围。能够将瞬息万变的社会中的各种语言、声音、文字、图像、图表、数据、视频等媒体变换成电信号并且在任何两地间的任何两个人或两个通信终端设备之间,按照预先约定的规则(或称"协议")进行传输和交换的网络,就称为通信网络(简称"通信网")。在信息交换方面,数字信号的交换和处理,越来越频繁地使用计算机来实现;在信息传递方面,具有全时空通信功能的移动通信、卫星通信、光纤通信已成为当今传递信息的三大新兴通信手段;在网络发展方面,电信技术已使通信网络可向用户提供更多样化、更现

---

① 2016年中国信息化发展报告,第63-64页。

代化的电信新业务,形成综合业务数字网(ISDN)。综合业务数字网是以电话网为基础,将电话、电报、传真、数据、图像、电视广播等业务网络用数字程控交换机和光纤传输、卫星通信及移动通信等系统连接起来,实现信息采集、传递、处理和控制一体化。它可以提供比普通电话网传输速度更快、容量更大、质量更高的信息通道。

随着信息通信技术的发展,出现了三网融合。**三网融合是指电信网、广播电视网、互联网在向宽带通信网、数字电视网、下一代互联网演进过程中,三大网络通过技术改造,其技术功能趋于一致,业务范围趋于相同,网络互联互通、资源共享,能为用户提供语音、数据和广播电视等多种服务。**三网融合并不意味着三大网络的物理合一,而主要是指高层业务应用的融合。三网融合应用广泛,遍及智能交通、环境保护、政府工作、公共安全、平安家居等多个领域,如图4-1所示。三网融合极大地减少了基础建设投入,并简化网络管理,降低维护成本。

图4-1 三网融合

2. 现代邮政

邮政是现代通信的一部分。邮政业务以实物形式收寄、运输和投递。传统邮政一般都与电信结合在一起,作为国家政府的职能部门,管理和经营本国的邮电通信。直到20世纪70年代初,一些国家开始进行改革,如澳大利亚、新西兰、新加坡、瑞典、芬兰等国,核心在于改革邮政的管理体制。20世纪80年代,以英国邮政脱离政府序列、组建国家邮政公司为开端,拉开了邮政领域实行政企分开的改革序幕。各国邮政改革后的运作模式主要有以下三种。

一是公共企业模式。允许邮政经济独立,可以根据市场竞争的压力进行资源利用的有效管理。在经营和维护方面有自己的自主权,并努力按照商业公司的方式来经营。邮政企业承担着众多的社会义务和责任。邮政企业是名义上的法人,不是真正意义上的法人。国家对邮政承担着无限责任。美国、澳大利亚、印度的邮政改革就是这样一种情况。

二是国有独资公司模式。它是国家出资并授权有关机构或者授权投资的部门作为代表,以股东的身份对邮政企业进行监督管理。国家由无限责任变为有限责任,邮政企业由名义上的法人变为实际的法人,这是与公共企业模式的重要区别。加拿大、英国等国邮政运作方式是国有独资公司。

三是股份有限公司模式。股份有限公司的成立,意味着政府部门或公共企业的解散,其财产转移到一个按公司法经营的法人实体上。公司部分归政府所有,政府对公司行使有限的监督权,也给公司强加了一定的义务。邮政股份有限公司有较高的管理权和灵活性。荷兰邮政、德国邮政等都采取这种方式。

邮政通信是以实物传递为基础,通过对文字、图片、实物的空间转移传递信息。虽然现在写信的人越来越少,但信件是信息传递最原始、最简单、最纯朴的方式。快递是随着人类物质生活水平的提高而满足人类社会对速度发展的需要,其发展水平受交通运输条件的制约很大。由于现代通信人们普遍采用更便捷的移动通信,因此本书阐述的内容更多地涉及的是电信通信。

4.1.2 基础电信业务与增值电信业务

1. 基础电信业务

《中华人民共和国电信条例》第八条给出了基础电信业务的定义:**基础电信业务是指提供公共网络基础设施、公共数据传送和基本语音通信服务的业务。**基础电信业务的提供者前期投入很多,需要斥巨资,建设覆盖全国的网络设施,而且成本回收的周期较长。因此,基础电信业务市场一般由国家出资建设,随着资本市场的日渐成熟完善,企业融资渠道逐渐拓宽,如今在网络的扩容优化升级方面,基础运营商都能"自食其力"了。另外,基础电信业务影响用户范围广,而且关系到国家的信息安全和经济安全等全方位的安全,所以国家的有效管制是基础电信业务市场健康发展的重要保障,使得基础电信运营商充分发挥规模经济的作用,从而保证基础设施运行平稳和协调发展。

国际电信服务贸易中所说的电信市场开放,是指以电话为主的基础电信业务市场的开放,因为非话业务和增值业务在许多国家已经开放或基本开放,但作为电信业主体的电话以及网络基础设施在许多国家并未真正开放。

根据我国工业和信息化部于2015年出版,并于2016年3月实施的《电信业务分类目录》,基础电信业务被分为第一类基础电信业务和第二类基础电信业务。第一类基础电信业务较第二类基础电信业务对国民经济的影响程度大,同时有较严格的电信管制,而且向社会开放的速度较缓慢。

第一类基础电信业务包括:固定通信业务、蜂窝移动通信业务、第一类卫星通信业务、第一类数据通信业务和IP电话业务;第二类基础电信业务包括:集群通信业务、无线寻呼业务、第二类卫星通信业务、第二类数据通信业务、网络接入设施服务业务、国内通信设施服务业务、网络托管业务,如图4-2所示。

2. 增值电信业务

关于增值电信业务的定义,不同的国家的电信监管机构、电信运营商以及电信贸易谈判中给出的定义和范围界定在文字表述上略有不同,但内涵基本是一致的。

中华人民共和国电信条例的定义为:**增值电信业务是指利用公共网络基础设施提供的电信与信息服务业务。**为便于进行统计分析,本书中采用的就是这一定义。

中国邮电百科全书定义为:凭借公用电信网资源和其他技术设备而开发的附加通信业务,其实现的价值使原有网的经济效益增高。澳大利亚电信管制机构定义为:增值电信业务通常是通过应用计算机智能技术,在公用网或专用网上提供的一些业务,在某些方面

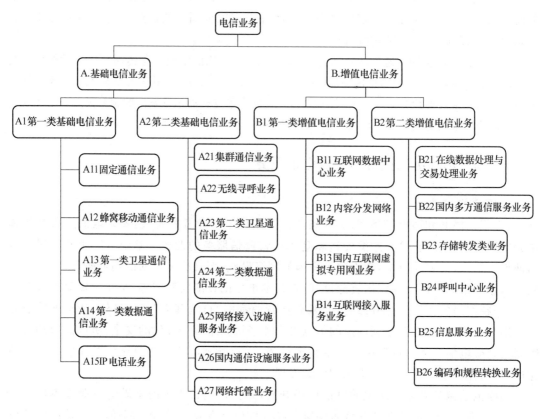

图 4-2 我国电信业务分类

资料来源：根据工业和信息化部《电信业务分类目录(2015年版)》绘制。

增加了基础运营业务的价值,包括提供增强性网络属性的服务,如存储转发信息交换、终端接口、主机接口等。德国某市场研究机构定义为:广义的增值电信业务是指电信运营商除基础业务外提供的"创新"业务,其附加的属性使运营商采用更高的价格和吸引更多的新用户。

  增值业务的概念最早出现于20世纪70年代。包括以增值网(VAN)形式和以增值业务形式出现的增值电信业务。至今为止,我国增值电信业务的分类随着电信业务分类目录的变动经历了四次调整,现行的电信业务分类目录是2015年由工业和信息化部调整的版本。调整后的增值电信业务分为第一类增值电信业务和第二类增值电信业务。第一类增值电信业务包括:互联网数据中心业务、内容分发网络业务、国内互联网虚拟专用网业务和互联网接入服务业务;第二类增值电信业务包括:在线数据处理与交易处理业务、国内多方通信服务业务、存储转发类业务、呼叫中心业务、信息服务业务、编码和规程转换业务。因此,增值电信业务的分类不再基于网络,而是基于业务特征,即根据增值电信的业务特征将部分能够在不同网络上实现、在业务特征上没有本质区别的业务归并在一起,如图4-2所示。

4.1.3 与国际电信服务贸易直接相关的业务

国际业务中,语音服务、传真服务、电路交换数据传输业务、国际闭合用户群语音服务属固定网国际长途通信业务;分组交换数据传输业务被包含在互联网国际数据传送业务和国际数据通信业务中;基于互联网的国际闭合用户群数据业务属互联网国际数据传送业务,利用国际专线的国际闭合用户群数据服务属国际数据通信业务。根据我国工业和信息化部发布《电信业务分类目录》(2015年版),直接与国际电信服务贸易相关的基础电信业务与增值电信业务包括以下几方面内容。

1. 基础电信与国际电信服务贸易相关的业务

(1) 固定网国际长途通信业务(A11-3)。其是指国家之间或国家与地区之间,通过国际通信网提供的国际通信业务。某一国内通信网用户可以通过加拨国际长途字冠和国家(地区)码,呼叫另一个国家或地区的通信网用户。

固定网国际长途通信业务包括以下主要业务类型:①跨国家或地区的端到端的双向语音业务。②跨国家或地区的端到端的传真业务和中、低速数据业务。③经过本地网、长途网、国际网与智能网共同提供的跨国家或地区的智能网业务,如国际闭合用户群语音业务等。④跨国家或地区的消息类业务。⑤跨国家或地区的多媒体通信等业务。⑥跨国家或地区的基于综合业务数字网(Integrated Services Digital Network,ISDN)的承载业务。

利用国际专线提供的国际闭合用户群语音服务属固定网国际长途通信业务。固定网国际长途通信业务的经营者应组建国际长途通信业务网络,无国际通信设施服务业务经营权的运营者不得建设国际传输设施,应租用有相应经营权运营者的国际传输设施。所提供的国际长途通信业务类型可以是一部分或全部。提供固定网国际长途通信业务,应经过国家批准设立的国际通信出入口。提供一次国际长途通信业务经过的本地网、国内长途网和国际网络,可以是同一个运营者的网络,也可以由不同运营者的网络共同完成。

(2) 国际通信设施服务业务(A11-4)。国际通信设施是指用于实现国际通信业务所需的传输网络和网络元素。国际通信设施服务业务是指建设并出租、出售国际通信设施的业务。

国际通信设施主要包括国际陆缆、国际海缆、陆地入境站、海缆登陆站、国际地面传输通道、国际卫星地球站、卫星空间段资源、国际传输通道的国内延伸段,以及国际通信网带宽、光通信波长、电缆、光纤、光缆等国际通信传输设施。国际通信设施服务业务经营者应根据国家有关规定建设上述国际通信设施的部分或全部资源,并可以开展相应的出租、出售经营活动。

(3) 互联网国际数据传送业务(A14-1)。互联网国际数据传送业务是指经营者通过组建互联网骨干网、城域网和互联网国际出入口提供的互联网数据传送业务。无国际或国内通信设施服务业务经营权的运营者不得建设国际或国内传输设施,应租用有相应经营权运营者的国际或国内传输设施。基于互联网的国际会议电视及图像服务业务、国际闭合用户群的数据业务属于互联网国际数据传送业务。授权网输入口某种意义上充当着"信息海关"

的作用,对来往信息进行监管、过滤。

从1994年开始,中国实现了和互联网(Internet)的TCP/IP连接,从而逐步开通了Internet的全功能服务,大型计算机网络项目正式启动,Internet在我国进入飞速发展时期。我国国际出口带宽从2013年的3406824 Mbit/s(Million bits per second,兆比特每秒)发展到2017年6月的7 974 779Mbit/s,它是根据六大骨干网络的国际出口带宽数相加而来的,如表4-1所示。随着我国"走出去"步伐的加快,近年来国际出口带宽增长迅速,呈现"W"形增长态势。其中,2017年上半年增长率为20.1%,如图4-3所示。出口带宽是指一定数量的用户汇聚在某个节点之上,这个节点与上层路由或者交换设备连接的带宽。国际出口带宽则是指国家的互联网国际出口的带宽,也就是国家的互联网主干光纤的出口带宽。它是国际电信服务贸易发展的基础,带宽越大,访问国外网站速度越快。

图 4-3 2013—2018 年中国国际出口带宽(Mbit/s)及其增长率(%)

资料来源:CNNIC 第 42 次中国互联网状况及调查,2018-6。

表 4-1 2017 年 6 月中国主要骨干网络国际出口带宽数

	国际出口带宽数(Mbit/s)
中国电信	4 451 036
中国联通	2 200 947
中国移动	1 208 108
中国教育和科研计算机网	61 440
中国科技网	53 248
中国国际经济贸易互联网	0
合计	7 974 779

资料来源:CNNIC 中国互联网状况及调查,2017.6。

英国 Cable.co.uk 2017 年对全球各地的宽带下载网速进行了分析。结果表明,新加坡的宽带下载网速排名全球第一,瑞典排名第二,中国台湾排名第三,中国香港第九,均排名靠前,而中国内地仅排名第134。新加坡的平均宽带下载网速达到55.13Mbit/s,核算下来,下载一段7.5GB的高清电影只需要18分34秒。相比之下,排名垫底的也门,平均宽带下载网速只有0.34Mbit/s,下载同样一部电影需要超过2天的时间。此外,中国内地的平均宽带下载网速为1.55Mbit/s。

(4) 国际数据通信业务(A14-4)。国际数据通信业务是国家之间或国家与地区之间,通过IP承载网、帧中继和ATM(Asynchronous Transfer Mode,ATM,异步传输模式)等网络向用户提供虚拟专线、永久虚电路(PVC)连接,以及利用国际线路或国际专线提供的数据或图像传送业务。

利用国际专线提供的国际会议电视业务和国际闭合用户群的数据业务属于国际数据通信业务。国际数据通信业务的经营者应组建国际IP承载网、帧中继和ATM等业务网络,无国际通信设施服务业务经营权的运营者不得建设国际传输设施,应租用有相应经营权运营者的国际传输设施。

(5) 国际IP电话业务(A15-2)。国际IP电话业务的业务范围包括一端经过国际固定网或移动网或互联网提供的IP电话业务。

国际IP电话业务的经营者应组建IP电话业务网络,无国际或国内通信设施服务业务经营权的运营者不得建设国际或国内传输设施,应租用有相应经营权运营者的国际或国内传输设施。所提供的IP电话业务类型可以是部分或全部。提供国际IP电话业务,应经过国家批准设立的国际通信出入口。提供一次IP电话业务经过的网络,可以是同一个运营者的网络,也可以由不同运营者的网络共同完成。

2. 增值电信与国际电信服务贸易相关的业务

离岸呼叫中心业务(B24-2)。离岸呼叫中心业务是指通过在境内设立呼叫中心平台,为境外单位提供的、面向境外用户提供热线咨询服务的呼叫中心业务。许多跨国公司将生产和服务外包到发展中国家,与外商直接投资相比,由于离岸外包更具有降低成本、强化核心能力、扩大经济规模等作用,越来越多的跨国公司将离岸外包作为国际化的重要战略选择。

我国从1998年开始发展呼叫中心,近几年来,呼叫中心市场不断扩大。截至2014年,我国呼叫中心企业近1 700家,产业总座席数保守估计超过120万席,直接从业人数超过300万人,在全国范围内建成的以呼叫中心为主导产业的专业园区超过60个。我国呼叫中心产业已渗透我国56个行业,目前在互联网、电商、通信、金融等服务性行业中比例较高。在世界500强中,90%的企业利用外包呼叫中心,而近几年我国的呼叫中心外包市场一直保持25%的增长速度。

通信服务是我国数字经济的基础,数字经济已成为我国经济重要组成部分。"互联网+"数字经济指数每增长一点,GDP大致上升1 406.02亿元。2016年全国互联网+数字经济指数增加161.95点,由此估算出2016年全国数字经济总体量大约为22.77万亿元,占2016年全国GDP总量的30.61%。数字经济发展带动就业增长。"互联网+"数字经济指数每增长一点,新增城镇就业人数大致上升1.73万人。由此估算出数字经济在2016年大致带来280.17万新增就业人数,带来新增就业占比超过21.32%。[①]

---

① 腾讯研究院:2017中国"互联网+"数字经济指数报告,中商情报网,2017-4-20。

4.1.4 国际电信服务贸易的主要业务

国际电信服务贸易的主要业务与各国所经营的国际业务基本上是一致的。我国自2001年加入WTO以后,依照《中华人民共和国服务贸易具体承诺减让表》的相关约定,已经逐步开放了我国的电信市场。按照有关承诺,国外的电信经营者到2007年,已经全面参与我国的电信业务经营。

世贸组织电信服务谈判组依据联合国主要产品分类(UN CPC)列出的电信服务的具体项目包括:①声话服务(公共长途电话服务、公共本地电话服务);②分组交换服务(数据网络服务、电子信息服务等);③数据电路交换服务(数据网络服务、电子信息服务);④电传服务(数据网络服务、电子信息服务);⑤电报服务;⑥传真和其他电话服务(无线寻呼、视频会议、移动、海洋及空对地电话服务等);⑦私人租借电路服务(商业网络服务);⑧电子邮件服务(E-mail);⑨声邮服务;⑩线上信息与数据检索;⑪电子数据交换(FDI);⑫增值传真服务(储存与传递、储存与检索);⑬编码与协议转换;⑭线上信息或数据处理;⑮其他(包括陆地移动电话和卫星移动电话等)。

其中①~⑦和⑮项中的移动电信,提供实时消费者信息传递服务等,一般被定义为基础电信服务;而⑧~⑭和⑮项中的除去实时传递的电信服务外,被认作增值电信服务。

目前,国际上对电信服务分类的认识尚有分歧,具体只是在各自的承诺表中列出。所以在谈判中,专家们认识到电信服务的迅速发展,现有的服务项目可能很快会过时,所以在基础电信谈判中特别提出服务分类的四个特征。

(1) 地理特征(本地、国内长途和国际长途);
(2) 技术手段(有线的或固定网络和无线的或基于无线电波的);
(3) 传递手段(基于再售或基于设施);
(4) 代理(公共使用或非公共使用,如依靠消费者群体的服务销售)。

以此来弥补上述分类之不足。

4.1.5 电信服务的经济特征

1. 规模经济性

所谓规模经济性,是指在一定的市场需求范围内,企业单位产品的平均生产成本随生产规模的扩大、产量的增加而不断下降,规模越大、成本越低的经济现象。企业在短期的生产中,由于受时间、技术水平、规模的限制,只能通过改变投入生产要素的数量来增加产量;而长期的生产中,企业可以通过变动投入的生产要素的比例来实现产量的增加。根据长期平均成本曲线可以发现,当企业在生产扩张的前期阶段,长期平均成本是随着产量的增加而减少的,从而使经济效益得到提高,这种现象被经济学家称为"规模经济"。因此,"U形的长期平均成本曲线是与企业所面临的产出较低时的规模经济和产出较高时的规模不经济相一致的。"[1]

---

[1] 平狄克、鲁宾费尔德. 微观经济学,中国人民大学出版社,2000年,第194页。

规模经济通常是以成本—产出弹性(E_c)来计量的。E_c表示单位产出变动百分率对其引起的平均成本变动百分率的影响程度。即

$$E_c = \frac{\Delta C/C}{\Delta Q/Q} \tag{4-1}$$

式中,C表示成本;Q表示产量;$\Delta C/C$为成本变动的百分比;$\Delta Q/Q$为产量变动的百分比。根据规模经济的定义可知,如果$E_c<1$时,可以理解为产量增加1%时,对应的成本增加百分比不足1%,即成本增加低于产出增加的比例。因此,此时存在规模经济;同理,当$E_c>1$时,就认为存在规模不经济。

将式(4-1)进行整理可以得到:

$$E_c = \frac{\Delta C/C}{\Delta Q/Q} = \frac{\Delta C/\Delta Q}{C/Q} = MC/AC \tag{4-2}$$

式中,MC为边际成本;AC为平均成本。结合式(4-2)对电信服务进行分析,对于电信运营商来说,增加一个电信用户,其边际成本极低,因为在一个容量还未饱和的通信系统中,多发展一个用户,基本上不需要增加任何的基础设施和人力的投入,边际成本接近于0。而对于新进入的用户来说,由于运营商的前期固定成本较大,所以其承担的平均成本并不低。这部分平均成本大部分都是以电信资费的形式交纳的,主要表现在固网电话用户每月支付的固定月租费以及移动用户通话时较高的资费标准。利用式(4-2)的推导结果,可知MC<AC,$E_c<1$,因此电信服务具有显著的规模经济性。

2. 范围经济性

所谓范围经济性,是指当企业联合生产多种产品时,其总成本低于多家企业分别生产这些产品时的成本之和。同时,企业追加的新产品的生产成本,也低于单独生产该新产品的成本。如图4-4所示的产品转换曲线L_1[①]。

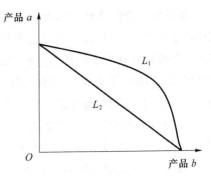

图4-4 产品转换曲线

坐标轴的纵轴和横轴分别代表一家企业生产的联合产品a和b,从图4-4所示中可看出,在成本一定的情况下,沿着L_1曲线,产品a和产品b有不同的产出组合。根据要素的边际报酬递减以及生产产品时所使用的要素比例的差异等原因,使得产品转换曲线是呈凹形的(凹向原点),而凹形的产品转换曲线从另一个角度又说明了范围经济的存在。L_2直线则可以理解为两家单独生产产品a和b的厂商在总共支出成本一定的情况下,产品a和产品b的产量组合,即不存在范围经济的情形。显然,存在范围经济的厂商经济效益是较高的。之所以生产上有如此的优势,在于厂商投入要素或生产设备的共享,有利于降低成本,同时在管理时,也能统一安排,减少一些不必要的环节,提高效率。

3. 垄断性

电信业一般经历了从自然垄断走向寡头垄断的过程。自然垄断主要是指由于资源条件

---

① 平狄克、鲁宾费尔德:微观经济学,中国人民大学出版社,2000年,第197页。

的分布集中而无法竞争或不适宜竞争所形成的垄断。或指行业中只有一家企业能够有效率地进行生产。电信服务业被人们一贯认为是自然垄断行业,但是依据却有所不同。一种对自然垄断的错误认识就是把它混同于政策性垄断。政府有时需要控制某些行业的市场准入,限制行业内竞争,在某些情况下甚至只允许一家企业或少数几家垄断地提供某一领域的全部产品和服务。正如人们所看到的我国政府在电信市场上对经营牌照的限量发放上,在一定程度上限制了其他企业的市场准入。但是自然垄断是由行业自身性质"自然"决定的,在经济学中是根据行业自身的特点来定义它的。

电信服务行业中,从市场准入"门槛"的角度看,首先运营商们的前期建网需要投入大量资金,另外投资者的成本回收周期也较长,对于一些投资者来说是具有较大风险的,而且运营者在运营过程中,对于网络的维护、优化等成本的支出也是一笔不小的费用,因此高额的成本支出一定程度地阻碍了某些企业的进入,使得该行业的企业为数不多;从竞争的角度看,如果企业耗巨资铺设了覆盖全国大范围的网络设施,进入了市场,接下来考虑的将是如何在竞争中立于不败之地。因为对于一个固定资产投资巨大的行业,企业若不能拥有巨大的市场份额,就不能发挥规模经济的优势,也就无法有效实现投资收益的回报,最终只有在固定资产年复一年的折旧中逐渐退出竞争的舞台。因此,电信服务行业竞争中的佼佼者才是最终的生存者。另外,根据20世纪80年代对自然垄断的重新定义知道,电信服务的范围经济也决定了其不可避免的自然垄断性。所以政府的管制措施并不是自然垄断形成的原因,其目的是为了适应和维持自然垄断的结果。

4. 网络性

通信服务运营依靠强大的通信网络,或者有线或者无线。网络的基本特征是:连接到一个网络的价值取决于已经联结到该网络的其他人的数量。

电信服务的网络性具体表现为全程全网、联合作业以及不同网络间的互联互通。"全程全网"指的是,当用户在一个时刻进行某种通信业务的呼叫(如电话、数据、视讯、多媒体等)以后,业务信息在整个传递的过程中经过交换设备、传输设备、传输介质,到达被叫端的各种用户终端设备所涉及的有关路由、接口、协议等内容。整个通信业务的进行期间往往需要多个不同的企业共同参与才能实现。全程全网使得不同的用户在一张网内实现通信的功能。要在不同网络内的用户间实现通信,必须依靠不同网络的网间互联。电信网间互联包含了两层含义:一是网间互联,二是业务互通。网间互联的目的在于实现业务互通。电信网间互联可定义为:建立电信网间的有效通信连接,以使一个电信业务经营者的用户能够与另一个电信业务经营者的用户相互通信或者能够使用另一电信业务经营者的各种电信业务。因此,电信服务具有典型的网络性特征。

网络性使人们对电信服务消费易产生路径依赖,由于转移成本巨大而被电信运营商锁定。此外,对于通信运营商而言,正反馈规律和技术标准是决定通信企业成败的关键,这也是激励企业不断创新的动力和压力。

5. 外部经济性

当生产或消费的某些外在影响未被包括在市场价格中,即商品的价格未能反映出它的社会价值时,就呈现出经济活动的外部性。

1) 消费的外部性

电信服务为人们的工作、学习、生活提供了便利。两个身处异地的并开通电信服务的用户,尽管在空间上被阻隔了,但是通过运营商提供的电信服务,两者仍然可以实现语音通信、数据传输等功能,从根本上改变了人们以往低效率的工作、学习以及生活方式。同时,由电信服务的网络性特征决定了,在一个网络性的产业中,开通服务的用户越多,该网络的价值就越大。因此,当一个用户在使用电信服务时,从联系的便利性和网络价值的提升看,其他的用户都是获益的,即网络外部性(协同价值)。

2) 生产的外部性

改革开放以来,我国电信业由制约经济建设的"瓶颈"发展成为推动国民经济增长的先导产业、支柱产业和战略产业。其对经济的影响主要表现在:电信业的持续增长有效地拉动了投资和消费的需求;同时其在信息化建设中发挥了举足轻重的作用,有效推进了信息化进程;另外,电信业的发展成功地带动了制造业等相关产业的优化升级,全面促进了国民经济的可持续性发展。

6. 服务贸易性

电信服务的服务贸易性是指运营商经营的电信业务和其他的实物商品一样,可以成为贸易中买卖双方交易的对象。由于电信服务的非实物性,因此它与实物商品在性质上具有显著的区别:电信服务的生产和消费过程不可分割,电信服务的生产过程就是消费者的消费过程,因此,电信服务也不能像一般的实物商品进入流通领域。两者是同时开始,同时结束的。在实物商品的交易中,一般允许退换、实行三包等。而电信服务的提供过程是一个单向过程,不存在退换、保修之说。国际电信服务贸易将电信服务贸易的地域性扩展到了全球范围。

4.2 网络经济定律

通信产业属于网络经济,网络经济在许多方面不同于传统经济。而通信网络与互联网的连接,进一步增强了网络经济的特性,进而使其运行遵循网络经济规律。这些规律能够解释以知识为基础的新经济中的许多现象,当然,通信经济的运行也必然遵循这些规律。网络经济的 14 条规律中[①],摩尔定律、吉尔德定律和麦特卡夫定律被称为网络经济三大定律。

4.2.1 网络经济三大定律

1. 摩尔定律(Moors's Law)

这一定律是以"Inter 公司"创始人之一的戈登·摩尔命名的。1965 年,摩尔预测单片硅芯片的运算处理能力,每 18 个月就会翻一番,而与此同时,价格则减半。实践证明,30 多年来,这一预测一直比较准确,预计在未来仍有较长时间的适用期。摩尔定律的背后实际上是学习曲线(Learning Curve),学习曲线说明随着产出的增加,厂商不断改进它的生产,结果单一产品的成本不断下降。学习曲线被认为在 IT 的硬件业中发挥巨大作用。

---

① 李开复:电子展望与决策,2000 (6):27-28。

这是收益递增的真正原因,因为它显示了一条下降的边际成本曲线。微处理器的速度每18个月翻一番,这就意味着每五年它的速度会快10倍,每10年会快100倍。同等价位的微处理器会变得越来越快,同等速度的微处理器变得越来越便宜。

2. 吉尔德定律(Gilder's Law)

吉尔德定律又称为胜利者浪费定律。在未来25年,主干网的带宽每6个月增长一倍,其增长速度是摩尔定律预测的CPU增长速度的3倍,并预言将来上网会免费。乔治·吉尔德还提出,最为成功的商业运作模式是价格最低的资源将被尽可能地消耗,以此来保存最昂贵的资源。

吉尔德定律和摩尔定律之所以联系在一起,是因为带宽的增长不仅仅受路由传输介质影响,更主要的是受路由等传输设备的运算速度的提高,以及作为结点的计算机的运算速度加快的影响,而后者是由摩尔定律决定的。

3. 麦特卡夫定律(Metcalfe's Law)

麦特卡夫定律认为,网络经济的价值等于网络结点数的平方。这说明网络产生和带来的效益将随着网络用户的增加而呈指数形式增长。麦特卡夫法则是基于每一个新上网的用户都因为别人的联网而获得了更多的信息交流机会。对于麦特卡夫法则,虽然有些学者有不同意见,但它至少指出了网络具有极强的"外部性"和正反馈性:联网的用户越多,网络的价值越大,联网的需求也就越大。这样,我们可以看出麦特卡夫法则并没有说明供给方面的收益递增,而是指出了从总体上看消费方向存在效用递增,需求创造了新的需求。麦特卡夫法则描述的是产品特性对消费行为的影响。而且,这种特性并不是在所有的网络产品中都存在,它只是在所谓的"平台"性产品中才存在。

4.2.2　网络经济其他规律

1. 无限的能力与机会

网络和传统媒体最大的差别就是网络上的每一个用户之间都是相互平等的。他们拥有同样的创作机会和白手起家的机会。重要的是在网上,每个人都可以成为一个扩散信息和接收信息的结点。在世界各地,很多人在网上完成了他们曾遥不可及的梦想。例如,有一个学生,他嫌网上信息不好找,就做了一个目录。两年后,他成为身价10亿美元的创业者偶像。他就是雅虎(Yahoo)的杨致远。马云也是借助互联网起家的。1995年马云创办中国第一家互联网商业信息发布网站"中国黄页",1998年出任中国国际电子商务中心国富通信息技术发展有限公司总经理,1999年创办阿里巴巴,并担任阿里集团CEO、董事局主席。2016年福布斯中国富豪榜中,马云以282亿美元财富排名第二位。

2. 良性循环带来收益递增

互联网的发展带来了许多新兴行业的"收益递增",不仅如此,互联网本身的发展也是一个"收益递增"的过程,是在一个良性循环下形成的。例如,做网上书店的亚马逊(Amazon)和做网上拍卖的易贝(eBay)。而且,互联网本身的发展也是一个"收益递增"的过程,也是在一个良性循环下形成的。例如,易贝创始人皮埃尔·奥米迪亚(Omidyar)第一件贩卖的物品是一个坏掉的激光指示器,以14.83美元成交。他惊讶地询问得标者:"您难道不知道这玩意坏了吗?"他得到的回复是:"我是个专门收集坏掉的激光指示器玩家。"

由于有不断增长的互联网用户群,才造成足够的经济理由去开创更多的网上内容和服务;由于有不断增加的内容和网上服务,才造成足够的经济理由去投资建设基础设施,使得带宽更大,速度更快;因为有了更多的带宽,所以有了更多的上网设备和智能应用。

3. 物以"多"为贵,拥抱标准

传统经济时代,物以稀为贵;互联网时代,共享程度越高的产品或服务就越给其经营者带来更多的收入。电话、传真或互联网,如果只有一个用户使用,那它们就没有价值。只有众多的人认可和使用,一项技术、产品或服务的价值才能得到最大程度的体现。而形成"多"的最好的方法就是符合"标准"。就像火车和路轨,如果欧洲、亚洲甚至每一个国家都各自为政,制订不同规格的火车或路轨标准,就不会有今天贯穿欧亚的"大陆桥"。标准是降低甄别成本,实现共用共享的基础。

随着移动智能终端价格不断降低,互联网普及率不断提高。根据国际电联的最新统计数字,截至2016年,全世界互联网普及率大约达到47.1%,发达国家达到81.0%,如图4-5所示。全世界大约有35亿人用上了互联网,高于2015年的32亿人,相当于47%的全球人口。目前,我国已有超过一半的人口(2017年6月达到7.5亿)触网,如图4-6所示,不断增长的网民人口使基于互联网的各种应用都预示着未来广阔的市场和发展前景。因此,标准化的产品和标准化的服务是产品和服务进入市场的门槛,是保护消费者降低交易成本的重要方面。因此争夺制定标准的竞争在各个领域也就格外激烈,而在通信领域更加惨烈。

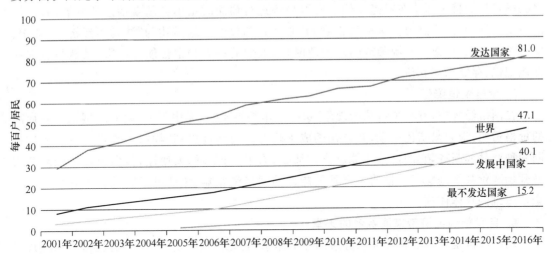

图4-5 2001—2016年每百户居民互联网应用人数

注:2016年为估计数。发达国家、发展中国家依据联合国分类M49。

资料来源:ITU世界电信/ICT指标数据库。

4. 注意力经济

注意力经济是指企业最大限度地吸引用户或消费者的注意力,通过培养潜在的消费群体,以期获得最大未来商业利益的一种特殊的经济模式。所谓注意力,从心理学上看,就是指人们关注一个主题、一个事件、一种行为和多种信息的持久程度。如果能够在网络经济发展过程中成为某一特定领域的翘楚,如网上售书、网上新闻发布、网上汽车零售,其面临的商

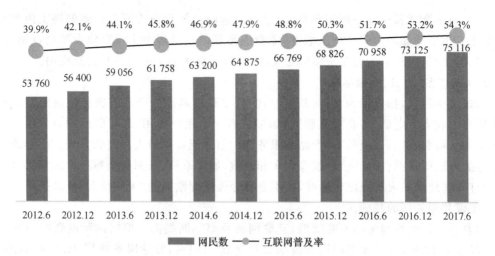

图 4-6　中国网民规模和互联网普及率
资料来源:CNNIC 第 40 次中国互联网状况及调查,2017-6。

机将是无限的。所谓翘楚或"霸主",就是在用户心目中,想到某个领域,就想到你。因此,为了得到用户的青睐,网络公司愿意花较多的宣传费用,得到用户的"注意力"。著名的诺贝尔奖获得者赫伯特·西蒙在对当今经济发展趋势进行预测时指出:"随着信息的发展,有价值的不是信息,而是注意力。"这种观点被 IT 业和管理界形象地描述为"注意力经济"。知识、信息纷至沓来,注意力资源稀缺的新商业时代,人们的精力和记忆能力有限,必然只有选择性地记忆、存储知识和信息。

5. 价格永恒降低

在网络经济中,有几个特殊的现象:边际成本趋近于零,无中间人的抽成,网上所有商品的价格透明,很容易货比三家,开公司的成本降低。前面曾提到"物以多为贵",越多人使用同一种产品或服务,它的价值才能越高。那么,为了让更多的人使用,很多很好的产品和服务开始降价甚至是免费。目前大家耳熟能详的网络浏览器、免费电子邮件服务等都是这一全新思维的具体体现。

6. 自我管制经济带来消费者的天堂

网络经济是一个非常强大和健康的经济体系,它无情地打击低效率和浪费,自动地攻击不合理的利润与迫害性的垄断。在网络社会,几乎不可能有长期的所谓"垄断者"。即使有垄断者,它也不会是一个损害消费者利益的垄断者,因为它必须通过不断降价或提升服务品质,来避免自己已有客户的流失。互联网是一个自律、诚信的世界,信誉和用户是互联网公司的命脉。

7. 不创新则灭亡

创新是人类所特有的创造性劳动的体现,是人类社会进步的核心动力和源泉。创新是人们在认识世界和改造世界的过程中对原有理论、观点的突破和对过去实践的超越。网络经济对消费者固然眷恋,但对网络公司却是相当无情的。如果一个人幸运地取得了成功,就会发现周围立即出现多位竞争者!创新不仅包括技术层面的,还包括市场的创新、商业模式的创新。在互联网时代,如果一家互联网公司的创新的源泉和基础是公司自己的,那么创新很可能枯竭,如 Yahoo。而如果把创新的源泉和基础建立在用户和消费者之上,那么创新可以说是一种永恒,因为这些用户和消费者也是公司的合作者。

8. 自食生存

旧经济时代,眼前的利润就是目标;在网络新经济时代,千万不要因为眼前小利而忽略一场变革的来临,对企业来说那将是灾难性的。因此,企业的管理者应该不再只是被动地顺应变革,而是要预知,甚至促成变革的到来。Lee Iacooca[①] 曾经说过:"当一场变革到来的时候,你要么领先,要么跟随,要么就被踢出历史舞台。"

9. 快吃慢、新吃旧

在网络经济中,大公司不一定会打败小公司,但是反应快的一定会打败反应慢的。"快吃慢"强调了对市场机会和客户需求的快速反应,但绝不是追求盲目扩张和仓促出击;正相反,真正的快追求的不仅是快,更是"准",因为只有准确地把握住市场的脉搏,了解未来技术或服务的方向后,快速出击进行收购才是必要而有效的。"新吃旧",哪里有机会,哪里有市场,资本就很快会在哪里重新组合。速度会转换为市场份额、利润率和经验。从成立到拥有 10 亿美元的市场值,惠普公司用了 47 年时间,微软公司用了 15 年时间,雅虎用了 2 年时间,而 NetZero 却只用了 9 个月的时间!网络经济时代则不同,小公司可以战胜大公司;转型速度快的公司可以战胜转型速度慢的公司;新的公司可以战胜老牌的公司。没有一家公司可以永远立于不败之地。

目前人们用"独角兽"来称谓成长迅速的企业。**所谓独角兽企业,是指成立 10 年以内、估值超过 10 亿美元、获得过私募投资且尚未上市的企业。**作为爆发式成长的代表,独角兽企业被认为是新经济时代科技创新的集中体现。从全世界来看,2016 年国际四大榜单公布的独角兽企业 252 家,百亿估值的企业有 15 家,主要集中于电子商务、互联网软件和金融服务三个领域。我国 2015 年独角兽企业只有 70 家,而到了 2016 年已达 131 家[②]。主要集中于四大领域:互联网金融、电子商务、交通出行和智能硬件。无论国际国内,迅速膨胀的企业都借助于互联网实现自己的应用和发展。

10. 最终必须获利

尽管网络革命是一次了不起的革命,但是,所有公司对股东最终的责任仍是获利。对于一家网络公司来说,股东们可以延长他们对获利的耐心,让公司从注意力开始做起,但是最终它必须能够获取利润。市场经济的法则在互联网上也概莫能外。市场机制对经济社会发展的推动就是人们在对自身利益的追逐中实现的。投资者获利了,才有了进一步发展的动力和资源,也才能推动基于互联网的各项应用进一步发展和繁荣。

11. 实虚必须融合

很多人原来认为网络公司与传统公司总是对立的,因为 AOL(美国在线)曾挑战传统媒

---

① Lee Iacooca:born October 15, 1924, is an American automobile executive best known for spearheading the development of Ford Mustang and Pinto cars, while at the Ford Motor Company in the 1960s, and then later for reviving the Chrysler Corporation as its CEO during the 1980s. He served as President and CEO of Chrysler from 1978 and additionally as chairman from 1979, until his retirement at the end of 1992. He has authored or co-authored several books, including Iacocca: *Where Have All the Leaders Gone?*

② 科技部:2016 中国独角兽企业发展报告,2017-3-7。

体,雅虎曾挑战传统载体,亚马逊曾挑战传统书店。但是,现实的传统业务与虚拟的网络业务最后终将合并,网络变成现实的延伸。现在的线上线下的O2O(Online to Offline)模式,如图4-7所示。线上营销、购买或预订,带动线下经营和线下消费。O2O通过打折、提供信息、服务预订等方式,把线下商店的消息推送给互联网用户,从而将他们转换为自己的线下客户,这就特别适合必须到店消费的商品和服务,比如餐饮、健身、看电影和演出、美容美发等。将线下商务的机会与互联网结合在了一起,让互联网成为线下交易的前台。

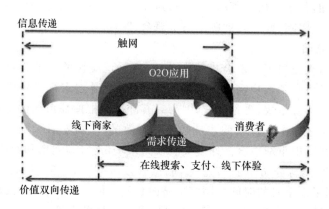

图 4-7　O2O 的虚实结合模式

4.3　国际通信服务贸易的基本特征与作用

4.3.1　国际通信服务贸易的定义

WTO将全世界的服务部门分为12个部门160个分部门。通信服务是其中之一。这里的通信服务是指为信息、信息产品、信息设备操作、信息储存和设备软件功能提供的所有服务。包括邮政服务、电信服务、视听服务、其他电信服务等。信息以及存取、处理和传播信息的设施已经成为与土地、劳动力和资本同样重要的战略资源。电信产业既作为可以贸易的产品和服务,同时又是其他产品和服务贸易的一种促进手段,在国际贸易中肩负着双重角色。在国际电联的《1996/1997年世界电信发展报告》中对国际电信贸易的定义表述为跨越国界的电信设备或服务的贸易。

1. 电信服务

1991年关税与贸易总协定服务贸易谈判组对服务贸易谈判范围加以界定,依据乌拉圭回合服务贸易总协定(GATS)电信服务附录的定义,"电信服务"是指传送与接收任何电磁信号的服务。更进一步说,**电信服务就是指通过电信基础设施,为客户提供的实时信息(声音、数据、图像等)传递活动**。国际服务贸易中的电信服务一般是指公共电信传递服务,包括明确而有效地向广大公众提供的任何电信传递服务,如电报、电话、电传和涉及两处或多处用户提供信息的实时传送,以及由用户提供的信息,无论在形式上或内容上两终端不需变换的数据传送。

正确认识电信服务的内涵,必须弄清楚电信基础设施(工具、设备等)、服务及信息三个既相互联系,又有一定区别的概念。

电信基础设施由构成传输系统(网络)的工具及设备组成,如铜导线、同轴光学电缆、卫星、多路传输器、开启系统、电脑终端及其他操作和内部连接设备等。

最常见的电信终端设备是电话,在当代电信基础设施中,最重要的则是计算机。任何通过这些电信设施而提供的服务构成电信服务。电信工具、设备和服务在内容上往往有些重叠,这是由于传输和开启通常视为服务,而这些大部分来自于工具和设备。当前,智能手机的发展已成为人们的掌中电脑。智能手机像个人电脑一样,具有独立的操作系统,独立的运行空间,可以由用户自行安装软件、游戏、导航等第三方服务商提供的程序,并可以通过移动通信网络来实现无线网络接入互联网。由于其功能强大,运行速度快(目前正在由 4G 向 5G 发展),推动了电信服务中数据业务的迅速发展。图 4-8 所示中,截至 2017 年 6 月,通过台式电脑、笔记本电脑、平板电脑上网的用户均较 2016 年年底有所下降,而通过手机和电视上网的用户都有所增加,其中,使用手机上网的用户达到网民的 96.3%,较 2016 年年底提高了 1.2%。

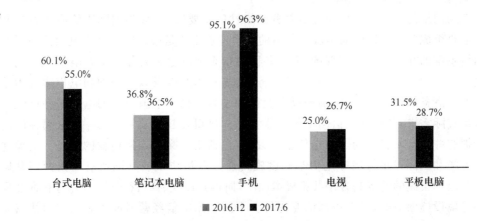

图 4-8　互联网接入设备使用情况

资料来源:CNNIC 第 40 次中国互联网状况及调查,2017.6。

信息,也就是通过电信传递的消息内容,传统意义上是不包括电信网络传送功能的。然而随着科学技术的发展,产生和分配消息的信息服务已变得更广泛,并且作为商业使用者,需要更直接控制内部电信的传输和操作。这样在电信与信息服务之间,很容易产生混淆,也很难将两者之间划出清晰的界限。因此明确数据传输和数据处理服务在贸易谈判中是必需的,明确数据传输是电信服务,而数据处理服务则为专业经济服务。

总体上,电信基础设施是电信服务提供的基础,而信息则是电信传送的内容,即服务对象,它们都是构成电信服务的要素。

2. 国际电信服务贸易

国际电信服务贸易是指以通信服务为交易对象的贸易活动。通信服务包括邮政服务和电信服务两种方式,但本书重点介绍电信服务贸易。将电信服务的提供范围在地域上从国内扩展到全球范围,就产生了国际电信服务贸易的概念。国际电信服务贸易涉及跨越国界的交易活动。**狭义的国际电信服务贸易是指在不同国家或属于不同国家任何性质的电信局或站之间提供的电信服务活动**。例如,从一国往另一国通电话或发送电子函件,这种国际性的电信服务的提供,发生了服务的"过境交付"。广义的国际电信服务贸易除了包括传统观点下的服务贸易,还包括通过国外直接投资进行的贸易。因此,广义条件下的"过境"不仅仅指地理位置上的电子信息传递的过境,服务的过境活动和支付也包括在内。例如,外国投资者收购电信公司或由国内外双方建立合资企业提供新的电信业务,或电信服务公司在异国设立分支机构提供电信服务,构成服务贸易,但顾客的信息传送并非"过境"。

国际电信服务贸易是按照贸易分析经常使用的框架来进行分类的:跨境交付、商业存在、国外消费和员工移动。

4.3.2 国际通信服务贸易的基本特征

国际通信服务贸易作为服务贸易的一种,既具有国际服务贸易的一般特性,同时又具有独特的基本特征。

1. 国家间网络的互联互通

国家间网络的互联互通作为通信服务网络性的主要特征,成为国际通信服务贸易基本特征的重要组成部分。国际通信服务贸易的基本特点主要是通过国家之间电信网络系统和邮政网络系统的互联互通来实现的,需要各国通信企业的通力合作。随着电信全球竞争的日趋激烈,跨国企业对全球"一站式电信服务"的需求膨胀以及以互联网和电信服务为基础的全球电子商务的快速升温,国别的概念变得越来越模糊。本国现有的电信服务已经远远不能满足实际需求,各国的电信网络的互联和操作显得日趋重要和迫切。国家属性的电信经营者拥有并运行着各自的国内电信基础设施,包括用于交互连接传输的设备。而那些远程海底电缆和国际卫星等国际电信基础设施则通过双边协议或共同所有而由两国共同使用。这些国际设施的特点是各国共担成本风险,向得到授权的经营者开放,并且在向非所有方提供过境设施服务时,具有极高的互惠性。不同国家电信经营者间签署的双边协议是依照国际电信联盟电报电话咨询委员会推荐的多边框架所拟定的。

2. 比较优势锁定性强

在国际贸易中,一般各国凭借比较优势在商品或服务交易中获利。但由于国际市场竞争激烈,这种优势很快消失。但电信服务贸易中,比较优势锁定性却很强。电信服务贸易与其他服务贸易或商品贸易最大的不同点在于技术标准的垄断性。电信行业是典型的网络型企业,网络结构的一个基本问题是沟通和协调,而标准则是沟通和协调的基础。在"赢者通吃"(Winners Take All)的网络结构下,掌握标准的企业将会成为行业中的主导者和行业利润的主要攫取者。许多电信跨国公司通过创造和制定包含众多知识产权的技术标准和规则,迫使竞争对手成为追随者,从而控制电信市场规则和市场竞争格局,并通过跟随者对技术标准的依赖而将其永远牢牢地锁定在技术跟随者的角色上。电信技术标准在竞争中很大程度上决定了电信行业领导权的兴衰。在信息社会,电信作为主导性技术产业领域,通过标准竞争获得的产业领导能力可以转化为持久的产业"比较优势",进而影响到上下游产业的竞争绩效。而产业的结构和绩效又会影响到国家竞争优势。发达国家跨国公司继续以技术优势控制支配国际生产体系,控制支配产业价值链和供应链的价值实现。在当前全球电信产业新型的跨国生产体系中,一条是依靠跨国公司母公司的直接投资和公司内贸易形成母子企业之间的价值链体系,另一条是通过非股权安排的企业间交易网络形成由核心企业主导的供应链体系。核心企业通过掌握技术、市场标准和销售渠道,便可以控制整个供应链和产品的价值实现,在全球化过程中获取巨大利益。

3. 商业存在模式在国际贸易中的阻力较大

由于信息通信技术已渗透到国家政治、经济、军事等社会发展和国民经济各领域,智能生产和智慧城市的建设都必须运用通信手段来监控,任何政府都要运用通信手段来宣传政策主张、管理国家,人们要利用通信手段来交流信息。因此,通信服务贸易已超越了单纯的一般服务贸易,直接介入到一国比较敏感的社会政治、经济和科技等各个方面,受政府政策制约较大,安全敏感度高,阻力较大。例如,美国虽然一直推崇自由竞争、呼吁各国开放电信市场,但对欲进入美国通信市场的外国企业,却通过 WTO 的安全例外条款加以阻止。在增值电信业务市场开放上,美方已经开放了列入承诺表中的所有增值电信业务,并且给予外资国民待遇。但在基础电信业务市场开放上,涉及其他国家电信企业在美投资的"商业存在"方式却予以阻止。美方 WTO 承诺表明,①涉及卫星通信业务时,只有美国 Comsat 公司拥有接入国际通信业务和国际海事卫星的专营权,排除外资进入;②涉及无线电业务许可证时,下列性质的外资不能在美获得无线电业务许可证:a. 外国政府或其代表;b. 非美国公民或其代表;c. 不是按照美国法设立的美国法人;d. 由外国政府、外国人和外国法人拥有超过 20%的发行股比的美国法人。

4. 技术标准化程度高

服务的异质性使大多数服务贸易充满异质性。大多数服务由于服务的主体和服务对象均是自然人,服务品质既由服务人员素质的差异所决定,也受到顾客本身的个性特定的影响,因而服务贸易充满差异性。而通信服务贸易特别是电信服务贸易一般是人通过电信设备提供服务的,由于人通过硬件介质而提供服务,因此对硬件设备的要求就特别高,必须符合一定的技术标准或协议的硬件才能入网,才能实现国际通信网络的互联互通,进而才能提供标准化的或较高水平的服务。例如移动通信,向来是产业未动,标准先行。因而,这也就使通信服务贸易的标准化程度高,甚至高于商品的标准化程度。

4.3.3 国际通信服务贸易的作用

1. 有利于促进经济全球化和信息化的进程

通信服务贸易的发展,加速了各国迈向信息社会的步伐,进而促进了世界经济全球化的进程。随着信息技术持续扩散,新技术、新产品、新应用、新业态、新模式不断涌现,信息产品与服务愈加普及,为全球经济社会发展和人民生活带来了日新月异的变化。信息社会理念日益深入人心,建设信息社会成为世界各国的共同愿景。国际通信的发展使得方便及时地组织跨国生产经营成为可能。2016 年全球 126 个样本国家中有 53 个国家进入了信息社会。全球信息社会稳步发展,2011—2016 年全球信息社会指数(ISI)年均增长 2.76%[①]。世界银行开展的研究通过多项实例表明,电信/ICT,特别是高速上网尤其提高了欠发达国家的经

---

① 国家信息中心信息化研究部:全球信息社会发展报告 2016,2016-5-17。

济发展速度[①]。无论是在发达国家还是发展中国家,信息通信技术都是培育创新、促进经济和社会繁荣发展的重要手段。

2. 加快全球数据和信息的传输和交换

国际通信服务贸易的发展,加速了经济全球化进程和全球产业价值链的形成,使许多经济落后的国家也纷纷被裹挟到世界产业链之中,参与到全球的生产、分配、交换和消费之中,进而加剧了与之相应的大数据的产生和数据信息的国际交换和传输。而在信息社会,大数据被人们视为一种资源或一种生产资料,是下一个创新、竞争、生产力提高的前沿。因此,通信服务贸易促进数据在世界范围内的流动,也可以看作是促进资源或财富的重新分配。

3. 有利于节约社会资源

通信服务贸易加速了全球信息化进程,使信息化覆盖人类所有的活动,从经济活动到社会活动和政治活动;从个人活动到企事业、社团活动和政府活动。信息化的普遍性是由于现代信息技术渗透能力决定的,可以应用于、影响到所有社会、经济活动的各方面。充分利用现代通信,可以大大降低国际贸易的交易成本,还可大大减轻交通运输的压力。据美国预测,利用现代化的电信手段,实现新型的分散式办公形式,可节约300亿~470亿美元的交通运输投资费用。据估算,利用通信代替出差联系工作,每日可节约美国当日石油总耗量的7%。到2017年,移动卫星为发达国家约节省4 000亿美元,五年内为撒哈拉以南非洲国家挽救了一百万人的生命[②]。

4. 实现动态比较利益

通过通信服务贸易,提高信息化水平,促进信息化与工业化的深度融合,实现资源转换,从而使产业结构得到合理调整,最后实现贸易结构的改善以及产业结构的转型升级。每年在网络技术上投入预算30%以上的中小企业(SME)的收入增长相当于投入少于10%的中小企业的9倍[③]。通信服务有利于国际贸易、国际金融和国际运输等业务的开展,从而使各国的比较利益得到动态调整,实现经济的可持续发展。

4.4 通信服务贸易发展的状况

4.4.1 国际电信服务贸易的自由开放

当前世界大的电信市场主要有:西欧电信市场,亚太电信市场,大洋洲电信市场,及非洲电信市场(非洲属于待开发的电信市场)。中国电信市场被认为是21世纪世界上最大的电信大市场。国际电信服务贸易的争夺就是围绕这些市场而展开的。

乌拉圭回合是世贸组织前身——关贸总协定(GATT)——举行的第八轮谈判,并且第一次将电信以及其他服务纳入谈判日程。起初,电信界担心乌拉圭回合谈判将削弱国家的权

---

① Qiang(2009年),引自世界银行(2009年):信息通信促发展,2009年。
② GSMA/PwC(2012年):用移动卫生拯救生命:全球市场机遇评估。
③ McKinsey & Company(2009年):面向大众的移动宽带。

力,并且改变国际电信系统。然而,将电信纳入贸易体制的倡导者坚决主张,这只不过是反映了现实。电信是世界货物和服务贸易的主干部分,因此它必须在国际经济关系中得到认可。电信业已开始自由化,并且电信的经济贸易特征也开始被承认。

乌拉圭回合经过八年的谈判达成了协议,电信业官员在服务贸易总协定(GATS)的准备阶段起了一定的作用,GATS是总结乌拉圭回合的总体协定的一部分。它们是制定电信附录的基础。电信附录是所有特定行业附录中最精制的部分,谈判主要由贸易经济学家参与。他们不仅将电信看作其本身具有重要地位的服务部门,而且还提供了电子高速公路,使其他行业在国内或国际贸易中得到便利。许多与会者认为,这种高速公路应受到最低限度的控制,从而促进对外贸易。例如,旅游、金融、保险、数据处理、海上运输、清账和管理咨询,以及其他各种商业服务。

世界贸易组织(WTO)关于电信服务贸易的相关文件共包括以下六个。

(1)《服务贸易总协定电信附件》;
(2)《乌拉圭回合关于基础电信谈判的部长决议》;
(3)《服务贸易总协定第四议定书(基础电信协议)》;
(4)《关于基础电信承诺的决议》;
(5)《基础电信工作组报告及其附件》;
(6)《关于电信管理准则的参考文件》。

其中,关于电信服务贸易规则的大体上为两个部分:一是《服务贸易协定》框架协议及其电信附件,它们分别规定了各成员在包括电信服务在内的所有服务贸易部门中应承担的一般义务和具体承诺的义务以及各成员在电信服务贸易方面应承担的基础义务;二是1997年2月15日由68个成员达成的《基础电信协议》(又称《服务贸易总协定第四议定书》)和由58个成员达成的关于增值电信业务的具体承诺表。

《服务贸易总协定》(General Agreement of Trade in Service,GATS)框架协议,是指《服务贸易总协定》正文的六部分的内容,所有对服务贸易部门适用的规定同样对电信服务贸易部门适用,各个世贸组织成员必须要遵守。但电信服务部门的特殊性决定了各成员在电信附件上必须达成一致,旨在详述《服务贸易总协定》中有关影响进入和使用公共电信传输网络和服务的措施规定,并为《服务贸易总协定》提供注释和补充的规定。其要求各成员确保所有希望获得列示于服务减让表的优惠的服务,提供方能够在合理和非歧视的基础上进入并使用公共基础电信传输网络和服务。各成员无论是否已经在基础电信部门实行自由化或递交减让表,都必须承担上述义务。电信附件强调的是使用者获得这些服务的权利,而非进入他国市场出售服务的能力,后者规定在各方提交的减让清单中。因此,享受附件中规定的受惠方将是任何列示于各成员减让清单的服务的提供方,不仅包括增值电信和竞争性基础电信的提供者,还包括提供金融或计算机服务的企业。电信附件的核心内容是公共基础电信的准入和使用。

近年来,一些国家认为WTO框架下服务贸易自由化不能取得真正的进展,力图用服务贸易协定(TISA)代替WTO框架下的GATS,TISA是由少数WTO会员国组成的次级团体——WTO"服务业真正之友集团"(Real Good Friends of Services,RGF)展开的,致力于推动服务贸易自由化的贸易协定。目前已有48个国家加入了TISA阵营,覆盖了全球70%的服务贸易。2016年11月,TISA各参与方举行了第21轮谈判。讨论的关键附件包括了透明度、国内规制、电信、电子商务、本地化以及自然人移动。各方就运输(海空陆)、专业服务、国企和快递服务等附件也展开了讨论。制度安排,争端解决也被提及。在通信服务方面举行了会谈,包括服务的市场准入、使用,电信规制机构决定的上诉复审,电信规制,核准和一般条款。在供应商义务的条款方面也进行了积极讨论。TISA成员承诺产生的收益只限于TISA的签署国。

4.4.2 全球通信服务贸易的发展

1. 全球通信服务贸易的发展概况

从整体上看,全球正在从工业社会向信息转型道路上稳步发展,数字生活是中低收入国家信息社会建设主要抓手,高收入国家在线政府建设效果更为突出。产业结构优化推动信息经济发展,全球社会不平衡状况虽有小幅恶化,但通信服务贸易的发展能够有效降低数字鸿沟。

通信服务贸易的发展,刺激了全球移动互联网应用和电子商务的发展,进而也使IT产业蓬勃发展。从表4-2可以看到,2007年,全球前十大市值公司中IT公司只有微软一家;但到2017年,互联网巨头引领了整个通信产业,全球前十大市值公司巨头中,包含了7家IT公司[①]。

表4-2 全球前十大市值公司2007年与2017年对比

2007年5月底	市值(亿美元)	2017年5月底	市值(亿美元)
埃克森美孚(美)	4 685	苹果(美)	7 964
通用(美)	3 866	Alphabet(美)	6 751
微软(美)	2 936	微软(美)	5 392
花旗集团(美)	2 695	亚马逊(美)	4 754
中石油(中)	2 618	Face book(美)	4 388
美国电话电报公司	2 548	伯克希尔哈撒韦(美)	4 076
英荷壳牌(英/荷)	2 408	强生(美)	3 454
美国银行(美)	2 250	埃克森美孚(美)	3 410
中国工商银行(中)	2 233	腾讯(中)	3 254
丰田(日)	2 163	阿里巴巴(中)	2 975

资料来源:招商证券:5G行业分析报告,2017-08-17。

如表4-3所示,在2010—2015年期间,电信、计算机和信息服务出口中,世界年均增长率为7%,出口增长率最高的是独联体国家,达到13%;其次是亚洲国家为10%,最低的为非洲国家,只有3%的年均增长率。2014年,世界平均增长率为9%,独联体国家和欧盟(28国)均达到12%的增长率,而亚洲却出现了下降,只有8%的增长率,与中东持平。2015年,全球贸易增速低于经济增速,且出现13.23%的负增长,电信、计算机和信息服务出口虽也有下降,但只下降2%,下降最多的为非洲,达-12%,南美与中部美洲却异军突起,增长率达12%,亚洲比2014年下降一个百分点,达7%。

[①] 招商证券:5G行业分析报告,2017-8-17。

表 4-3　2014—2015 年世界电信、计算机和信息服务出口

时间 地区	价值/10 亿美元		份额/%		每年百分比变化/%		
	2014 年	2015 年	2010 年	2015 年	2010—2015 年	2014 年	2015 年
世界	485	475	100.0	100.0	7	9	-2
北美	45	45	10.0	9.4	6	0	0
南美与中部美洲	9	10	2.2	2.2	7	6	12
欧洲	297	280	61.3	58.8	6	11	-6
欧盟(28)	280	262	56.3	55.0	7	12	-6
独联体国家(CIS)	9	8	1.3	1.8	13	12	-4
非洲	6	6	1.4	1.2	3	5	-12
中东	15	15	3.0	3.1	8	8	-2
亚洲	105	112	20.7	23.6	10	8	7

资料来源：WTO 世界贸易统计回顾 2016，P123。

2. 全球通信服务贸易发展的特点

(1) 融合。全球电信业进入深度转型期，为应对转型过程中传统业务萎靡、市场竞争激烈、新业务难以打开局面等困境，整个电信行业都在寻求解决问题的出路。融合改变了电信和媒体平台之间原来相互分离的状况，使分离的纵向服务提供在一个统一的横向平台之上。因此，原本自成一体(基于服务)的技术平台支持语音、数据和视频等多项服务和应用。融合让原来不同服务市场的界限日益模糊，因而有必要对传统的政策和监管机制(包括加强公共安全问题)予以审议。随着电信走向混合网络，固定和移动、有线和无线之间的界限变得日益模糊，各种设备可以从一个网络无缝平滑地转入另一个网络，无须中断服务①。新的电信/ICT 发展趋势，如移动互联网和物联网(IoT)的结合随着未来十年一些最具颠覆性技术的出现将得到迅猛发展②。2016 年，AT＆T 斥巨资购入传媒巨头——时代华纳，这意味着 AT＆T 更乐于大刀阔斧地跨入内容领域，押注电视和视频领域。Verizon 也重金收购了 AOL 和雅虎，但其路径与 AT＆T 大为不同：Verizon 依然聚焦自己的移动主业，希望围绕其发展各类创收平台。美国四家运营商相继推出了自己的移动视频业务，并辅以灵活的资费政策，不断创新。

(2) 合作深化。在信息通信时代，电信业的产业链越来越长，节点越来越多，它要求产业链各个环节之间能随时随地展开合作。合作不仅能使相关企业降低成本、规避风险、有效整合资源，而且还能加快新技术开发进程和新业务生成，这些是处于转型关键期产业链各个环节企业所需要的，因此合作成为一种趋势。对于电信运营商来说，核心竞争力在于网络运营及管理；对于通信制造商来说，核心竞争力在于软硬件产品研发和制造；对于信息内容提供商来说，核心竞争力在于内容的生产和加工。每一个企业只要保持固有的核心优势，其他的工作则通过合作由更擅长的企业来完成。由于通信业合作向纵深发展，因而合作能力，特别是跨多个行业的合作能力的培养和造就，已经成为当代信息通信企业核心竞争力的重要组成部分。

---

① ITU: Background Strategic Plan for the Union 2016—2019. Place des Nations1211 Geneva 20Switzerland.
② 麦肯锡全球学院(2013)：颠覆性技术：改变生活、商业和全球经济的进步。

(3) 竞争。多数国家在本地和长途等固定业务方面仍存在垄断，尽管如此，电信竞争的范围在不断扩大。绝大多数国家在移动和互联网市场引入了竞争，这两种业务正在不断地替代固定语音业务。在竞争引入初期，移动业务由传统运营商以外的私营公司提供。越来越多发展中国家的移动用户数超过了固定用户数。在国际语音业务还没有开放的国家，也存在着间接形式的竞争，例如回叫、移动电话国际漫游以及IP电话等。

(4) 移动宽带。电信服务更加趋向移动化。移动是最受欢迎的互联网接入方式。因为使用方便，宽带智能手机在富裕国家日益风行。在发展中国家，历年形成的固定通信基础设施匮乏使得移动更像一个必需的平台，而不是一种可选项。到2016年年末，移动宽带用户总数达到了约36亿户，其中一半的移动用户已经是宽带移动用户。1991年世界上拥有手机的人还不及世界总人口的1%，具有蜂窝网络的国家也不到1/3；到2001年年底，90%的国家建立了移动网，世界手机普及率几乎达到1/6，100多个国家的移动用户超过固定用户。2017年6月，我国移动电话用户总数达到13.6亿户，其中，移动宽带用户(即3G和4G用户)总数达到10.4亿户[①]。

联合国新的可持续发展目标特别认可了信息通信技术(ICT)连接的重要性，信息通信技术尤其是宽带互联网的获取，在成为发展的主要推动力量方面具有巨大的潜力。图4-9所示中，随着智能手机的普及和移动应用的扩展，特别是随着通信服务贸易的发展，2007年以来，全世界移动宽带渗透率不断提高。其中发达国家增长最快，到2016年达到了90.3%，世界平均渗透率达40.9%，发展中国家为49.3%，最不发达国家为19.4%。说明数字鸿沟已从电话发展到移动互联网。这说明除了需要政府普遍服务弥合数字鸿沟外，还需要依靠通信服务贸易的发展来弥合互联网时代的数字鸿沟。2016年，随着澳大利亚、新加坡关闭2G网络，应用20年之久的2G服务逐渐淡出。4G网络用户渐成各国主流；5G网络在许多国家已开始试运行，跨地区合作大规模展开，频谱规划有了突破性进展；光纤宽带进一步普及，流量级已达千兆。

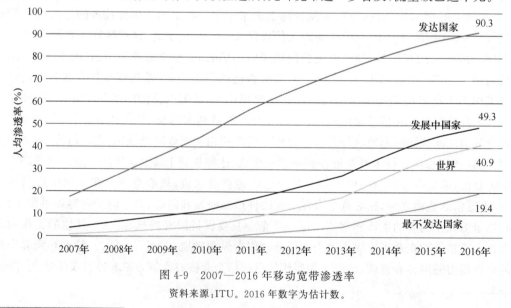

图4-9 2007—2016年移动宽带渗透率

资料来源：ITU。2016年数字为估计数。

---

① 中华人民共和国工业和信息化部运行监测协调局：2017年1~6月份通信业经济运行情况，2017-7-19。

HIS Markit[①]预计,到2035年,5G价值链本身创造3.5万亿美元经济产出,同时创造2 200万个工作岗位。其结构分布如图4-10所示,IHS Markit认为,5G将是推动移动通信技术进入通用技术专有领域的催化剂。在2020—2035年期间,全球实际GDP将以2.9%的年平均增长率增长,其中5G将贡献0.2%的增长[②]。

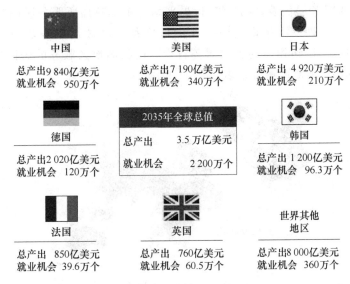

图4-10 HIS Markit预计2035年全球5G价值链产出和就业机会
资料来源:HIS Markit. 5G经济:5G技术将如何影响全球经济,2017-5-15。

这意味着移动通信已经成为缩小数字鸿沟的有效手段。移动宽带应用服务以民众可接受的价格,帮助发展中国家和最不发达国家的人民进行沟通、交流商业信息、发展国家经济。价格低廉的智能手机的推出,更为这些地区的民众使用移动通信技术提供了极大的便利。

(5) 全球化。第一,全球化的运营商。很多主要发达国家的运营商拥有其他国家运营商的股权并在全球范围内开展业务。沃达丰公司目前已拥有2.7亿用户,占全世界用户总数的25%,在全世界28个国家运营,包括17个欧洲国家以及美国和日本,并且在14个国家成为市场领先者。德国电信是世界第三大电信运营商,目前它在29个国家和地区拥有71个分公司、子公司、联盟公司和合资公司,已成为名副其实的全球化电信运营集团。第二,区域性和多边协议。政府趋向于加入国际性公约来促进电信市场的开放,例如WTO基础电信协定;第三,新的全球化服务,包括移动漫游、全球卫星系统、移动互联网和其他手段,可以让用户在国外继续享受服务。未来5G部署会以增强型移动宽带应用为中心,满足以人为中心的多媒体内容、服务数据接入需求。从物联网(IoT)迈向万物联网(Internet of Everything),预计在2020年左右商业化的所谓"5G"移动将深度整合到卫生、教育、智慧城市、工业互联网、网络化汽车等垂直应用中。

---

① IHS Markit:2016年3月,美国信息与分析公司IHS,与英国市场数据公司Markit宣布合并,建立130亿美元的数据行业巨头。新公司取名IHS Markit,总部设在英国伦敦。
② HIS Markit经济和技术部:5G经济:5G技术将如何影响全球经济,2017-5-15。

3. 现代邮政发展状况

虽然通信技术的发展特别是移动互联网的发展替代了很多邮政业务,但邮政传递实物所具有的实务全息特性却是永远不能被取代的。万国邮政联盟(简称万国邮联或邮联)的统计数字可以清晰说明这一点。

从邮政局所的服务居民看,2015 年,世界平均每个邮政局所服务居民数为 10 589 人。世界各地区服务人口数很不平衡,其中,非洲地区每个邮政局服务居民人数最多,达到 71 705 人,这说明居民得到相应的邮政服务较少。而欧洲地区服务的居民数最少为 4 662 人,说明居民得到相应的邮政服务最多,如图 4-11 所示。

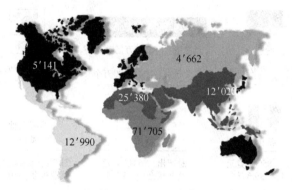

图 4-11 2015 年世界各地每个邮局服务的居民数

资料来源:Development of postal services in 2015,Postal Statistics Online:http://www.upu.int/en/resourse/postal-statistics/2015-results.html.

2015 年,全世界邮寄的信函总量约 3 204 亿件,2014—2015 年期间,年均下降 3.3%。其中,国内信函为 3 174 亿件,占邮件总量的 99.0%,年均下降 3.2%;国际邮件为 30.4 亿件,占邮件总量的 1.0%,年均下降 9.0%,如表 4-4 所示。[①] 总体来看,国际国内信函都呈下降趋势,而国际信函则加速下降,如图 4-12 所示。

表 4-4 1992—2015 年信函年均变化

时间	1992—2002 年	2002—2012 年	2012—2014 年	2014—2015 年
国内信函/%	1.0	−2.0	−1.6	−3.2
国际信函/%	−2.6	−4.6	−6.8	−9.0

资料来源:Development of postal services in 2015,Postal Statistics Online:http://www.upu.int/en/resourse/postal-statistics/2015-results.html.

近年来,由于电子商务爆发式增长,带动了包裹业务的迅速增加。据万国邮联估计,

---

① Development of postal services in 2015,Postal Statistics Online:http://www.upu.int/en/resourse/postal-statistics/2015-results.html.

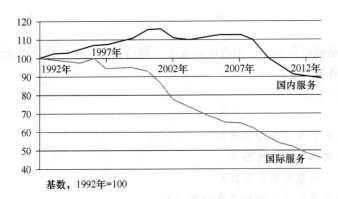

图 4-12　信函邮政业务量发展趋势

资料来源：Development of postal services in 2015，Postal Statistics Online：http://www.upu.int/en/resourse/postal-statistics/2015-results.html.

2015年全世界邮寄的包裹总数约79.22亿件，2014—2015年间，年均增长6.5%。其中，国内服务78.14亿件，占包裹总量的98.6%，年均增长6.42%；国际服务1.08亿件，占包裹总量的1.4%，年均增长12.1%。从表4-5和图4-13所示可以看到，包裹业务量呈持续增长趋势，特别是国际包裹增长速度远高于国内增速，这使跨国电子商务快速增长。

表 4-5　1992—2015 年包裹年均变化

时间	1992—2002 年	2002—2012 年	2012—2014 年	2014—2015 年
国内包裹/%	2.8	3.1	4.6	6.4
国际包裹/%	1.1	6.2	5.5	12.1

资料来源：Development of postal services in 2015，Postal Statistics Online：http://www.upu.int/en/resourse/postal-statistics/2015-results.html.

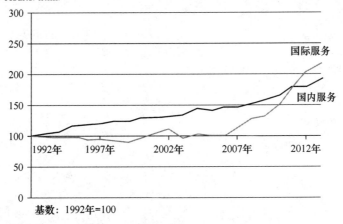

图 4-13　包裹邮政业务量发展趋势

资料来源：Development of postal services in 2015，Postal Statistics Online：http://www.upu.int/en/resourse/postal-statistics/2015-results.html.

关键概念

三网融合　基础电信业务　增值电信业务　网络三大定律　独角兽企业　国际电信服务贸易

思考题

1. 简述基础电信业务与增值电信业务的区别。
2. 电信服务的基本特征有哪些？
3. 如何理解电信服务的贸易性？
4. 电信服务贸易的基本特征主要有哪些？
5. 简述国际通信服务贸易的主要作用。
6. 简述网络经济的三大定律。

第5章 国际通信服务贸易规则

信息通信技术和全球化,使国际贸易的运作方式发生了根本性变化。在我国通信企业"走出去"的大背景下,对WTO协议中关于贸易、服务贸易,特别是通信服务贸易规则进行系统的学习和掌握是十分必要的。所有通信服务贸易都是在一系列规则范围内进行的,是通信服务贸易的行为规范。这些规则主要包括于《服务贸易总协定》(GATS)及正在谈判中的TISA、《基础电信协议》和《万国邮政公约》。它们所体现的理念和原则对我国电信立法和电信监管政策的制定产生了深远影响。

5.1 《服务贸易总协定》概述

5.1.1 《服务贸易总协定》产生的背景

1995年1月1日世界贸易组织(简称WTO)正式成立,取代了存在47年的关贸总协定(GATT)。有人将世界贸易组织称作是用法律规则铸造的"经济联合国"。世贸组织取代关贸总协定后,多边贸易体制不仅从法律上具备了健全的国际法人资格,而且协调管理的领域逐渐拓宽,规则更严。世贸组织将货物、服务、知识产权融为一体,置于其管辖范围之内。通过多边协议规则的建立,对推动世界经济贸易的发展产生重大的影响。

服务贸易受制于各国的服务贸易政策。复杂而不透明的服务贸易政策规定可能会限制企业向国外市场提供服务的能力。对许多专业服务公司来说,它们所面临的特殊挑战是对许可证的要求。这样的要求往往因国家,甚至洲而异,因而增加了那些向不同管辖区域提供服务的公司成本。经合组织的一项研究发现,贸易伙伴之间监管差异的成本相当于交易服务价值20%~75%的附加成本[1]。

1. 发达国家积极倡导服务贸易自由化

在经历了1979—1982年经济危机和2008年以来的金融危机后,美国经济增长缓慢,在国际货物贸易中赤字日增,而在服务贸易领域却占据明显优势,连年顺差。1984年,美国的商品贸易有1140亿美元的逆差,而服务贸易却有140亿美元的顺差。2015年美国仍然是世界最大的跨国服务进出口商。在全球出口服务中的份额是第二大单出口国的两倍之多,顺差2196亿美元,货物贸易逆差扩大至7593亿美元[2]。作为世界最大的服务贸易出口国,

---

[1] 美国国际贸易委员会(USITC):《美国服务贸易发展年报》,2017年6月。
[2] 2015年美国出口下降,贸易逆差扩大,美国商务部经济分析局网站,http://www.bea.gov/newsreleases/international/transactions/2016/trans415.htm。

美国急切地希望打开其他国家的服务贸易市场,通过大量的服务贸易出口来弥补货物贸易逆差,从而推动经济增长;而各国对服务贸易的不同程度的限制,成为美国利益最大化的障碍。因此,美国积极倡导实行全球服务贸易自由化。

早在关贸总协定的东京回合谈判中,美国政府根据《1974年贸易法》的授权,试图把服务贸易作为该回合谈判的议题之一,因为当时有更加迫切的问题需要解决,美国没有提出服务贸易的减让谈判,但在东京回合中所达成的海关估价、政府采购协议中写入了一些服务贸易的内容。美国国会在《1984年贸易与关税法》中授权政府就服务贸易等进行谈判,并授权对不在这些问题上妥协的国家进行报复。发展中国家和一些发达国家抵制美国的提议,欧盟起初对美国的提议持疑虑,但经过调查发现欧共体的服务贸易出口量要高于美国,转而坚决地支持美国。日本虽然是服务贸易的最大进口国,呈逆差形势,但由于在国际贸易中呈现顺差,加之为调和与美国之间日益尖锐的贸易摩擦,也始终支持美国。此外,20世纪80年代中期,许多西方经济体面临着很高的通货膨胀、失业率的上升以及全球衰退的恐慌。因此,促进服务和投资贸易被认为是刺激垂危经济的一条出路。

2. 发展中国家对服务贸易自由化由坚决抵制到逐步接受

当美国开始提出服务贸易问题时,绝大多数发展中国家都坚决反对服务贸易自由化,理由如下。

(1) 服务业中的许多部门,如银行、保险、证券、通信、信息、咨询、专业服务(如法律、会计等),都是一些资本—知识密集型行业,在发展中国家这些行业是很薄弱的,不具备竞争优势。

(2) 发展中国家的服务部门尚未成熟,经不起发达国家激烈竞争的冲击,过早地实行服务贸易自由化会挤垮这些尚处于幼稚阶段的民族服务业,因此,在这些行业获得竞争力以前,不会实施开放。

(3) 有些服务行业还涉及国家主权、机密和安全。

随着发达国家在服务贸易谈判问题上的认识逐步统一,发展中国家坚决抵制的立场有所改变。首先,一些新兴的发展中国家和地区某些服务业已取得相当的优势,如韩国的建筑工程承包就具有一定的国际竞争力,新加坡的航空运输业在资本、成本和服务质量上也具有明显的优势,这些国家希望通过谈判扩大本国优势服务的出口。其次,大部分发展中国家一方面迫于来自发达国家的压力,另一方面也认识到如果不积极地参与服务贸易的谈判,将会形成由发达国家制定服务贸易的规则,而自己只能成为被动的接受者,其利益将会受到更大的损失。因此,许多发展中国家也先后表示愿意参加服务贸易谈判。

1986年9月,埃斯特角部长宣言中将服务贸易作为三项新议题之一列入关贸总协定乌拉圭回合多边贸易谈判议程,拉开了服务贸易首次多边谈判的序幕。

3. 发达国家的另辟蹊径

虽然《服务贸易总协定》(GATS)已经生效,但随着信息通信技术的发展,新的服务贸易形式产生,如跨境电子商务的发展、数据的国际流动等,急需服务贸易规则的与时俱进和服务贸易领域的进一步开放。同时,由于WTO多哈谈判进展缓慢,自1997年起,在多边领域提高GATS承诺的有效覆盖上并没有什么进展。因此一些国家尝试跳出多边贸易体系,试图通过提高市场准入承诺,肯定影响数字经济的实质性条款,在区域自由贸易协定(FTA)和多边服务贸易协定(TISA)方面有所突破。这样,以美国、欧盟为主导的"服务业挚友"集团在探寻一种新的谈判路径——TISA应运而生。TISA与GATS既有联系,如前者采用后者的核心规范、减让表基本结构等;又有区别,如前者目前是以诸边方式进行的,引入了新的规则,期望实现服务贸易更高水平的自由化等。

5.1.2 《服务贸易总协定》主要原则

1995年1月1日正式生效的《服务贸易总协定》(GATS)是多边国际贸易体制下第一个有关服务贸易的框架性法律文件,是关贸总协定乌拉圭回合达成的三项新议题之一。服务业的蓬勃发展是20世纪经济发展的主要特征之一,但是在第二次世界大战以前,国际上有关服务贸易的法律仅限于个别领域,且多为双边条约,1948年开始实施的关贸总协定也只是调整货物贸易。[①] 为在服务贸易领域建立多边原则和规则,增强各国服务贸易管制的透明度,促进服务贸易的逐步自由化,关贸总协定乌拉圭回合最终达成了《服务贸易总协定》。GATS主要原则如下。

1. 最惠国待遇(Most-Favored-Nation Treatment)

WTO最惠国待遇是指在货物、服务和知识产权领域,一个WTO成员给予任何其他国家(不论是否WTO成员)的优惠待遇,应立即和无条件地给予其他成员。

在GATS法律框架下的"最惠国待遇",是指每一缔约国给予任何缔约国的服务或服务提供者的待遇,应立即无条件地给予其他任何成员的相同服务和服务提供者。

例外条款:由于服务贸易的特殊性使得服务与服务的提供者不可分离。GATS也规定了最惠国待遇责任的若干例外与免除,即WTO成员在特定情况下,经WTO允许,暂时在某些特定的服务领域,WTO成员间可以不履行最惠国待遇的义务。

服务贸易领域的最惠国待遇原则有其独到之处。它允许各成员方在进行最初承诺的谈判中,将不符合最惠国待遇的措施列入最惠国待遇例外清单,附在各自的承诺表之后。例如在基础电信、金融服务和海运服务方面,在其他成员方市场遇到市场关闭的情况下,已经放宽市场准入的成员方可以提出最惠国待遇的登记免除。

2. 透明度义务(Transparency Obligations)

透明度义务是指任何成员除非在紧急情况下应立即并最迟在其生效前,公布所有有关或影响GATS执行的相关措施。GATS成员也应公布其签署参加的有关或影响GATS的国际协议。

透明度义务要求各成员国应至少一年一度地对本国新法规或现存法规的修改做出说明介绍,并对其他成员国的询问做出迅速的答复。任何成员方如认为某一些成员采取的措施影响GATS的实施,可通知服务贸易理事会。按照规定,各国政府必须公布所有与服务贸易有关的法律和规定,并且在政府机构中建立咨询点。这样,外国企业和政府便可利用这些咨询点,获得有关任何服务部门的法律法规信息。

透明度义务中一个例外附则是,对于任何一参加方的那些一旦公布即会妨碍其法律的实施,或对公共利益不利或将损害具体企业的正当商业利益的机密资料,可以不予公布。

---

① 饶友玲. 国际服务贸易:理论、产业特征与贸易政策. 北京:对外经济贸易大学出版社,2005。

3. 国民待遇原则(National Treatment)

国民待遇原则是指在民事权利方面,一个国家给予在其境内的外国公民和企业与其国内公民、企业同等待遇,而非政治方面的待遇。它是最惠国待遇原则的重要补充。GATS对国民待遇的要求,是作为具体承诺列入特定义务的承诺表中的,而不像关贸总协定那样作为一般义务,这主要是考虑到发展中国家的利益。

GATS第十七条规定,各成员国在其提交的具体承诺的部门内,应依照承诺表中的条件和资格,给予其他成员国相应的待遇,而且应该与给予本国的待遇相同,否则即认为对其他成员国不利。这一待遇不仅包括设立商业存在时的同等待遇,也包括设立之后商业存在所享受的待遇。

4. 市场准入原则(Market Access)

市场准入是指成员方以其承诺清单中所列举的服务部门及其准入条件和限制为准,对其他成员方开放其本国的服务市场。每一成员给予其他成员的服务和服务提供者的待遇不应低于其承担义务计划安排中所承诺的期限、限制和条件。

市场准入是一种经过谈判而承担的义务,实施对象既包括服务也包括服务的提供者。市场准入是GATS中的关键性条款,而其中的承诺表是各国在谈判的基础上达成开放市场的承诺。

GATS法律框架下的市场准入的实施与最惠国待遇的实施是不同的,市场准入是具体的承诺义务,是通过谈判,适用于各成员在承诺表具体承诺范围的服务部门,而最惠国待遇是一种普遍的义务,适用于所有服务部门。

市场准入是作为GATS的具体承诺而出现的,要求每一成员给予其他成员的服务和服务提供者的待遇,应不低于提交的承诺表中所同意的规定期限、限制和条件。除非在承诺表中明确规定,各成员国不得采用数量配额、垄断和专营服务提供者的方式或要求测试经济需求的方式,以限制服务提供者的数量。

5. 发展中国家更多参与

通过协商承担义务使发展中国家能更多地参与,包括促进其商业技术获取、销售渠道和信息网络改善,以及有力地提供出口方式。发达国家应为发展中国家企业获得有关市场资料提供方便,包括商业和技术服务,登记、认可和提供服务的条件,获得服务技术的可能性。

6. 国内管制

成员的有关措施应合理、客观和公正。应有相应的司法、仲裁、行政手段和程序,对有关行政决定及时审议和补救。有关资格条件和程序、技术标准和许可证要求不应构成贸易障碍。

7. 承认

成员之间可以通过多边协议或其他安排相互认可对方服务提供者的教育水平、经验、符合资格条件的经营许可证和其他证明,不应实施歧视。认可应尽可能基于国际上认同的标准。

8. 垄断及专营服务提供者

垄断服务提供者不应滥用其垄断地位进行与其承担义务不相一致的行动。成员也不应只批准或建立少量的服务提供者,或阻止服务提供者进行竞争。

9. 政府采购

最惠国待遇、市场准入和国民待遇条款不适用于约束政府机构采购服务的法律、法规及要求。

10. 一般例外和安全例外

在不构成不公正的歧视或对贸易变相限制的条件下,成员可以采取措施,来维持公共道德和公共秩序,保护个人资料,保证国家安全利益等。不得要求成员提供与国家安全有关的资料,不得阻止成员直接或间接地为军事机构提供服务,以及战时或国际关系紧急等情况下采取的行动。

11. 补贴

应举行谈判来制定反补贴程序,同时应确认补贴在发展中国家发展计划中的作用,考虑到发展中国家在这领域的灵活性需要,但有关国家应提供其补贴的资料。

为维护非歧视、自由、透明和公平竞争的多边贸易秩序,协议从性质、目标和数量上是否具有贸易扭曲效应出发,将政府补贴分为被禁止的补贴、可起诉的补贴和不可起诉的补贴三大类,仿照交通规则的原理,三类条款分别被称为"红灯条款""黄灯条款"和"绿灯条款"。

12. 承担义务的谈判

成员应本着平等互利、权利和义务平衡的原则,定期进行谈判,以减少或消除贸易障碍。对发展中国家逐步开放市场给予适当的灵活性,对其已开放的市场,应把重点放在发展中国家更多参与条款的目标上。

5.1.3 《服务贸易总协定》的具体承诺

对市场准入和国民待遇的具体承诺是《服务贸易总协定》制度下各成员方的特定义务,根据总协定的规定,市场准入和国民待遇不是自动适用于各服务部门,而是要通过谈判由各成员方具体确定其适用的服务部门,各成员方有权决定在其承诺表中列入哪些服务部门及维持哪些条件和限制,协定将市场准入和国民待遇的概念划分开来,各成员方的承诺表分为两个单独栏目,将能够开放的部门、分部门及给予国民待遇的资格、条件等分别列出。

1. 市场准入

《服务贸易总协定》第16条规定,在服务贸易中的市场准入方面,每个成员给予其他任何成员的服务和服务提供者的待遇,不得低于其承诺表中所同意和明确规定的期限限制和条件。同时,当一成员根据这一规定承担市场准入义务时,除非承诺表中有明确规定,它不能保持或采用下列六种措施。

(1) 以数量配额、垄断和专营服务提供者的方式,或者以要求经济需要调查的方式,限制服务提供者的数量;

(2) 以数量配额或要求经济需求调查的方式,限制服务交易或资产的总金额;

(3) 以数量配额或要求经济调查的方式,限制服务业的总量或以指定的数量单位表示的服务提供的总产出量;

(4) 以数量配额或要求经济需求调查的方式,限制某一特定服务部门或服务提供者为提供某一特定服务而需要雇用自然人的总数;

(5) 限制或要求一服务提供者通过特定的法人实体或合营企业才可提供服务;

(6) 通过对外国持股的最高比例或单个或总体外国投资总额的限制来限制外国资本的参与。

2. 服务贸易领域的国民待遇是一项特定义务

各成员方只在自己承诺开放的服务部门中给予外国服务和服务提供者以国民待遇。《服务贸易总协定》第17条规定,每一成员方应在其具体承诺表所列的部门中,依照表内所述的各种条件和资格,给予其他成员方的服务和服务提供者的待遇,就影响服务提供的所有规定来说,不应低于给予其本国相同的服务和服务提供者,这种国民待遇的给予和获得并不问其给予任何其他成员的服务和服务提供者的待遇与给予本国相同服务和服务提供者的待遇的"形式"是否相同,只要实施的结果相同就可以了。反之,如果形式相同或不同的待遇改变了竞争条件,使其有利于国内服务和服务提供者,就被认为实施了歧视待遇而违背了该条款。

此外,总协定就国民待遇的规定还涉及本国服务提供者与外国服务提供者的公平竞争机会问题,但这一概念十分宽泛,发达国家往往借此将触角伸入发展中国家的国内政策领域。例如,许多发展中国家对外国银行在其境内提供银行服务往往有业务范围和地域的限制,而发达国家则认为在发展中国家营业的该国银行与当地银行处于不公平的竞争地位,因而认为没有得到国民待遇。另外,发展中国家实行的外汇管制措施也常被发达国家认为是对外国银行参与公平竞争的机会造成了潜在的损害。

3. 具体承诺表的制订与修改

《服务贸易总协定》第20条第1款规定,各成员方应根据总协定第三部分制定各自的具体承诺表(Schedules Specific Commitments)。在已做出承诺的部门,承诺表应具体包括以下内容。

(1) 有关市场准入的内容、限制和条件;
(2) 有关国民待遇的条件和资格;
(3) 有关其他具体承诺的履行;
(4) 各项承诺实施的时间框架;
(5) 各项承诺生效的日期。

根据该条第2款的规定,不符合市场准入和国民待遇的各项措施应有专门栏目注明。该条第3款明确指出,各成员方的具体承诺表应作为总协定的附件并成为总协定的组成部分。

总协定第21条为具体承诺表的修改做出了规定。

5.1.4 《服务贸易总协定》的争端解决机制

关贸总协定乌拉圭回合达成的《争端解决规则和程序谅解协议》(简称"争端解决谅解协议",即"DSU")所确立的统一的争端解决机制适用于服务贸易领域的争端解决,同时《服务贸易总协定》第22条"磋商"和第23条"争端解决和实施"作为专门针对服务贸易争端解决的条款,是上述统一争端解决机制的补充。

《服务贸易总协定》第22条规定:"当一成员方就影响本协议执行的任何事项向另一成员提出请求时,该成员方应给予同情的考虑并给予适当的机会进行磋商。争端解决谅解

(DSU)应适用于这类磋商"。若按此规定进行的磋商未能取得圆满解决,在一成员方的请求下,服务贸易理事会或争端解决机构应与另一成员方进行磋商。同时,该条第 3 款还规定"属于两国间有关避免双重征税的国际协定范围内的问题,一成员方对另一成员方采用的措施不能援用本协议第 17 条(国民待遇)规定。如果双方对这一措施是否应属于这一国际协定的范围内看法不一致,则应予公开,可由任何一方将此事提交服务贸易理事会,由理事会将此事提交仲裁。仲裁员的裁决应是最终的,并对双方具有约束力。"

《服务贸易总协定》第 23 条"争端解决和实施"条款的主要内容是:一成员方如果认为另一成员方未能履行其在总协定下的责任和特定义务,即可向争端解决机构申诉,争端解决机构则成立一个单一的专家小组来审核投诉。如果争端解决机构认为情况严重到应采取行动时,可批准一个或几个成员方对其他成员方所承担的责任和特定义务暂停实施。如果一成员方采用的某种措施与总协定并不抵触,但使另一成员方预期可得的合理利益消失或受到损害,另一成员方也可向争端解决机构申诉,由争端解决机构或服务贸易理事会与该成员方磋商,以做出双方满意的调整,包括修改或撤销该措施。如果磋商未果,受损害方可请求争端解决机构授权暂停履行其对该成员方在《服务贸易总协定》项下的义务。

5.1.5 《服务贸易总协定》关于电信服务的附件

1994 年 4 月 15 日,WTO 成员在摩洛哥的马拉喀什正式签署了《服务贸易总协定》(GATS)。《服务贸易总协定》根据当时各方在电信服务及谈判期限方面的一致意见,形成《GATS 电信服务附件》和《基础电信谈判的附件》,并达成了《对基础电信谈判的部长决议》,作为关贸总协定乌拉圭回合最后文件的组成部分。1997 年 2 月 15 日,世界贸易组织的 68 个成员方签署了《基础电信协议》,该协议于次年生效。2000 年 2 月 25 日,WTO 服务贸易理事会召开了特别会议,发起了新一轮服务贸易领域的谈判,这次谈判被简称为 GATS 2000。其中包括的电信服务新议题有:国际结算费率问题,互联网对等接入问题,电子商务与 GATS 规则和所有服务部门承诺的关系问题,电信业融合对 GATS 规则的影响问题,以及对《基础电信谈判的附件》《GATS 第四议定书》中的《参考文件》等文件内容的修订问题等。

《服务贸易总协定》电信服务的附件重点在于确定外国服务提供者使用公共电信网络和服务的权利。该附件提出电信服务具有双重作用:它一方面是经济活动中独立的一个部门,另一方面它又是支持其他经济活动的基本手段(如电子商务)。因此该附件规定,政府应该保证任何外国服务提供者享有可以不受歧视地接入公共电信网的权利。这些权利适用于电话、电报、电传和数据传输等公共电信服务。这个附件长期适用。

1. 适用范围

(1) 适用于各成员方对公共电信传递服务所采取的各项措施。

(2) 不适用于对无线电广播或有线、无线电视节目传递所采取的措施。

(3) 成员方除在其承诺计划书中具体承诺的义务之外,不再承担批准其他成员方的服务提供者在其境内设立、建设、收购、租赁、经营或提供电信服务的义务,同时该成员方也不再承担必须设立、建设、获取、租赁、经营或提供电信服务的义务。

2. 电信服务的若干概念

"电信"是指通过电磁方法传送和接收信号。

"公共电信传递服务"是指一成员方向广大公众普遍提供的电信传递服务,包括电话、电报、电传和其他数据传递。

"公共电信传递网"是指两个或多个网络终端之间可以传递信息的公共电信设施。

3. 透明度

各成员方应尽可能地公布进入和使用其公共电信服务的信息,包括:

(1) 服务所涉及的关税和其他条件;

(2) 有关电信服务的技术联结说明;

(3) 负责制定和实施进入某一电信服务领域标准的机构情况;

(4) 使用其终端设备的条件;

(5) 通知、注册和许可要求。

4. 成员方在电信服务的准入和使用方面的义务

(1) 各成员方应按《服务贸易总协定》有关最惠国待遇原则和国民待遇原则的规定,非歧视地给予任何其他成员方的服务提供者按其具体承诺计划表的内容进入和使用公共电信传递网及其服务。这一"进入和使用"具体有以下几种形式。

① 购置或租用为其服务所必需的终端或其他设备;

② 将私人租用或自有的线路与公共电信传递网或另一服务提供者的线路互相联结;

③ 服务提供者可自行拟定经营合同的内容。

(2) 一成员方如对其他成员方进入和使用其公共电信传递网及其服务的措施有重大修改或制定相关的新措施,应进行通报并应接受其他方提出的磋商请求。

(3) 成员方为下述目的采取的措施属于市场准入的合法例外。

① 为确保信息的安全和机密;

② 为保证公共电信传递网及其服务的技术完整性;

③ 为了保证公共电信传递网为公众提供服务;

④ 为了保证其他成员方的服务提供者按其承诺计划表提供服务。

(4) 成员方出于上述目的,可以对另一成员方的"进入和使用"规定以下限制条件。

① 限制服务的转售和共同使用;

② 要求使用特定的技术联结;

③ 必要时可要求达到该项服务的国际公认标准;

④ 提出对联结终端或其他设备的技术要求;

⑤ 对私人租用或自有的线路与公共电信传递网的联结或与另一服务提供者租用或自有线路的联结给予限制。

(5) 发展中国家成员可根据其发展水平,对其他成员方的"进入和使用"规定合理的条件,但这些条件应在其承诺计划表中详细说明。

5. 技术合作

由于先进、有效的电信服务对发展服务贸易有着重要的作用,因而鼓励成员方特别是发展中国家尽可能地参与各类有关国际电信服务的计划。成员方应鼓励和支持发展中国家参加国际、地区以及分地区等各个级别的通信合作,以帮助其提高国内电信服务水平。

5.2 《服务贸易总协定(GATS)》与 TISA 的联系和区别

5.2.1 TISA 谈判的由来

1. TISA 谈判的背景

(1) WTO 框架下 GATS 谈判的停滞。TISA 的起源在于"在现有的 WTO 框架下服务贸易自由化不能取得真正的进展"的判断。全球第一个关于服务贸易的多边协定是 WTO 框架下乌拉圭回合谈判形成的服务贸易总协定(GATS),1995 年 1 月正式生效。2001 年,旨在提高自由化水平的谈判开始,至 2011 年该谈判趋于停滞,原因归纳起来主要有以下三点:一是服务贸易总协定框架较为复杂。包括四种贸易提供方式,以及"市场准入"和"国民待遇"两个谈判维度。二是服务贸易总协定对国内监管的规定较为灵活。在通过市场准入和国民待遇领域的承诺推进贸易自由化的同时,认可了成员国通过国内监管实现国内目标的权利。三是发达国家和发展中国家对服务贸易自由化的范围、程度、利益分配等多方面存在严重的分歧。美欧等国认为 20 年前达成的《服务贸易总协定》(GATS)远远落后于时代,主张用列"负面清单"的谈判模式推动达成更高标准的服务贸易协议。2013 年 10 月 30 日,我国宣布正式加入新的服务贸易协定(TISA)谈判。截至 2015 年已有 51 个国家加入了 TISA 阵营,覆盖了全球 70%的服务贸易。

(2) 技术的发展使得服务业的发展出现新的变化。技术的进步,使得世界经济一体化程度深入发展,很大程度上改变了世界经济模式和商业模式。从 1995 年形成服务贸易总协定以来,全球化降低了服务贸易的成本,拓宽了跨境服务贸易的范围,如工程和信息通信行业。TISA 一方面适应了主要国家扩大服务业开放领域的趋势,另一方面也反映了在政府采购、认证程序和通信网络等领域制定新规则的要求。

(3) 各国经济发展的需要。国际金融危机以来,在全球经济低迷的背景下,服务贸易逐渐成为世界各国改善国际收支状况和提高分工地位的重要手段。服务业在主要发达国家经济中地位日益重要,如美国服务业部门生产了 75% 的国民经济产出,提供 80% 的私人部门就业;服务业占了澳大利亚经济活动的 70%,雇用了 80% 的劳动力,并在对外贸易中发挥了非常重要的作用,占出口总额的 17%,加拿大的服务业发展也具有重要作用,服务业占经济总产值的 70%,提供近 4/5 的就业岗位。

2. TISA 的目标、内容和谈判进展

TISA 是由美国于 2011 年 12 月发起,并由美国和欧盟、澳大利亚共同主导的 WTO 的次级团体。这一次级团体也被称作"服务业挚友俱乐部"(Really Good Friends of services, RGF)。TISA 正式谈判于 2013 年 4 月开始并展开,截至 2016 年 4 月,TISA 成员一共开展了 17 回合谈判。如果 TISA 谈判成功,成员之间的投资和服务贸易壁垒将大范围削减,形成统一的服务业市场准入标准,重塑国际服务贸易规则。

TISA 旨在成员国内部建立反映 21 世纪贸易需求的市场准入、贸易和监管规则及争端解决机制,为国内外的投资者以及在公共和私人部门之间创造一个公平的、"竞争中性"的环境。该协议被认为可能是未来 20 年最有可能改善和扩展服务贸易的机会。

从目前 TISA 的谈判看,其内容主要涵盖了信息和通信技术(ICT)、金融服务、专业技术人员服务、商业人员的临时进入、海上运输和国内管制,以及新提出的空中运输服务、快递服务和能源服务等领域。

从 TISA 谈判框架的基本构成来看,可分为两类:一类是 GATS 的框架中已经包括的、TISA 条款有所加强的领域,包括政府采购、竞争政策和监管协调、相互的认证以及国内的监管;第二类是 TISA 框架的新增条款,随着技术和服务业的发展,服务贸易谈判超越 GATS,形成一些反映当前服务贸易发展的新规则,如国有企业和跨境数据流动等。

5.2.2 TISA 与 GATS 的联系

GATS 生效以来,服务贸易谈判基本上可以分成三阶段:1995—1999 年乌拉圭回合阶段、2000—2011 年多哈回合阶段,自 2012 年开始的 TISA 磋商可以看作是第三阶段。RGF 成员达成基本共识,TISA 框架文本要援引 GATS 的核心规范,但又要有新的内容与发展。TISA 与 GATS 的联系可以概括为以下三方面。

1. 基本概念和范围

首先是服务的定义。GATS 并没有对此进行严格界定,但 WTO 为成员国填制服务业减让表提供了 W/120 分类参考标准,将服务业分为商务、通信、建筑与相关工程、分销、教育、环境、金融、健康与社会、旅游及相关、娱乐、文化与体育、运输和其他等 12 大类,并细分为约 160 个分部门。不过,由于科学技术,尤其是互联网技术的进步,以及服务创新的加快,出现了 W/120 服务业分类表中未能反映新的服务及其提供方式。如何反映这些新服务,对新服务做出怎样的承诺,是 TISA 要解决的一个重要问题。

TISA 也沿用 GATS 对服务贸易四种提供方式的划分。GATS 在服务贸易传统的跨境交付基础上增加了三种提供方式,即依据消费者跨越国境接受服务定义为境外消费,依据服务提供者作为法人和自然人跨越国境提供服务分别定义为商业存在和自然人移动。这种对服务提供方式的划分使任何服务在理论上都是可贸易的,并且第三种提供方式即商业存在实际上涉及服务业国际投资。此外,援引 GATS 的范畴还包括市场准入、国民待遇和例外条款等。

2. 减让表

减让表是指 WTO 中表示多边贸易谈判的关税减让表格,是 WTO 文本中的不可分割的一部分。减让表产生的过程是:首先在缔约方双边进行关税减让谈判。通常谈判在进口缔约方和进口货物主要供应者之间,以互惠互利原则为基础,按产品有选择地、逐项地、对等地进行。当双方提交"索要清单"和"提供清单"后,列出减税产品项目表(分表)。接着,在进一步平衡权益的基础上,运用无歧视和最惠国原则,将分表汇总,制成一个各参加方一致接受的关税减让总表,立即无条件地、自动地适用于全体缔约方。

TISA 的减让表与 GATS 确立的样式基本相同,内容包括服务部门、市场准入、国民待遇和附加承诺等栏目。但存在两点不同:一是采用混合列表。在市场准入部分采用肯定式列表,在国民待遇上采用否定式列表。采用混合列表的方式可以扬长避短,增加其操作的灵活性和可控性,在实现更高水平自由化的同时又可以吸引更多的新兴国家与发展中国家的积极参与。值得指出的是,采用否定式列表处理国民待遇,这使其趋近于作为一般原则与义务的性质。二是根据瑞士的提议,减让表可能会增加一项新栏目,以便把与冻结条款、棘轮条款等相对应的法规信息列入其中,但对延伸最惠国待遇条款是否列入争议较大。这三项条款在文本和附属的各成员减让表中并无相关表示。所谓冻结条款,指政府将承诺不会实施新的限制或就现存限制附加提高贸易障碍的措施,它约束了现有的开放水平。所谓棘轮条款,指当一个国家通过各种方式实现服务贸易自由化的程度,在往后不得回退而使其具有永久效力,并纳入贸易协定中而受其约束。延伸最惠国待遇条款,指协定签署者若在其他自由贸易协定中针对市场准入做出更优惠的承诺时,这些承诺将自动适用于所有成员。

3. 规则与纪律

TISA 包含了 GATS 中绝大部分规则条款,同时强化了 GATS 中部分没有得到完善和实施的规则与纪律。TISA 建议当政府部门向独立的企业购买服务,只要购买不涉及国家核心职能,这种政府采购就不应该完全排除重新设定一个关于资格认证和许可的部分,以此来排除在资格认证和许可过程中潜在的歧视现象,强调要加强国内监管。

TISA 还考虑到"世纪的新问题",将新的和增强的纪律纳入到谈判范围内。第一,对于国有企业提出了竞争中性的要求。要求国有企业透明化经营、商业化运作、申明所获补贴、公开采购等,目的是保证竞争中性。第二,跨境数据流。TISA 将提出具体的跨境数据流准则,这些准则将保证跨境服务贸易中数据不受限制的权利。但如何保护个人隐私和国家安全,这是要面对的问题。第三,强制地方化。TISA 协定包含关于强制地方化问题的条款来限制政府出台对服务部门新的地方化强制要求。例如,合资企业要求或者外资股比限制等限制性、甚至歧视性要求。

5.2.3　TISA 与 GATS 的区别

1. TISA 谈判中承诺方式的改变

发达国家发起的多哈回合谈判由于在农业和非农产品市场准入领域遭遇瓶颈而陷入僵局,谈判久拖未决。与多哈回合的"一揽子承诺"不同的是,TISA 专注于服务贸易的谈判,因此不会出现因其他议题的失败而全盘告终的结果。

2. TISA 对人员移动问题的新发展

自然人移动的服务贸易提供虽然占到服务贸易总额的很小比例,但又是发达国家最敏感的服务贸易提供方式。由于 GATS 关于自然人移动的规则过于开放化,产生了许多贸易壁垒,而且各国水平存有差异,在自然人移动方面很难像其他服务贸易模式一样达成一致,TISA 谈判的诞生使得自然人移动问题得到了新的解决办法。同时,由于谈判方式的改变,原本在 GATS 下难以达成一致的自然人移动问题,在 TISA 谈判中都得以解决。TISA 规范了自然人的类别,提出了一个非穷尽性的"软清单",包括商业访问人员、公司内部调任人员、合约服务提供者和独立专家、咨询人员等,并表态要关注技术半熟练人员的流动。同时,强调要提高签证的透明度,包括申请签证的条件、办理过程所需时间、在前往国居留时间和是否可以延期等问题。TISA 谈判更加重视自然人移动的自由化,促进各国服务贸易领域各类人才的交流,推动了国际服务贸易的发展。

3. TISA 期望达到比 GATS 更高水平的自由化

对比初始减让表、修正的"出价"表和各国实际政策执行情况,可以发现一个"特征化事实",即服务贸易自由化水平呈依次递增态势。具体而言,即各国实际执行水平高于修正的"出价"水平,更高于GATS初始减让表水平,修正的"出价"水平只略高于初始减让表水平,这意味着各国不愿意受多边协定的约束。在将来的进一步自由化谈判中,如果以现行承诺为起点,哪怕会做出改善,最终"出价"仍然可能低于现有实际自由化水平。在TISA中引入冻结条款和棘轮条款后,进一步自由化的起点是各国的现行实际自由化水平,而不是在GATS框架下做出的承诺水平。在达成新的TISA市场准入后,如果成员通过自主自由化措施实现更高水平的自由化,那么,由于棘轮条款或机制具有自动修正减让表之功能,也会纳入减让表中而不得回退。冻结条款和棘轮条款都有效地促进了成员形成更高水平开放的观念,有力地推动了更深程度服务贸易自由化的实现。

4. TISA存在"三违反"

TISA既有违反透明度、包容性和多边化原则的消极一面,也有适应服务贸易更高水平自由化的潮流和突破WTO多边贸易体制僵滞状态积极的一面。

一是TISA违反了透明度。它是以WTO历史上曾经存在的所谓"密室会议""绿屋会议"[①]这种形式进行的,参与TISA磋商的成员数量仅及WTO全体成员的1/7略强。在定期磋商中,美国、欧盟起着主导作用,特别是美国。在纳入谈判的市场开放的要素、新议题的范围等问题,基本都是先由美国提出的。

二是TISA违反了包容性。作为一项国际性服务业协定,既应该有发达国家参与,反映其所关注的贸易利益,还应该有广大发展中国家参与,照顾其贸易利益诉求。考虑到多哈回合的主题是"发展",发展中国家的利益更应成为重点。而TISA放弃了多哈回合"一揽子"承诺的目标,使发展中国家失去了保证国际贸易利益均衡性的重要手段。

三是TISA违反了多边化。TISA以诸边谈判方式推进。自1995年GATS生效以来,全球达成的含有服务业市场开放内容的自由贸易协定多达百余项。其直接后果是,分散了多边贸易谈判的目标与努力,产生了竞争性、替代性的自由贸易框架,提出了不同的规则与纪律,这些都损害着多边贸易体制。进一步的后果是破坏了全球公平竞争环境。不同的国家加入不同的区域、双边协定,这意味着不同的国家进入某一特定市场时,其市场机会和条件是不同的。特别是,对一些欠发达国家和最不发达国家,由于其缺乏谈判的筹码和能力,面临着被抛出全球市场的危险。

总之,TISA究竟是促进WTO服务贸易自由化的动力,还是会导致游离于WTO框架外的服务贸易区域优惠协定小集团的形成,存在多种可能的路径。不过,作为WTO的成员方,TISA的发展或多或少都会受到GATS的条款约束和模式影响。

5.3 《基础电信协议》概述

电信是关系到国家主权和信息安全的行业,也是经济发展的战略性产业,所以电信服

---

① "绿屋会议"(the Green Room Meeting)的说法始于乌拉圭回合,因为当时的GATS总理事的办公室是绿色的,而在那里举行的会议多是排外的、不公开的。

贸易一直是各个国家WTO谈判的焦点。谈判的实质是电信发达国家要求其他国家对其开放基础电信业务市场。

5.3.1 《基础电信协议》的基本原则[①]

1997年2月15日,占全球电信服务市场94%的69个国家承诺逐步开放本国的电信服务市场。69个WTO成员国共递交了55份关于基础电信的具体承诺减让表(欧盟15国作为单独一方),达成了全球电信自由化协议——《基础电信协议》,正式名称为《服务贸易总协定第四议定书》。该协议以各成员做出市场开放承诺的形式,为全球电信业由垄断向自由竞争提供了一个多边的法律基础。基础电信谈判协议于1998年1月1日正式生效。全面实施时,缔约国达到72个。

《基础电信协议》是以取消垄断、对外国服务及服务提供者开放市场为目的。它肩负两大"使命"——开放基础电信市场,统一基础电信管理规则。《基础电信协议》作为服务贸易的重要部分,在WTO的框架内,应遵循的基本原则如下。

1. 最惠国待遇原则

最惠国待遇原则是多边贸易体制的一项最根本的原则之一,《基础电信协议》作为GATS的附件,无疑要遵守这一普遍原则。这一原则的确立,使其他来提交基础电信承诺的WTO成员国可以"搭便车",享受市场准入的机会和待遇。这一原则也有例外,但必须符合列入豁免附件中的条件。同时,根据豁免条款,申请的豁免不能超过10年。

2. 透明度原则

GATS要求各成员国应及时、迅速地将涉及或影响该协议执行和实施的法律、法规、行政命令及其他决定、规章和习惯做法,无论是中央或地方政府做出的,还是由政府授权的非政府机构做出的,都应最迟在生效前予以公布。同时第三条还要求,对现行法律、法规或行政规定,如有新的规定或有所改变,应立即或至少每年向服务贸易理事会做出报告。法规的透明度主要指包括许可证制度、互联互通、竞争保护、法规部门的独立性、无线频率号码资源的分配、许可的技术标准与器材型号、服务费的征收、通过他国电信网络的权利、普遍服务原则等必须透明、公开。

同前一原则一样,这一原则也有例外,各成员不必提供"一旦泄露会阻碍法律的实施或有害于公众利益,或损害包括国营或私营企业合法商业利益的机密资料"。

3. 国民待遇原则

GATS对国民待遇的要求,是作为具体承诺列入特定义务的承诺表中的,而不像关贸总协定那样作为一般义务,这主要是考虑到发展中国家的利益。GATS第十七条规定,各成员国在其提交的具体承诺的部门内,应依照承诺表中的条件和资格,给予其他成员国相应的待遇,而且应该与给予本国的待遇相同,否则即认为对其他成员国不利。应该指出,这一待遇不仅包括设立商业存在时的同等待遇,也包括设立之后商业存在所享受的待遇。

4. 市场准入原则

市场准入是作为GATS的具体承诺而出现的,要求每一成员给予其他成员的服务和服

[①] 张汉林:国际服务贸易.北京:中国对外贸易出版社,2002。

务提供者的待遇,应不低于提交的承诺表中所同意的规定期限、限制和条件。该原则明确指出,除非在承诺表中明确规定,各成员国不得采用数量配额、垄断和专营服务提供者的方式或要求测试经济需求的方式,以限制服务提供者的数量;不得限制服务交易或资产的总金额;不得限制服务业务的总量或以指定的数量单位表示的服务产出总量;不得限制某一特定服务部门可雇用的或一服务提供者可雇用的、对一具体服务的提供所必需或直接有关的自然人的总数;不得限制或要求一服务提供者通过特定的法律实体或合营企业提供服务;不得通过对外国持股的最高比例或单个或总体外国投资总额的限制来限制外国资本的参与。

实际上,与《基础电信协议》相关的还有政府采购、一般例外等原则,GATS 规定,最惠国待遇、市场准入和国民待遇条款不适用于约束政府机构采购服务的法律、法规及要求,不得要求成员提供与国家安全有关的资料,不得阻止成员直接或间接地为军事机构提供服务,以及战时或国际关系紧急等情况下采取的行动。

5.3.2 《基础电信协议》的主要内容

《基础电信协议》的主要内容包括《服务贸易总协定第四议定书》及其所附《各成员承诺减让表》《最惠国待遇豁免清单》和关于管制原则的《参考文件》。

1.《基础电信协议》的主要内容

(1) 法规的透明度。这些法规主要包括许可制度,互联安排,竞争保护,法规部门的独立性,无线频率号码资源的分配,许可的技术标准与器材型号,关税(即服务费)的征收,通过它国电信网络的权利,普遍服务原则等。

① 保护竞争:采取适当措施防止有市场垄断力的服务提供者从事反竞争行为,包括交叉补贴、不正当地使用来自竞争者的信息,以及不向其他服务提供者按时提供必要的信息。

② 互联:应确保用户之间和服务提供者之间在任何适宜点上的互联,且这种互联在条件、费率等方面应具有非歧视性、合理性和透明性,收费要反映有关成本。互联手续、协议和参考报价应予公布。服务提供者随时或在适当的时间之后应有追索权。

③ 普遍服务:成员在透明性、不歧视性和对竞争的中立性前提下有权确定要保留的普遍服务义务。

④ 许可证审批标准的公开性:公布所有许可证审批标准和申请待批时间,以及各种许可证的条件。

⑤ 独立的管制机构:管制机构应独立于任何基础电信服务经营者,其决策和程序应当公正。

⑥ 稀缺资源的分配和使用:包括频率、号码等在内的稀缺资源的分配和使用程序应具有客观性、适时性、透明性和非歧视性,除政府使用的频率外,当前的频率分配情况应予公布。

(2) 最惠国待遇及豁免。电信谈判的结果将在多边层次上按非歧视原则扩展至 WTO 全体成员,即最惠国待遇。但由于《服务贸易总协定》第二条第二款有关最惠国待遇豁免的规定,因此各成员有权单独决定是否对影响基础电信服务的措施提出最惠国待遇的豁免。1997 年 2 月 15 日,9 个成员政府提交的最惠国待遇豁免清单被附在议定书后。其中:

① 美国提出的豁免涉及单向卫星传送(DTH)和直接播送(DBS)视频服务及数字音效服务。

② 巴西的豁免包括直接向消费者播放电台或电视节目。
③ 阿根廷的豁免涉及由地球同步卫星所提供的固定性卫星服务。
④ 土耳其的豁免包括对两个邻国提供中转传递的费用和卫星地面站的使用。
⑤ 孟加拉国、印度、巴基斯坦、斯里兰卡、土耳其所列的豁免,允许政府或政府性经营者采取差异性的措施,可以在与其他国家或国家性经营者签署的双边协议中规定不同的核算费率。例如,安提瓜和巴布达的豁免使政府得以在加勒比共同体内部相互给予国民待遇。

由于最惠国待遇豁免有时涉及法律程序问题,因此决定是否提出豁免申请取决于参加谈判方对他国所做的减让是否满意。

如果没有提出最惠国待遇的豁免,该成员对任何成员的服务及服务提供者给予的优惠不得低于该成员给予其他任何国家或地区(不论是否为WTO成员)相同服务和服务提供者的优惠待遇。但即使该成员提出豁免申请,也只能适用于未列入承诺表的服务或对该服务的本国经营者给予高于减让表市场准入规定的特殊优待。

2. 各缔约方对基础电信领域开放的承诺

《基础电信协议》所涵盖的服务领域包括:语音电话、数据传输、电传、电报、传真、私人线路租赁、固定或移动式卫星通信系统及其服务、蜂窝电话、移动数据服务、传呼和个人通信系统服务等。

《基础电信协议》的内容主要是基础电信领域的市场开放,各缔约方在涉及上述服务领域时承诺在客观公正基础上无差别地向其他缔约方开放国内市场。

各缔约方并不是都承诺开放所有的基础电信服务领域,而是只在具体承诺的领域开放。从72个成员所做的承诺情况看,除美国、挪威、瑞士、冰岛等少数成员在市场开放上维持了相对较少的限制措施外,大多数成员采取的都是按计划、逐步地、有限度地开放。

在语音电话方面:几乎所有的成员方都承诺立即或逐步开放至少一种公用语音电话业务。其中,55个成员方承诺开放本地电话业务;51个成员方承诺开放国内长途业务;56个成员方承诺开放国际长途业务。而在59个承诺提高公用语音电话业务市场竞争程度的成员方中,有42个将采用部分出售现有专营公用语音电话系统的方式。

在数据传输方面:有63个成员方承诺开放。
在蜂窝移动电话方面:共有60个成员方承诺开放。
在线路租用方面,共有55个成员方承诺开放。
在其他移动通信业务(个人通信、移动数据传输或寻呼)方面:有59个成员方承诺开放。
在卫星通信业务方面:有51个成员方承诺开放移动卫星通信或数据传输业务。50个成员方承诺开放固定装置的卫星通信或数据传输业务。

3. 市场准入的具体表现

1998年1月1日生效的《基础电信协议》是以取消政府垄断,对外国服务及服务提供者开放市场为目的。因此,69方政府均在所提交的减让清单中明确列出了外资进入的电信服务项目。

4. 对法规环境的具体承诺

基础电信谈判的关键问题之一,就是审查各国有关阻碍电信服务贸易进行的法规及政策,并就各国现行法规制定了"承诺范本"供各方政府在提交法规环境减让表时参照使用。

5. 各缔约方基础电信对外开放承诺的特点

(1) 发展中国家在市场开放中具有重要的作用。在已签字的 69 个国家中,发达国家和地区(按高收入国家计)与发展中国家和地区数(按中、低收入国家计)分别为 25 个和 44 个,分别占总数的 36.2% 和 63.8%。由于按规定每个签字国在 WTO 有关重大决定中均有同等的一席地位,因此,这说明发展中国家在推进电信服务市场开放进程中具有重要的作用。

(2) 市场开放积极性与各国的发达程度密切相关。在世界统计资料中,通常以人均收入水平为标准将国家的发达程度划分为四等:高收入、中高收入、中低收入和低收入。根据 1996 年世界电信发展报告,上述各类国家和地区的总数分别为 39、39、68 和 59,而其中相应开放电信市场的国家数为 25、15、23 和 6,分别占各类总数的 64.1%、38.5%、33.8% 和 10.2%。由此可见,发达程度越高的国家和地区,市场开放的积极性越高;相反,发达程度越低的国家,越不愿开放。

(3) 市场开放方案多种多样。①开放业务不同。有相当一部分国家(如英国)开放所有或几乎所有业务,也有不少国家(如泰国)只开放部分业务;②外国投资比例限制不同。有很大一部分国家(如英国)对外国投资比例不加限制,也有一部分国家对外国投资比例作严格限制(如印度限制外国投资比例为 25%);③外国资金投向本国企业限制不同。有许多国家(如瑞典)允许国外经营者向本国任何企业投资,也有一些国家限制国外经营者向本国某些企业投资,如日本限制国外资金投向 KDD 和 NTT 公司;④开放时间不同。有一部分国家(如日本)协议生效后即开放市场,也有许多国家协议生效若干年后才开放或决定是否开放的方案。印度在 2004 年后才考虑是否开放国际业务,如牙买加 2013 年才开放国际业务;⑤业务开放步骤不同。部分国家将所有业务同时开放,也有部分国家采取不同业务逐步开放的方案。如丹麦所有业务都在 1998 年开放;突尼斯于 1999 年开放电传和数据业务,于 2000 年开放移动电话、无线寻呼和电视会议业务,于 2003 年开放本地电话业务。

(4) 业务开放情况主要体现在市场开放程度和开放时间上。市场开放度与各国发达程度密切相关,各国承诺的开放度由强到弱,基本上分三种类型:一是在几乎所有电信设施和业务上对外国投资无限制;二是在部分电信设施和业务上对外国投资有限制;三是对外国所有投资均限制控股比例。其中发达国家(或高收入国家)对应三种类型承诺的国家数分别为 22、3 和 0,分别占签字国总数的 88%、12% 和 0%;而发展中国家(除发达国家之外的其他国家)相应三类数为 25、8 和 11,分别占其签字国总数的 56.8%、18.2% 和 25.0%。由此可见,发达国家的市场开放度总体上大于发展中国家。

(5) 市场开放时间与各国发达程度也密切相关。1998 年开放所有业务的发达国家达 19 个,占已签字发达国家总数的 76%,相应地,1999 年以后才开放的发达国家比例小于 24%,而 1999 年之后开放所有业务的发展中国家数就达 25 个,占签字发展中国家总数的 56.8%,远高于 1999 年之后才开放的发达国家比例。由此可见,发达国家的市场开放时间早于发展中国家。

(6) 各缔约国都抱有十分矛盾的心态。由于各缔约国所站角度不同,其所抱有的期望也就不同。站在外国投资者的立场上,在法律和管制上、机会上和事业上抱有大体相同的期望;站在东道国的立场上,在财政上、网络发展上和经济上则抱有大体相同的期望。

5.3.3 电信服务贸易相关协议主要特点

1. 体现了贸易自由化的要求

贸易自由化的要求是使贸易对象得以在各缔约方自由流动,其关键是要有最惠国待遇、透明度、市场准入、国民待遇等原则来规范,并赋之以国内管制、反补贴、反不正当竞争如垄断权的滥用等来保证实施。这些规定不仅作为最重要的原则列入框架协议的条款中,而且通过电信网及其服务接入和使用的合理性、非歧视性,电信网及其服务信息的公开性,防止有市场垄断力的服务提供者从事反竞争行为。

管制机构的独立性等在电信附件和基础电信谈判附件的有关条款得以具体体现。因此必将大大加快电信服务自由化的进程。

2. 具有一定的灵活性

协议充分考虑到电信具有作为涉及国家主权和安全机密的公共事业的特性,以及各国发展情况、模式等千差万别的客观现状,并通过多方面予以体现。

首先,在框架协议的贸易自由化最为关键的原则条款中,在电信附件的公共电信及其服务的接入和使用以及在基础电信谈判附件的普遍服务等具体实施条款中,允许各国保留一定的例外,或者根据缔约国自身的情况做出有限的承诺。

其次,对国家主权和安全保密等最为敏感的方面,列出了专门的例外条款。如政府采购、一般例外和安全例外等,而对与此有关的国家对某些业务的垄断经营权则通过垄断及专营服务提供者条款从另一角度给予了承认。

再次,对一些非关键的但有助于进一步建立良好贸易环境的方面,如服务提供者的资历、许可证相互承认等提出了承认等指导性条款,给予各方更多的自决权。

3. 考虑了发展中国家的特殊地位

由于历史等方面复杂的原因,在电信服务贸易自由化中,发展中国家与发达国家相比,无论在维护国家主权和安全保密方面,还是在竞争力方面,都明显地处于劣势地位。因此,上述灵活性内容既是发达国家的需要,也是而且更是发展中国家的需要。

在框架协议中通过承担义务谈判条款对发展中国家逐步开放市场给予更多灵活性。通过补贴条款确认发展中国家在这一领域的灵活性需要、通过发展中国家更多地参与条款促进发展中国家商业技术获取等,在电信附件中通过技术合作条款鼓励和支持发展中国家尽可能地利用有关国际电信服务和通信信息技术等内容,给予发展中国家更多的优惠,为发展中国家平等地与发达国家进行服务贸易奠定了一定的基础。

4. 保证了服务贸易自由化的逐步推进

服务贸易自由化对各国来说都是崭新的课题,需要在实践中探索。无论是发达国家还是发展中国家,实际上都慎重处之,只是程度不同而已。

协议通过承担义务谈判规则条款,明确就进一步扩大服务贸易自由化问题定期举行实质性谈判,谈判要本着平等互利的原则提高所有参加方的利益,并在权利与义务方面谋求达到全面的平衡,从而保证了服务贸易自由化的逐步推进。

5.4 WTO 与电信服务贸易相关的其他协议

5.4.1 涉及信息产业领域的其他 WTO 协议

WTO 是一套日趋完善的有关国际贸易的规则体系。集中体现为《马拉喀什建立世界贸易组织协定》(即《WTO 协定》)以及为实施该协定签订的"部长决定与宣言"和一系列表述重大实施规则的附件。WTO 除《基础电信协议》和《电信附件》外,与电信服务贸易有关的主要协议还包括以下几点。

1.《知识产权协议》(TRIPs)

TRIPs 是世贸组织规则中与《多边货物贸易协议》和《服务贸易协议》并列的支柱性法律文件,是当前世界范围内知识产权保护领域中涉及面最广、保护水平最高、保护力度最大、制约力最强的一个国际公约,是名副其实的"经济联合国保护知识产权宪章"。

要求签约国对专利、版权、工业设计、商标、商业秘密、集成电路、地理标志(如用于酒类的标志),以及与知识产权相关的物品进行最低限度水平的保护,一些保护措施持续时间长达 50 年。在信息产业领域,它涉及对驰名电子产品商标、计算机软件版权、集成电路布线设计的保护。

2.《信息技术协议》(ITA)

ITA 是旨在将 IT 产品关税降为零的多边协定,1997 年 3 月由占全球信息技术产品市场 92.5%的 39 个国家和地区在日内瓦签订。

该协议主要涉及计算机、电信产品、半导体、半导体制造设备、软件和科学仪器六大类共 200 多种产品,从 1997 年 4 月 1 日开始实行,分四个阶段,每个阶段减少关税 25%,2000 年 1 月 1 日信息技术产品的关税已削减到零。

WTO 于 1997 年 10 月在日内瓦召开"第二阶段信息技术协定"讨论会,讨论将电视机、录像机、收音机、印制板制造设备、平板显示器、电容制造设备、音频设备等消费类电子产品也纳入《信息技术协议》零关税产品清单中,但规定这些产品从 1999 年 7 月 1 日开始分 4 个阶段降低关税,到 2002 年 1 月 1 日把关税降为零,并允许发展中国家将这一日期推迟到 2007 年 1 月 1 日。

3.《技术性贸易壁垒协议》

其最大限度地消除各国制定的各种技术规章、标准和评定程序对国际贸易造成的障碍。协议为中央政府机构制定了一项《拟定、采纳和实施标准的良好行为守则》,同时规定了地方政府及非政府组织应该据此制定和实施有关技术的规章。协议规定,用于判定产品是否符合国家标准的程序,必须是公正公平的,特别是在国产货物和相应的进口货物之间尤其应该如此。

4.《反倾销协议》

反倾销是 WTO 允许的世界各国均可采用的维护公平贸易秩序、抵制不正当竞争的重要手段之一。反倾销法已成为 WTO 成员方贸易法律的重要组成部分。**倾销,是指在正常**

的贸易过程中,一项产品以低于国内市场正常价值的价格出口。倾销给进口国国内相关产业造成的损害应根据确凿的证据确定。反倾销调查从国内产业的全部生产或合计总产量占大部分的国内生产商提出书面申请开始,由国内有关国家机关进行。

5.4.2 贸易便利化

在 20 世纪 60 年代,欧洲国家提出"贸易便利化特别计划",自此贸易便利化作为一个国际议题,逐渐被越来越多的国家和地区加以重视。在贸易便利化不断发展的同时,国际服务贸易也得到了世界各国的普遍关注。

1. 贸易便利化含义

贸易便利化是指通过程序和手续的简化、适用法律和规定的协调、基础设施的标准化和改善,为国际贸易交易创造一个协调的、透明的、可预见的环境。

贸易便利化一词在各种文献中已屡见不鲜,但迄今在世界范围内尚无一个被普遍接受的统一定义。WTO(1998 年)和联合国贸易和发展会议(UNCTAD,2001 年)都认为,贸易便利化是指国际贸易程序,包括国际货物贸易流动所需要的收集、提供、沟通及处理数据的活动、做法和手续的简化和协调。经济合作与发展组织(OECD,2001 年)对贸易便利化的表述是:国际货物从卖方流动到买方并向另一方支付所需要的程序及相关信息流动的简化和标准化。联合国欧洲经济委员会(UN/ECE,2002 年)将贸易便利化定义为:用全面的和一体化的方法减少贸易交易过程的复杂性和成本,在国际可接受的规范、准则及最佳做法的基础上,保证所有贸易活动在有效、透明和可预见的方式下进行。亚太经合组织(2002 年)的定义是:贸易便利化一般是指使用新技术和其他措施,简化和协调与贸易有关的程序和行政障碍,降低成本,推动货物和服务更好地流通。

尽管各自的表述有所不同,但基本精神是一致的,即简化和协调贸易程序,加速要素跨境流通。近年来,人们更多地从广义的范围(即影响贸易交易的整个环境)来考虑贸易便利化问题。在实践中,各种促进贸易便利化的措施大都体现在通过贸易程序和手续的简化、适用法律和规定的协调、基础设施的标准化和改善等,为国际贸易活动创造一个简化的、协调的、透明的、可预见的环境。因此,贸易便利化涉及的内容十分广泛,几乎包括了贸易过程的所有环节,其中海关与跨境制度是问题的核心,此外还包括运输、许可、检疫、电子数据传输、支付、保险及其他金融要求、企业信息等诸方面。

2. 贸易便利化背景

随着多边、区域、双边和单边的协作及努力,影响国际贸易活动的障碍或壁垒正逐渐减少或被约束,各国的贸易制度日趋开放。而随着国际贸易规模的扩大和各国及地区贸易联系的加强,"贸易的非效率"作为一种"隐形"的市场准入壁垒日益受到众多国际组织、各国政府和贸易界的普遍关注,促使人们开始高度重视各种贸易管理程序的合理化。数十年来,许多政府间和非政府组织(如联合国贸发大会 UNCTAD、联合国欧洲经济委员会 UN/ECE、世界海关组织 WCO、国际商会 ICC、经济合作与发展组织 OECD、国际货币基金组织 IMF 和世界银行等)一直在向实现更简便、更协调的国际贸易程序这一目标而努力,有关进一步减少和消除阻碍要素跨境流动的障碍、减少交易成本、建立高效的贸易便利体系等内容已成为多边、区域、双边经贸合作的重要内容。世界贸易组织(WTO)自 1995 年成立以来也开始了对贸易便利化问题的全面考虑和专门分析,经过数年的酝酿和极富建设性的争论,各成员最终将贸易便利化作为"新加坡议题"中的唯一议题纳入"多哈发展议程"谈判并达成了共识。

如图5-1所示的是自2009—2016年以来每月平均贸易限制措施及其贸易救济政策的变化情况。自2009年以来,WTO定期公布贸易政策发展趋势监控报告,2008年金融危机后,世界各国采取了更多的贸易限制措施。2011年达到峰值:每月23项贸易限制措施和贸易救济。2015年10月中旬到2016年5月中旬,贸易限制措施和贸易救济达到第二个峰值,每月达22项。

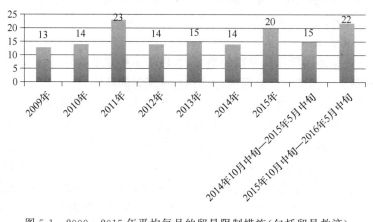

图5-1　2009—2015年平均每月的贸易限制措施(包括贸易救济)
资料来源:WTO:World Tread Statistical Review,2016.P66.

图5-2所示的是同期每月贸易便利化措施和贸易救济数。2011年每月出台的贸易便利化措施和贸易救济数同样达到峰值,即23项,第二个峰值是2015年的22项,而在2015年10月中旬到2016年10月中旬每月为19项。

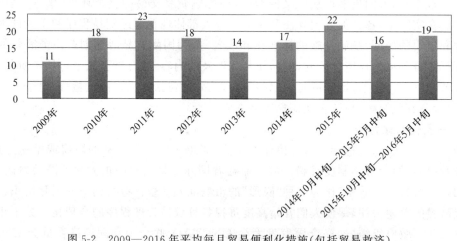

图5-2　2009—2016年平均每月贸易便利化措施(包括贸易救济)
资料来源:WTO:World Tread Statistical Review2016.P67.

图5-3所示的是自2008年以来累积的贸易限制措施。图(a)所示为从2008—2010年10月中旬,贸易措施累计546项。其中贸易限制性措施464项,占85%;而有效消除措施只

有 82 项,占 15%。图(b)所示,从 2008—2016 年 5 月中旬,贸易措施累计 2 835 项,其中,贸易限制性措施 2 127 项,占 75%;而有效消除性措施 708 项,占 25%。说明贸易环境从绝对量上看是恶化的,从相对量上看是渐趋好转的。因此贸易便利化措施对于各国的经济发展和世界各国人民的福利水平的提高都是非常重要的。

3. 贸易便利化的作用

贸易便利化除了给政府和企业带来直接货币收入之外,还能带来其他几个方面的客观收益,这些收益最终会转化成国民福利。主要表现在以下方面。

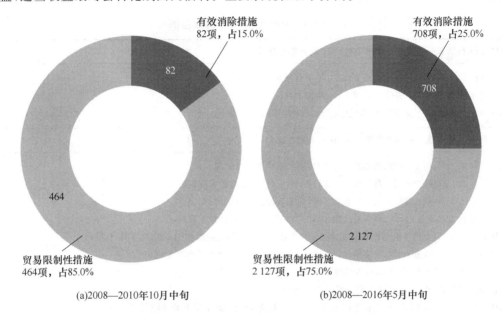

图 5-3　自 2008 年以来累积的贸易限制措施

资料来源:WTO:World Tread Statistical,Review2016. P67.

(1)提高政策的透明度和可预测性。最大限度地促进整个国家进出口系统效率的提升,从而降低企业的行政管理费用和商务成本。同时,贸易便利化可以最大限度地吸引外商,推动外国直接投资(FDI)的增长。

(2)增加商业机会。在贸易发展方面,贸易便利化措施与降低关税同等重要,它不仅能为企业带来商机、市场和利润,而且还有成长壮大的契机和平台。如中国—东盟自由贸易区的建立,提供给中国企业的是一个拥有 10 多亿消费者、国内生产总值近 2 万亿美元、贸易总额达 1.2 万亿美元的巨大市场,同时它也成为中国企业进入国际市场的跳板和试验田。

(3)提升客户价值。商业界普遍认为:吸引一个新顾客的成本是留住一个老顾客的成本的 6 倍。贸易便利化可以帮助企业为客户提供更为精准、快速的配送服务,进而保持客户关系,这在不断增强的全球贸易竞争中,日益成为决定性的竞争优势。

(4)提高安全性。透明化和便利化可以减少人为干预成分,降低在国际贸易中出现差错以及发生违法犯罪行为的可能性,进而遏制腐败行为的发生。同时,便利化的通关程序所节约的行政成本和人力物力,还可以更多地向打击走私犯罪、保护贸易安全等领域集聚。

(5)获得直接经济利益。贸易便利化有利于营造宽松开放的贸易环境,促进商品和市场要素的自由流动,增加国家贸易规模,进而使经济收益激增。据亚太经合组织(APEC)的一项研究显示,通过贸易便利化,该地区发展中国家进口货物的价格将下降1%~2%,APEC将获取实际GDP的0.26%的收益,几乎是关税自由化预期收益的翻倍。

正如国际电联的愿景所期盼的那样:"将一个由互联世界赋能的信息社会,在此社会中电信或信息通信技术促成并加速可由人人共享的社会、经济和在环境方面具有可持续性的增长和发展"。① 表5-1所示为在贸易便利化倡导下,全球电信/ICT所要达到的具体目标。

表5-1　全球电信/ICT具体目标

总体目标1:增长——促成并推进电信/ICT的获取与普及
具体目标1.1:全球55%的家庭将在2020年享有互联网接入;
具体目标1.2:全球60%的人口将于2020年用上互联网;
具体目标1.3:全球电信/ICT可承受性将于2020年提高40%②
总体目标2:包容性——弥合数字鸿沟,让人人用上宽带
具体目标2.1.A:到2020年,发展中国家50%的家庭将接入互联网;
具体目标2.1.B:到2020年,最不发达国家(LDC)15%的家庭将接入互联网;
具体目标2.2.A:到2020年,发展中国家50%的个人应使用互联网;
具体目标2.2.B:到2020年,最不发达国家(LDC)20%的个人将使用互联网;
具体目标2.3.A:价格可承受性方面发达国家和发展中国家之间的差距将于2020年下降40%③;
具体目标2.3.B:到2020年,发展中国家的宽带服务成本将不超过月平均收入的5%;
具体目标2.4:到2020年,宽带业务应覆盖全球90%的农村人口④;
具体目标2.5.A:将于2020年实现互联网用户性别平等;
具体目标2.5.B:到2020年,应在各国形成确保残疾人获取电信/ICT的有利环境
总体目标3:可持续性——管理电信/ICT发展带来的挑战
具体目标3.1:网络安全就绪水平将于2020年提高40%;
具体目标3.2:过剩电子废弃物总量将于2020年减少50%⑤;
具体目标3.3:到2020年,电信/ICT部门每个设备的温室气体排放将减少30%⑥
总体目标4:创新和伙伴关系——领导、完善并适应不断变化的电信/ICT环境
具体目标4.1:有利于创新的电信/ICT环境⑦;
具体目标4.2:电信/ICT环境中利益攸关方有效的伙伴关系⑧

资料来源:国际电联:2016—2019年战略规划。

---

① 国际电联.2016—2019年战略规划。
② ICT服务的费用将为2012年数值的60%。
③ ICT服务费用与2012年数值的对比。
④ 由于数据有限,目前在确定该目标时考虑的是移动宽带信号覆盖。
⑤ 作为具体目标框架内的例外情况,此项具体目标需在ITU-T第5研究组内研究。
⑥ 作为具体目标框架内的例外情况,这项具体目标需在相关国际电联研究组内研究。
⑦ 具体目标4.1是一项质化具体目标。
⑧ 具体目标4.2是一项质化具体目标。

5.5 万国邮政联盟和《万国邮政公约》

5.5.1 万国邮政联盟的产生及发展

1840年，英国建立了一套面向公众、统一收费的信函传递系统，并发行了世界上第一枚邮票——黑便士，现代意义上的公共邮政事业由此发展起来。当时，国与国之间的信函交换系统仍然混乱不一，与各国贸易往来的飞速发展不相适应，人们迫切希望能够建立一套简单方便的国际邮件交换系统，以保证邮件不受国界等因素的限制而自由流通，邮联便应运而生。

1874年9月15日，应瑞士政府的邀请，22个国家的政府派全权代表在瑞士首都伯尔尼举行第一届大会，签署了《关于创立邮政总联盟的条约》，即《伯尔尼条约》，邮政总联盟据此成立。该条约是关于国际邮政业务的第一个集体公约，除了载有邮政总联盟的组织条例以外，还包括关于国际函件业务的基本规定。大会同时还制订了《程序性规定和细则》，以保证条约各项条款的实施——这就是《万国邮政公约》及其《实施细则》的前身。该条约于1875年7月1日生效。

1878年5～6月，邮政总联盟第二届全权代表大会在巴黎举行，大会决定将"邮政总联盟"更名为"万国邮政联盟"（Universal Postal Union，UPU），并将联盟约改称《万国邮政联盟（公约）》。1891年在维也纳举行的万国邮政联盟第四届全权代表大会上，又将公约定名为《万国邮政公约》。1906年在罗马举行的邮联第六届全权代表大会上，将《程序性规定和细则》改称《万国邮政公约实施细则》。1964年维也纳大会决定将《万国邮政公约》及其《实施细则》中关于邮联组织条例的条款分离出来，形成独立的法规，分别称作《万国邮政联盟组织法》和《万国邮政联盟总规则》。从此，《万国邮政公约》及其《实施细则》成为纯粹的规范国际邮政业务的法规。1999年在北京举行的第22届万国邮联大会对《万国邮政公约》再次进行了修订。

《万国邮政公约》是万国邮政联盟历史最悠久的法规性文件，它通过规范各成员国邮政所提供的国际邮件业务种类、各邮政应承担的责任、各邮政之间互换邮件的方式、确定责任的程序以及账务结算标准等事项，便利各成员国邮政之间邮件的互换，保证全世界国际邮政网络的正常运行发挥了重要作用。截至2014年12月，万国邮政联盟有192个成员国。

万国邮政联盟的宗旨是："组织和改善国际邮政业务，并在此方面便利国际合作的发展"。《万国邮政公约》由各成员国政府的全权代表签署，是多边政府间协定，对所有邮联成员国都有约束力，是保证国际邮政业务统一、规范运营的重要的国际法规。

5.5.2 《万国邮政公约》的主要内容

《万国邮政公约》与时俱进，不断根据技术条件和市场环境与业务的变化进行修订，其基本构架和主要内容如下。

1. 国际邮政业务的共同规则

其主要包括"转运自由"的适用范围、对违反转运自由的处理、邮件的归属、邮联的货币单位、制定资费的原则、邮资的免付等对各类国际邮政业务均可适用的基本规定。"转运自由的原则"是在《万国邮政联盟组织法》内制定的,组织法开宗明义第一条就是"赞成本组织法的各国以万国邮政联盟的名义组成一个邮政领域,以便互相交换函件。转运自由在整个邮政领域内得到保证"。此外,在邮联成立初期,万国邮联范围内实行统一的函件资费和包裹终端费标准。考虑到各国的经营成本千差万别,后来邮联允许各成员国在一定限度内提高或降低这些标准。自1989年华盛顿大会以后,这些标准变成了指示性费率,以使成员国或其邮政主管部门能根据经营成本和市场形势的变化,自主制定资费标准。

2. 适用于函件和包裹业务的规定

其主要内容包括所提供的基本业务和特别业务、禁止寄递的规定、误收邮件的处理、邮件收寄后的特别服务等。需要指出的是,公约规定应提供的业务,分为强制性业务(即各成员国邮政都必须办理的业务)和非强制性业务(即可由各成员国邮政自行决定是否办理的业务)两大类:平常和挂号函件业务及普通包裹业务是强制性业务,其他业务均为非强制性业务。在各类函件业务中,由于自1989年华盛顿大会以来,在邮联范围内实行两种函件分类方式并存的办法(即按内件性质分类和按处理速度分类),究竟哪些业务应属强制性业务已经很难说清楚了。

图5-4所示中可以看到,2004年世界国际邮政业务中,信函占了50.7%;而邮政包裹和物流、邮政金融业务及其他业务分别只占9.7%、16.3%和23.3%。但10年之后的2014年,信函下降了近9个百分点,占国际业务量的41.8%;而增长最快的是邮政包裹和物流,上升了9.4个百分点,达19.1%。由此可以看到,在国际业务中,电信对信函业务的替代是较大的;而跨国电子商务的发展,使邮政包裹和物流快步发展。

图5-4 2004年和2014年世界邮政各业务占比情况(%)

资料来源:Universal Postal Union. Report on the Activities of the International Bureau. 2003—2016 cycle.

邮联的原则规定是:对出口函件实行哪种分类方式由各成员国或其邮政主管部门自行确定,但作为寄达邮政,各邮政都必须接受和处理按任何一种方式分类的函件;原则上,优先函件应按照航空函件处理,非优先函件应按照水陆路函件处理。考虑到由于种种原因,仍有30多个成员国没有签署1994年汉城大会的《邮政包裹协定》,北京大会决定将《邮政包裹协定》纳入《万国邮政公约》以后,在新的《万国邮政公约》中引入了一条过渡性规定,允许没有参加汉城《邮政包裹协定》的成员国暂时不办理国际包裹业务。

3. 各邮政对邮件应该承担的责任

这部分内容规范了各邮政与客户(寄件人和收件人)之间的关系,规定了邮政部门对邮件的丢失、损毁和被窃应承担的责任、邮政部门不承担责任的情况、寄件人应该承担的责任、补偿标准、补偿金的支付期限和必要时向有权人收回补偿金的程序等。

4. 各邮政主管部门之间的关系

这部分内容规范各邮政之间的关系,包括邮件互换方式、各邮政之间责任的确定以及各邮政之间经济关系的处理(即转运费、终端费、包裹运费应得部分、航空运费等的结算原则和标准)等。

5.5.3 《万国邮政公约》的影响

《万国邮政公约》是由万国邮政联盟制定的一项有关处理国际邮政业务的基本法则的条约,是万国邮政联盟历史最悠久的法规性文件。它由各成员国政府的全权代表签署,是多边政府间协定,对所有邮联成员国都有约束力,是保证国际邮政业务统一、规范运营的重要的国际法规。其宗旨是:由各成员国组成一个单一的邮政领域,以便互相交换函件,使邮政自由在整个领域内得到保证;组织和改善国际邮政业务,以便利于国际合作的发展;在可能范围内参与成员国所要求给予的邮政技术援助。它的基本活动之一是为成员国的邮政管理机关所进行的各种国际邮政业务制定各种邮务规章制度,使国际邮政交换得以在标准化的条件下进行。

《万国邮政公约》规范了各成员国邮政所提供的国际邮件业务种类、各邮政应承担的责任、各邮政之间互换邮件的方式、确定责任的程序以及账务结算标准等事项,便利各成员国邮政之间邮件的互换,保证全世界国际邮政网络的正常运行。

中国于1914年加入万国邮政联盟,由于中国台湾占据了席位,中国1953年与该联盟断绝往来。1972年4月万国邮政联盟承认中国为该组织的唯一合法代表后,与该组织关系恢复正常。1972年11月,中国作为邮政研究咨询理事会理事国,派代表参加了在伯尔尼举行的该理事会的年会。从此,中国履行了接受邮联有关法规的手续,参加了1974—1994年历届邮联大会,并4次当选为大会副主席和历届邮政经营理事会的理事国。

1999年8月23日—9月15日,万国邮联第22届大会在北京举行。作为行政理事会主席,我国邮政对《万国邮政公约》的修改发挥了重要作用,对世界邮政的发展做出了积极贡献。

总之,从贸易规则看,全球将迎来新一轮服务贸易自由化浪潮。新的服务贸易谈判将覆盖所有的服务部门,包括金融服务、ICT服务(包括电信和电子商务)、专业服务、海运服务、空运服务、快递服务、能源服务、商人临时进入、政府采购、国内管制的新规则等。随着国际社会对服务贸易认识的深化,WTO成员也对在扩大市场准入、完善国内规制,以及跨境电子商务等方面推动全球服务贸易多边谈判显示了浓厚的兴趣。

关键概念

服务贸易总协定　TISA　最惠国优惠　透明度义务　国民待遇　市场准入　冻结条款　棘轮条款　贸易便利化　万国邮政公约

思考题

1. 简述《服务贸易总协定》框架协议的主要原则。
2. TISA 对我国产生的影响有哪些?
3. 简述《基础电信协议》的主要内容。
4. 《万国邮政公约》的内容及其作用有哪些?

第6章 国际通信服务贸易的主要模式

进入信息社会后,人们对于信息的强烈需求,使以传输信息为己任的信息通信行业,从未像今天这样备受关注。移动互联已经把整个世界连接在一起。与此同时,信息化也促进了经济全球化的发展,形成全球价值链。如今,人们在全球范围内可以不受时间与距离的限制开展各种商务和社交活动。信息化的发展使得个人以及企业能在全球范围内自由地传输和接收实时信息、政府治理的国际协调等,形成大规模的国际数据流动。单纯的国内通信服务已经无法满足这样的需求。国际通信服务贸易通过跨境交付、国外消费、商业存在和自然人移动四种模式满足人们对信息服务的需求,并与世界经济、政治多个领域高度融合。

6.1 国际通信服务贸易模式概述

6.1.1 经济全球化与电信运营商的全球化服务

1. 经济全球化促进了国际通信服务贸易的发展

经济全球化的迅猛发展帮助数亿人脱离了贫困,贸易和外国直接投资流动从1990年分别占全球GDP的17%和0.9%,2016年上升到28%和3.2%[①]。通过签署GATS,该协定的成员国都承诺担保一系列一般服务贸易义务,包括最惠国待遇(MFN)与透明度,以及在特定行业服务方面实行开放。

国际通信服务贸易涉及跨越国界的交易活动,例如从一国往另一国通电话或发送电子函件,以及在国外进行的电信投资。或外国投资者收购电信公司或由国内外双方建立合资企业以提供新的电信业务等。电信服务部门的特殊性在于其作为经济活动的独特部门和作为其他经济活动的基本传输手段起到了双重作用。电信服务贸易作为国际服务贸易的重要组成部分,日益凸显其重要性。而国际电信服务贸易的模式,则具体体现了电信服务部门的双重作用。

电信行业在过去20年经历了重大变革。融合推动传统运营商进入互联网和宽带等新领域。融合让原来不同服务市场的界限日益模糊。随着电信走向混合网络,固定和移动、有线和无线之间的界限变得日益模糊,各种设备可以从一个网络无缝平滑地转入另一个网络,

---

① OECD报告认为应让全球化惠及更多区域与人群,2017-07-03,http://www.sccwto.org/post/24964?locale=zh-CN。

无须中断服务。移动通信等新技术和预付卡等创新业务改变了传统的网络发展经济模式,特别是在发展中国家。新的运营商具有全球性,他们的业务覆盖多个行业。2000年全球电信业务收入近万亿美元,前十家运营商的利润就达到500亿美元。

2. 国际通信服务贸易提振世界经济的发展

据估计,截至2025年,ICT对全球经济的影响可达到数万亿美元[①]。移动互联网全球范围内产生的年度经济效益到2025年将在3.7万亿到10.8万亿美元之间。将新兴市场的宽带普及率提高到今天西欧的水平意味着GDP将增加3 000亿～4 200亿美元并将产生1 000万～1 400万个就业机会[②]。

经济的全球化使电信服务的提供和消费向全球化发展已经成为长期趋势。数字化极大地降低了全球通信和协调的交易成本,使得原本利用专业知识和比较优势的分散化生产过程得以在全球存在。全球化和数字化的进程交织在一起,共同对经济和人民福祉产生重要影响。

全球化从三个方面影响电信业:第一,全球化的运营商。许多大的电信运营商拥有其他国家运营商的股权。没有战略投资者的国家为数越来越少。第二,区域性和多边协议。政府趋向选择加入公约来促进市场开放,如加入WTO的基本电信协议。第三,新的全球化服务。这包括移动漫游、全球卫星系统、电话卡和其他可使客户在远离自己国家后继续享受服务的手段。

6.1.2 电信服务贸易模式发展状况

电信服务贸易,是各国对电信服务进行的交换活动。按照《服务贸易总协定》对服务贸易的定义,电信服务贸易与其他服务贸易一样,也分为跨境提供、国外消费、商业存在和自然人移动四种模式,如表6-1所示。

表6-1 电信服务国际贸易的四种模式

贸易模式	例子	对电信的意义	现存贸易壁垒举例
(1) 跨境提供	国际电话,电信服务外包、离岸呼叫中心	在服务贸易中产生大笔收入	双边电话结算
(2) 国外消费	移动漫游	通过地面和卫星手段促进全球移动通信的发展	技术标准的不统一,缺少国际漫游协定
(3) 商业存在	外资所有公司提供电信服务	为外国投资留有空间	外国投资和许可证的限制
(4) 自然人移动	电信咨询活动	越来越需要对行业重组和私有化方面提出建议	工作许可的限制

资料来源:ITU改编自WTO。

---

① McKinsey环球机构(2013年):"颠覆性技术:改变生活、商业和全球经济的进步"。
② McKinsey环球机构(2013年):"颠覆性技术:改变生活、商业和全球经济的进步"。

例如,在 2013 年欧盟的服务贸易中,欧盟与欧盟以外国家的服务贸易四种模式所占比例如图 6-1 所示。其中模式三商业存在和模式一跨境提供所占比例最高,分别达到 69% 和 21%。模式四自然人移动最少,只有 4%。而在模式一跨境提供中,其结构如图 6-2(a) 所示,除其他商业服务外,运输服务占的比重最大,达 24%,而电信、计算机和信息服务占 12%;模式三商业存在结构如图 6-2(b) 所示,电信、计算机和信息服务也占 12%。再具体到电信、计算机和信息服务贸易,四种服务贸易模式中,模式一跨境提供约占 20% 强,模式三商业存在约占 70% 弱,模式四自然人移动约占 10% 强,而模式二国外消费为零[①]。

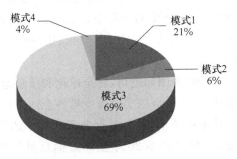

图 6-1 2013 年欧盟出口到伙伴国之外的所有服务模式占比

资料来源:Eurostat estimates.

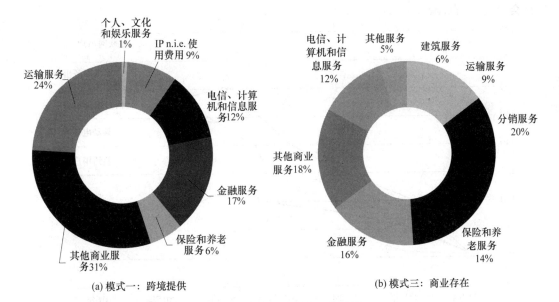

(a) 模式一:跨境提供　　　　　　(b) 模式三:商业存在

图 6-2 模式一和模式三的结构

资料来源:Eurostat estimate.

---

① 资料来源:WTO:Word Trade Statistics Review 2017. WTO Centre William Rappard Rue de Lausanne154 CH-1211Geneva 22 Switzerland.

6.2 国际电信服务贸易的主要模式

6.2.1 跨境提供

1. 跨境提供的含义

跨境提供是指一国的电信运营商从一国领土跨境向别国领土上的消费者提供电信服务。世贸组织将跨境提供定义为:WTO一成员方跨境向另一成员方消费者提供的服务。国际电话历史比较悠久,而且也是比较典型的一种电信跨境提供方式。它是当前电信服务领域内最普遍也是最有利可图的贸易形式。它包括:电报、用户电报、电话以及近年出现的电子函件和数据传输、电信服务外包等。

在跨国服务中用得最为广泛的是国际电话,在全球化和信息通信技术的推动下,人们通过微信实现了在较低价格条件下,几乎可以实时与世界各个地方的朋友或亲人分享语音、图片及各种数据和传输信息。目前在通信领域,数据业务代替了语音业务成为电信部门收入的主要来源。据IDC报告显示,预计到2020年全球数据总量将超过40ZB(相当于4万亿GB),这一数据量是2011年的22倍。在过去几年,全球的数据量以每年58%的速度增长,在未来这个速度会更快。图6-3所示为从世界互联网用户数、计算机服务出口、信息服务出口、移动电话签约用户和电信服务出口的变化,可以看到世界通信服务贸易在推动全世界信息社会发展上的贡献。

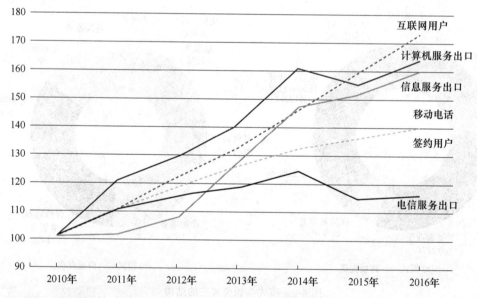

图6-3 世界ICT服务出口、互联网用户与移动电话签约用户变化(指数2010年=100)

资料来源:WTO:World Trade Statistical Review 2017,Centre William Rappard Rue de Lausanne 154CH-1211 Geneva 2Switzerland. P41

一般来说，国际去话由去话国的电话公司收费，而国际来话则由来话国的电话公司收费。但根据国际协定，收费国的电话公司须向另一端终接呼叫的电话公司支付一定数量的费用，这与传统的贸易概念截然不同："出口"电话的国家反而要付费给"进口"电话的国家。这是因为国际电话的完成，不仅需要使用去话国的通信网络，也需要使用接听国的通信网络，去话国使用了接听国的电信资源，因而需要交予对方一定费用。在理想的统计情况下，每个方向的电话总体会保持平衡，所以结算付款净值应当为零。

2. 国际电话费率的结算体制及其运作

关于国际电话结算的双边协定是建立在会计汇率体制基础上的。**结算率是指电话运营者在处理彼此国际业务时同意双方共享的收入部分。**结算率是以每分钟的话务量来计算的，一般为双方对半开（50∶50），每个电话运营者分享到的比例为结算率。1995年全球用于结算的总金额为280亿美元左右，大约等于国际电话零售收入的一半。

1865年，20个欧洲国家齐聚一起组成了现在的国际电信联盟（ITU）的主要原因之一是，他们需要找出如何把国际电信业务收入在始发地、目的地和中转地国家之间合理分摊的方法。他们提出的这种方法至今仍在使用，不过格式上已经历多次修改。这种方法建立在双重价格体系基础上，对于每个呼叫，第一种计费价格是由始发公共电信运营商（PTO）对用户计费（托收费或零售价，通常按本地币制单位规定），第二种价格是由终接PTO和始发PTO同意的价格（会计汇率或批发价格，通常是按国际币制单位如美元或特别提款权SDRs规定）。这是由终接的PTO用来决定对始发的PTO计费的价格（结算费率一般是会计汇率的半价）。如果呼出和呼入业务不平衡，则呼出业务量大的PTO一方向另一方支付差价作为补偿（净结算支付）。

业务流动量的不平衡引起结算支付的不平衡，导致一些国家如美国、瑞典、澳大利亚等国大量赤字，而另一些国家如墨西哥、德国等则有大量盈余。业务流量不平衡有许多原因，包括社会经济的、文化的和技术的因素。然而，政策焦点一直集中在由市场结构或费率差异引起的业务流动的变化，决策者对此可以施加一定影响。

到1996年中期，有十四个国家允许在国际电话方面开展基于设施的竞争，而1986年前仅有两个国家允许竞争。竞争会导致价格的降低和更大的优惠，这促使允许竞争的国家的去话量增加，引起话务量越来越不平衡。对实行低费率政策的电话运营者会十分不利，因为他们还得付费给受话端的运营者。回叫电话会使这个问题变得更为严重，因为回叫电话会被记录为提供回叫业务公司所在国的去话，由于大多数提供回叫业务的电话公司在美国，因此会加剧美国话务量的不平衡与结算赤字。但随着移动互联网的应用，国际电话业务量逐渐减少，而逐渐被微信等数据流量所取代。

3. 跨国基础设施

跨国项目从范围来分可分为区域性和全球性两类，并且总有来自各国的众多合伙人参与。这些项目旨在建设和运营大规模国际通信设施，诸如卫星系统和海缆系统。对这种基础设施的投资是外国投资，因为这些投资投在国境线以外的地区。跨国项目主要是由政府间组织（例如卫星项目由INTELSAT）执行，也可以由国有运营公司或垄断的公众电信运营者（例如海缆方面）分摊费用。承建这种系统的组织也是该网络的运营者。然而，在建设和营销这些大型系统的方式上正在发生重大变化，现在出现了投资者私人筹资、建设和拥有的局面，这些投资者往往自己不直接使用这些设施，而将其租给业务提供者。

(1) 卫星系统。地区性和国际卫星设施一般都由政府间组织提供,签约方通常是国有电信运营者。最大的政府间组织是国际卫星组织(INTELSAT)。它是政府间全球性商业通信卫星机构,简称卫星组织。总部设在美国华盛顿。1964 年 8 月 20 日,美国、加拿大、法国、联邦德国、澳大利亚、日本等 14 个国家联合组成临时性的国际通信卫星组织。至 1996 年 1 月,共有成员 128 个。国际通信卫星组织的宗旨是建立和发展全球商业卫星通信系统,供世界各国平等使用。

第一颗卫星在 1965 年 4 月发射,称为"国际卫星"1 号(INTELSTA-1),定位于大西洋上空的静止轨道。通信容量为 240 路电话或 1 路电视。同年 6 月开办美国和欧洲之间的商业卫星通信业务。以后,陆续发射各型号卫星,分别定位于大西洋、印度洋和太平洋上空。其拥有由 20 颗地球静止轨道卫星组成的网络,为 200 多个国家和地区的电信广播机构提供卫星通信服务,是全球最大的国际卫星通信网。自 20 世纪 60 年代以来,通信卫星为大众传播做出了不可磨灭的贡献,为了更好地实现通信卫星的作用,很多通信卫星组织应运而生。随着通信卫星市场的竞争以及不同代通信卫星技术的进步,提供每 Gbit/s(每秒千兆比特)成本削减,人们预计卫星互联网时代很快到来,如图 6-4 所示。

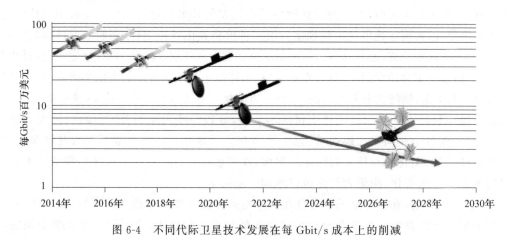

图 6-4 不同代际卫星技术发展在每 Gbit/s 成本上的削减

资料来源:The State of Broadband:Broadband catalyzing sustainable development,September 2016.

近年来,世界主要国家将卫星互联网视为重要发展战略,美英等国相继发布卫星通信网络建设计划,以 OneWeb、SpaceX、O3b 为代表的新兴卫星企业也加紧开展全球布局,构建卫星互联网,争夺频轨资源,一场由技术革新和商业资本驱动的卫星互联网发展浪潮正席卷全球。自 2014 年以来,全球范围内至少提出了 6 个大型中低轨卫星星座项目。OneWeb 计划发射 720 颗低地球轨道卫星,以实现互联网接入;SpaceX 计划部署 4 425 颗和 7 500 颗低轨卫星;波音公司计划利用低轨卫星网络提供宽带互联网服务,使用目前尚未被卫星业界关注的 V 频段(50~75GHz)。卫星通信系统在下一代宽带网络部署中,在解决农村地区、偏远地区以及其他各种复杂环境下的通信问题发挥着重要作用。

同卫星系统有关的贸易问题可以分为三个主要方面:①传统贸易:运行和使用某个系统所必需的终端关口站、交换机和其他设备的贸易;②金融贸易:虽然大多数这类项目的主要投资者以美国为大本营,但是其合伙人却形形色色。这些合伙人将带头把卫星系统与地区性关口站或国内关口站互连起来,并且向最终用户出售业务。预计资金会从卫星网络运营公司流向当地的 PTO(例如当一个 GMPCS 手机向一个公众网用户拨打电话时,就会发生接入到本地公众网的互联费),以及从本地业务提供者流向 GMPCS 运营公司。③终端的流动:GMPCS 提供全球漫游。虽然用户在跨过边界时是在同一网内使用手机的,但有两个特点证明终端的流动是一种贸易关系:首先业务提供者是因国而异的;其次若干国家对卫星移动终端的流动征收关税,把它当作一种可贸易的货物。

1977 年 8 月,中国加入了国际通信卫星组织。目前,中国北斗系统"三步走"发展战略中,"第二步"建成了由 14 颗组网卫星和 32 个地面站天地协同组网运行的"北斗二号"卫星导航系统。"第三步"是到 2020 年前后将建成由 5 颗地球静止轨道卫星和 30 颗非地球静止轨道卫星组成的北斗全球卫星导航系统,即"北斗三号"。2017 年 11 月 5 日,中国自主研制的北斗三号全球导航系统首发星北斗三号双星成功发射,拉开了北斗系统全球组网建设的大幕。北斗三号导航系统采取了星间传输、地基传输功能一体化设计,实现了高轨、中轨卫星及地面站的链路互通[①]。

(2)海缆。国际海缆,又称国际海底通信电缆,是用绝缘材料包裹的导线,铺设在海底,用以设立国家之间的电信传输。海缆是世界上最重要的通信手段之一,被誉为海洋通信的"中枢神经"系统。首批海底通信电缆提供电报通信,后来开始引入电话通信,以及互联网通信。现代的电缆则使用了光纤技术,并且设立了更先进的电话通信、互联网与数据通信。截至 2005 年时,除南极洲之外,海底电缆已经覆盖了世界上其他所有洲。全球 90% 以上的国际数据都是通过海底光缆进行传输的,也就是说,基本上是海缆构建了今天的全球"宽带"互联网。

一条海缆的敷设、维护和运行,传统上由国际运营者"俱乐部"以专门方式来进行的。一条"俱乐部海缆"将涉及一大批预先投资者,通常是由公众电信运营者组成一个国际财团,海缆的容量则根据各个成员投资水平来分摊。成员可以通过不可剥夺的使用权(IRUs)将它的那部分容量租给非成员公司。

目前,全球几乎绝大部分的国际数据都是通过海缆传输。2015 年 4 月,中国大陆、中国台湾、韩国、日本和美国的运营商共同启动了新跨太平洋国际海缆(New Cross Pacific,NCP)工程建设。于 2017 年第四季度投入运营,成了亚洲至北美之间传输容量最大、技术最先进的海缆,并可为用户提供更加优质可靠的通信服务。

(3)宽带。信息通信技术将是协助世界实现可持续发展目标的核心所在。越来越多的现有运营商、市场新进入者和金融机构正在拓展其他宽带网络融资渠道。传统上不向电信基础设施投资的对冲基金或企业等超乎人们想象的机构也在向宽带基础设施投资。2014—2019 年期间,预计光纤基础设施的资本支出总额将超过 1 442 亿美元。全球已有 40 多家运营商启动了或正在规划 LTE-A 部署;其中有 88% 的运营商位于发达市场[②]。到 2016 年年末,移动宽带用户总数达到约 36 亿户。固定宽带用户数量达到约 8.84 亿户。由于移动宽带价格不断下降,世界平均价格水平由 2013 年占人均收入的 8.3% 下降到 2016 年的

---

① 中国报告网:2017—2022 年中国统一通信(UC)行业市场发展现状及"十三五"盈利战略分析报告,2017-7-13。
② ITU 发布《2016 年电信改革趋势》报告,2016-4-13。

4.3%。最不发达国家下降更快,由 2013 年的 32.4% 下降到 2016 年的 14.1%,如图 6-5 所示,移动宽带签约用户在最近 5 年的年均增长速度超过了 20%,在 2017 年年底,全球该类用户达到了约 43 亿。

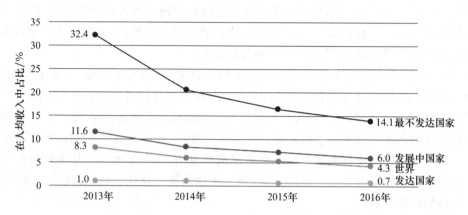

图 6-5　2013—2016 年世界移动宽带价格在人均收入中占比
资料来源:ITU。

消费者数据消费的增长刺激了更多的 Wi-Fi① 投资。越来越多的现有运营商、市场新进入者和金融机构正在拓展其他宽带网络融资渠道。国际电信联盟(ITU)宽带委员会在 2011 年举办的宽带领袖峰会上,针对监测宽带网络铺设进程和世界范围内网络服务的承受能力提出了四个倡导目标:宽带政策普及化、使宽带价格实惠、连接家庭宽带、让更多人上网。2013 年宽带委员会提出了第五个目标——在网络使用上要实现性别平等。宽带对促进人类社会可持续发展发挥了重要作用,转变了经济发展模式和全球福利。在电信的跨境提供服务中发挥了重要作用。

4. 跨境提供中存在的问题

(1) 国际电话资费的分摊问题。国际电信传统上由垄断的国有运营者共同提供。每方提供一半电路,两方需联合在一起才能完成通话。而结算费可以被认为是至少三部分独立费用的总和:一是国际传输费用,经常包括了转接费。二是国际交换费用(在通话的每一端)。三是国内延伸费用(在通话的每一端)。

开放国际电信市场意味着让通信公司分解这些费用,并且只为他们真正需要的那些部分支付费用。许多国际通信公司完全有能力提供头两项费用,对第三项费用他们会指望本地竞争者为他们提供最好的价格。分解这些费用将允许外国运营公司根据经济情况而不是管制情况来决定哪一部分由自己供给,哪一部分须购买或租借。

(2) 对稀有资源的分配问题。

① 无线电频谱的使用。许多国家已经对把频谱作为电信媒介使用的许可证的数量作了限制。随着基于市场的频谱分配机制(如拍卖方案或其他的频谱计价方案)被采用,以及

---

① Wi-Fi 是 WIreless-Fidelity 的缩写,是一种允许电子设备连接到一个无线局域网(WLAN)的技术,通常使用 2.4G UHF 或 5G SHF ISM 射频频段。连接到无线局域网通常是有密码保护的;但也可以是开放的,这样就允许任何在 WLAN 范围内的设备可以连接上。

技术进步腾出新的频谱来供给商用,将允许比现在多得多的服务提供者被接纳。频率作为一种稀缺性很强的资源,世界绝大多数国家都对其实行收费。与码号资源相比,频率资源的稀缺性更加显著,不仅较早实行收费制度,而且也存在多种不同的定价方式。近年来以美国为代表,更多欧美发达国家开始采用拍卖方式分配一部分无线电频率。

目前,一种新的频谱监管模式正在付诸实践——"第三代监管"。此类监管注重对频谱多种用途的评估、重复使用、重整、自由化和对当前频谱使用效率的重新审查。在第三代监管中,行政方式日渐被市场方式取代,后者寻求采用经济标准,酌情实现频谱的最有价值使用。实施任何频谱规划的一个重要部分是确保可以及时颁发许可,同时确保频率长期得到最有效和最有价值的使用。为了满足这些目标,政策制定者和监管机构已经开始制定市场化政策(如拍卖、灵活使用、同频段内升级、频谱共用和频谱交易)以补充或取代缓慢的、充满繁文缛节的流程。此外,监管机构已经制定了各种方式,确保服务得到广泛部署、频谱得到有效利用且竞争受到鼓励。

为有效管理频谱,并确保发展需求可在未来得以实现,许多国家正在制定国家频谱政策,或者将该政策作为其整体ICT/宽带计划的组成部分或者单独制定。图6-6所示总结了制定有效规划的基本要素。

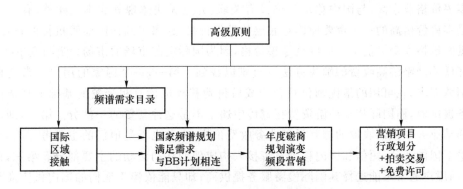

图 6-6　国际频谱政策要素

资料来源:国际电联(ITU),电信改革趋势:2013年网络社会监管的跨境问题。

② 号码资源的分配。资源有限的另一领域是编号计划。市场新进入者常因为他们的用户为了使用其服务不得不拨打额外的号码而感到为难。号码不足的原因是由于人们更愿意使用较短易记的号码,而不是较长的。许多国家把对编号计划的控制权从原来运营者手中转移到一个独立实体的手中,通常是管理部门自己。这样,额外数字的附加会通过接入码的公平分配方法被有效地管理起来。

国际标准对电信码号的长度、结构、使用方式等做出了规定,并且在一个相当长的期间内保持稳定。这就决定了电信码号是一种有限的资源,和其他资源一样具有使用价值和稀缺性。此外,电信码号还具有其自身的特殊性质,被赋予了文化、宗教或其他色彩。

根据国际电联《组织法》第1条,国际电联无线电通信部门(ITU-R)致力于通过管理国际无线电频谱和卫星轨道资源创造有利环境。由于频率和轨道资源的全球性管理需要高层面的国际合作,ITU-R的主要任务之一是推进错综复杂的政府间谈判,从而在主权国家之间达成有法律约束力的协议。这些协议体现在《无线电规则》和为不同空间和地面业务达成的各项世界规划和区域性规划之中。

(3) 互联互通问题。其他行业也有某些广泛意义的"互连"需求，比如，航空公司与航空港的互连，银行之间通过一连串自动取款机互连。但电信业也许是唯一强求诸公司彼此互连且允许与竞争对手互联以提供服务的行业。结果，互连的安排总是新的市场开放协定的瓶颈。

互连经常被担心失去市场份额的原有运营商所推迟，现在越来越多的证据表明互连实际上能提高话务量，而不仅仅是分流。移动通信的话务量曾一度固定在一个方向上（从移动电话到固定电话），现在已分布在两个方向上以及移动电话与移动电话之间的通信。虽然其中的一些话务是从固定网上转移过来的，但是移动通信的大部分话务是新产生的。同样地，在那些允许市场新进入者提供国际电话服务的地方，市场也得到了发展。最要紧的是，与竞争对手互连意味着用于获得更多潜在用户的投资费用能被共同分担。

(4) 国际移动漫游资费问题。移动通信的增长加上跨境和国际旅游的增加，使得一个重要的跨国政策和监管问题突显出来：国际移动漫游业务高昂的收费价格。所有国际组织、区域组织和个别国家对国际漫游所做的分析和审议得到类似结论。也就是说，国际移动漫游的零售价格非常高，与国内移动价格没有关联，并且无法体现其成本。此外，有一个广泛共识是零售价格高的一个重要原因是底层的批发价格，这属于到访国监管机构的责任，然而降低批发价格本身可能不足以降低零售价格，因为国际漫游市场的市场力量与竞争还很弱。

降低移动漫游高收费的解决办法一直难以找到。第一，一个国家的用户通常会根据各自的消费需求，在可用的最优预付费合约或后付费移动电话月租套餐的基础上来选择自己的服务提供商，而国际移动漫游资费在宣传中通常不是这种套餐的一部分。第二，即使用户了解移动业务供应商收取的国际漫游业务收费价格，漫游也不是他们的主要考虑因素，因为在数量上国内通话、短信和国内移动宽带接入构成他们移动活动的主要部分。第三，在旅行时，移动用户通常不能选择其国际漫游服务提供商；却只能依赖于他们的国内供应商与其他国家的服务提供商之间达成的漫游协议。第四，国际旅行者所属国家的监管部门无权控制和监管到访国家设定的国际漫游价格。通过提高透明度来赋予消费者权利有助于前两个问题，而政府与提供商间的跨国合作有助于解决后两个问题。

只有通过适当的双边、区域或国际协议，才能在解决为漫游支付高价格的问题方面取得进展。虽然在一些双边和区域协议中所采取的最初步骤有助于降低用户的价格，但从长远看不足以给全球市场带来在没有监管介入的情况下还能够持续的竞争。欧盟国际漫游法规Ⅲ及其结构性措施正朝着一个有助于此种竞争出现的框架努力。世界贸易组织也开始对国际移动漫游方面进行非正式讨论。

6.2.2 国外消费

1. 国外消费的含义

国外消费指的是向到国外旅行的人或是在国外临时居住者提供电信服务，并在国内付费的方式。

从全球来看，出国从事商务活动和休闲旅行者日益增多，国外消费正在成为电信服务中的一个重要的增长领域。2016年全球旅游总人次首次突破百亿,达105亿人次,为全球人口规模的1.4倍①。不断增加的贸易活动也在助长诸如火车、卡车等其他运输业中对全球移动通信的需要。顺应这种需求,诞生了呼叫电话卡、移动手机漫游、境外定向漫游流量包套餐等业务模式,并导致了针对出国旅行者的电信服务的增长。

2. 国外消费项目

(1) 呼叫电话卡。呼叫电话卡是由电话公司发行,允许持卡人在国外打电话而在国内付费的实体卡或是虚拟卡。一般情况下,这项服务既可按照世界通用的固定费率来计费,也可把用户当成从国内打电话应收的费率来计费。实体卡的使用仅仅限于接受它的公用电话。因此,大多数呼叫电话卡是虚拟的,用户通过拨打一个特殊的号码来实现通话,这项服务被称为国家直通(Country-direct),该号码视用户所处的国家而定。呼叫电话卡的好处在于,使用者在国外不必为打电话找硬币,不需要通过不讲母语的外国运营者转接。他们通常是通过自己家中的电话账单用本国的货币付费。在一些电话费率高的国家内或者在一般需对电话加收服务费的饭店内打电话时,这项服务会为消费者节省一些钱。

(2) 移动通信。移动通信是另外一种为在国外旅行的客户提供电信服务的方式。蜂窝式移动通信系统即第一代移动通信1G网络早在20世纪80年代初开始使用,作为最早的模拟移动通信系统之一,北欧移动电话系统(NMT)被设计用于支持在丹麦、芬兰、挪威和瑞典四国间实现地区性漫游,但由于缺乏全球性的模拟移动蜂窝系统标准,导致许多不兼容的系统难以在大范围内实现国际漫游。直到第二代数字蜂窝系统2G网络特别是GSM的出现,才使全球漫游变成现实。

从1G网络到2G网络,是移动通信从模拟时代发展到数字时代,速率提升的同时,人们的应用也从单纯的语音通信发展到语音、短信和数字时代;从2G到3G,从数字时代进入移动互联时代,速率继续提升的同时,各种移动互联网应用不断被开发出来,数据业务取代语音业务占主导地位;从4G网络到5G网络,人类社会进入万物互联时代,速率继续提升,形成增强型互联网和数据洪流。

国际漫游是指移动电话用户在离开本国归属网络时,仍可以在其他国家和地区的其他网络继续使用移动电话进行通信。国际漫游是在电信运营者之间达成双边协议的基础上实现的。根据漫游协议,用户在出国旅行时既可以带着自己的手机等移动终端,也可以带用户身份模块(SIM)智能卡用于出租的手机。在其他国家内漫游的用户将被该国的运营者自动检测到,用户归属国的运营者与用户当前所在国的运营者分享服务收入。

国际漫游仍有一些障碍。它们包括需要建立双边漫游协议以及具有同一国际标准网络或兼容网络。尽管3G和4G网络日益普及,但在一些市场,如日本和美国一些地区,由于标准不同,许多移动用户无法使用。国际漫游只能在网络制式兼容并且已经签署双边漫游协议的国家和地区之间进行。虽然近年来随着4G网络在世界范围内官方投入使用,但其覆盖范围仍相当有限。另外,某些公司非法对其用户的SIM智能卡"上锁",禁止他们使用其竞争对手的设备。

国际移动漫游业务一般具有高昂的收费价格。所有国际组织、区域组织和个别国家对

---

① 中国社会科学院旅游研究中心:世界旅游经济趋势报告(2017)。

国际漫游所做的分析和审议得到类似结论。也就是说,国际移动漫游的零售价格非常高,与国内移动价格没有关联,并且无法体现其成本。此外,零售价格高的一个重要原因是底层的批发价格较高,这属于到访国监管机构的责任,然而降低批发价格本身可能不足以降低零售价格,因为国际漫游市场的市场力量与竞争还很弱。

移动手机的国际漫游服务使得消费者在全球范围内都可以方便地进行通信,但是,它的一个最大的弱点在于漫游资费过高。当地的移动运营者与归属国运营者通常都会对国外漫游者打的电话征收额外费用。由于大多数漫游电话并不选择最优路由,所以有时用户虽然打的并非是国际长途,但还得付国际长途费。比如说,假设两个移动用户(用户1、用户2)都从A国漫游到B国,若用户1打电话给用户2,电话会从B国到A国,再从A国返回B国。所以用户1不得不支付从B国到A国的国际长途电话费,而用户2也将不得不支付从A国到B国的国际长途电话费。虽然技术上已经有防止这种情况发生的解决方法,但它们还是由于归属国的运营者不希望损失收入的原因而没有被采用。

一般来说,国际漫游资费是在漫游方运营商的结算价格基础上再加收15%。也就是说,消费者到了哪个国家就要按该国的标准收取通信费用,并非由中国运营商单方面说了算。各国的产业规定、货币汇率的变动等因素,都会直接影响到国际漫游资费的结算价格。特别是一些国家的国际漫游结算价格与当地资费水平严重背离,而当地运营商出于对自身利益的考虑,坚持采用最初制定的高漫游结算价格,从而造成了国际漫游资费长久以来居高不下。虽然电信行业是关系一国国计民生的重要行业,但是从某种角度讲,只有鼓励和促进各国电信运营商在全球范围内展开竞争,才能使消费者获得更大的利益。目前,中国三大运营商面对国际旅游人群开发了数据流量包业务,既刺激了国外消费业务的发展,也方便了到国外旅游的游客。

(3) 移动卫星系统。它能使用户在世界的任何角落通过移动手机进行通话。一些同步轨道系统已投入使用,如INMARSAT,它开发了"膝上型"计算机大小的卫星电话,售价在3 000美元左右,从美国打电话每分钟3美元计。但目前集中在非同步轨道的全球移动个人通信卫星系统(GMPCS),它以蜂窝电话大小的手机提供全球语音服务。

GMPCS运营者在获得市场准入权时面临着重大的管制障碍。该系统的成功与否取决于在全球或一个特定地区使用它的能力。这就需要获得市场准入权,并要与许多国家和地区磋商互连条款以及终端自由流通的条款。许多国家,尤其是发展中国家,十分担心GMPCS系统可能绕过现有的网络而导致国内原有运营者的收入下降。目前,GMPCS运营者把自己摆在"运营公司的运营公司"的位置上,他们将与本地运营者合作以减轻这些顾虑。虽然提议中的系统将实现全球或地区覆盖,能为世界上许多服务落后的地区提供服务,但使用费的初步估计表明他们对于世界上的大多数居民来说是负担不起的。SpaceX通过美国政府和挪威政府向国际电联申请网络操作许可,计划部署4 425颗和7 500颗低轨卫星。波音公司计划利用低轨卫星网络提供宽带互联网服务。

(4) 微信业务。微信(WeChat),是腾讯公司于2011年1月21日推出的一个为智能终端提供即时通信服务的免费应用程序。微信支持跨通信运营商、跨操作系统平台通过网络快速发送免费(需消耗少量网络流量)语音短信、视频、图片和文字,同时,也可以使用通过共享流媒体内容的资料和基于位置的社交插件。截止到2016年第二季度,微信已经覆盖中国

94% 以上的智能手机,月活跃用户达到 8.06 亿,用户覆盖 200 多个国家、超过 20 种语言。此外,各品牌的微信公众账号总数已经超过 800 万个,移动应用对接数量超过 85 000 个,广告收入增至 36.79 亿元人民币,微信支付用户则达到了 4 亿元左右。2015 年 3 月,微信开放连入 Wi-Fi,用户无须账号密码即可上网,推动了微信支付业务的迅速发展。传统运营商业务正在受到猛烈冲击,尤其是微信等 OTT 业务①对传统运营商的挤压非常明显,这些业务使得运营商原来的短信、语音,甚至包括国际电话业务都受到了很大挑战。

(5) 更换呼叫程序业务。更换呼叫程序业务不同于传统观念中的共同提供的国际电信业务。各国一般都不允许在国际业务提供中存在基础设施竞争,但是业务竞争程度在提高,消费者日益意识到需要在越来越多的服务方式中进行选择。这些服务方式包括以下几种。

① 重排:这是呼叫重发业务,它利用国家间托收费和会计汇率的差异,按最低费用路径来选路。特别是,这种方式的迂回呼叫利用了国家间的不对称会计汇率。例如,如果英国和美国间、英国和法国间的合计的会计汇率低于法国和美国间的会计汇率,此时就会诱使人们把法国和美国间的呼叫经由英国转送,因为这是最低费用路由。重排业务有时与国际专线(IPL)结合使用。在上例中,英/美路由上的业务(此路由上允许国际简单转售)可以集合到一条租用线上,然后通过公用网(PSTN)传递到其他欧洲国家。

② 回叫:这种业务通常用来与传统的 PTO 竞争,可能给用户带来很大的节省。多数基于美国的回叫业务依赖于未完成的呼叫信令系统。这类回叫业务要求外国的预订用户拨一个美国电话号码,并在振铃若干次后挂机。然后美国的回叫公司启动一个对该外国电话号码的呼叫,当外国呼叫者应答时,就收到一个美国拨号音,它来自该回叫公司设在美国某处的交换机。用户然后可以向美国打电话或向其他国家打电话。对于这种初始未完成呼叫,用户不向美国通信公司或外国通信公司付费。反之,另外一些回叫业务需要外国主叫者付初始呼叫费,因为向外国用户提供美国拨号音的方法不同,其办法是用外国通信公司的出境服务与回叫公司的呼叫会计单元建立初始连接。该会计单元然后再回拨主叫号码。回叫也可以是另一种方式,利用国际入境"800"号来接通到转售商的美国设施。此种情况下,外国呼叫者只向回叫提供者付第二个美国呼叫,而转售商从这第二次呼叫的收费中偿还国际入境"800"号的费用。

③ 国际简单转售(ISR):国际上允许这种业务的国家正在增加,它基于特定的双边连接。ISR 的原则是一家公司可以把来自许多不同用户发往同一目的地的业务集合起来,然后经由国际租用线选路送出。提供此类业务的公司可以向其客户按分钟计费,而对出租专线的通信公司则只付固定费率的费用。这类业务要求从 PTO 租来的线路能够在两端连接到公用交换网。

④ 国际虚拟专用网业务(IVPNS):通常由一些主要的 PTO 或 PTO 联盟提供的,它们既为各客户提供专用网的好处(如缩短拨号位数、集中化计费、呼叫折扣等),又保留了公用网的灵活性。专用国际网的实现是由于 ITU-T.D 系列建议的自由化的结果,特别是 D.1

---

① OTT 是"Over The Top"的缩写,是指通过互联网向用户提供各种应用服务。这种应用和目前运营商所提供的通信业务不同,它仅利用运营商的网络,而服务由运营商之外的第三方提供。目前,典型的 OTT 业务有互联网电视业务、苹果应用商店、腾讯的微信等。

和 D.6 建议,在以前把国际租用线限用于传送第三方业务。IVPN 还由于 PTO 联盟的形成(它们是专门针对这部分市场的)而便于实施,如 Concert 或 Unisource 联盟。

⑤ 数据网传送电话:传统的电话业务需要在呼叫期间持续使用电话电路,即使在双方不讲话时也要使用。这种技术称为电路交换,其技术标准在 ITU-T.G 系列建议中规定,但是语音也可以使用分组交换技术的数据网(如 X.25、帧中继、Internet)上传送。目前在数据网上传送语音的最流行方式是所谓 Internet 电话,它利用 UDP(用户数据报协议)来实现实时语音会话。Internet 电话的吸引力在于 ISP(Internet 业务提供者)通常采用的费率结构是无使用限制的统一费率,而且这种费率与距离和国界完全无关。

上述许多业务尽管业务量在逐渐减少,甚至有些已经消失,但毕竟说明了国际电信业务在发展中的作用和变革,特别是竞争带来的变化。

6.2.3 商业存在

1. 商业存在的含义

随着世界各国电信业的逐渐开放,电信服务贸易直接进入别国电信市场成为可能。商业存在便发展成为电信服务贸易最普遍的一种模式。**商业存在指的是一国的电信运营商通过在别国建立代表办事处、对外国公众电信运营商全部或部分控股,以及参与合资企业和结盟等方式,在别国直接提供电信服务。**

商业存在是电信运营者跨越国界在另一个国家运营时建立起来的。虽然建立商业存在最主要的诱因是直接提供电信服务,但这并非是电信运营者走向国外的唯一原因。海外存在可以采用多种形式,包括建立代表办事处、对外国 PTO 全部或部分控股,以及参与合资企业和结盟。

图 6-7 所示,反映的是 2013 年主要欧盟以外目标市场为欧盟企业通过模式 3 商业存在为欧盟提供的服务。美国以商业存在模式提供的占比最高,达到 36.4%,是第二位瑞士的 9 倍,中国只占 2.8%。

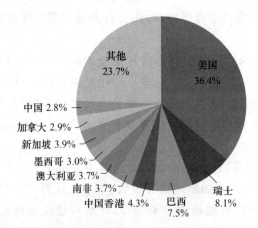

图 6-7　2013 年主要欧盟以外目标市场为欧盟企业通过模式 3 商业存在为欧盟提供的服务
资料来源:WTO. World Trade Statistical Review 2016. P50.

虽然我国已经将基础电信领域放开,但是国外的电信运营商基本上还是持观望态度,并没有打算在我国大规模投资组网。一则由于投资基础电信网,耗资巨大,风险过高。二则对于基础电信业务的开放,我国执行比较严格的市场准入制度和管制。我国是按地域、分时段、分业务的对外开放电信市场,并且对于外国企业,开放主要限于合资企业的形式,而且对于合资企业中的外资比例也有严格限制。出于对我国的电信市场发展环境的疑虑,国外的电信运营商必然采取最有利于自己的形式。但是,我国的电信市场潜力之大,发展空间之广,还是吸引了很多世界顶级的运营商与我们合作。而且,随着我国电信投资环境的日益透明,必然会有更多的外国运营商进入我国。至于我国通信业"走出去"在国外设立商业存在,只是刚刚开始,同时还面临着许多安全壁垒。

2. 商业存在的主要形式

(1) 成立海外办事处。越来越多的电信服务公司在海外成立办事处。作为部分战略观察功能,一个海外办事处能使电信运营者发现即将到来的投资契机,也可能为企业寻找到合作伙伴。随着越来越多的国家对电信运营者进行私有化或引入竞争机制,海外办事处会成为寻找合作伙伴与海外投资机会的触角。它还具有监督间接投资活动的协调功能。NTT 正是这样,它在东南亚介入了一些建设—移交计划。海外办事处所在地往往都靠近那些政治、法规、技术的决策中心,诸如布鲁塞尔或者日内瓦,因此更便于运营者监视和参与这些决策的进程。

(2) 结盟。结盟为运营者们提供了另一条向海外拓展的途径。通过这一途径,运营者可以通过战略伙伴在一个国家建立商业存在。世界上最主要的 PTO 们联姻合作,以集中他们的资源并为用户扩大服务范围,比如,CONCERT 作为美国 MCI 与其母公司 BT 的合资公司,已在 50 多个国家内为跨国客户提供全球通信服务和单点联系的客户服务。

通过战略伙伴关系建立一个存在对于大型的全球电信项目来说是很重要的。未来的卫星全球个人移动通信(GMPCS)的运营者组织其服务分布的方法就是一个很好的例子,例如,几个计划中的 GMPCS 运营者之一 GlobalStar,是由 Loral 公司与 QUALCOMM 公司共同创立的。代表领先服务提供者和设备制造商的战略伙伴们持有相同数量的股份。GlobalStar 的战略服务提供者将来既可直接提供服务,也可组成当地的合资公司,如表 6-2 所示。服务提供者将拥有在他们的运营区域中提供 GlobalStar 服务的独家权利。但他们必须获得管制部门的批准。

表 6-2　全球范围内 Global Star 计划中的地区服务提供者

战略伙伴	国　　家
AirTouch(美国)	澳大利亚、比利时、加拿大、加勒比海地区、印度尼西亚、日本、马来西亚(和 Sime Darby)、墨西哥(和 Telefonica Aufrey)、葡萄牙、荷兰、瑞士、美国
Dacom/ Hyundai(韩国)	智利、芬兰(和 Oy Radiolinja)、印度、韩国、匈牙利、巴基斯坦(和 Hasan Assoc)、中国台湾(和 Sun Da Group)、泰国(和 Thaisat)
Elsag Bailey(意大利)	阿尔巴尼亚、保加利亚、克罗地亚、意大利(和 Omnitel)、摩尔多瓦、罗马尼亚、塞尔维亚、斯洛文尼亚、TFYR 马塞多尼亚、乌克兰(和乌克兰电信)

续表

战略伙伴	国 家
卫星移动电信公司(TE.SA.M) 51%由法国电信控制,49%由阿尔卡特控制	阿根廷、哥伦比亚、秘鲁、委内瑞拉、捷克共和国、法国、波兰、西班牙、土耳其、埃及、黎巴嫩、摩洛哥、突尼斯、喀麦隆、中非共和国、刚果、科特迪瓦、加蓬、塞内加尔、越南和乌拉圭
Vodafone(英国)	澳大利亚、丹麦、希腊、香港、马耳他、瑞典、南非、英国

资料来源:ITU 改编自公司报告。注:另外 GlobalStar 还拥有以下作为非战略投资者的本地/地区提供者:MTA(肯尼亚)、Rostelcom(俄罗斯)、Brazilstar(巴西)、Bezeq(以色列)。

(3) 海外投资。1997 年年初,世界贸易组织(WTO)基本电信小组(GBT)在讨论中碰到的一个主要的棘手问题是各国允许在本国电信业中外国投资和拥有股权的水准。由于战略原因,很多国家现在依然对原有公众电信运营者(PTO)保持 100%的国家所有权,或者至少由本地 100%所有。而另外一些国家则热衷于从国外招徕战略股东合伙人,但要求外国投资者必须与当地电信部门共享所有权。还有一些国家则愿意对外完全开放市场。

一项外国投资交易将涉及对其抱有特别期望的东道国的有关各方(东道国政府或当地投资合伙人)。期望很多,包括从对硬通货的需求到对技术转让的要求,或许还包括引入现代企业管理技术。因此,在这种投资交易中要承担的风险常常不纯粹限于财务方面。外国投资往往承担更大风险,并且要求对投资方给予比传统贸易更多的承诺。表 6-3 概括了外国投资者与东道国双方的利益诉求。

表 6-3 外国投资者与东道国在商业存在上各有所望

外国投资者	东道国
法律和管制期望	财政期望
(1) 一个清晰而明确的管制框架; (2) 资产担保; (3) 某种垄断特权的持续; (4) 确定资费的灵活性	(1) 直接现金收入,以减少公众债务及其服务成本; (2) 向运营者注入新资本,以增加投资; (3) 满足多边发展银行的要求
机会期望	网络发展期望
(1) 在本国市场缺乏机会; (2) 进入的市场通常发展水平较低,因而比本国市场具有更大的潜力; (3) 构筑一个区域性或全球性的市场存在; (4) 策略多角化; (5) 若在某个国家或区域可得到额外机会,就进行市场定位	(1) 技术和诀窍的转让; (2) 网络的现代化和发展; (3) 引入新业务,满足商业用户的需求; (4) 提高服务质量和网络性能; (5) 提高运营者的效率

续表

外国投资者	东道国
事业期望	经济期望
(1) 管理控制； (2) 超过初始投资的资本须单独筹措； (3) 投资回报； (4) 当地合作伙伴提供政治和管制方面的指导； (5) 与劳方的合作关系	(1) 更新后的网络将刺激事业发展，并吸引更多的外国投资； (2) 鼓励本国所有，以建立证券市场；鼓励外国所有，为其他行业树立一个典范

资料来源：ITU，世界银行。

公众电信运营者的私有化为海外投资提供了特别的机会。尽管少数国家历来就有私营的 PTO，但是大多数国家都建立国有机构来提供电信业务。在电信业中，外国投资方面一个值得注意的发展动向是，出现了一批在许多海外运营者里拥有股权的跨国电信运营公司。虽然这些新兴的跨国电信运营公司中很多是从 20 世纪 90 年代起才开始向海外电信业投资的，但是主要由英国拥有的电缆与无线(C&W)公司在这方面已有一百多年的经验。这家公司的前身(大东电报公司)早在 19 世纪下半叶就开始经营电报业务，通过海底电缆将原先的英联邦互连起来。通常，由当地英国总督发给 C&W 公司在某英国殖民地经营电信的许可证，再不用其他任何手续。当有可能开办国际电话业务时，C&W 公司就在那些它早已提供国际电报业务的殖民地国家开始提供国际电话业务，因此它垄断经营了这些国家的所有国际电信业务。到 20 世纪 60 年代，那些由它经营电信业务的国家大多已经获得独立。虽然 C&W 公司通常被看作从前英国殖民统治的象征，但它还是能保留对其经营的全部控制权，或者能成为事实上的战略伙伴，与当地政府进行合作。C&W 公司在处理这些情况的过程中取得了经验，发展了同当地政府的关系，并且同意在考虑国家利害关系的情况下，必要时放弃全部所有权。现今，C&W 公司在 50 多个国家的电信运营者里拥有股权。

2014 年—2019 年期间，国际电联预计全球光纤基础设施的资本支出总额将超过 1 442 亿美元。全球已有 40 多家运营商启动了或正在规划 LTE-A 部署；其中有 88% 的运营商位于发达市场。消费者数据及消费的增长可能会刺激更多的 Wi-Fi 投资。越来越多的现有运营商、市场新进入者和金融机构正在拓展其他宽带网络融资渠道。传统上不向电信基础设施投资的对冲基金或企业等超乎人们想象的机构也在向宽带基础设施投资。2016 年中国的三家基础电信企业涉外投资规模约 50 亿元人民币，已经在巴基斯坦、泰国、新加坡等多个国家和地区实现了海外运营。

(4) 多边战略投资者。当大多数多边发展银行在显著减少对电信业的援助时，多边战略投资者出现了，它们按照不同方式介入填补了这一空缺。多边贷款的主要对象是政府部门，但世界银行的成员 IFC(国际金融公司)资助有私人合伙者的合资企业，目标是鼓励发展中国家私营部门的发展。

(5) 成立新的 PTO。通过原国有 PTO 的私有化来获得外国投资是非常重要的。然而，私有化的情况年年不同，取决于市场上私有化 PTO 的多少。在电信业的另一种外国投资途径是成立新的 PTO。这主要发生在移动通信部门，但也包括在允许市场竞争的国家里创立新公司来提供本地、长途和国际业务。不过，建立外国独资企业来提供电信业务的情况极少。多数情况是，新的电信业务运营公司作为战略外国投资者与当地合伙人组成的合资企业。在移动通信方面的外国投资以及在已经开放竞争的市场上创立新的 PTO。

3. 对移动通信的海外投资

对移动通信的投资是电信业增长最快的外国投资形式。许多既不允许在固定网上竞争，又不允许外国投资的国家，对移动通信业的限制相对较少。几乎所有的发达国家都允许一定程度的竞争，许多发展中国家也允许在提供移动业务方面进行私人投资。外国投资受到了鼓励，特别是鼓励来自战略合伙人的外国投资，可以是资金，也可以是蜂窝技术诀窍。

对蜂窝通信的外国投资力度十分巨大。实际上，拉丁美洲、非洲和中欧及东欧的每个蜂窝网都有外国战略投资者的支持，亚太地区的众多蜂窝网同样如此。在西欧，几乎每个国家都有两个以上的蜂窝移动运营公司，并且外国参股程度很高。外国投资者参与了世界上100多个拥有800多万用户的蜂窝网投资，如表6-4所示。许多外国投资者还间接参与蜂窝移动网的投资，因为它们在同时提供蜂窝业务的固定网运营公司里拥有股权。另外一些外国投资者的参与是因为它们获得了从事海外经营的良机，同时无须付出像固定网运营公司私有化那样相对较高的代价。就美国 AirTouch、卢森堡的 Millicom 公司和英国的 Vodafone 公司而言，他们都把对海外无线网的投资作为其主要事业发展战略之一。

表6-4 国外蜂窝市场上主要投资者（按合资公司数目排序）

战略性投资者	国外合资公司数目[①]	国外用户数[②]/千户
Millicom（卢森堡）	21	117
AirTouch（美国）	14	797
Cable & Wireless（英国）	13	973
Vodafone（英国）	11	585
BellSouth（美国）	10	655
US West（美国）	9	300
Telia（瑞典）	8	32
Telefonica（西班牙）	6	68
GTE（美国）	5	211
Bell Atlantic（美国）	5	225
France Telecom	5	160
Telecom Finland	5	32
SBC（美国）	5	136
TelDanmark	5	17
Telecel（美国）	5	9
Ameritech（美国）	4	201
Singapore Telecom	4	79
Telenor（挪威）	4	13
BCE（加拿大）	3	79
Deutsche Telkom（德国）	3	17
Telkom Malaysia	3	—
PTT Telecom Netherlands	2	15

资料来源：ITU PTO 指标数据库。

注：① 不同投资者可能投资于同一个合资企业（如 BellSouth 和 Vodafone 投资于丹麦的 Sonofon 公司）。② 用户数与1995年持有的股权比例。

移动业务经营许可证一般都通过投标得到,但最终合同的细节可以有多种不同的规定,如表 6-5 所示。

表 6-5 部分国家所用的移动通信的许可证不同发放条件的举例

许可证年限	1996 年 5 月巴西议会通过的新电信法中,进入蜂窝市场的私营公司的特许经营期为 15 年,期满可再延续 15 年。 1996 年,波兰给两个联合公司各颁发了 15 年的 GSM 业务经营许可证(一个公司以美国 Airtouch 和丹麦电信为首,另一个以 US West 和德国电信为主)。 在斯里兰卡,Celltel Lanka(Millicom International 所有)获得了一个 7 年的蜂窝业务经营许可证,期满可再延续 20 年。 泰国选择了 B/T 方式。例如,Total Access 通信公司赢得了以建设—移交—运营方式经营移动通信网 15 年的特许权
所有权要求	在巴西,蜂窝通信公司的外资比例不得超过 49%,但这种限制只适用于前三年。 在柬埔寨,当泰国的正大集团、Samart 公司和马来西亚的 Technology Resources 实业公司决定建立各自的蜂窝网络(Camtel,Casacom 和 Tricelcam)时,柬埔寨邮电部是必然的当地伙伴。 在捷克共和国,以德国电信和意大利 STET 为首联合公司 T-Mobil 获得了两个 GSM 新网络之一的运营许可证的 49%的股份,该许可证另外 51%股份由国家控制的 Ceske Radiokomunikace 有限公司持有。外国伙伴必须同该公司结成联盟。 当 1990 年进入新西兰时,美国 BellSouth 建立了一个独资的子公司,当时新西兰没有对外国所有权加以限制。 在斯洛伐克共和国中,投标两个 GSM 许可证的外国伙伴不能持有 40%以上的股份
地域覆盖	在印度 1995 年 GSM 招标中地域覆盖已事先规定:国家被分成 20 个区,每个区颁发两个 GSM 经营许可证。 在以色列 1994 年蜂窝许可证招标中,地域覆盖占了政府给投标公司排序用的评分的 20%。其他条件包括向消费者的收费(50%),数字化(25%)和总体印象(5%)。 在斯洛伐克共和国,第二个数字蜂窝运营许可证的招标文件(投标在 1996 年 5 月截止)要求获得许可证的公司在 3 年内至少覆盖 85%的人口
技术标准	在澳大利亚,为了腾出频率,模拟蜂窝网在 2000 年前关闭。 在欧盟,一份欧盟指导性文件(96/2/EC)要求欧洲成员至少发放两个 GSM 和一个 DCS-1800(都是数字技术)许可证。 在印度,要求所有新的入市者都用 GSM 标准。做出该决策的动机是希望起步晚的印度移动电话(以前没有模拟蜂窝移动网)能迎头赶上并保证国内漫游。 坦桑尼亚和赞比亚分别在 1994 年和 1995 年就建设和运营蜂窝网进行了无技术倾向的招标

资料来源:ITU 管制数据库。

(1) 关于许可证的期限。东道国政府主要有三种选择方案:一些国家以很高的附加价格提供无限期使用的许可证;另外一些国家提供固定期限的许可证,并可续延;而还有些国家如黎巴嫩、泰国和土耳其则愿意采用建设—移交方案。

(2) 当地所有权的要求是发放许可证过程中的另一个决定因素。有些国家采取宽松的做法,允许潜在的外国候选伙伴选择是否与当地相关公司建立伙伴关系。在国家管制有较多保护主义色彩的地方,可能坚持必须由国内运营公司拥有一定比例的股份,也可能直接指定当地合伙人,外国公司必须与之合作。

(3) 许可证经常伴有地理覆盖的义务或限制。许可证获得者有义务满足覆盖一定比例的地域或人口或两者兼而有之,有具体的百分比指标。同样,每个许可证持有者可能只被允许在该国的某个地区提供服务。

(4) 移动网所用的技术标准。有时可能由政府硬性规定,也可能由未来许可证获得者来选择。

不管采用什么方式做出有关这四个问题的政策决定,技术性专门知识是至关紧要的。这点对于过去没有使用新技术经验的发展中国家尤其重要。

4. 通过建设—移交方案吸收外资

在基础设施部门,建设—移交方案被用作吸收国内外私人投资的一种手段。收费高速公路、供水工程和发电厂已采用了这种方式来筹措资金多年。20世纪80年代后期,电信业开始采用建设—移交(B/T)方案,其中最大的是泰国的一个260万根电话线、价值40亿美元的项目,是由亚洲电信(Telecom Asia)公司代表TOT(泰国电话公司)承办的。这种B/T方案是另一条筹措资金扩建国家电信网的途径。现有多种B/T方案(主要几种投资方式如表6-6所示),它们的基本原则是相同的:允许投资者(也称特许权获得者)建设或改造网络,在把网络交还给常常是国有的国家公众运营公司之前或之后,投资者可以对该网运行和维护一段有限的时期。在私人合伙者与公家合伙者之间签署的合同里,规定了诸如建网时间表和收入分成安排之类的条件和义务。

表6-6 建设—移交方案的描述和举例

类型	描述	电信领域的举例
BOT	建设—运营—移交: 私方伙伴建设和在特许期内运营网络。最后,它把网络所有权移交给公方伙伴	黎巴嫩: LibanCell(芬兰电信占15%)和FTML(法国电信占66%),这两个私有蜂窝移动通信合资企业,建设了GSM蜂窝网并在10~12年的特许期内进行运营
BTO	建设—移交—运营: 私方伙伴建设网络,建成后把所有权移交给公方伙伴。私方伙伴在特许期内运营该网络	泰国: 亚洲电信和泰国电话电信公司获得25年的特许权来建设和运营固定电话网络
BLT	建设—出租—移交: 私方伙伴建设网络并把它租给公方伙伴。合同期满,公方伙伴变成为网络拥有者	立陶宛: US West建了一个国际关口局,由立陶宛电信来运营
BMT	建设—维护—移交: 私人投资者建设和维护网络。在特许期内,网络由公方伙伴租用。期满后,公方伙伴获得所有权	这类合同在电信的设备领域比较普遍

资料来源:ITU,Simon van den Dries。

(1) 解决资金短缺问题。在电信领域,泰国被称为建设/移交方案的开拓者,泰国采用了建设—移交(B/T)概念作为基本原则,并将这一概念应用于电信业的各个方面。建设—

移交方案的采用是因为政府认识到两家国有电信运营公司即泰国电话公司(TOT,国内电信业务运营公司)和泰国通信局(CAT,国际电信业务运营公司)都提供不了充足的现金流来实施重大发展计划。因此,政府寻求一种既能注入私人资本,又不触犯有关提供基本电信业务必须受国家控制之法律规定的方法。建设—移交—运营(BTO)概念提供了一条克服这种限制的途径,因为网络一旦建成,就由国有公司拥有(由 TOT 或 CAT 拥有)。

(2) 合作双方共赢。一般来说,泰国的建设—移交方案是按以下做法进行的。特许权获得者(私人投资者)在经营网络的特定时期内必须向国有合伙人支付特许权使用费。这些费用按下列方法计算:特许权获得者支付年收入最低保证份额或者年毛利的百分之几(一般随时间而增加),取其中数额大的一项。使用费可能是国有运营公司的重要收入来源。1995年,TOT 从建设—移交合伙人那里得到 2 亿多美元的收入,占其总收入的 15.5%。另外,私人合伙人有必须遵守的特定时间表,例如,要求 Telecom Asia 公司在 1996 年 9 月 30 日前建好 260 万根线,如果逾期,就必须支付一定的费用。国有合伙人也有一定的义务,例如,TOT 必须随着工程的进展,从特许权获得者手中一部分一部分地回购网络。

(3) 知识溢出效应。外国投资在泰国的 B/T 方案中起到了很重要的作用。大部分重大项目都涉及由泰国投资者和一个以上外国合伙人组成的合资企业。国际合伙人一般都是少数股权持有者。许多外国合伙人以亚太地区作为基地,除了参与财政金融活动之外,还带来了专门知识,因为当地合伙人在获得特许权之前,原先在电信业方面没有经验。如 Telecom Asia 公司在当地的合伙人 Charoen Pokphand(CP)正大集团就是通过农业和食品加工业成为泰国最大的综合性集团的。外国合伙人提供了专门知识,当地合伙人带来了政治关系网。Shinawatra 集团是蜂窝移动通信和卫星通信的特许经营公司,它的创始人 Thaksin Shinawatra 是泰国的副首相。虽然一些特许权获得者刚刚进入电信业,但是它们正依据自己的权利以国际战略合伙人的面目出现,尤其在亚洲地区,它们非常希望借鉴泰国的建设—移交经验。

建设—移交政策的成果已经在泰国产生了深远影响。1985—1990 年期间,TOT 才勉强每年建设 14 万线,而 1995 年网上增装了 70 万根线。自从泰国采取了"建设—移交"方案以来,已成为世界上固定网发展最快的国家之一。

6.2.4 自然人移动

1. 自然人移动的含义

自然人移动是指电信服务提供者将它的雇员送到国外,向其他国家的电信运营者提供技术和管理方面的指导和咨询服务。**根据 GATS 定义,所谓自然人移动系指"一成员的服务提供者通过在任何其他成员领土内的自然人存在提供服务"。这种形式一般与第三种形式"商业存在"相联系而存在,有时也会单独存在。即入境的自然人可能是以外国服务提供者的雇员形式出现,也可能是以个人身份的服务提供者的形式出现。**

《自然人移动服务协议》(*Agreement on Movement of Natural Persons Supplying Services*)即《服务贸易总协定第三议定书》,于 1996 年 1 月 30 日生效。《自然人移动服务协议》处理的是关于自然人在一成员境内的临时停留权利,这种临时停留是由于提供服务的需要,不适用于寻求永久就业的人,也不适用于各国就获得公民权、永久居留权或永久就业权所规定的条件。为保证一成员的边境完整,确保自然人在移动时受到其接纳成员的有效管理,协议不限制各成员对"自然人移动"采取管理措施(包括入境和境内管理),但是各成员的管理措施不能对谈判达成的具体承诺构成破坏。

自然人,可划分为两类:第一类为自我雇佣在国外提供服务的外国自然人;第二类为受雇于除东道国本土公司以外的服务公司的外国雇员。对于第二类自然人,又存在两种情况:一种是外国自然人受雇于在东道国设立的外国公司。在这种情况下,自然人移动和商业存在是连在一起的。另一种是外国自然人受雇于根据合同提供服务的外国公司。

2. 自然人移动的障碍

(1) **就业、市场准入和签证方面的限制**。由于自然人移动通常与一国的就业政策、移民政策和签证制度有密切联系,因此各国普遍对自然人的自由流动设置重重的壁垒,限制外国自然人来本国提供服务。自然人移动壁垒通常有东道国对有关的跨国服务经营者的资格的规定,对自然人移动的市场准入方面的限制,以及服务进口国在签证制度方面的限制。此外,自然人在进入东道国后还会受到其他限制,如限制自然人在国内地域间的流动和在不同的服务部门间的流动等。

对自然人移动来说,主要的贸易障碍在于难以获得工作许可和签证。就算在被认为是"开放"的市场,如美国,外国公司要想以自己希望的方式为一家新企业配备人员,也常常会困难重重。因为自然人移动涉及移民问题,移民问题向来是在发展中国家和发达国家之间比较敏感的一个问题。

(2) **安全方面的担忧**。恐怖主义在各国造成的诸多安全事件,使各国对于自然人移动增加了安全方面的戒备,特别是"9·11"事件以后,发达国家对国家安全更加关注,对人员的跨国流动限制也更加严格。

当一个电信跨国公司建立一个海外分公司或子公司时,至少在最初几年,运营者总想带来自己的高层管理人员,这是很正常的。因此,能否迅速为关键人员办妥签证和工作许可对于在开放市场有效运作是至关重要的。根据世界银行的服务贸易限制指数数据库显示,就不同的服务贸易提供方式来说,自然人移动的贸易限制指数均远远高于跨境交付和商业存在。

6.3 国际电信服务贸易模式的变化

6.3.1 影响电信服务贸易模式的因素

一个国家的电信运营商只能开展本国政府所允许进行的电信服务贸易。因此,各国政府对于电信服务的经营管理体制,将直接影响该国的电信服务贸易模式。

1. 国家政策因素

如果一个国家明令禁止外国运营商在本国设立办事处,或是向本国电信业投资,那么商业存在这种模式就不可能存在。如果一个国家不允许本国技术人员出境,那么自然人移动这种模式也就不可能发生。所幸的是,电信运营商应当为电信用户提供迅速、准确、安全、方便和价格合理的电信服务已成为了很多政府的共识。越来越多的政府开始出台政策,保护本国消费者的利益。例如,2017年6月15日,欧盟宣布取消28个成员国手机用户的跨境漫游费,并称此举为"欧盟最巨大、最实在的成就之一"。2017年9月1日中国三大电信运营商全面取消国内手机长途和漫游通话费(不含港、澳、台)。又例如,意识到商业存在的形式会使得本国所获得的投资增加并带来种种利益,印度政府于2005年10月,把外国资本在电信企业中的直接投资持股比例上限从49%提高到74%,之后又出台政策,对新进入市场的企业开放3G领域。

2. 国际条约和协议的支配

电信服务贸易是受一系列不同的国际条约、建议和协议支配的。其中有些具有政府间条约的性质,例如ITU无线电规则。但其他许多则是简单的条款,想要经营某些业务的公司只需表示同意就可以了(例如GSM-MoU)。1994—2010年期间,互联网流量的年均增长速度达到140%左右。在这段时间的后五年(1996—2010年)中,互联网流量增长到原来的8倍,即年均增长达到50%左右[①]。

3. 电信技术的影响

电信技术的变化使贸易模式也在发生变化,这种变化主要是受下列因素驱动。

(1) 传统的电信业与其他通信部门的融合,使得不同形式通信之间的界限变模糊了;例如,有线和无线宽带接入提供商正在极力增加容量,以应对日益增多的带宽需求应用,并且正在不断改变其资费结构,使其与网络使用情况密切地联系起来。内容制造商和媒体公司正在探索如何从互联网带来的新的销售收入中获益,同时通过继续采取防守战略保持它们目前从现有的传送信道(例如有线电视)中获得的收入。

(2) 全球联盟的建立,推动了"通信公司的通信公司"市场的发展,在这种机制下呼叫的运行管理与始发和终接阶段脱开。

(3) 随着地面线路和卫星网容量的迅速增长,容量匮乏的因素减少了,使得业务提供者对业务提供有了充分选择。

这些变化正在使双边的一对一关系变成多边的多对多关系。因电信贸易的定义和度量引起的统计上的困难只是问题的一部分。如果政府能认真对待电信贸易问题,那么国际电信的传统观念将面临挑战。特别是要反映政府从电信业的直接运营者到电信业的政策制定者和管理者的角色转变。尽管政府对电信运营的直接影响将被削弱,但在竞争的市场环境之下,政府的作用将比作为垄断业务提供者时更强了。这是因为现有的市场运营者和潜在的新运营者需要一种清楚的构架来解决互连、编号、普遍服务责任、许可证条件以及资费政策等问题。在垄断情况下,人们对这些问题漠不关心,但等到为竞争性市场创造了有利条件时,这些问题就变得非常敏感了。

6.3.2 贸易体制从单边向多边转变

电信贸易正在形成一种新的体制。基于国家间双边关系的旧体制正在瓦解。出现这种

---

① Weller,Dennis 和 Bill Woodcock:IP流量交换——市场发展和政策挑战,OECD DSTI/ICCP/CISP(2011)2/Final forthcoming,2012年10月,第5页。

情况不是因为机制的错误,而是因为它现在不能全面适应电信贸易的发展。一种新的全球竞争模式正在形成,电信设备和服务采用多边贸易体制。我们的世界正在从一对一的关系向多对多的关系迈进。但这要经历一个多对一的过渡阶段,原因是在这个阶段中,有些国家电信已经自由化,但有些没有。在旧的体制下,我们权且称之为"国际电信",电信业务在两家运营者的共同努力下提供。从一国至另一国的业务由始发局运营者将客户消息发送至一中间点,然后终接局运营者再把信息送至客户。

在新的全球电信竞争体制下,从一国向另一国发送信息的途径有多条,且有多套规定。特别是,一家运营者只要通过与境外合伙人的国内网络互连即可提供端到端国际业务。另外,越来越多的跨国运营者从特定的运营者那里接手业务,然后在任何两地之间提供传递业务,收取一定费用作为回报。除此之外还有其他许多不同途径,但它们都有一个共同点:由于竞争的结果,价格将趋于反映成本。政策和管制框架若忽略这一点,面临的压力就将不断加大。当然,根据网络运营的规模和范围以及网络运营者向客户提供的技术水平和服务质量等诸多因素,成本及其反映出的价格会有很大不同。

正在形成的这一体制将由什么规则管理呢?若在这样敏感的过渡期内没有国家想冒险改变体制,《国际电信规则》(1988年墨尔本)中规定的现有ITU规则很可能在今后一段时期内仍会发挥效能。像WTO等制订的新规则须与原有的规则共存。那么,从单边向多边贸易框架的过渡期有多长?目前,最可能出现的情景是至少存在三种关系。

(1)数目越来越少的垄断市场间的关系,在垄断的市场中双边贸易框架可能会延续较长一点时间。

(2)开放市场之间的关系。开放的市场将发展为具有多种不同的体系,在有竞争的市场之间,运营者有数种可选方案,包括端到端业务、终接费、国内互连、第三方业务提供,甚至包括传统的会计汇率体制。

(3)开放市场与垄断市场之间的关系。在这种情况下,短期内仍将保留双边贸易框架,但会受到改革压力的不断冲击。由于在较开放的市场中运营者会寻求其他旁路方式,因而经过会计汇率体系的业务占总业务量的份额将降低。

多边贸易方案不可能被强行实施。如果多边方案出台,也需以自愿采纳共享原则为基础。已经出现有自愿多边主义新思想的迹象,GMPCS谅解备忘录就是一例,它为跨国公司提供卫星业务制订了一个框架。目标是找出一个周全的多边方案,使各国共同发展,共同受益,而不只是使具有市场强权的那些运营者受益。只有到那时,全球竞争才能给世界上所有的人带来利益。

6.3.3 关于电信服务贸易模式新的界定

1. 跨境电子商务

WTO一直对电子商务给予了极大的关注。1998年,在日内瓦举行的WTO第二次部长级会议上,电子商务被列为正式议题,各成员同意至少在1年内免征互联网上所有交易活动的关税,也不对电子商务征收新税种,并建立一项综合性工作计划以审议电子商务引起的与贸易有关的问题。根据工作计划,与电子商务有关的问题由服务贸易理事会、货物贸易理事会、与贸易有关的知识产权理事会、贸易与发展委员会等审议。这些从事电子商务相关工作的机构都向总理事会提交了有关报告。从这些报告以及2001年6月15日总理事会主持召开的电子商务专题研讨会可以看出,电子商务与《服务贸易总协定》(GATS)的关系问题是目前WTO各成员普遍和十分关注的问题。

WTO成员普遍认为:绝大部分互联网上的交易是被GATS涵盖的服务;GATS实行技术中立原则,对各种服务交付的技术手段并不进行区别对待;GATS的所有规定都适用于通过数字方式进行的服务贸易。美国、加拿大、智利等成员在提交的新一轮服务贸易谈判建议中,都强调了电信服务贸易自由化对电子商务发展的巨大促进作用。

有的成员提出了GATS"关于电信服务的附件"与接入和使用互联网服务的关系问题。"关于电信服务的附件"保证了互联网服务提供商(ISP)能够公平、合理地接入公共电信运营商的网络,使ISP得以从中受益。但一些成员希望明确,互联网服务提供商本身是否也要承担"关于电信服务的附件"规定的向其他供应商提供此类接入的义务以及承担义务的范围。

例如,美国在谈判建议中指出,计算能力成本下降、通信能力(带宽)不断增加、基于互联网的数据网络的持续扩展等趋势,正使全球连接的网络成为世界经济的一个重要特征,全球连接的网络正成为经济活动的主要媒介——既是业务交易的场所,也是传递电子信息和其他数字化产品的工具。目前全球电子商务继续快速增长。美国认为,通过对所有与电子商务相关的活动进一步自由化,WTO可以使电子商务的增长趋势继续下去。为此,美国除了要求各成员就基础电信和增值电信做出完全的承诺之外,对那些正逐渐融入基于网络的交易并成为实现电子商务交易关键因素的分销、计算机服务、快递服务、广告和特定的金融服务等补充服务,也要求各成员做出完全承诺,并对所有能够以电子方式交付的服务做出最大限度的承诺。

电信在贸易方面有两个作用。首先,它本身就是一种重要的可交易的服务;其次,更为重要的一点,由于电信能跨过国界、扩展地理限制范围,故而它还是其他产品和服务的贸易促进剂。

电子商务的发展可使跨国贸易价格便宜、易于进行、地理范围更广。它也可开辟新的服务市场,特别是以前未曾交易过的基于信息的服务。电子商务的发展意味着各个国家在接入电子网络方面现存的差异变得更为重要。到目前为止,由于世界已经分为"信息富国"和"信息贫国"两部分,电子商务为"信息富国"提供了新的机遇。它还意味着当"信息富国"购物时,正像他们能在一个遥远的国家用他们想要的价格买到他们所需的产品一样,在邻国也能买到。

电子商务可以多种方式在通信网上提供,其范围从消费品和计算机软件的销售到信息检索和家庭银行。电子商务基本上可以分为两类服务:一类是直接联机订购、消费和记账;另一类则是通过电子通信订购,但以不同付款方法脱机消费和记账。

新兴经济体金砖国家(巴西、俄罗斯、印度、中国、南非,BRICS)电子商务发展十分迅速,已成为金砖国家经济和社会发展的新引擎。2016年金砖五国网络零售交易额达到8 761亿美元,占全球网络零售总额的47%;金砖五国跨境网络零售交易额达到920亿美元,占全球跨境网络零售总额的23%。[①] 金砖国家人口红利带来的潜在消费群体增长,经济增长带来

---

① 阿里研究院阿里跨境电商研究中心:BRICS:携手迈向3万亿美元网络零售的未来,2017-09-01。

的可支配收入提升,移动互联网发展带来的互联网普及率提高,以及支付、物流等配套服务设施的进一步完善,都是促进金砖国家电子商务持续较快增长的重要因素。

我国是全球最大网络零售市场,2016年拥有4.7亿网络购物用户,网民的网购使用率达到63.8%。2016年中国跨境电商交易规模(含B2B及网络零售)达到6万亿元(约合9 033亿美元),同比增长25%,占中国进出口总额的比重从2015年的19.5%上升到24.7%,如图6-8所示。中国跨境电商零售进口规模继续高速增长,达到4 150亿元(约合625亿美元),同比增长67.3%。[①]

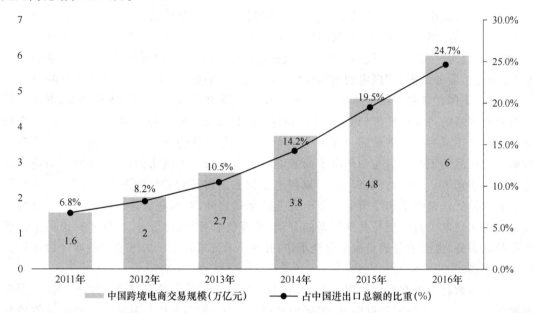

图6-8 2011—2016年中国跨境电商交易规模

资料来源:阿里研究院。

中国提出加速发展的电子商务市场应将电子商务包含在贸易协定当中。2016年6月国际电联会议上,在解释现存WTO规则适用于电子商务之后,一些代表呼吁WTO成员应考虑是否增加一些惩罚性条款可能对于完善多边框架的规则手册更有用。但也有少数代表反复重申WTO成员应在1998年发起的框架下讨论电子商务。在内罗毕部长会议上,中国和巴基斯坦提议对于电子商务的讨论应聚焦于促进跨境贸易商品的便利化上。

2. 衡量数字贸易的挑战

ICT新商品和服务的出现带来了巨大的社会和经济冲击。探索把握数字机遇的监管激励措施为主题,强调了灵活、宽松、技术中立的监管原则重要性,这些原则可刺激市场增长,同时保护消费者的权益,鼓励新生力量。

2016年3月英国政府建议建立数字委员会的报告,英国GDP在过去10年中以平均0.4%~0.7%的速度归于数字经济带来的福利。新的商业模式和技术的发展,助力于在消减贸易成本上创造新的更有效的方法。挑战是如何找到计量数字元素对于GDP和跨境活

---

① 阿里研究院阿里跨境电商研究中心:BRICS:携手迈向3万亿美元网络零售的未来,2017-09-01。

动的方法。例如像ICT、电子商务、数字贸易和数字经济经常被用来可交替使用的术语,但每个概念并不能完全地解释出来。每个概念在解释特定范围的定量化是非常重要的。此外,政府注意到技术的发展或者是数字化是增加参与国际贸易的途径,数字化被广泛地看作帮助中小企业和妇女参与到国际贸易中来的便利化工具。但人们讨论未来贸易的前景和增长时,数字化经常被引用,它也是人们讨论自动化及机器人和人工智能对影响未来就业时的中心议题。

跨境电子商务开启了世界商店时代。随着数字化在全球范围加快发展,全球任何一家企业都可以通过来自全球任何一个国家的跨境电商平台,把商品卖给来自全球任何一个角落的消费者,而且这个消费者可以支付任何一种货币。跨境电商不仅变革着消费模式,也在加快变革着全球贸易和生产模式。跨境电商使得外贸产业链由原来的"外贸公司+工厂"结构逐步转变为现在的"跨境电商平台+综合型供应链服务商+全球卖家"结构。跨境电商的发展将在进一步密切经贸合作的同时,推动新的全球性品牌迅速成长。在中国,跨境电商已经成为拉动对外贸易的强大动力。2012年以来,中国跨境电商增长了5倍。自2013年起,中国成为全球最大的电商市场,中国跨境电商所占市场份额位列全球第一。中国电子商务研究中心发布的《2016年度中国网络零售市场数据监测报告》显示,2016年,中国进口跨境电商交易规模达到1.2万亿元人民币,同比增长33.3%,2017年达到了约1.85万亿元人民币。

关键概念

跨境提供　国外消费　商业存在　自然人移动　国际话费结算率　国际漫游

思考题

1. 国际服务贸易主要内容包括哪些?
2. 全球化从哪些方面影响电信业?
3. 国际电信服务贸易的模式包括哪几种?其主要含义是什么?
4. 跨国提供中存在哪些问题?国际上寻求解决的思路是怎样的?
5. 国外消费的主要项目及目前的发展状况如何?
6. 简述影响电信服务贸易模式的主要因素。

第7章 通信服务贸易与技术贸易和设备贸易的关系

通信服务贸易与技术贸易和设备贸易之间是相辅相成、紧密相连的。由通信设备贸易连带技术贸易,进而引发服务贸易。目前通信产业已发展为全球的价值链。本章主要从价值链出发,在全球价值链背景下,从通信服务贸易的四种模式中分析通信服务特别是电信服务与技术贸易和设备贸易的内在联系,在阐述国际技术贸易与服务跨国公司的基础上,分析电信服务贸易与技术贸易之间的相互依赖关系和相互促进的关系,最后对世界和中国电信设备的发展状况予以概括。

7.1 电信服务贸易价值链

7.1.1 价值链概述

1. 价值链的定义

"价值链"(Value Chain)最初是由美国哈佛大学教授迈克尔·波特(Michael E. Porter)于1985年提出来的。它是一种寻求确定企业竞争优势的工具。企业有许多资源、能力和竞争优势,如果把企业作为一个整体来考虑,又无法识别这些竞争优势,这就必须把企业活动进行分解,通过考虑这些单个活动本身及其相互之间的关系来确定企业的竞争优势。波特认为,"每一个企业都是在设计、生产、销售、发送和辅助其产品的过程中进行种种活动的集合体。所有这些活动可以用一个价值链来表明。"[①]企业的价值创造是通过一系列活动构成的,这些活动可分为基本活动和辅助活动两类。基本活动包括内部后勤、生产作业、外部后勤、市场和销售、服务等;而辅助活动则包括采购、技术开发、人力资源管理和企业基础设施等。这些互不相同但又相互关联的生产经营活动,构成了一个创造价值的动态过程,即价值链。因此,价值链就是企业产品或服务价值创造、价值增值和价值实现的全部过程。

2. 价值链的内部联系与外部联系

(1)价值链内部联系。价值链并不是一些独立活动的综合,而是由相互依存的活动构成的一个系统。价值活动是由价值链的内部联系连接起来的,基本活动之间、不同支持活动之间、基本活动与支持活动之间存在着联系,这些联系是某一价值活动进行的方式和成本与

[①] 迈克尔·波特:竞争优势. 北京:华夏出版社, 2005.

另一活动之间的关系,竞争优势往往来源于这些联系。如成本高昂的产品设计、严格的材料规格或严密的工艺检查,也许会大大减少服务成本的支出,而使总成本下降。

(2) 价值链的外部联系。联系不仅存在于企业价值链内部,而且存在于企业价值链与供应商、渠道价值链和买方价值链之间。供应商、渠道买方的各种活动进行的方式会影响企业活动的成本或利益,反之也是如此。供应商是为企业提供某种产品和服务的,销售渠道是企业产品价值实现的链条,企业产品的售卖表示买方价值链的外购投入。因此,它们各自的各项活动和它们与企业的价值链间的各种联系都会为增强企业的竞争优势提供机会。

目前产业价值链已发展为全球价值链(GVC)。**全球价值链是指为实现商品或服务价值而连接生产、销售、回收处理等过程的全球性跨企业网络组织,涉及从原料采购和运输,半成品和成品的生产和分销,直至最终消费和回收处理的整个过程。**而且经济全球化的发展,反映附加值变动的微笑曲线①也在不断变化。图7-1中,纵轴代表附加价值,横轴代表价值链活动。20世纪70年代时,微笑曲线比较平缓;而进入21世纪以来,微笑曲线变得较为陡峭,生产环节即制造环节的附加价值不断降低,而其他服务环节附加价值不断提高。

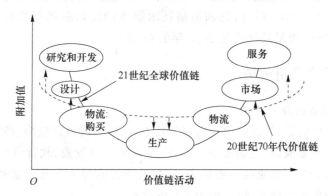

图7-1　20世纪70年代和21世纪全球价值链的微笑曲线

资料来源:WTO:GLOBAL VALUE CHAIN DEVELOPMENT REPORT 2017, Measuring and Analyzing the Impact of GVCs on Economic Development, P70.

全球价值链又进一步细分为简单GVC和复杂GVC(GVC=简单GVC+复杂GVC)。直接进口国吸收没有再次跨境,称为简单的GVC。比如用在美国建筑物上的中国产粗钢;多次跨境的生产活动,称为复杂的GVC。如苹果手机的生产就是如此。这使一国的生产和服务与世界其他国家的生产与服务紧密交融在一起,不断增加产品或服务的附加价值。世界价值链这种发展,如图7-2所示。

全球价值链使经济活动的数字化被推上了一个快速道,2012—2015年,数字经济的规模从16 000亿美元增长到25 000亿美元。这得益于全球产业链的发展,信息通信技术设备和软件的成本大幅降低,例如,1GB硬盘存储容量的平均成本于1980年为40万美元,而

---

① 微笑曲线,台湾科技业者宏碁集团创办人施振荣先生,在1992年为"再造宏碁"提出了有名的"微笑曲线" (Smiling Curve)理论,以作为宏碁的策略方向。并将微笑曲线加以修正,推出了所谓施氏"产业微笑曲线",以作为中国台湾各种产业的中长期发展策略之方向。

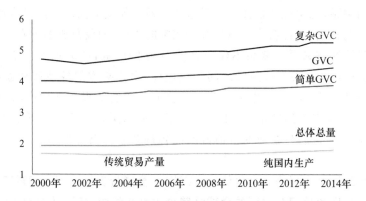

图 7-2　2000—2014 年不同类型附加值创造活动的生产长期趋势

资料来源：University of International Business and Economics global value chain indexes derived from the 2016 World Input-Output Database.

2016 年降至 0.02 美元[①]。信息通信技术产品与服务的生产占全球国内生产总值的比例达到了 6.5%，在 2010—2015 年，信息和通信技术服务的出口量迅猛增长了 40%。预计到 2019 年，全球互联网的流量预计将是 2005 年的 66 倍[②]。

7.1.2　电信产业价值链

1. 电信产业价值链及其特点

所谓电信产业价值链，是以电信运营商为核心，由网络设备供应商、传统服务提供商、内容/服务提供商、系统集成商、终端设备生产商、专业应用开发商、软件开发商、最终用户等，上、中、下游多个部分共同组成的一根链条，这根链条上的每一个元素紧密联系，互相作用，创造出比单一企业更大的协同效应，如图 7-3 所示[③]。

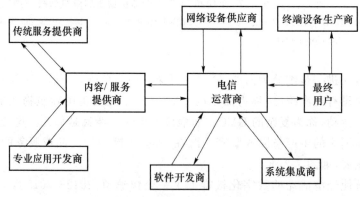

图 7-3　电信产业价值链

---

① United Nations Conference on Trade and Development，Information Economy Report 2017：Digitalization，Trade and Development，P16.
② 联合国：2017 年信息经济报告，2017-10-31。
③ 田庆华，梁雄健：电信产业价值链现状剖析及发展建议，VOIP 中国，2006-5-9。

电信产业价值链具有以下特点。

第一,产业价值链的存在是以产业内部的分工和合作为前提的。第二,产业价值链具有增值性,后面的价值增值环节在前面价值产品的基础上,进一步面向新的客户,生产出新的价值产品。第三,价值增值实现的过程是一个不断循环的过程,因此,产业价值链具有循环性的特点。第四,产业价值链中的价值投入受最终用户需求的价值总量约束,这也决定着价值投入在多大程度上能够得到实现。因此,参与价值链运行的企业需要充分认识这一点,以避免盲目扩大投资和生产。

2. 电信产业价值链变革的趋势及其影响因素

(1) 电信产业价值链变革的趋势。随着通信技术的发展和融合、市场需求的变化、电信管制政策的推动,电信产业价值链变革呈现出以下趋势。

① 全球化趋势。电信产业是国际化、全球化特征最显著的产业之一,需要在全球范围内配置资源。一方面,国外企业进入中国市场;另一方面,中国企业需要"走出去"进军国际市场。这种全球一体化渗透现象使电信产业链进一步国际化。WTO推动电信产业链由在一个企业、一个地域、一个国家内完成,向全球化与国际分工转化,促进更多的电信企业与外国电信企业特别是跨国公司结成战略伙伴关系,从而为企业创造新的生存和发展空间。

② 综合化趋势。无线和有线结合、语音业务和多媒体业务被数据业务融合演化的趋势,使电信网络从传输信息的载体变成信息应用的平台。智能终端上不断增加丰富的应用和服务功能,涵盖了娱乐、生活、工作等各个方面,在此背景下,电信产业价值链发生了深刻的变化和延伸:原来由电信运营商、制造商和最终用户形成的简单产业价值链条,逐渐发展成为由电信运营商、制造商、内容提供商、应用软件开发商、最终用户等组成的越来越复杂的产业价值链条。集成商、软件开发商和终端商正在越来越活跃地进入电信业这一"生态系统"。随着4G时代的到来,基于速度不断提升的网络和大数据云计算等技术的物联网业务需求迅速发展,从而形成自我扩张的新的产业链条,产业链的长度、宽度和复杂度进一步延伸、增加。

③ 开放化趋势。随着市场的开放,电信业的进入壁垒已经越来越低。市场、技术、政府管制等因素的变化和虚拟运营商牌照的正式发放,导致电信业的转型是大势所趋,并有与计算机、广电、娱乐等产业融合的趋势。这也为更多商家提供了进入电信业的机会。

产业链的细分,产业分工的细化,新的相关主体不断涌现,形成了包括支撑技术提供商、网络设备制造商、应用开发或应用提供商、应用聚集商、内容开发或内容提供商、内容聚集商、虚拟运营商、应用平台提供商、IP网络运营商和接入网络运营商等众多的主体。这些主体之间的关系也由传统的简单上下游供应关系逐步演变为平等的伙伴互动关系。

(2) 影响产业价值链变革的因素。电信业的发展,产业链的变革,使产业链自身的发展规律也在变化。而驱动电信业发展,推动产业价值链发展变革的主要因素有:

① 市场需求。市场需求是决定一个产业生存与发展的第一要素。电信业从卖方市场转向买方市场,用户在产业链中的地位不断提升,这是电信业的发展规律使然。

市场需求主要表现在三个方面:一是个性化、综合化、娱乐化、便捷化等方面的需求,用户已不满足于运营商提供的传统业务,而要求增加富含信息量的增值业务。二是对服务的需求,随着人们的消费心理的变化,用户收入的提高,市场对服务的要求也变得越来越高,这些变化是由"人的需求层次理论"所决定的。三是对性价比的需求,即质量和价格的要求,追求低成本、高性能是经济学的不变法则。

② 技术进步。光纤技术的发展推动了网络变革，FTTH(Fiber To The Home，光纤直接到家)大大提升了宽带网络的速度和稳定性。而 LTE(第四代移动通信，即 4G)技术的应用和推广，使移动技术与光纤宽带共同构筑了巨大的通信与应用平台。网络提供了接入功能，应用层面的发展是由终端和软件发起。技术发展推动的商业模式不同于以往追求高投资高回报、规模经济的模式，而是一种渐进式发展。

③ 市场竞争。电信运营市场比设备市场复杂，设备市场基本市场化了，而运营市场开放程度受政府约束。近几年，4G 技术的推广和发展加剧了国内运营商的竞争力度。然而，电信运营商竞争的最高形式是改革与把握市场结构能力的竞争，即调整发展战略，适应变革，寻求在电信新产业链中合理定位的能力。

④ 电信管制政策。随着市场机制的逐步完善和市场竞争不断走向理性，电信监管思路将继续以疏导为主，管制政策将逐步走向开放，以建立公平、公正、有效、有序的竞争环境。从全球看，市场化和自由竞争正在取代电信垄断。电信管制政策不断地放松，市场规律的作用进一步加强。在技术和产业融合的推动下，电信的行业管制政策也正在与其他行业管制政策发生融合，其行业的特殊性正在淡化。随着市场的开放，电信业的进入壁垒已经越来越低。市场的扩张以及需求的细分使得新老运营商之间除了竞争，也创造出越来越多的合作机会。因而，新的电信产业价值链将随着电信管制政策的不断开放而不断发展变化。

电信产业链变革不以人的意志为转移，它必然按其自身的发展规律而发展变化。以上四个方面决定了电信产业链的发展方向，而市场需求在四种力量中占有决定性的地位。谁能顺应、把握产业链变革的趋势，谁就拥有未来。

7.1.3 电信服务贸易价值链

1. 电信服务贸易价值链的构成

根据电信服务贸易范畴可知，电信服务贸易既包括不同国家用户之间电子信息的过境交流，同时也包括电信服务商电信服务的过境提供以及由服务产生的业务量的过境结算。因此，电信服务贸易的价值链并非一根简单的链条，而是同时贯穿于各个相关利益主体，它是由纵向的电信产业链和横向的电信服务链立体组合而成，其中产业链指不同企业间价值链环节的外部联系，如图 7-4 所示。

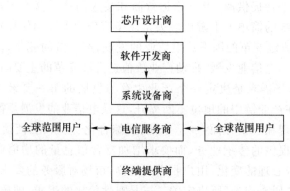

图 7-4 电信服务贸易价值链示意图

纵向的电信产业链在每一国境内都普遍存在,它承载着国内和国际电信企业间信息流、物流和现金流的交换。主要由芯片设计商、软件开发商、系统设备商、电信服务商(电信运营商、SP、CP、咨询机构)和终端提供商共同构成。随着全球经济一体化进程的不断推进,WTO成员国国际贸易自由化程度日渐加大,电信产业链中的每一个环节几乎都离不开电信技术贸易和电信设备贸易的参与。电信技术贸易和设备贸易为先进的电信技术和应用在全球范围内的传播、交流、共享提供了条件,使电信产业链的上下游企业在技术研发和软硬件开发上避免了重复投资,利用世界范围内电信领域现有的各项外部资源和能力,实现了电信技术和应用的高速发展。因此,电信技术贸易和电信设备贸易的广泛发展为电信服务贸易的高质量开展提供了保障,并奠定了坚实的基础。

横向电信服务链的构成主要是基于一国或不同国家间用户信息流的交换。而相应的交换环节就发生在一国或不同国家电信服务商之间。在纵向产业链中,电信服务商处于核心主导地位,对上下游企业具有一定的控制力和影响力。而在横向服务链中,用户成了服务链中的核心,电信服务商的角色发生了根本的转变,从主导控制变为被动制约。在服务链环节上,电信服务商必须始终以用户的市场需求为导向,以用户的根本利益为出发点,不断提高电信业务中用户的满意度。

2. 不同模式下电信服务贸易价值链分析

根据电信服务贸易的不同模式划分,包括跨国提供、国外消费、商业存在、人员移动四类。每种模式根据各自的特点,在价值链构成环节上也存在着差异性。

(1) 跨国提供模式价值链分析。在跨国提供的电信服务贸易模式中,国际电话业务让位于数据流动成为最主要的表现形式。数据流动是两个国家之间通过国际电信网实现数据交换的业务。国际电信网由各国或地区的国际交换中心(ISC)和若干国际转接中心(ITC)组成,国际交换中心又称国际出入口局,每个国家的长途电话网中都有一个或几个长途交换中心直接与国际电话网的国际出入口局连接,从而完成国际电话的接续。过去国际电话包括全自动、半自动、人工三种交换方式,相对应的业务分别称为国际直拨电话业务、半自动电话业务和人工电话业务,现在基本是自动接续方式。国际电话业务中使用最广泛的是用户直拨电话业务。我国的国际直拨电话业务已可通达世界200多个国家和地区。

以国际电话为例,跨国提供的价值链简图,如图7-5所示。

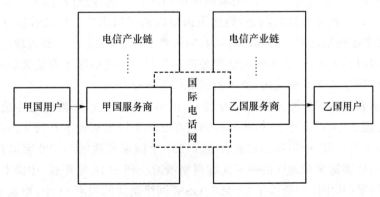

图7-5 国际电话跨国提供模式价值链简图

在国际电话价值链的信息流交换过程中,还伴随着现金流的转移。长期以来,根据国际电话结算体系,国际电话结算采取按净流出话务量多的国家向另一国付费的方式,弥补对方为国际来话负担的网络运行成本。我国在国际电话业务收入上始终是顺差国,而且该收入在世界范围内名列前茅,主要得益于我国电信资费标准较高,在一定程度上限制了国内用户对国际业务的使用。然而,目前我国电信资费较最初已经有了较大幅度的下降,一方面是因为国际电话结算赤字国在国际市场上施加的压力和国际电信联盟建议;另一方面在于国际电信业务的激烈竞争和可替代性技术的飞速发展,如国际IP(网络电话)电话可以不经过PSTN(公用电话交换网)实现电信业务的跨国提供,大大降低了网络运行成本和用户的资费标准,微信、QQ等即时通信软件的国际语音通信功能的发展也降低了用户对于国际电话业务的需求。

(2)国外消费模式价值链分析。国外消费通常指两国电信服务商通过签订双边协定,使得一国用户在本国支付话费,而在另一国享受电信服务。最终,根据两国电信服务商的净话务量流出,进行话费结算。

以国际漫游为例,国外消费的价值链构成,如图7-6所示。

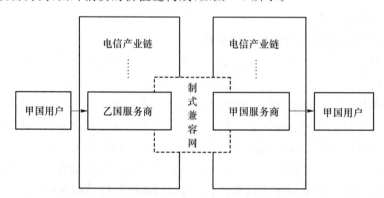

图7-6 国外消费模式价值链简图

移动电话的国际漫游作为典型的国外消费模式,是全球移动运营商一直在致力解决的问题,国际漫游涉及在网络制式兼容的国家运营商之间签署双边漫游协议。在国际漫游价值链中,信息流发生了过境交换,由乙国境内的甲国用户发起,经过乙国电信服务商与甲国电信服务商之间制式相互兼容的网络,到达甲国境内的甲国用户。伴随着信息流的过境交换,现金流也发生了过境转移。在移动电话双向收费前提下,现金流主要表现为两位甲国用户话费流向本国电信服务商,而甲国电信服务商根据与乙国电信服务商签署的双边协定,部分现金流又从甲国电信服务商流出,流入乙国电信服务商。

我国移动运营商在国际漫游服务的开展上,正在不断扩大国际漫游通达范围。据有关数据显示,截止到2014年7月1日,中国移动已在242个国家和地区开通了国际漫游业务;截止到2015年9月7日,中国联通已经覆盖了251个国家和地区的590家运营商,用户因而可以享受到与更多国家和地区的高速无缝网络漫游。到2016年年底,中国电信国际漫游已覆盖261个国家,其中同时覆盖了CDMA/GSM网络制式的国家13个,覆盖了GSM网络制式国家261个。2017年6月13日中国联通国际漫游资费调整后,语音漫游资费平均降幅

65.92%,最高降幅90.42%,如叙利亚语音漫游从29.86元/分钟降至2.86元/分钟。数据漫游资费平均降幅84.57%,最高降幅99%,如特立尼达和多巴哥数据漫游资费从100元/MB降至1元/MB[①]。并通过套餐资费封顶的方式,降低了用户对境外资费不熟悉产生的高额漫游费的风险。随着通信业标准化的不断推进,各国运营商漫游之间的屏障将逐渐消失,大大节省了通信行业漫游的成本,国际漫游价值链将更加完善。

(3) 商业存在模式价值链分析。商业存在即指外国电信服务商跨国界在另一国开展电信服务。其形式不仅包括独立成立电信运营公司,直接为当地用户提供电信服务,同时也包括与当地公司建立合资公司,或通过投资参股、控股或并购当地公司为当地用户提供电信服务。较直接的商业存在的价值链构成,如图7-7所示。

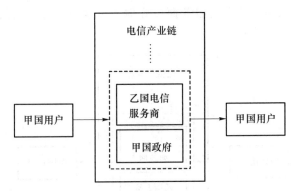

图7-7 商业存在模式的价值链简图

商业存在的价值链构成主要基于同一国用户间信息的交流,图7-7中,在甲国国内,乙国电信服务商承载着甲国用户之间信息流的传递与交换。但是商业存在价值链的维系通常都离不开当地政府相关法规条例的监管。当地政府作为一个利益相关主体,是商业存在价值链中至关重要、不可缺少的一环。

在我国,增值电信服务市场已完全对外开放,基础电信市场却并未全面开放。因此,外商的商业存在模式在市场准入上的门槛降低了,但我国政府并未放松对外商在我国提供电信服务的监管。外商在我国的经营行为将受到我国政府出台的一系列法规条例制约。

2001年,国务院颁布的《外商投资电信企业管理规定》指出,外商投资电信企业是指外国投资者同中国投资者在中华人民共和国境内依法以中外合资经营形式,共同投资设立的经营电信业务的企业。根据这个规定,外商投资电信企业可以经营基础电信业务、增值电信业务,具体业务分类依照电信条例的规定执行。外商投资电信企业经营业务的地域范围,由国务院信息产业主管部门依照有关规定确定。同时这个规定还指出,外商投资电信企业从事电信业务经营活动,除必须遵守这个规定外,还必须遵守电信条例和其他有关法律、行政法规的规定。

2006年7月26日,当时的信息产业部公布了《关于加强外商投资经营增值电信业务管理的通知》,再次重申了境内电信公司不得以任何形式向外国投资者变相租借、转让、倒卖电

[①] 中国联通再次下调国际漫游费,数据费最高降99%,人民网-通信频道,2017-06-14。

信业务经营许可,也不得以任何形式为外国投资者在中国境内非法经营电信业务提供资源、场地、设施等条件。

2014年1月,工业和信息化部联合上海市人民政府共同发布了《关于中国(上海)自由贸易试验区进一步对外开放增值电信业务的意见》,规定中国(上海)自由贸易试验区内可进一步对外开放增值电信业务,企业注册地和服务设施设在试验区内的经营电信业务的企业外资股比可突破50%。

到目前为止,外商在中国电信行业的投资主要是对移动、联通、电信的参股,西班牙电信、韩国SK电信、美国AT&T、英国沃达丰等世界著名电信运营商都是三大运营商的股东。

(4)人员移动模式价值链分析。人员移动即指一国专家来到另一国,为另一国的电信服务商提供咨询活动,指导当地电信服务商更好地为当地用户提供电信服务。人员移动模式的价值链构成,如图7-8所示。

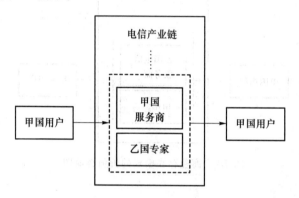

图7-8 人员移动模式价值链简图

人员移动模式的价值链主要是基于不同国家间人力资源的跨国界移动,在这种模式中,电信服务表现出的贸易性特征不是很显著,原因在于,在横向的电信服务链上,电信服务商和用户都处于一国,信息流和现金流似乎都没有发生过境交换和支付。然而,仔细分析,在电信服务商为用户提供电信服务之前或提供过程中,人员移动模式中的外国专家都会向电信服务商提供咨询活动,其出具的咨询报告在一定程度上将对电信服务商提供的服务产生影响,此举旨在改善电信服务的质量,从而提高用户的满意度,增强电信服务商的核心竞争力。因此,可以将外国专家提供的咨询服务看作当地电信服务商电信服务中的一部分,这样就不难理解人员移动模式中电信服务过境提供的贸易性了。

7.2 电信服务贸易与技术贸易的关系

7.2.1 国际技术贸易概述

1. 国际技术贸易的内涵

对于"技术",目前国际上尚无明确、统一的定义。世界知识产权组织(WIPO)于1977年出版的《供发展中国家使用的许可证贸易手册》一书中给"技术"做的定义[①]:"技术是指制造一种产品的系列知识,所采用的一种工艺,或提供的一项服务,不论这种知识是否反映在一项发明、一项外形设计、一项实用型式或者一种植物新品种,或者反映在专家为设计、安装、开办或维修一个工厂或为管理一个工商业企业或活动而提供的服务或协助等方面"。这个定义把技术这个词规定得较为完整和全面,但文字较长。此定义可以概括为:**技术是人们在生产活动中制造某种产品、应用某种方法制造产品或提供服务的系统性知识**。技术的表现形式既可以是文字、语言、表格、数据、公式、配方等有形形态,也可以是实际生产经验、个人技能或头脑中的观念等无形形态。

2. 国际技术贸易与技术转让的联系与区别

国际技术贸易与国际技术转让既有联系又有区别。**技术转让是指技术的所有者通过各种方式将其拥有的技术转让给他人的行为。跨越国境的技术转让行为就是国际技术转让**。国际技术转让(International Technology Transfer)包括了非商业性的技术转让和商业性的技术转让。非商业性的技术转让是指以政府援助、交换技术情报、学术交流、技术考察等形式进行的技术转让,这种转让通常是无偿的,或转让条件极为优惠。

技术转让的标的应是技术知识,或随同技术一起转让的机器设备;技术转让的内涵为:它不仅是技术知识以及随同技术一起转让的机器设备在空间的移动,而且包括技术在新环境中被获得、被吸收和被掌握的有机统一的完整过程,即技术转让不是单纯的技术传递,还包括对技术的消化和吸收。

国际技术贸易是指不同国家的企业、经济组织或个人之间,按照一般商业条件,向对方出售或从对方购买技术使用权的一种国际贸易行为。即商业性的技术转让或有偿的技术转让,我国通常称之为国际技术贸易。它包括技术引进和技术出口两方面。

国际技术贸易的主要内容有:各种工业产权,如专利、商标;各种专有技术或技术诀窍;提供工程设计,工厂的设备安装、操作和使用;与技术转让有关的机器、设备和原料的交易等。总之,技术贸易既包括技术知识的买卖,也包括与技术转让密切相关的机器设备等货物的买卖。

3. 国际技术贸易的主要特征

近年来,国际技术贸易格局发生了深刻的变化,呈现出许多新的特征。当代国际技术贸易的特征主要表现在以下几个方面。

(1) 国际技术贸易日趋活跃,规模不断扩大。据商务部统计,21世纪初至2013年是我国技术贸易快速增长期,除2009年受全球金融危机的影响技术进口略有下降外,其他年份进出口双双上升;从2006年的225.8亿美元上升至2013年的931.15亿美元,年增长率高达22.4%;随后受外部经济的影响进出口总额有所下降,2015年为545.2亿美元。

科技进步以及技术信息的传播加快,促进了国际技术贸易的发展。其增长速度之快是一般有形商品贸易所无法比拟的。其原因是:

① 技术已成为国际市场竞争的重要手段之一。由于高科技产品在国际商品交换中具有比较优势,目前世界上已有50多个国家和地区制定了发展高技术的战略。

[①] 饶有玲:国际技术贸易,南开大学出版社,1999年6月第1版,第1页。

② 技术已成为开拓国际市场的有力武器。许多企业通过转让技术带动商品出口,以此打破各国的贸易保护壁垒。据统计,发达国家每出口1美元技术要带动18美元商品出口。如日本三菱、富士通等都在美国设立研究开发中心,边研究、边生产、边销售产品,占领了美国市场。我国的华为也陆续在日本、美国成立研发中心。同时,技术贸易的扩大促进了一国高新技术产业的发展,而高新技术产业的发展又极大地推动了国际商品贸易的发展,改善了一国的商品出口结构。

③ 技术贸易已成为传播技术的重要方式。通过技术贸易缩短了各国间的技术差距,促进了各国经济发展。2015年全球专利申请总数增加1.7%,达21.8万项,创下历史新高。企业排名方面,我国通信设备巨头——华为科技——申请了3 898项专利,较2014年增加456项,连续第二年居全球企业之首,这也是华为在国际市场上越来越强势的重要因素。2016年世界知识产权组织(WIPO)专利、商标和工业品外观设计知识产权申请服务的需求依然强劲,我国的中兴通讯股份有限公司超过华为技术公司,成为2016年WIPO国际专利申请的最大申请人,美国的高通公司名列第三[①]。从行业看,数字通信和计算机技术最为活跃。

(2) 技术转让"软件化"。过去的技术转让多数是通过物质商品的交换,通过机器设备和新产品的买卖而进行的,人们是为了购买硬件设备才兼买软件技术,是软件跟随硬件的转移。然而,现在更多的情况是为了引进某项专利或专有技术等而相应地购置技术设备或关键零部件,纯粹知识或信息形态的软件技术转让,如专利、专有技术、技术情报等,占据了越来越重要的地位。工业发达国家之间的技术贸易中,软件技术的转让占80%以上。技术转让"软件化",加大了科学技术成果的应用传播的可能,同时也带来了人们知识的更新、素质的提高和企业经营管理方式的改进。

(3) 国际技术贸易格局呈现多极化,但发展不平衡。20世纪80年代中期以后,亚洲和拉美一些技术发展水平较高的发展中国家,纷纷从事技术出口交易,从而使技术来源多极化。但由于技术水平的差异等原因,国际技术贸易主要在发达国家之间进行,发达国家之间成交的技术贸易额占世界技术贸易总额的80%以上,发达国家与发展中国家之间的技术贸易额占技术贸易总额的10%,发展中国家之间的技术贸易额所占比重还不到10%。由于经济实力雄厚、科技水平高以及技术开发能力强,发达国家在技术出口中一直处于垄断地位。虽然发达国家科技创新仍然领先,但优势正在逐渐减小,全球科技创新版图已呈现东移趋势。中国、印度等新兴经济体成为科技创新的活跃地带。未来20~30年内,北美、东亚、欧盟三个世界科技中心将鼎足而立,主导全球创新格局[②]。

(4) 跨国公司在国际技术贸易中占有重要地位。跨国公司是国际技术贸易中最活跃、最有影响的力量。为了获取高额利润,加强对技术的垄断和保护,跨国公司凭借技术优势,以及跨国经营的组织优势和管理优势,把技术资源在公司内部进行调配。目前许多发达国家的跨国公司都积极发展技术输出,除了核心的关键技术外,将一些即将淘汰的技术和组装

---

① 2016年国际专利申请创下纪录,中国国家知识产权局网站,http://www.sipo.gov.cn/wqyz/gwdt/201703/t20170330_1309141.html。
② 2016年技术贸易发展报告:中国研发投资占全球20%,第一财经日报,2016-4-21。

技术向其他国家输出,且技术转让多在公司内部进行。据统计,美国和英国两国跨国公司向海外子公司转让技术大约分别占其技术出口额的80%和85%。

7.2.2 服务业跨国公司与国际技术贸易

1. 服务业跨国公司在当代国际技术贸易中的重要地位

跨国公司是服务业对外直接投资的主体。服务业跨国公司,是指主要业务向市场提供服务的跨国公司。服务业跨国公司自20世纪80年代以来迅速成长起来,成为国际技术贸易中的中坚力量。

跨国公司是当代国际技术开发与技术贸易的主体与主要组织形式。服务业跨国公司进行的技术贸易,客观上推动了先进技术在全球范围内的扩散,不仅有利于世界总体科技水平的提高,也在一定程度上推动了各国的经济发展。服务业跨国公司在国际技术转让中的作用,主要表现在其通过对外直接投资而进行的技术转让之中。对于技术水平较低的发展中国家而言,通过引进外资,利用跨国公司的"技术外溢(Spill Over)"效应,能够提高本国的技术水平,缩短与技术先进国家的差距。

在当前的国际技术贸易中,发达国家的大型跨国公司垄断了技术贸易的大部分份额。发达国家500家最大的跨国公司集中控制了世界90%的生产技术和75%的技术贸易。跨国公司在不断扩大技术贸易规模的过程中,其技术贸易的收入也不断增加[①]。

2. 服务业跨国公司参与国际技术贸易的原因分析

(1) 国际技术贸易是跨国公司实施全球化战略的重要手段。跨国公司的全球化战略,其主要特征是以世界市场为目标,通过在全球范围的资源配置,实现跨国公司在全球利益最大化。跨国公司全球化战略的最核心部分,就是跨国公司的技术创新、技术垄断和技术竞争的策略。这既是为了不断推出新的产品和服务,维持或扩大其市场份额的需要,同时更重要的是,为了跨国公司争夺或保持其在该领域的垄断优势的需要,是为了生存和发展的需要。

进入21世纪以来,新的技术在微电子技术、大数据、云计算、物联网、生物工程技术、新材料技术、新能源和太空制造技术等方面,均取得了不同程度的突破,并迅速应用于生产。导致世界性投资和生产的快速发展,尤其是近几年移动互联网的发展,大大改变了人们的生活方式。在这样的背景下,跨国公司想在全球获得成功,被全球的客户接受,必须积极从世界各地吸收各种技术信息和科研成果,不断地进行技术开发和创新,以保持自身技术优势和领先地位。

(2) 知识密集型服务业与技术的联系更为紧密。服务业经过近三四十年的迅速发展,已突破了传统服务的旧形式,传统服务业已逐步转移到新兴服务业,即知识密集型服务业。这是与知识经济的崛起有直接关系的,或者说,知识密集型服务业的发展是知识经济的必然结果或集中表现。知识密集型服务业是指那些显著依赖专门领域的专业知识、向社会和用户提供以知识为基础的中间产品或服务的公司和组织,其核心业务是以技术、组织、服务、流程等创新为基础,具有"高知识度、高技术度、高互动度、高创新度"的"四高"特征。只有具备较高的文化技术知识的劳动者才能提供这种服务。其中信息、电信等知识密集型服务业发

[①] 郑吉昌:国际服务贸易,中国商务出版社,2004年5月第1版,第173页。

展最快，其他如金融、运输、管理咨询等服务行业，由于运用了先进的技术手段，也很快在全世界范围内扩大。

科学技术的进步是知识密集型服务的重要发展源泉，科学技术的进步武装了知识密集型服务业，知识密集型服务业的价值在经济发展中得到充分体现，又随着每次技术的发生而产生变革和深化。

（3）发展中国家"市场换技术"政策促进了国际技术贸易的开展。发展中国家对引进外国的先进技术，弥补本国技术空白往往持鼓励态度，并制定了多种政策鼓励跨国公司的技术出口和技术投资行为。相应地，为了增加在吸引跨国公司技术出口和技术投资方面的竞争力，许多发展中国家制定了"以市场换技术"的政策，这有利于跨国公司迅速进入东道国市场，并进一步促进跨国公司的技术贸易。

7.2.3 电信服务贸易与技术贸易的关系

1. 电信技术贸易

（1）电信技术贸易的重要性

国际电信技术贸易目前无法直接表现在明确的海关统计中，它既体现在有形的技术设备和一般商品进出口中，也体现在无形的技术转让和服务贸易中。国际电联（ITU）有关专家将国际电信贸易定义为跨国界的电信设备和电信服务的出售，没有将电信技术贸易涵盖其中。事实上，国家之间电信技术的转让与出售往往是与电信设备和服务的出售联系在一起的。一国在出售电信设备或服务的同时，必然会将与设备配套的技术或服务所要求的技术转让给买方。

国际电信技术贸易是指不同国家的企业、经济组织或个人之间，按照一般商业条件，向对方出售或从对方购买技术使用权的一种国际贸易行为。它由技术出口和技术引进两方面组成。简而言之，即以电信技术知识作为交易对象的买卖。主要的电信技术知识包括专利技术、商标和专有技术。电信技术贸易虽然没有被明确定义为国际电信贸易的主要类型之一，但在实践中却具有相当重要的作用。有时作为电信设备贸易和服务贸易的附带部分出现，有时则是电信贸易的主体，而设备和服务的买卖则成为附带部分。

（2）国际电信技术贸易的主要形式

目前，国际电信技术贸易的形式主要有如下四种。

① 许可贸易（Licensing Trade）。**许可贸易是电信技术贸易最基本、最重要的方式。它是一种交易双方以签订许可合同的形式进行电信技术使用权让渡的交易方式，拥有技术的一方称为许可方（Licensor）或供方，引进技术的一方称为被许可方（Licensee）或受方。**许可方允许被许可方取得其拥有的专利、商标或专有技术的使用权以及制造、销售该技术项下电信设备的权利，并由被许可方支付一定数额的报酬。许可贸易有三种基本类型：专利许可、商标许可和专有技术许可。

② 技术咨询与服务（Consulting Service）。**技术咨询与服务是一方利用自己掌握的电信技术、经验和技术条件（包括雇佣的工程技术人员和技术资料等），协助另一方完成某项特定的电信技术任务，达到双方商定的目标。**一般情况下是一些具有较高知识水平的专家组成的电信咨询公司就委托人所提出的电信技术课题，提供建议或解决方案。

③ 合作生产（Co-production）。**合作生产是指一个电信工程项目，由双方或多方各自承

担其中某些部分来共同完成的一种方式。这种方式主要适用于开拓国外市场的电信运营商,他们在一个陌生的环境中,往往会由于两国技术和地理的差异性,以及可利用资源的有限性而需要东道国运营商的协助。这样,通过利用双方在资金、技术、劳动力等方面的不同条件,发挥各自的优势,从而比一方单独完成全部生产更有优越性。

④ 利用外资引进技术。**利用外资引进技术是将利用外资和引进技术结合起来,在利用外资的同时,又能引进国外先进通信技术和设备。**归纳起来,目前国际上利用外资引进电信技术的主要方式有如下两种。

第一,合资经营。合资经营(Joint Venture)是指由两个或两个以上不同国家的公司、企业、其他经济组织或个人依据东道国的法律,在东道国共同投资、共同经营某一企业,并由双方共担风险和共享利润的经营方式。

合资经营的双方可以用资金、实物、专有技术和土地使用权等作为出资。实践中,有许多情况是外方用自己的技术作为投资,这实际上就是向合资方进行了技术转让。这种方式对于发展中国家的技术引进尤其具有重要的战略意义。

第二,国际 BOT(Build-Operate-Transfer)方式。BOT 是指建设方承担一个既定的工业项目或基础设施,包括建造、运营、维护和转让。建设方在一个固定的期限内对该设施进行运营,在限定期满后,将该项目转让给项目方的政府。发展中国家采用 BOT 方式不仅有助于提高电信企业的资金利用率,降低经营风险,而且可以借此机会学习外商先进的管理经验和技术水平。发展中国家在一些电信基础设施条件较差,而又急于发展电信的地区,可以尝试以 BOT 方式利用外商资金和技术,加快电信基础设施的建设。

⑤ 技术联盟合作。技术联盟是企业之间为了实现一定的战略目标,在一定时期内进行的合作安排,是一种双方或多方协商控制的不完全合同;或者认为是为响应已经出现或即将出现的市场机会而组成的公司或集团,即两个或两个以上的企业出于对整个市场的预期目标和企业自身总体经营目标的意愿,通过某种契约而结成的优势互补、风险共担、要素双向或多向流动、组织松散结合的新型经营方式;或认为是两个以上公司性质的企业出于对整个或局部市场预期目标和企业自身总体经营目标的意愿,采取的一种长期性联合与合作的经营行为方式。

随着科技加速发展,高端产品给跨国公司的研发能力带来了挑战,单纯依靠本公司的经济和技术能力难以达到预想目标。于是,跨国公司需要寻求其他具有高能力的合作伙伴共同展开技术研发和创新,以实现理想的研发目标和得到更高的经济收益。由于发展中国家科技水平低,合作联盟条件不够充足,因此国际技术联盟合作多为发达国家企业之间的高科技领域联盟合作。

企业为自身的科技能力和市场竞争力的提高,创造了更多超额利润,越来越多跨国企业积极开展各种各样的战略技术研发,并形成了大范围、形式灵活的全球技术联盟。如欧美与日本跨国企业展开技术联盟;摩托罗拉与东芝的合作研发的微处理器制造工艺,通用汽车和日立共同开发汽车的电子元件,富士通和西门子合资的计算机产品销售和制造等。

2. 电信服务贸易与技术贸易的关系

(1) 电信服务贸易与技术贸易特征的异同点。

① 两种贸易的标的均具有无形性。电信技术贸易的标的是无形的知识,电信服务贸易的标的是无形的服务,两者都不具有固定的形状,也没有具体标尺可对其质量进行衡量。都是要经过一段时间后,技术的使用者和服务的享用者才能感觉出利益的存在。

② 两种贸易的所有权均不可转移。在电信技术贸易中，作为标的物的技术，其所有权不发生转移，标的的所有者出让的仅是电信技术的使用权及制造和销售该电信技术项下产品的权利。而电信服务贸易中，生产和消费过程根本不涉及所有权的转移。服务在交易完成后就消失了。例如拨打固定或移动电话，随着通话的完成，双方挂机后，服务也就结束了，电信公司和通话者之间并不存在任何所有权的转移。

③ 两种贸易的双方当事人之间的关系不同。电信技术贸易的双方当事人在传授和使用技术的过程中，构成较长期的复杂的合作关系，一项电信技术贸易能否实现既定的转让目标，很大程度上取决于双方能否长期友好合作；而在合作的同时，双方之间又存在很强的竞争关系，因而会有很大的矛盾：技术受方总是设法从供方那里获得最先进的技术，从而提高自己的技术水平，而供方既想通过转让技术获取更多的利润，又不希望对方成为自己的竞争对手，因此双方的关系较为微妙和复杂。而电信服务贸易的双方一般情况下不存在上述性质的合作与竞争关系。

(2) 各国政府对电信服务贸易与技术贸易的干预程度不同。对于电信技术贸易而言，发达国家政府为了最大限度地引进国外的先进电信技术，控制本国领先电信技术的出口以确保本国在某些技术领域的领先地位，大都会对本国的电信技术贸易采取不同程度的干预，如合同的审查、审批制度、出口管制等。而发展中国家则一般比较支持和鼓励电信技术的进口，以期获得世界先进水平的技术。

对于电信服务贸易而言，发达国家与发展中国家的态度正好颠倒过来。发达国家由于已经完成国内电信改革，电信企业具备了很强的实力与竞争力，所以愿意开放市场，并致力于进入别国市场抢占市场份额。而发展中国家与发达国家相比，无论在维护国家主权和安全保密方面，还是在竞争力方面，都明显处于劣势地位，所以更倾向于逐步开放市场，对于本国的基础电信更不敢轻易放开，对开放后股权的要求也比较严格。

(3) 电信服务贸易包含了技术贸易的内容。电信技术贸易可以体现在电信服务贸易之中。电信服务贸易本身就是以先进的电信技术为载体而展开的。一国在东道国开展电信服务，必然将本国具有的先进技术应用到东道国的电信服务中，只有这样才能使东道国的消费者感受到外国先进技术所带来的优质服务，才愿意对这种服务进行消费。而且，电信技术贸易中，技术经验和管理方法传授等方面的性质与特征，与电信服务贸易相同。

由于电信服务贸易包含了技术贸易的内容，因此无论发展哪一种贸易，都会对另一种贸易的发展起到促进作用。两者的发展是相辅相成的。电信技术贸易可以促进国家电信产业结构升级，创造要素禀赋，提高整个经济运行的效率和效益，从而推动电信服务贸易的发展；电信服务贸易可以为电信技术贸易提供与之配套的完善的服务措施，创造良好的贸易环境，促进技术的迅速转化和消化，从而对电信技术贸易起到支撑作用。

7.3 电信服务贸易与电信设备贸易的关系

贸易可以分为服务贸易和货物贸易，对于电信贸易而言，包括电信服务贸易和电信设备贸易。电信服务贸易与电信设备贸易密切相关，两者相辅相成，相互促进，共同发展。

7.3.1 电信服务贸易与电信设备贸易相互促进的关系

按照交易标的特性,即电信设备的物质属性来划分,电信设备贸易属于国际货物贸易。按照不同的有形商品分类角度,电信设备有不同的类别。按制造方法不同,电信设备属于机器制品;按加工程度不同,电信设备属于制成品;按用途不同,电信设备属于工业品;按耐用程度不同,电信设备属于耐用品。从有形商品贸易的不同类别看,电信设备贸易属于第7类,即机器和运输设备。

电信设备贸易对应的是设备提供商,而电信服务贸易所对应的是服务提供商,这两者都是电信产业价值链中的重要一环。因此,从电信价值链中可以看出电信服务贸易与设备贸易的关系。国际电信服务是指在不同国家或属于不同国家任何性质的电信局或站之间提供的电信服务活动。这种国际性的电信服务的提供,由于发生了服务的"过境交付",根据GATS规范的四类贸易服务,国际电信服务属于典型的第一类服务。所以,这样的电信服务提供便构成国际电信服务贸易。

如图7-3所示,电信产业价值链是以网络运营商为核心,由网络设备供应商、内容或服务提供商、系统集成商、终端设备生产商、软件开发商、最终用户等上、中、下游多个部分共同组成的一根链条。在整个业务链中,运营商与价值链上的各个参与者在相互促进的同时,也会相互影响、相互制约,其中任何一个部分出现了问题,都会影响到整个产业价值链的高效运作。他们之间的共同协作,可拉动用户需求,创造出比单一企业更大的协同效应,在促进对方发展的同时共同推进电信业务的繁荣和发展。

从电信产业价值链来看,电信服务贸易与电信设备贸易是相互促进,相辅相成的关系。电信设备贸易开展得越好,说明对电信服务的需求处在扩大和上升的状态;而电信服务贸易的需求增长反过来又增加了对相关技术设备的需求,从而促进电信设备贸易的扩大。

如中国电信国际公司很早就与华为达成战略合作,在主要的业务布点采用华为的IT基础设施硬件、云平台软件以及运营支撑服务。中国电信发挥在网络、IDC等领域的优势,通过双方紧密合作、优势互补,形成具有全球竞争力的云服务提供能力。中国电信具有丰富的宽带资源和客户基础,以及深厚的运营经验,而华为在云计算、大数据领域的投资及积累为双方合作提供了基础。

从国际电信贸易的实践来看,电信设备贸易与电信服务贸易之间有着明显的联系。随着一国或一地区人均收入的增加,意味着更多的人能用得起电信服务,这推动了对新的电信设备贸易的需求。通过不断增长的贸易、旅行和外国投资,该国或该地区的新兴经济体进一步融入全球经济,从而增加了对国际通信链路的需求。这些需求又导致投资的增长和更多的电信设备进口。

电信设备贸易属于有形贸易,因此要结关,故其金额应显示在一国的海关统计上;而电信服务贸易属于无形贸易,不经过海关办理手续,其金额不反映在海关统计上,但显示在一国国际收支表上。

我国ICT(信息通信技术)制造业引领了中国技术产业整体的创新发展,也促进了通信服务贸易的发展。2016年,ICT制造业收入仅占工业总收入的8%,但是ICT制造业企业研发投入占全国研发投入比例达 16%，ICT 领域专利数占比更达 60% 以上[①]。从图 7-9 所示中可以看到，ICT 制造业，从狭义看，它包括产业链上游的电子元器件，制造过程中的控制设备及仪器仪表，以及产业链下游的信息通信整机设备三大类型的细分产业：终端设备、管理设备和云计算设备；从广义看，由于硬软件的紧密结合，同时服务也被 GICS（全球行业分类标准）划分为信息技术产业。因此广义的 ICT 制造业也包括上层的软件和 IT 服务，即整个电子信息产业范畴（包括电子信息制造业、软件和信息技术服务）。从 ICT 制造范畴可以看到，若是进行电信设备贸易，必然伴随着软件贸易和 IT 服务贸易，同时扩大电信服务贸易。

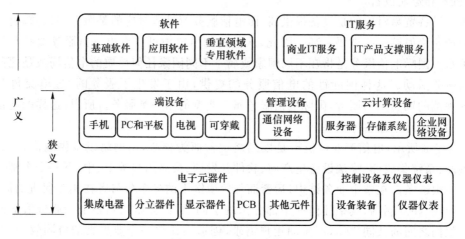

图 7-9　ICT 制造业范畴

资料来源：中国信息通研究院：ICT 制造业发展报告（2016 年），2016-10。

我国通信设备制造业目前已走在了世界前沿。2010—2016 年，全球通信设备商按收入排名，如表 7-1 所示。自 2013 年华为一跃成为世界最大的通信设备制造商后，在 2016 年，全世界电信设备生产主要集中于最大的四家公司，华为、爱立信、诺基亚和中兴。从图 7-10 所示中可以看出，在公司整体业务收入上，四大通信厂商在 2016 年的表现和排名相对 2015 年变化并不大。

表 7-1　2010—2016 年全球通信设备商收入规模排名

名次	2010 年	2011 年	2012 年	2013 年	2014 年	2015 年	2016 年
1	爱立信	爱立信	爱立信	华为	华为	华为	华为
2	阿朗	华为	诺西	爱立信	爱立信	爱立信	诺基亚
3	华为	阿朗	华为	阿朗	阿朗	阿朗	爱立信
4	诺西	诺西	阿朗	诺西	诺基亚	中兴	中兴
5	摩托罗拉	中兴	中兴	中兴	中兴	诺基亚	

资料来源：2010—2014 年资料来自 http://www.cet.com.cn/itpd/tx/1517240.shtml，2015—2016 年资料来自：老解1972．四大通信厂商 2016 财报解读，几家欢乐几家愁？通信世界网，2017-4-21。

---

① 中国信息通研究院：ICT 制造业发展报告（2016 年），2016-10。

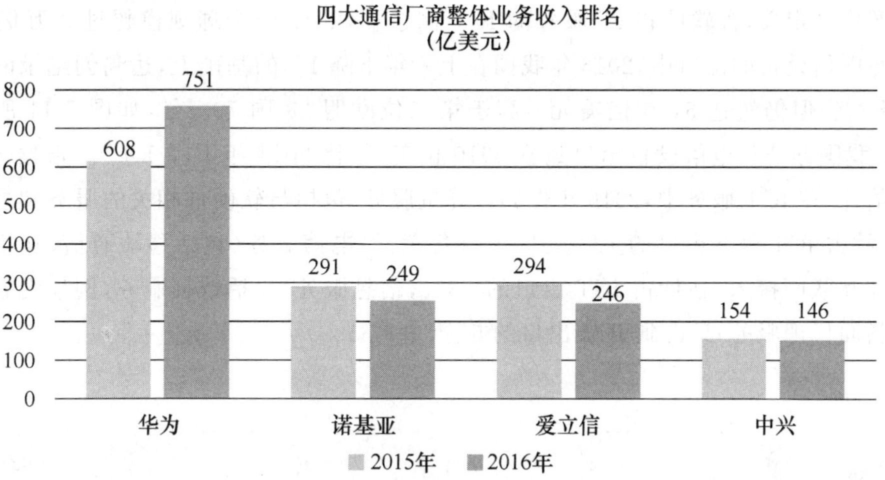

第 7 章　通信服务贸易与技术贸易和设备贸易的关系

四大通信厂商整体业务收入排名
（亿美元）

图 7-10　2015—2016 年世界四大通信设备制造商收入

注：诺基亚 2015 年数据为诺基亚与阿尔卡特合并前的数据汇总。
资料来源：老解 1972．四大通信厂商 2016 财报解读，几家欢乐几家愁？通信世界网，2017-4-21．

华为以 24%的年复合增长率持续拉开和后三家的收入差距，考虑汇率影响，在 2016 年华为是唯一一家实现营收增长的厂商，且其营收规模突破 751 亿美元，超过爱立信、诺基亚和中兴三家之和，相当于诺基亚或爱立信的 3 倍和中兴的 5 倍之多[①]。华为在运营商业务领域一家独大的市场地位得到进一步加强，其收入份额由 2015 年的 35%上升到了 43%。诺基亚近年来虽然不断以兼并形式实现扩张，2007 年与西门子通信合并、2011 年收购摩托罗拉无线，2016 年正式完成对阿尔卡特-朗讯的收购，但其业务收入只是比爱立信下降得慢一点而成为第二，爱立信则被挤到第三的位置。中兴 2016 年在经历了与美国商务部工业与安全局（BIS）的不愉快[②]之后，2017 年 3 月中兴宣布同意支付 8.92 亿美元的罚金与美国政府达成和解，从而在 2016 年通信设备市场上屈居第四。

7.3.2　世界通信设备贸易的发展

1. 国际通信设备的发展状况

互联网应用迅速发展以来，全球通信设备制造业正处在一个重大的关键节点。伴随信息通信产业融合加剧，IT 软硬件技术正全面渗透和深刻影响通信设备产业。通信设备产业面临从发展范式、产品架构、制造模式到产业生态等各方面的重大变革。

（1）世界各国电信服务需求的增长，促进了电信设备贸易的迅速扩大。全球信息和通信技术（ICT）商品历经多年连续增长后，进口的价值自 2015 年首次出现下降，降幅达

[①]　老解 1972．四大通信厂商 2016 财报解读，几家欢乐几家愁？通信世界网，2017-4-21．
[②]　2016 年 3 月 7 日，美国商务部工业与安全局（BIS）在其官方网站公布消息，决定对中兴通讯实施出口限制措施。

3.6%,仅为2万亿美元。但通信设备是ICT成品商品中唯一保持继续增长的类别。

按照广义定义,含软件和IT服务的ICT制造业,2015年全球规模超过3万亿美元①。在办公与电信设备的出口中,2016年我国在上一年下降1%的基础上,达到创纪录的最大跌幅,下降8%,但仍然达5440亿美元,高于第二位欧盟28国70.5%,如图7-11所示。而2015年,我国办公与电信设备出口数额5910亿美元,比2014年下降1%②。根据WTO秘书处的估计,在ICT服务中,2016年世界计算机服务(包括与软硬件相关的服务和数据处理服务)大约占ICT服务出口的72%,达3530亿美元,电信服务(包括移动通信、互联网骨干网服务和互联网接入)估计占ICT出口的23%,信息服务(包括数据服务,例如内容、储存、传播和新闻代理服务)只占到ICT出口的5%③。

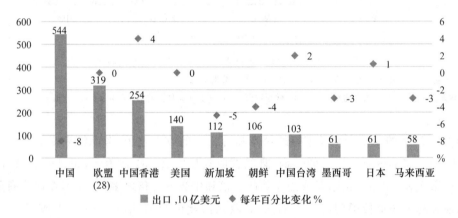

图7-11 2016年办公与电信设备前十大出口国家和地区的变化
资料来源:WTO:World tread statistical review 2017,P33.

与此同时,由于移动电话的发展,特别是智能手机应用的扩展,整个世界固定电话普及率(每百户电话签约户)都呈下降趋势,2017年世界平均固定电话普及率只有约13%,如图7-12所示。移动电话、移动宽带和固定宽带的普及率,无论是发达国家、发展中国家,还是最不发达国家,都呈上升态势,如图7-13~图7-15所示。

通信服务市场的快速增长促进了国际通信设备贸易的发展。发达国家从总体上看在电信设备贸易上一般是顺差,它们占世界电信设备出口总额的70%。亚洲新兴的经济体占该总额的27%。世界其他地区只占总额的3%,其中100多个发展中国家根本没有什么电信设备出口。发展中国家在2015年的全球通信设备进口量中占了45%的份额。自2007年智能手机推出以来,这一份额一直在稳步增长。

---

① 中国信息通信研究院:ICT制造业发展报告2016年,电信业转型发展白皮书(2016年),2016-9,第1页.
② WTO. World tread statistical review 2016,P32.
③ WTO. World tread statistical review 2017,P33.

第 7 章 通信服务贸易与技术贸易和设备贸易的关系

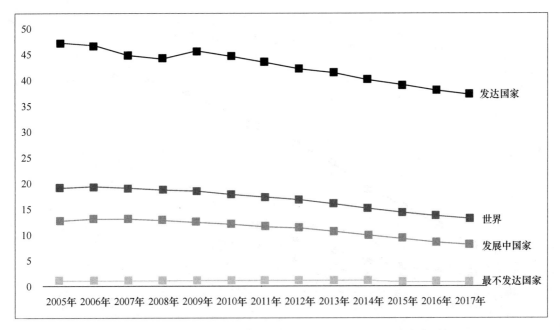

图 7-12 2005—2017 年世界不同类型国家固定电话普及率变化(%)
资料来源:国际电联数据库。

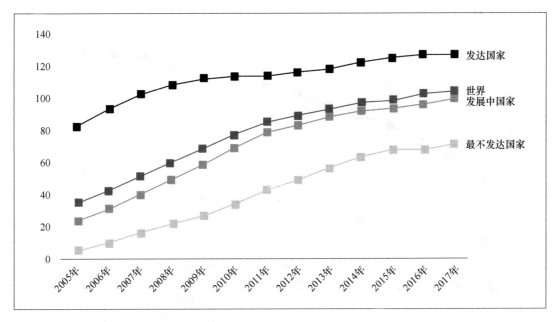

图 7-13 2005—2017 年世界不同类型国家移动电话普及率变化(%)
资料来源:国际电联数据库。

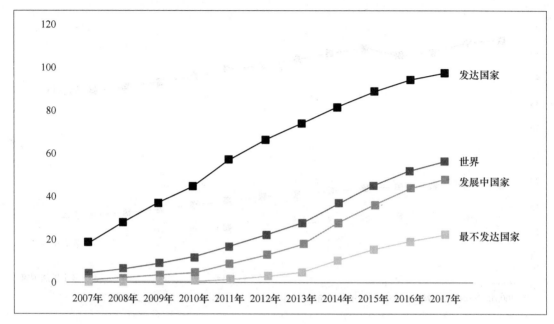

图 7-14 2007—2017 年世界不同类型国家移动宽带普及率(%)
资料来源:国际电联数据库。

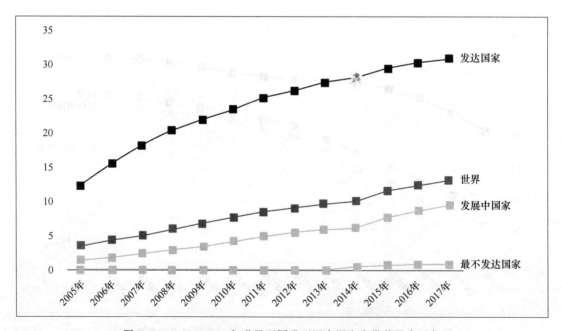

图 7-15 2005—2017 年世界不同类型国家固定宽带普及率(%)
资料来源:国际电联数据库。

(2)全球手机终端市场增速放缓,中国厂商崛起。2007 年随着苹果触控屏智能机的推出,全球智能手机发展进入快车道。近年来,智能机普及率和硬件配置快速增长后趋缓。2015年,全球智能手机出货量14.3亿部,同比增长10%,手机设备收入规模超过4 000亿美元,仍占据端设备一半以上的收入。中国手机市场规模仅次于美国,达到全球规模的20%,依托市场优势,国产厂商快速崛起。2015年,以华为、联想和小米为代表的国产品牌纷纷跻身全球智能机出货量前五,占据国内70%以上的市场份额。此外,国产智能机快速向中高端渗透并取得实质进步,2015年国产2 000元以上高端手机出货量快速提升,其中2 000~3 000元手机出货量中国产手机占比同比提升幅度超过50%。

可穿戴设备成为端设备新驱动力。2015年,全球智能可穿戴设备出货量超过7 810万部,同比增长170%以上,市场规模超过220亿美元,同比增长137%。VR/AR(虚拟现实/增强现实)等新兴的终端设备出现,有望引领市场新一轮增长。

(3) 足够的电信服务收入和稳定的货币是为进口筹集资金的最可靠途径。在许多发展中国家,人均收入低导致了电信收入低,而且一些国家的货币持续贬值造成进口费用升高。此外,采用的资费结构往往不能有效地筹集到进一步投资所需的足够资金。发展中国家运营者的主要外汇收入——国际电信收入,受到间接竞争和政治压力的威胁。例如,像回叫这样的更换呼叫程序业务正在减少国际电话的收入。与此同时,美国一般作为发展中国家的最大国际发话国之一,正力求降低国际电话结算费率。

(4) 建立本国工业是满足电信设备需求的一条有效途径。例如,韩国成功地开发了数字电话设备,中国则鼓励主要的设备销售商在当地建立合资企业。但是这些只是特例,大多数发展中国家缺少可以建立自己电信设备工业的资源或市场规模。越来越多的发展中国家正在鼓励私人向电信服务市场投资。这是通过国有运营者的私有化,建设/移交策略和建立合资企业来实现的。在一些发展中国家,大多数私人投资来自外,它提供了设备进口所需的硬通货。战略投资者也在运用其影响以获得有利的设备交易。

在国内市场增长机会有限的情况下,全球的电信设备制造商们纷纷把目光投向了海外市场。其结果是,海外销售额在大型制造商营业额中占的比重越来越大。同时各公司实行了不同的战略,包括创造有利的竞争条件、海外生产、与PTO建立合作关系等。

2. 国际通信设备贸易发展的特点

(1) 主要竞争市场和产业重心向新兴国家转移。全球4G建设的加快给通信设备产业带来新的发展机会。欧美市场等发达国家的LTE网络部署已接近成熟,增长空间不大。伴随着中国、印度等新兴国家在信息技术领域的发展,其巨大的市场潜力日益显现,逐渐成为通信设备产业的核心竞争市场和产业重心所在地。全球主要通信企业纷纷将战略重点慢慢延伸至这些新兴国家。例如2016年,中国4G用户数呈爆发式增长,全年新增3.4亿户,总数达到7.7亿户,在移动电话用户中的渗透率达到58.2%。[①] 这种转移对全球通信设备市场已产生一定洗牌效应,并将对企业未来发展产生决定性影响。

(2) 服务取代技术成为产业发展的新型驱动力。在传统电信业务为主的时期,技术驱动是通信设备行业发展的原动力。但伴随着融合通信、OTT应用等新业务的出现,孤立的

---

① 工信部运行监测协调局:2016年通信运营业统计公报,2017-1-22。

技术创新已经不足以支撑通信产业的变革与发展。"产品+服务"模式越来越受到重视。如爱立信在140个国家有2.4万专业服务人员,其2014年收入中,包括管理服务、支撑方案在内的其他业务收入占比提升到了50%,与网络设施收入相当。诺基亚服务业务发展更快,收入占比达到51%。[①]

(3) 企业通过转型展开新一轮的深层次竞争。通信设备厂商积极拓展新领域,其中软件定义、企业市场、视频业务、5G、云计算等成为大多数厂商的共同选择。不同的通信设备厂商选择了不同的转型道路。爱立信退出手机和芯片市场,加大了在IP网络、云、电视与媒体、行业与社会、运营支撑解决方案/业务支撑解决方案等领域的投入。华为同时兼顾运营商、企业级、消费市场三个领域,对于5G、软件服务、视频多媒体等领域也有所覆盖。诺基亚选择无线、专业服务、电信云和软件定义网络、网络安全等领域作为重点发展方向。中兴通信以"走出传统电信业的限制"为指导,大力提升终端业务以及政企网业务在公司内部的地位。

(4) 信息技术对通信设备产业的改造效应日益凸显。用户数增速放缓、客户对服务质量要求提高、竞争成本增加、收益下降、利润点转移,这些挑战迫使运营商更加关注业务的集成和服务的整合。创新应用的趋势已经驱动运营商开始以用户体验为核心,注重提供以网络技术和网络应用为基础的创新增值服务,这对通信设备提出了新的要求,即IT和CT设备的进一步融合,计算存储资源与网络资源结合日益紧密,通信设备产业基于网络优势向云计算、大数据等领域延伸,构建ICT产业综合竞争力。

3. 国际通信设备产业的发展趋势

(1) 聚焦电信专业服务。基于运营商网络设备销售,进一步提供网络管理服务,代表企业包括华为、爱立信、诺基亚等。主要设备企业目前已基本形成涵盖网络咨询、网络规划设计、网络建设实施、系统集成、网络运维、网络优化在内的整套网络管理服务,实现向服务型制造转型。

服务化转型正深刻影响设备商的收入结构与业务模式。经几年时间摸索,设备商服务收入占比正接近甚至超过50%的结构性转变。服务日益成为绑定客户、推进设备产品销售的重要手段。

(2) 发挥集成制造优势。依托在网络设备集成中形成的供应链和成本优势,将集成范围扩大至IT与终端设备,代表企业包括华为、中兴等中国厂商。中国设备企业充分发挥成本优势与集成制造能力,积极拓展企业网、IT与终端设备,由运营商网络向整个ICT领域延伸,探索新的增长空间。

在企业通信设备方面,提供涵盖企业路由器、交换机、传输接入网、无线局域网、安全、光纤、能源在内的整套企业网设备及通信解决方案。同时,把握智能终端增长契机,大力发展消费者业务。

(3) 拓展企业服务市场。在企业网设备基础上,进一步提供包括企业IT资源集成、网络应用在内的企业ICT服务,代表企业包括思科、瞻博、华为等。

---

① 中国电子信息发展研究院:通信设备产业白皮书(2015版),2015年5月。

与运营商市场相比,包括企业 IT 资源管理、企业通信服务、企业软件在内的企业 ICT 服务市场是当前全球发展最活跃的领域之一,主要设备企业积极依托各自硬件产品优势,加快拓展企业服务市场。

探索由企业办公通信向生产制造通信延伸。伴随新一代信息通信技术对传统制造业的影响日益深刻,领先设备企业开始探索布局生产制造网络,以拓展更大市场空间。目前,思科已经提出涵盖企业业务全流程的网络架构,包括制造设备联网、生产制造网络管理、安全控制等多个组成部分。

(4) 产业链条上跨界合作的深度和广度大幅提升。在产业竞争模式和盈利模式方面,原来单纯的技术竞争转向集成产品、芯片、软件、网络、应用等各环节要素及生态圈建设的系统性竞争,厂商间跨界合作的深度和广度均有大幅提升。2014 年,中兴通信与英特尔合作并实现了全球首个跨制式 RAT 无线网络功能虚拟化。华为在美国芝加哥举办的 Big Telecom Event 上展示云边缘(Cloud Edge)综合解决方案。该解决方案给终端用户提供了优质的端到端业务体验,帮助运营商敏捷、迅速地部署新业务以及极大简化运维,同时也构建了一个全新的共赢的产业链。

7.3.3 中国通信设备贸易的发展

1. 中国通信设备产业和贸易的发展

改革开放初期,由于受到相关技术和经济发展水平等因素的制约,中国通信设备制造业在很长一段时期内都处于缓慢发展的状态,国内几乎没有大型的电信设备生产厂商。我国的通信设备贸易更多地表现为一种单向的状态,即主要从国外进口来满足基础通信业务的需求。由于不同厂商生产的电信设备的制式不同,导致了 20 世纪八九十年代的"七国八制"局面。当时,中高端交换机市场上的"七国八制"主要包括:日本的 NEC 和富士通、美国的朗讯、瑞典的爱立信、德国的西门子、比利时的 BTM 公司和法国的阿尔卡特,七个国家,八种制式(其中日本的 NEC 和富士通分别占据了两种制式)。在这一时期,国外电信设备制造业巨头基本垄断了整个中国市场。这不仅导致程控交换机价格异常昂贵,还因为各家公司制式不同,带来一系列网络兼容问题。

20 世纪 90 年代初,中国通信设备制造业确定了走"引进、消化、吸收、创新"的发展之路,1991 年研制成功大型数字程控交换机——HJD04 机,率先打破了国外企业对我国通信设备市场的垄断。而后 06 机、08 机、10 机相继推出,中国通信设备制造业从程控交换机领域实现了群体性突破,很快形成了产业优势,在全球信息技术产品零关税的开放环境下,在激烈的市场竞争中牢固确立了产业优势,造就了一批具备国际竞争力的公司。

20 世纪 90 年代中期以后,随着国内电信设备制造业的兴起,国外电信制造厂商在国内的垄断地位逐步削弱,电信设备的成本直线下降,同时,国内的制造企业开始由仿制、代理走向自主研发,产品不仅在国内销售,同时也开始在海外市场拓展业务。

中国加入 WTO 后,对中国通信设备制造业总体来说机遇大于挑战,主要体现在以下几个方面。

第一,在电信设备制造业方面,中国企业较早地面对了国际市场竞争。由于世界电信设备制造业的"八大金刚"①都已进入中国,它们已获得了国民待遇甚至超国民待遇,因此在市场上只需加强竞争的监管和竞争的公平性问题。

中国电信设备市场对外开放已经达到了相当高的程度,且透明度很高,在引进设备和技术时,遵循了公平竞争的市场原则。在通信设备中程控交换机是利用外资最早和最多的行业,"六五"期间约利用外资1亿美元,"七五"期间约2亿美元,"八五"期间约5亿美元,外资企业生产能力占全国的70%以上;移动通信制造业有20多家合资企业,其中诺基亚、摩托罗拉、爱立信市场占有率在75%以上,光纤市场传输设备企业,大多是与国外同类知名企业的合资企业;卫星通信、传真机、微波通信基本上是整机进口,合资企业较少。在与著名跨国企业合作中,中方积累了一定的经验,培养了相应的技术人员。

第二,中国民族电信设备制造业蓬勃发展,取得了令世人瞩目的成绩。中国民族电信设备制造企业已实现群体突破,并开始步入国际市场,在同"八大金刚"的竞争中,"五朵金花"(巨龙、大唐、金鹏、中兴、华为)已脱颖而出。其中,最有代表性的就是华为和中兴两大电信设备生产厂商。2016年,在全球电信设备厂商中,华为和中兴分别居第一和第四。

第三,电信设备制造企业的生产成本会大大降低。无论是合资企业还是民族电信设备制造企业,很大一部分的零部件都依靠进口。电子产品进口关税高达12%以上,加入WTO以后,进口关税大幅度降低,约为3%,甚至信息产品零关税,增强了中国产品的价格竞争力。

通信网络覆盖设备行业的发展与通信运营商的固定资产投资高度相关。近年来,国内移动通信用户迅猛增长推动着通信运营商对通信网络不断地扩容和升级优化,进而拉动了通信运营商固定资产投资的增长。

移动终端用户及接入设备、移动应用服务持续增长。旺盛的通信需求,带动了通信设备生产。截至2017年8月底,中国移动电话用户13.8亿,普及率已经达到100%。用户数全球第一,其中4G用户9.3亿,占比远高于全球平均水平。4G用户占全球4G用户的比例超过40%。固定宽带用户达到3.3亿,其中光纤宽带用户已经达到2.72亿,占全球光纤宽带用户比例超过60%,为全球光纤宽带占比最高的国家。2004—2007年是2G向3G建设的过渡期,2008—2010年为3G投资,2010年至今在光纤通信投资上也较大。2011年为3G向4G建设的过渡期,2014年中国4G建设进入提速期,电信固定资产投资规模完成3 992.6亿元,达到自2009年以来投资水平高点,投资完成额比2013年增加238亿元。近年来中国电信运营商固定资产投资完成额均维持在3 000亿之上,巨大的投资直接带动了交换机、光网络设备、接入网设备、移动通信、数据通信等主要通信设备的旺盛需求。

在通信设备领域,IT技术引领ICT深度融合,网络功能虚拟化(NFV)改变通信设备传统销售模式,IT和软件开发商的价值不断提升,传统设备商在销售业绩和产品升级方面面临挑战;软件定义网络(SDN)为软件、IT和代工厂创造了进入通信设备市场的新机遇,挤占传统通信设备商的市场空间。为与这一趋势相适应,传统通信和IT设备商纷纷调整策略,力图将新技术、新模式与传统设备产品相融合,避免研发价值和竞争优势的流失。

---

① "八大金刚"主要指全球八大电信设备制造商,它们包括:摩托罗拉(美国)、阿尔卡特(法国)、朗讯(美国)、西门子(德国)、爱立信(瑞典)、NEC(日本)、北方电信(加拿大)和诺基亚(芬兰)。

中国在通信设备进出口方面,2015年通信设备出口额为1456亿美元,同比增长12.7%;进口额为348亿美元,同比增加7.9%,通信设备行业生产保持较快增长。2016年通信设备行业出口2039亿美元,同比下降5.1%,如表7-2所示。2015年,以华为、联想和小米为代表的国产品牌纷纷跻身全球智能机出货量前五,占据国内70%以上的市场份额,此外,国产智能机快速向中高端渗透并取得实质性进步,2015年国产2000元以上高端手机出货量快速提升,其中2000~3000元手机出货量中国产手机占比同比提升幅度超过50%。

表7-2 2011—2014年中国通信设备产品进出口情况

指标	2011年	2012年	2013年	2014年	2015年	2016年
出口额/亿美元	1 100	1 493	1 773	1 976	1 456	2 039
同比增长/%	12	14.8	18.7	11.5	12.7	−5.1
进口额/亿美元	—	403	488	460	348	—
同比增长/%	—	26.3	21.1	−5.6	7.9	—

资料来源:2011—2014年数据来自工业和信息化部,赛迪智库,2015年。

2016年中国智能手机市场出货量达4.7亿台,增幅位居全球之首。2016年手机出口1156亿美元,2017年1~8月,生产手机126 288万部,同比增长2.8%,其中智能手机93 720万部,同比增长2.8%,占全部手机产量比重的74.2%。出口交货值同比增长11.1%,其中8月份增长8.2%[1]。2017年1~9月,4G手机出货量3.46亿部,占2G、3G、4G所有手机出货量的94.2%;上市新机型651款,占三种制式的79.1%。

2. 中国通信设备贸易面临的挑战

(1)运营商网络市场未来拓展空间有限。近年来,尽管中国通信设备产业在全球取得快速突破,但未来增长空间不断收紧。在国内,中国企业已经占据了超过60%的系统设备市场,如果考虑光纤光缆及其他配套设备,中国企业份额更是高达70%以上。在发展中国家,中国设备企业在亚太、中东及非洲市场占比接近50%,拉美占比超过25%,进一步增长困难很大,如图7-16所示。在发达国家,中国企业的市场渗透困难重重。一方面,由于美国的阻挠,中国设备企业进入利润丰厚的北美市场面临很大困难;另一方面,中国在欧洲市场取得了较显著成功,获得了相当的市场份额,但也面临贸易保护等制约,进一步拓展市场困难较大。

目前,全球企业网设备市场基本被美国企业掌控,思科、惠普、Avaya、瞻博等几家企业占据接近70%的份额。以华为、中兴为代表的中国企业尽管积极拓展,市场份额由2010年的不足2%提高至2013年的5%左右,在规模和价值上远远落后于国外设备企业[2]。

(2)模仿创新模式面临巨大挑战。中国通信设备产业在过去二十余年的发展中总体采取了模仿和集成创新策略,通过跟随全球领先国家、领先企业的研发策略与方向,降低研发成本与风险。总体来看,中国企业的研发投入仅占总收入的10%左右,而欧美企业研发经费普遍占到收入的15%,并持续拿出研发经费的5%~10%与科研院校联合开展前沿技术研发。目前,欧美国家创新重点已经普遍转向IT软硬件技术,而中国在虚拟化、网络可编程、

---

[1] 工信部运行监测协调局:2017年1~8月电子信息制造业运行情况,2017-09-27。
[2] 工业和信息化部研究院:通信设备产业白皮书,第23页。

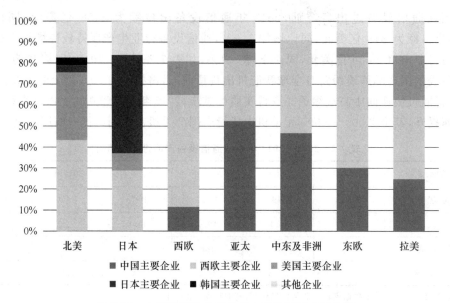

图 7-16 中国通信设备产业在全球各区域市场份额
资料来源：工业和信息化部研究院：通信设备产业白皮书，第 23 页。

分布式计算、大数据等未来关键领域却尚未取得主动，面临较大挑战。

（3）面临以产业生态系统为核心的综合竞争。总体来看，中国通信设备产业的优势是以硬件设备为核心，借助硬件产品集成创新与软件技术模仿创新，从最初的低成本优势转化为产品性价比优势，并进而形成了部分领域的产品领先。然而，在产业融合的大趋势下，未来产业发展的核心要素正在发生根本性转变，ICT 技术的综合集成和融合创新能力，特别是软件技术原始创新能力的重要性日趋突出，成为产业发展的关键要素。而产业竞争模式也由产品和单个企业的竞争转向集成产品、芯片、软件、技术、网络、应用等各环节要素的系统性抗衡转变，生态系统构建与产业资源整合能力成为未来产业格局的决定性因素。这一变化比较有利于企业整合能力强、产业链各环节发展均衡、产业生态系统强的发达国家，对中国现有的后发赶超模式提出了严峻挑战。

（4）面向新领域的拓展尚缺乏核心竞争优势。产业链基础性和关键性环节缺失在材料、集成电路、软件等一系列基础性产品领域，中国仍高度依赖进口产品。在核心芯片领域，尽管华为、中兴等企业近年来在通信设备专用芯片领域取得一定突破。但通用处理器、高性能 DSP 和 FPGA、高速数模转换芯片等通用芯片产品仍然严重依赖国外。中国产业短期尚能依靠集成制造与供应链优势继续扩张，但由于缺乏核心软件与关键应用平台掌控，若无进一步突破则长期将面临边缘化风险。

中国电信设备制造业的发展之路从来就不平坦，在提供了近年来大部分营业收入的海外市场上遭遇的狙击更多更频繁。从东道国政治内斗中泼出的"腐败"污水到子虚乌有的"国家安全"威胁，不一而足。以致现阶段在海外市场上困扰中国电信设备制造业最深的已经不是商业性风险，而是这样那样的政治性风险，而来自发达国家市场和发展中国家市场的政治性风险又各有其特色。中国电信设备制造业在发达国家市场上的政治性风险主要来自

"国家安全"的名义。唯恐新兴大国中国动摇其霸权地位的美国从这方面对中国电信设备厂商的遏制尤其严苛。

总体来看,中国缺乏类似苹果、英特尔、微软等可以高效整合产业链各环节的超强企业,且产业链协作能力弱,未能形成有竞争力的产业生态系统。发达国家把控全球产业发展方向,在多数领域树立了竞争优势。因此,中国通信设备制造业要建立全球生态型价值链,还有很长的路要走。

关键概念

价值链　全球价值链　电信产业价值链　国际技术贸易　国际电信技术贸易　许可贸易　电信设备贸易

思考题

1. 价值链分析的特点有哪些?
2. 结合电信服务贸易四种模式,整体分析电信服务贸易价值链。
3. 为什么服务业跨国公司在当代国际技术贸易中占重要地位?
4. 电信技术贸易与服务贸易的特征有何异同点?
5. 电信服务贸易与技术贸易之间为何存在相互促进的关系?我国如何利用这种关系发展两种贸易?
6. 概述中国电信设备贸易的现状。
7. 论述电信服务贸易与电信设备贸易的关系。

第 8 章 国际通信技术标准及其竞争

信息通信产业的国际竞争实质上体现的是技术标准之争。随着信息通信技术的发展，数字经济的深入，发达国家纷纷从技术战略发展到标准战略，从技术立国发展到标准立国。发达国家除了用自己的产业研发政策、知识产权政策和标准政策协调来维护其在全球的标准秩序之外，更是在国际标准秩序体系中强化自己的意志，使发展中国家总是以跟随者或被瓜分者的角色出现在技术标准的竞争中。发展中国家只有积极参与国际标准化规则的制定以及技术标准的合作联盟，抓住产业转型契机，才能突破发达国家对技术标准的垄断。

8.1 通信技术标准及其作用

8.1.1 通信技术标准及性质

1. 通信技术标准

（1）标准。所谓标准，是指为在一定范围内获得最佳秩序，基于产品或服务的使用条件和安全要求所制定的具有强制性功能的、共同的和重复使用的产业和经济秩序的技术要求和技术方案。

依据国际标准化组织（ISO）的定义，标准是指："一种或一系列具有强制性要求或指导性功能，内容含有细节性技术要求和有关技术方案的文件，其目的是让相关的产品或者服务达到一定的安全标准或者进入市场的要求。"

国际标准化组织与国际电工委员会（IEC）在 1991 年联合发布的第二号指南（ISO/IEC Guide 2 1991）的《标准化和有关领域的通用术语及其定义》的规定中指出："标准是为了所有有关方面的利益，特别是为了促进最佳的经济，并适当考虑产品的使用条件与安全要求，在所有有关方面的协作下，进行有秩序的活动所制定并实施标准的过程。"

从一般意义上说，标准分为质量标准和兼容标准。质量标准给生产者和消费者提供产品的质量信息，使他们能够判定其他生产者所生产的产品质量。19 世纪末 20 世纪初，作为工业革命的一部分，正式标准设定集中于传统的制造标准或质量标准，如可交换部件和批量生产必需的标准。随着 20 世纪末信息时代的到来，正式标准越来越转向高科技和信息领域，这时的标准是一种兼容标准。它是为确保具有互补性的产品之间，甚至特定产品的不同零部件之间的兼容性。

（2）技术标准。所谓技术标准，是指一种或一系列具有一定非强制性要求或指导性功能,内容含有细节性技术要求和有关技术方案的文件,是企业进行生产技术活动的基本依据,其目的是让相关的产品或服务达到一定的安全要求或市场进入的要求。技术标准对应的是一个技术集群,它往往决定了某一行业的技术路线,并最终决定企业产品的发展方向。

技术标准的实质就是对一个或几个生产技术设立必须符合要求的条件以及能达到此标准的实施技术。它包含两层含义:一是对技术要达到的水平划线,只有达到或超过此线才是合格的生产技术;二是标准中的技术是完备的,如果达不到生产的技术标准,可以向标准体系寻求技术许可,支付许可费就可获得相应的达标生产技术。

标准的扩展和实施过程就是标准化。国际知名的标准化专家桑德斯在1972年发表的《标准化目的与原理》一书中把"标准化"定义为:"标准化是为了所有有关方面的利益,特别是为了促进最佳的经济,并适当考虑产品的使用条件与安全要求,在所有有关方面的协作下,进行有秩序的特定活动所制定并实施各项规定的过程。标准化以科学技术与实践的综合成果为依据,它不仅奠定了当前的基础,而且还决定了将来的发展,它始终与发展保持一致。"标准化包括两个方面:一是发布和实施标准的活动;二是指标准化的重要作用是改善产品、生产过程和服务对于预定目标的适应性,消除贸易壁垒,以利技术协作。

(3) 通信技术标准。为了保证通信网的完整、统一、有效、先进和通信的顺利进行,对通信网、通信系统和通信设备在组网、进网、互联、互通中需要共同遵守的技术要求所做的统一规定即为通信技术标准。

通信技术标准具有全程、全网通用的特点。在进行通信科研、规划、计划、设计、生产、施工、运行和维护时,均应遵循有关通信技术标准,以确保通信畅通和顺利进行。

2. 标准的性质

(1) 标准使社会公共利益与私人利益融合在一起。标准是一个经济和产业的秩序,是一种公共产品,代表公共利益。标准可以促进产业、分工和贸易的发展。标准化是沟通国际贸易和国际技术合作的技术纽带。通过标准化能够很好地解决商品交换中的质量、安全、可靠性和互换性配套等问题。标准化的程度直接影响贸易中技术壁垒的形成和消除。因此,《世界贸易组织贸易技术壁垒协议》(WTO/TBT)中指出:"国际标准和符合性评定体系能为提高生产效率和便利国际贸易做出重大贡献。"

公共利益背后包含着巨大的私人利益。标准与专利本来是相互排斥的:标准追求公开性、普遍适用性,标准技术的使用更强调行业推广应用;专利技术实施的前提是获得许可,不允许未经授权的标准推广使用。因此,早期的标准化组织尽可能地避免将专利技术带入标准中。但是,到了20世纪90年代,一方面由于新兴技术领域的专利数量巨大,而且对标准的影响越来越大;另一方面,专利技术的产业化速度加快,产品在国家之间竞争加剧,使得技术标准的内容由原来的只是普通技术规范向包容一定的专有技术、专利技术方向发展,通过技术标准达到技术与产品垄断的趋势日益明显,技术标准迫切需要专利技术的加入来实现标准垄断的目的,因此专利开始影响标准化组织的管理理念。

在通信领域,技术标准包含着大量的私人专利。"私有利益"搭乘"公共利益"的便车,已经成为公认的事实。这样,标准又意味着技术壁垒和产业壁垒。标准对垂直链条意味着产业利益分配的工具,对横向竞争者意味着产品差异化的能力降低。标准包含知识产权,是公共利益和私人利益的融合物。

(2) 标准秩序、标准规则的平等性。标准秩序、标准规则对所有企业、产业或国家都一视同仁,从这个角度而言,任何国家都应该认同秩序和认同规则。但不可否认,具体的标准和规则对不同的国家意味着完全不同的损益。作为国际秩序和规则,世界知识产权体系的收益和成本在不同国家分配是不均衡的。世界银行 2001 年发布的《2002 年全球经济前景和发展中国家》研究报告指出:多数发达国家是 TRIPS 协议的受益者,其中美国受益估计为每年 190 亿美元;而发展中国家和少数发达国家是受损者。

8.1.2 标准和技术的区别

技术的思路,通过获取先进的技术完善自己的产品,从而打败对手。而标准的观点,通过建立自己的标准实现对外"赢者通吃",对内实现对产业和联盟的掌控。技术往往采用保密合同等方式保护自己,可以通过逆向工程的方法获取。但是,通过标准和知识产权战略,逆向工程获取的技术,也在受保护之列,这样技术受到严密保护、技术的收益发挥到最大程度。

标准无论在复杂度还是在交易规则上都比技术高一个层次;技术影响产品或者产品的某一方面,而标准影响整个产业。同时,标准不仅仅是技术的组合,而且是技术创新的框架和体系。标准的创新往往意味着国家创新体系的飞跃性发展。不掌握标准,国家技术创新体系将无法保持独立性,从而陷入依赖加深的恶性循环当中。表 8-1 所示为技术和标准的区别。

表 8-1 技术和标准的区别

项目	技术	标准
复杂程度	相对比较简单(研发和市场化)	相对非常复杂(研发、联盟、制定标准和推广)
产业层次	影响产品	影响产业
交易规则	通过商业秘密和合同法,以及知识产权保护	通过与标准结合,公共利益与私人利益纠合在一起,知识产权和各种协议保护
传播保护	技术可以学习和模仿	标准和知识产权受到法律的硬保护
竞争目的	通过技术实现产品竞争	通过标准控制产业的发展,直接出售知识产权
取代程度	技术容易寻找到替代品	标准往往难以被挑战,一旦进入就被锁定
影响对象	企业的技术	国家创新体系

资料来源:《新全球主义:中国高科技标准战略研究报告》,互联网实验室(Chinalabs.com),2004 年 7 月。

从技术层面上讲,技术标准体系中的各项技术标准,就是各项技术经认定后汇集成一个技术集合体从而能达到制造一个产品的目的。在这些技术中,专利技术是核心和重点。标准体系中的知识产权问题主要是专利权的问题,因而如何挑选出标准体系需要的专利,如何去获得专利许可,专利许可使标准体系如何管理,标准体系如何实现标准的对外许可等各项工作就是标准化工作的关键了。

8.1.3 通信技术标准的分类

1. 按层级分类的标准

（1）国际标准。**由国际标准化组织通过的并公开发布的标准为国际标准。**随着贸易的国际化，标准也日趋国际化。以国际标准为基础制定本国标准，已成为 WTO 对各成员国的要求。国际标准化，是指在国际范围内由众多国家、团体共同参与开展的标准化活动。目前，世界上约有 300 个国际和区域性组织，制定标准或技术规则。其中最大的是国际标准化组织(ISO)、国际电工委员会(IEC)、国际电信联盟(ITU)。ISO、IEC、ITU 标准为国际标准。此外，被 ISO 认可，收入 KWIC 索引中的其他 25 个国际组织制定的标准，也视为国际标准。

国际组织制定的标准化文献主要有国际标准、国际建议、国际公约、国际公约的技术附录和国际代码，也有经各国政府认可的强制性要求。对国际贸易业务和信息交流具有重要影响。其中，ITU 是世界各国政府的电信主管部门之间协调电信事务方面的一个国际组织，成立于 1865 年 5 月 17 日。ITU 现有 189 个成员国，总部设在日内瓦。一项提案从提出文稿到批准为标准至少需要两年，往后的 3~5 年需要对它进行不断地维护和完善。被批准为国际标准需要得到 189 个国家和 600 多个工业组织及众多厂商的认可。所以国际标准制订是涉及重大创新、知识产权、市场、开发的综合能力的体现。2016 年，中国华为公司主推的 Polar Code(极化码)方案，成为 5G 控制信道 eMBB 场景编码方案。这标志着中国通信在 5G 时代的话语权得到一定提升。2G 时代之前，中国既没有自己的移动通信技术和标准，也没有自己的移动通信产业。我国从 2G 时代的跟随者，到 3G 时代的参与者，再到 4G 时代的并行者直至 5G 时代成为领跑者，我国通信产业经历了一个厚积薄发的历程，这标志着我国在移动通信领域已经进入世界领先之列。

（2）区域标准。**区域标准是指世界某一地理区域内有关国家、团体共同组成的区域性标准化组织通过并公开发布的适用于一个区域的标准。**随着世界区域经济体的形成，区域标准化日趋发展。目前的区域标准化组织，如欧洲标准化委员会(CEN)、欧洲电工标准化委员会(CENELEC)、欧洲电信标准学会(ETSI)、太平洋地区标准大会(PASC)、泛美技术标准委员会(COPANT)、非洲地区标准化组织(ARSO)等。其中，欧洲电信标准协会是欧洲地区性标准化组织，创建于 1988 年。其宗旨是为贯彻欧洲邮电管理委员会(CEPT)和欧共体委员会(CEC)确定的电信政策，满足市场各方面及管制部门的标准化需求，实现开放、统一、竞争的欧洲电信市场而及时制订高质量的电信标准，以促进欧洲电信基础设施的融合。欧洲电信标准协会规定了第二代移动通信标准为 GSM，第三代为 WCDMA。

（3）国家标准。**国家标准是指由国家标准化主管机构批准，并在公告后需要通过正规渠道购买的文件，除国家法律法规规定强制执行的标准以外，一般有一定的推荐意义。**我国的国家标准由国务院标准化行政主管部门编制计划和组织草拟，并统一审批、编号、发布。我国的国家标准是指"对重复性事物和概念所做的统一规定。它以科学、技术和实践经验的综合成果为基础，经有关方面协商一致，由主管机关批准，以特定形式发布，作为共同遵守的准则和依据。"我国强制标准冠以"GB"，推荐标准冠以"GB/T"。国家标准的年限一般为 5 年，过了年限后，国家标准就要被修订或重新制定，以跟上世界同类标准的变化和适应人们生产生活的需求。因此，标准是种动态信息。

（4）行业标准。**行业标准是对没有国家标准又需要在全国某个行业范围内统一的技术要求制定的标准。**行业标准作为对国家标准的补充，当相应的国家标准实施后，该行业标准自行废止。我国的行业标准由行业标准归口部门审批、编号、发布，实施统一管理。通信技术行业标准过去由信息产业部现由工信部组织研究制定并批准发布，报国家标准化行政主管部门——国家技术监督局备案。

（5）企业标准。**企业标准是对企业范围内需要协调、统一的技术要求，管理要求和工作要求所制定的标准。**企业标准由企业制定，由企业法人代表或法人代表授权的主管领导批准、发布。我国的企业产品标准应在发布后 30 日内向政府备案。

2．按强制能力分类的标准

标准还可以按照强制能力分为强制标准和建议标准。一般保障人体健康、人身、财产安全的标准和法律、行政法规规定强制执行的标准是强制性标准。强制性标准以外的标准是建议性标准，又称为非强制性标准。但实际上，即使是建议性标准也具有很大的强制力，尤其当这种标准获得市场垄断地位的时候。

3．一般的分类标准

最广泛、最一般的分类标准是法定标准和事实标准。法定标准是政府标准化组织或政府授权的标准化组织设置的标准。它具有以下特点：(1)作为技术标准的方案并不一定是技术上的最优；(2)技术标准的采用具有路径依赖性特点；(3)由于用户的转换成本作用，技术标准往往被锁定。事实技术标准是单个企业或者具有垄断地位的极少数企业设置的标准，它的出现是新经济时代的一个重要特点，如图 8-1 所示。

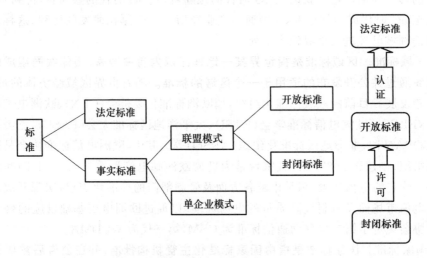

图 8-1　标准的分类

事实标准实质上是企业标准利用市场优势或有目的标准化工作逐渐发展为行业标准和国际标准。例如美国微软公司的 Windows 操作系统和思科公司的"私有协议"。

事实标准分为独家垄断模式和联盟模式。独家垄断模式，这类标准的特点就是厂商并没有追求标准化，也没有标准化管理机构和标准化的许可战略；标准的所有者、管理者和使用者三者统一。联盟模式往往意味着标准的所有者、管理者和使用者的分离。联盟标准分为开放标准和封闭标准。开放标准意味着标准对联盟外的成员授权、许可和开放;而封闭标准意味着标准不对外开放。封闭标准经过允许可变为开放标准,开放标准经过一定的标准化组织认定可发展为法定标准。当然,开放标准的程度和方式影响标准和标准的参与者。2002年10月30日,我国具有自主知识产权标准的TD-SCDMA产业联盟正式成立,大唐、南方高科、华立、华为、联想、中兴、中电、中国普天等8家知名通信企业成为首批成员。满足一定条件的企业都可以申请加入该标准组织。这也是目前的TD产业联盟。

4. 按专业性质分类的标准

按照标准性质,邮电通信标准大体可以分为技术标准、工程建设标准、维护标准、服务标准和管理标准。这五大类标准协调配合,构成一个完整的邮电通信标准体系。技术标准对通信网、通信系统(业务处理系统)和通信设备(产品)中,有关组网、成网、进网、互联、互通、互换以及满足使用要求而需要统一的技术事项所做的规定。

在通信领域,经过近30年的努力,我国的通信技术在传送网、业务网、接入网、支撑网、电信新业务与远程信息处理、多媒体通信等方面的标准化工作得到大幅度发展和完善,基本形成了一整套科学、完整的通信标准体系。工业和信息化部2016年仅前8个月发布的通信行业网络安全标准就达30项。这些标准化工作为我国通信发展做出了积极的贡献。

8.1.4 通信技术标准的作用

在国际贸易中,以关税为壁垒的贸易壁垒已经减弱,而以技术法规、标准、合格评定、认证等技术壁垒已成为多边贸易中最隐蔽、最难对付的一种非关税壁垒,构成了当今国际贸易中最棘手的问题之一。通信技术标准的主要作用为:

1. 节省交易成本

标准是产业标准化的产物,通过标准化,使得产业内部增进了兼容性或互联性,节省交易成本。这是标准的产业价值,也是标准中包含的公共利益。但是不同的标准,公共利益的含量和公共利益针对的对象是不同的。质量标准往往涉及消费者的利益,技术标准往往涉及产业的厂商。

伴随着产业的发展,产业分工和交易形式也会发生变化,催生新的交易形式和组织形式。标准一方面促进产业增值,另一方面节约交易成本。经济学家Hai Varian指出:"标准增进兼容性或互联性,通过扩大网络为用户产生更大的价值。同时,标准减少消费者面临的技术风险,这会加速技术的普及。"比如闪联标准,该标准是建立在TCP/IP协议之上,在更高一级实现不同的硬件和软件系统的统一,方便地将信息设备和传统的电器有效互联。通过该标准各种信息设备都能自动发现和互联,促进计算机等办公设备、家电设备和电信设备之间接口兼容和互联互通。

2. 易形成贸易技术壁垒和产业壁垒

WTO协议要求成员在贸易中消除关税壁垒。但是,发达国家出于对本国产业的保护,探索出环保要求、反倾销、反补贴、质量认证、技术标准等新兴的非关税壁垒。20世纪80年代以来,发达国家的非关税壁垒明显加强,而技术性贸易壁垒(Technical Barriers to Trade,TBT)已占到其中的30%以上。1999年以来,发展中国家通报的TBT数量超过发达国家。中国科技促进发展研究中心联合组织的一项调查显示,近几年我国有60%的出口企业遇到国外的技术壁垒,技术壁垒给我国带来的影响每年超过450亿美元,占年出口总额的25%以上。2002年我国有71%的出口企业、39%的出口产品遭到国外技术壁垒的限制,损失约170亿美元,相当于当年出口额的5.2%。上述各个数字分别比2000年上升了5个百分点、14个百分点、60亿美元及0.7个百分点。国外技术壁垒已经成为制约我国出口发展的最大障碍,使得我国相当数量的传统优势产品出口锐减,甚至退出国外市场。

3. 为标准所有者带来经济利益和控制他国产业

随着网络经济兴起和产品网络效应的增强,标准的重要性越来越大,因而技术壁垒更多地体现为标准壁垒。对技术和标准的垄断也就意味着对市场的垄断和对产业的控制。制定统一的技术标准和从事联合开发是行业寡头建立技术壁垒的重要手段。

标准是知识产权战略的高级形式,是打包出售自己技术的捷径。标准中包含知识产权。标准组织通过建立标准,将专利技术纳入标准体系内部。按照通常的"专利联盟"运作方式,一方面,采用标准就必须对其中的知识产权付费,这是标准的产权效应;另一方面,采用一个标准就必须采用标准涉及的全部专利,这是标准的捆绑效应。通过将自己的专利技术搭上"标准"的便车,技术拥有者成功地将自己的"私权利"包装到"公权利"中,同时通过"公权利"的力量将自己的"私权利"得到最大程度的推广和延伸。面对这种标准规则,来自后发展国家的新企业,要想进入这一行业就必须接受寡头企业制定的技术标准,接受这种不平等的分配关系,受制于跨国企业施加的控制,被牢牢固定在国际分工的低技术链条和附属地位上。

在通信行业,技术标准是竞争的最重要的前提条件。没有标准,就只能跟着别人制定的规则行事,并要不断地为之付出高昂的代价。2G时代,韩国的许多企业由于采用CDMA标准,并从高通购买芯片,再加上给高通的提成,几乎一半的利润都让高通拿走了。高通每年从韩国CDMA手机制造商手中收取5.25%的专利费用,并从制造商出口的CDMA手机中收取5.75%的专利费。这样,包括三星电子和LG电子在内的众多韩国手机制造商,每年必须向高通支付高达3万亿韩元(约合28.3亿美元)的专利费用。2001年,韩国甚至发生了7家移动电话制造商联合起来抵制高通芯片的事件。而在3G标准的选择上,韩国前两位运营商甚至都没有选择高通的CDMA2000标准,而是倒向了WCDMA。韩国谈下来的WCDMA授权生产,就需要向世界上200多个公司交纳专利费,占其销售额的18%。我国第一代模拟机大概发展了600万用户,当时从基站、交换机到手机都是从国外买的,一部手机价格高达5万~6万元,至少有2500亿元流进了国外公司的口袋。第二代通信技术的滞后,使我国在终端程控设备上投资的上千亿元人民币,大部分落进国外设备提供商思科、爱立信、摩托罗拉和诺基亚的腰包。

4. 标准内的企业竞争主要表现为价格战

标准通过兼容,将市场之间的竞争变为市场内的竞争。竞争者之间产品差异化大大降低,并从功能竞争转化为价格的竞争。厂家如果希望差别化,只能通过扩展功能来获取。核心的功能无法差异化,系统之间竞争变成组件之间的竞争,扩展的组件功能的竞争变成差异化的主要来源。如过去中国移动通信市场上中国移动与中国联通之间GSM网的竞争主要表现为价格战。

5. 减少不确定性

标准减少了消费者面临的技术风险,加速新技术的普及。拥有较多支持者的技术可以提高其可信度，形成良性循环。消费者一般都欢迎标准，在通信服务这类网络性产品或服务的消费中，他们可以享受最大的网络效应。在网络经济时代，"物以多为贵"，共享程度越高的东西越有价值。电话、HTML、XML 或 Internet、Explorer，如果只有一个用户使用，那它们的价值就是零；只有更多人的认可和使用，一项技术的价值才能得到最大程度的体现。造成"多"的最好方法就是符合"标准"。但是，标准化对消费者也有一些不利影响，最主要的是多样性的丧失：标准使一些消费者个性化需要得不到满足，使一种比较差的技术如QWERTY 键盘却得以流行使用。标准也会剥夺消费者享受标准之争中的渗透定价的好处。

6. 对创新的双重作用

(1) 技术标准战略和知识产权战略的融合对技术创新的推动作用。技术标准战略贯穿于新产品的研究、设计、开发、应用和产业化的全过程，对技术创新具有促进作用。大量的国际标准、国外先进标准和国家、行业、地方标准，是国内外专家经过长期试验、研究、讨论的结晶，是宝贵的技术成果，也是国际、国内公认的对产品质量的基本要求。企业充分了解和采用这些标准，可使产品的质量在国内外市场上具有竞争力，进而促进产品研发创新。对于有竞争力的企业来说，市场竞争的优势，在很大程度上是从知识产权保护中获得的。只有让企业的技术战略和知识产权战略有效融合，才能真正推动技术创新的发展，形成企业的竞争优势。例如，制造微处理器的"Inter 公司"通过从 IBM 公司获取许可证，制造了能被几乎所有 IBM 兼容机采用的微处理器，进而综合知识产权战略，确立了业界"标准"，迫使除 Apple 公司以外的每家公司都采用英特尔芯片，所有新机型的技术规范设计都围绕英特尔的标准进行，最终掌握了该领域技术标准竞争的主动权。

(2) 滥用技术标准战略和知识产权战略对技术创新的阻碍作用。从创新的角度讲，对知识产权保护不足和保护过度都会阻碍技术创新。保护不足，则其创新热情将会随其创新收入的减少而减少；保护过度，市场上涉及知识产权的产品的价格会上扬，产品的传播会受到阻碍，创新的成本会增加，因为创新本身离不开对前人和别人成果的借鉴。技术标准在许可中涉及知识产权的许可，而标准化组织或标准持有人有可能利用标准的优势从事垄断市场或滥用标准、滥用知识产权的行为。

8.2 标准和利益的分配

8.2.1 标准与企业利益

1. 标准使企业成为行业的主导者和利润的攫取者

从企业层面看，标准不仅是现代企业的竞争优势来源之一，而且是企业的经营战略战术选择。波特认为，企业的竞争优势不外是以较低的生产成本或与众不同的产品特性来取得最佳价值。企业处于快速变化的社会环境和社会网络之中，网络结构的一个基本问题是沟通和协调，而标准则是沟通和协调的基础。在"赢者通吃"（Winners Take All）的网络结构下，掌握标准的企业将会成为行业中的主导者和行业利润的主要攫取者。"一流企业做标准、二流企业做品牌、三流企业做产品"。许多跨国公司通过创造和制定隐藏着知识产权的技术标准和规则,迫使竞争对手成为追随者,从而控制游戏规则和市场竞争格局,如图8-2所示。

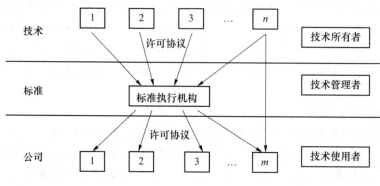

图8-2 标准、技术与产权

技术专利化,专利标准化,标准许可化是标准运作的主要形式。跨国企业成功地将自己知识产权塞进标准,通过运作标准达到出售技术的目的,是一流企业的战略。

美国高通公司(Qualcomm)总部一层大厅树立的专利墙,由1400个玻璃砖构成,每一块砖代表高通公司的一个核心技术专利。高通公司的影响力,就是这1400个专利已经占据的CDMA整个技术制式。在高通收入中,34%的比例来自专利许可费用。作为一家出售知识产权的公司,正是因为高通公司将自己1400多项技术全部申请专利,然后将这一套解决方案申请为国际通信标准,所以高通公司通过标准许可费用、产品专利费用、芯片等三种形式获取收入。按照高通公司的规定,全世界不管是生产CDMA系统设备还是手机的公司,都要交纳大约1亿元人民币的"入门费",才能进入这一行业。此外,生产厂家还必须购买高通公司的芯片。与GSM芯片价格相比,这部分费用高出30%左右。并且按销售额给高通提成。此外,为了升级支持芯片的软件,CDMA手机生产商每一次都要支付几十万美元的授权费。形成所谓"三重剥削"。高通公司是全球3G、4G与下一代无线技术的企业,目前已经向全球多家制造商提供技术使用授权,涉及了世界上所有电信设备和消费电子设备的品牌。4G时代,高通、三星、LG、诺基亚、爱立信是LTE关键专利技术最多的五大企业,其拥有数量如图8-3所示。

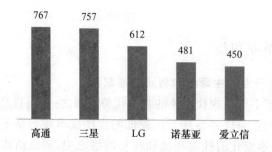

图8-3 4G标准LTE关键专利最多的前五大企业及数量

总之，在通信市场，一些跨国公司通过标准主导着通信市场的格局，主要靠专利许可获益，单纯产品收益已经退居其次。

2. 通过"专利联营"打包出售专利获取利益

伴随技术的进步，对于一个产品的技术集成度也越来越高，使得某一公司完全垄断一项产品全部制造技术的可能性越来越低，而更多的现实是几个大公司共同拥有制造一项产品的核心技术。

为了能生产出合格的产品，就需要这几个公司之间的技术交叉许可。随着公司的增加，核心技术的增加，公司间的双边交叉许可就会体现出效率低下的弊端，就需要几个拥有核心技术的公司将自己的专利技术共同"贡献"出来，进行一种"专利联营"(Patent Pool)，于是出现了技术标准和"专利联营"的模式。专利技术本身有公开的特点，获得授权的专利，都已经以专利文献的形式向社会公布，任何人都可以看到，但未经专利权人的授权是不能实施该技术的。技术标准正是充分利用了这一点，将有关的专利技术像专利文献一样在技术标准的技术方案中予以公布，同时声明权利人愿意在合理的条件下向任何有兴趣的人实施该专利技术许可，在专利技术的管理上，甚至可以设立专门的管理机构，实施专利技术的"打包"许可，一次许可几百个甚至上千个专利，这就是专利联营，这在现代技术标准中非常普遍。比如美国 Apple 公司，同 Compaq，Matsushita，Philips，Sony Corp. 和 Toshiba 六家公司在 1999 年建立一个"防火墙接口"的技术标准(标准的编号 IEEE1394)，其建立的专利联营中核心技术专利就有 1 394 个。

8.2.2 标准与产业利益

标准决定了产业今后发展演进的技术路线。专利影响的只是一个或若干个企业，标准影响的却是一个产业。在传统产业里，产品与专利往往是一对一的关系，即研制开发出一个产品，形成一个专利，因此，一个产品所能形成的专利技术十分有限。而在高科技领域，一个技术标准往往决定一个行业的技术路线，它所形成的技术思想，不但能够形成成千上万项专利技术，而且影响相关行业，使后来者只得沿着这条技术路线走下去，因此，技术标准制定者所获得的经济利益可谓"祖祖辈辈无穷尽"。在过去，产业演进的路径按照"产品化→标准化→产业生态"的发展阶段。今天产业演进更多地按照"标准化→产品化→产业生态"路径演进。

一个产业的诞生往往以标准制定为前提，标准决定产业发展，标准决定产业利益分配，专家称为"产业未兴，标准先行"。移动通信行业从 1G 到 5G 的演进历史充分说明了这一点，首先移动通信先确定技术标准，然后在此基础上再进行商业应用。

20 世纪 90 年代初，台湾宏碁集团董事长施振荣提出"微笑曲线"(Smiling Curve)的概念，用一个开口向上的抛物线来描述个人电脑制造流程中的各个环节的附加价值。如果把整个手机产业链进行分解，大致可分为标准开发商、芯片开发商、手机设计公司、生产商或组装企业、手机销售商和连锁商、售后服务商，直至最终的消费者。由此可以得到手机产业价值链的"微笑曲线"。同时，"微笑曲线"会随着生产方式的不同，其弧度也会有所不同。如果是贴牌生产，弧度就会变得异常陡峭，这也意味着其利润会进一步降低，如图 8-4 所示。

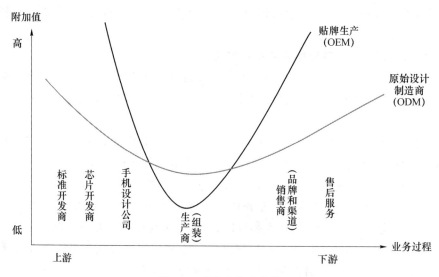

图 8-4　手机产业价值链

从产业层面看,标准竞争在很大程度上决定了产业领导权的兴衰。产业领导权即企业通过在产品或工艺技术、生产或营销方面领先于竞争对手而在该产业领域的世界市场上获得的优势和影响力。每个时代都有主导性技术。在主导性技术产业领域,通过标准竞争获得的产业领导能力可能转化为持久的产业"比较优势",进而影响上下游产业的竞争绩效。产业的结构和绩效会影响国家竞争优势。对世界民族国家工业化的历史研究表明,掌握了主导技术的国家都是那个时代的领先者。

8.2.3　标准与国家利益

标准是塑造国家竞争力的主要力量。标准设定带来新兴的产业机会,标准制定的过程是一个瓜分市场、利益分配的过程,也是为日后的经贸谈判添加砝码的过程。同时,标准也是塑造国家科技创新体制和科技竞争力的重要手段。当今的技术标准已不仅关系到技术问题,更关系到国家经济中的创新体系和经济活力。美国学者弗莱德·H. 凯特认为:"全球化和知识产权力量,与其说是在削弱国内法的效力和强制力,毋宁说是在通过另一种或更为基本的方式上对国家主权构成了挑战。"

目前,美国现有 55 种认证体系,日本有 25 种认证体系,欧盟内部已有 9 种统一的认证体系,欧盟拥有的技术标准有 10 多万个,德国的工业标准达 1.5 万种,日本有 8 184 个工业标准和 397 个农产品标准,仅在农药残留限量方面的标准就多达 6 000 多个。从国家关系和参与世界竞争的层面看,标准竞争决定了游戏规则的制定和与国际化接轨的利害得失。经济强势国家和国家集团依仗自己的实力地位,在国际经济活动中制定最有利于自己的游戏规则,积极抢占国际市场垄断地位,意在最大限度地保持经济优势地位并抑制弱势国家的发展。

让创造性的工作在一定的时间和范围内获得特殊的利益,本意是为了促进研发和创新投资,但是,如果专利权保护过度则会适得其反。另外,专利本身就是一种合法的垄断,而标准又是一种更加强烈的垄断,双重垄断叠加造成的权益很容易过多。在欧美设备商那里,技术标准与专利权结合往往以"专利陷阱"的形式出现——先把专利放进标准里,并且不公布专利授权方法和授权价格,当市场完全接受了该标准和相应的专利,已经离不开了,专利所有者就跑来漫天要价地索要专利。依靠这种"专利陷阱",欧美部分设备商榨取了高昂的专利费。比如中国的设备进入欧洲市场需要交纳的专利费高达37%。

过去的几十年,一直是欧美人的技术标准主导世界,因此欧美在知识产权上的政策也影响了世界的产业格局。但是随着中国经济的整体崛起,中国人创造的标准也开始走向全世界。比如在移动通信4G标准上我国拥有必要专利数已居世界第二,如图8-5所示。我国的TD-SCDMA、TD-LTE被国际电信联盟确定为3G、4G国际标准,华为公司主推的Polar Code(极化码)方案,成为5G控制信道eMBB场景编码方案。使得我国在移动通信标准这一前沿实现了从"追赶"到"并跑"进而到"引领"的重大跨越。

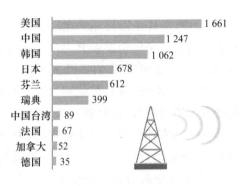

图 8-5 全球 4G 标准必要专利数排名
资料来源:国家实验研究院。

8.3 标准的锁定

8.3.1 锁定的含义

互联网、电子商务会大大降低交易成本,但同时又增加了人们的另一种成本,即转移成本。**当从一种品牌的技术转移到另一种品牌技术的成本非常高时,用户就面临着锁定(lock in)**。当一种技术或产品主导了市场,成为事实标准时,新技术(或产品)很难成功地被引进并取代原有的技术,即使新技术(产品)更先进。也就是说,市场被长期锁定在一种落后的旧技术上。**锁定的本质是人们未来的选择将受到今天选择的限制**。转移成本和锁定在信息通信产业中是很普遍的。

锁定可以通过产品之间的互补关系来设定,如售后服务与备件对大多数信息系统来说是必要的补充,它们可能全部或大部分由设备制造商来提供,你购买了A家的设备,就对A家的备件产生了依赖,就会面临转移成本。在美国、欧洲、日本和韩国,第三代无线通信网络就被锁定在由欧洲电信公司控制的WCDMA标准和由圣地亚哥的美国高通公司(Qualcomm)控制的CDMA2000标准上。

理解和处理锁定的最基本原理是在开始时就预见到整个周期。评估用户基数规模就是预测的一部分：通过计算用户在将来的价值，就可以决定现在应该对他们投入多少。

8.3.2 锁定与转移成本

1. 进入锁定周期的时机

锁定是一个动态概念，它取决于不同时间的投资和实现的需求。转移成本会随着时间推移而增长或萎缩，不会一成不变。假定存在一个锁定周期，"最容易进入锁定周期的时机是品牌选择点，就是顾客选择一个新品牌的时候。"①一个用户在第一次选择一个品牌时，对该品牌没有基于锁定的偏好。人们只是由于自己的选择而锁定。但是再次经过这个周期时，路就不那么好走了。

品牌选择后，接着是适用阶段，在这个阶段用户主动使用新品牌，并且利用各种优惠条件进行尝试。提供很诱人的优惠条件来吸引新顾客会产生一种危险：顾客可能会接受免费样品，但是今后不会花钱购买产品。试用之后，有些顾客便进入了品牌确立阶段。这时顾客已习惯了新品牌，并对这种品牌产生偏好，并且可能通过互补投资被锁定在这种品牌之中。品牌确立阶段到达高潮便进入了锁定阶段，这时转移成本就变得异常高了。此后又回到品牌选择点，这时顾客正在更换品牌，或者虽然没有重新选择，但是正在积极地考虑其他的品牌。与上一周期的同一点相比，顾客的转移成本要比第一个周期高。因为对于专门产品而言，一些供应商可能已经在这个周期中退出或失去能力了，如图8-6所示。

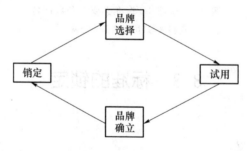

图8-6 锁定周期②

2. 锁定与转移成本的关系

锁定与转移成本呈正相关关系。**当用户从一个系统转换到另一个系统时不得不放弃在第一个系统中的投入和在第二个系统中必须进行的再投入，就是转移成本**。例如，当人们从一个信息系统转换到另一个信息系统时不得不放弃一大堆软件，甚至损失掉数据库，同时还必须重新接受训练，熟悉新软件的操作，有时，还不得不忍受中断的痛苦。经济学把这一类成本都归结为转移成本。当这种转移成本很高时，用户就面临锁定。

---

① ［美］卡尔夏皮罗（Carl Shapiro），哈尔瓦里安（Hal Varin）. 信息规则——网络经济的策略指导，中国人民大学出版社，2000年6月版，第116页。

② ［美］卡尔夏皮罗（Carl Shapiro），哈尔瓦里安（Hal Varin）. 信息规则——网络经济的策略指导，中国人民大学出版社，2000年6月版，第116页。

要认识到真正的转移成本的组成。互联网服务供应商需要估计它从一名新顾客中获得的收益流,以算出应该花多少钱来得到这名顾客。顾客的基数规模为顾客总价值。总转移成本是评估一个基数规模的关键。顾客的总转移成本为:

总转移成本＝顾客承担的成本＋新供应商承担的成本

信息产业中的产品具有很强的用户锁定效应,这是信息产品区别于传统的工业制成品的显著特征之一。多数信息产品都处于某个系统中,单件产品只有与其他产品相互配合才能发挥作用。因此用户在购买了某件产品之后,通常还要购买配套的硬件和软件,并且学习产品的使用方法,才能充分发挥其效用。此时,一旦用户向某种特定的系统中投入各种补充和耐用的资产时,就会产生锁定。这种情况在信息产业中是非常普遍的现象。锁定程度的大小与早期的投入,即转移成本有关。投入越多,则锁定程度越高。

3. 信息产品形成高转移成本的主要原因

(1) 信息产品或服务的系统性。由于传统的工业制成品往往是较为独立的产品,而信息产品则与之相反,信息从存储、运算到传输是一项系统工程,其中每个模块不能单独成立。用户一旦选择其中的一项产品,则不得不采用一系列可以与之相适应的硬件和软件。

(2) 数据交换的需要。用户本身存在与外界的数据或文本等信息交换的需求,由于这种信息交换往往采用同一种格式,从而使得任何一个用户都不能轻易地转换到另一种必须采用新的文本格式上去。例如微软公司的办公自动化软件,包括 Word、Excel 和 PowerPoint,这些软件都必须使用微软公司为其制定的相适应的文本格式,而用户如果改成其他办公自动化软件则无法和其他用户进行信息交换。

发达国家的生产商能非常有效地利用信息产品的这一特性来锁定用户。其运用的方式主要有以下几种类型。

① 设备报价非常低,但是附加有要求用户承诺将使用该生产商的维修保养服务的条件。

② 使用其拥有独立知识产权的软件、操作系统。由于许多国家和国际组织都承诺保护知识产权,使得用户无法对其购买的具有知识产权保护的产品进行修改,如果用户想要对设备进行改造,就只能通过该公司进行,用户想要在现有系统上搭载新的功能,就必须通过该公司。

③ 不断地对现有系统进行升级。如果用户已经安装了生产商原先提供的信息产品,那么生产商就会以系统升级为由,迫使用户不断地追加投资。微软公司的办公自动化软件就是一个很好的例子,从 Office 95 到 Office 2017,软件的性能并无多大改善,但是由于用户为了和外界进行文件交换,就不得不进行软件升级,因为旧版本的软件无法兼容新版本的文件。可以说,软件行业之所以推陈出新的速度极快,很大程度上是因为通过不断的升级,可以向被锁定的用户销售更多的产品。

(3) 网络的外部性。锁定与转移成本之所以如此凸显于信息时代,是与"网络外部性"联系在一起的。网络外部性是"新经济"与"旧经济"相区别的根本标志。旧经济指工业经济,其驱动主要是规模经济。靠规模经济来驱动,传统经济通常达不到主宰市场的垄断水平就耗尽了,因此,20世纪的西方市场大多是寡头市场,而不是垄断市场。"新经济"在规模经济之外再加上"网络外部性",这就会在需求方引起一种新的、更强劲的正反馈:如果别人全部使用了 Microsoft Word,自己也必然使用它。这是一种普及与价值上升之间的正向关系。它会导致成功者加速成功,失败者一再失败,从而产生垄断。"网络外在性"与锁定的关系是显然的:当 10 个人共同使用 Access 数据库语言编程时,每个人的精力投资与其伙伴的投资是互补的,在这种条件下,谁若第一个放弃这种语言,谁便会首先遇上不兼容问题,结果是集体被锁定。

4. 锁定的利弊

"锁定既可以是让人头痛的问题,也可以是巨大利润的来源,这取决于你是被困在房中还是拿着钥匙。"[①]无论是供应方还是需求方,都可以从锁定关系中寻找有利于自己的对策。

一个人、一个单位若被转移成本锁定在某种行为方式里,垄断所带来的种种问题便会出现:如一家公司选定了思科系统公司的技术,将会发现,更换一个不兼容系统的成本高得惊人,企业便会被锁定在思科的私人产品中,任人宰割。于是就会有反锁定。

在信息经济中,新企业要进入某一产业,首先得打破在位企业的锁定。于是,竞争的主要方式就是反锁定,而反锁定的主要途径有三种,一是降低转移成本;二是提高新系统的性能与效率;三是摧毁在位系统的效率。比如以"千年虫"来破坏现存信息系统的储存与操作能力。"千年虫"问题的出现,背后隐藏着巨大的商业动力:既有利于新进入者打破锁定,又为拥有降伏"千年虫"技术的信息系统公司提供锁定广大计算机用户的新手段。

8.4 网络型产业的市场结构与标准竞争

8.4.1 网络型产业的基本特征

狭义的网络型产业是指基于互联网的,从事如网络企业、电子商务,以及网络投资、网络消费等其他网上经济活动的产业。广义的网络产业除狭义的网络产业外,还包括诸如电话网、传真网、铁路网这样的有形网络,以及诸如 DVD 播放机与 DVD 碟片、计算机与操作软件这样的兼容系统为基础的,产品具有网络外部性的产业。网络型产业具有以下几个基本特征。

1. 网络外部性

网络外部性,是指网络形成的是自我增强的虚拟循环。当一种产品对用户的价值随着采用相同产品或可兼容产品的用户增加而增大时,就出现了网络外部性(协同价值)。增加了成员就增加了价值,反过来又吸引更多的成员,形成螺旋形优势。根据梅特卡夫法则,网络的价值以网络节点数平方的速度增长。网络的效益随着网络用户的增加而呈指数增长,网络对每个人的价值与网络中其他人的数量成正比。其价值表达式为 $n(n-1)$。

[①] [美]卡尔夏皮罗(Carl Shapiro),哈尔瓦里安(Hal Varin):信息规则——网络经济的策略指导,中国人民大学出版社,2000 年 6 月版,第 92 页。

网络外部性分为两种。**第一种是通过消费相同产品的市场主体的数量所导致的直接物理效果而产生的外部性,可称为直接网络外部性。第二种是随着某一产品使用者数量的增加,该产品的互补品数量增多、价格降低而产生的价值,可称为间接网络外部性。**

网络所具有的随着用户数量增多而价值提高的特性只能称为网络效应,因为当产品的市场价格已经充分反映了与外部性相关的成本和利润时,就不存在能称之为"外部性"的经济问题了,因为此时外部性已经完全内在化了。因此,得克萨斯州大学的 Liebowitz 认为,只有当这些网络效应没有被内在化的时候,才能把它们称为网络外部性。

如图 8-7 所示,假设你的产品处于曲线的中间部位,它将向哪个方向发展呢?这一部位既美丽又恐怖:在正确的时间向正确的方向稍微前进一点儿,成功便唾手可得,否则将一败涂地。

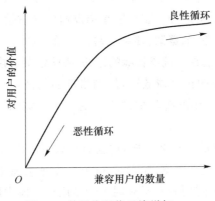

图 8-7　普及为网络经济增加

在网络型产业,消费者对很多产品的需求存在相互依赖的特征,他们消费这些产品所获得的效用随着购买相同产品或兼容产品的其他消费者数量的增加而增加。也就是说,一种产品的新的消费者可以给其他消费者带来正的外部收益,这实际上是需求方面的规模经济,经济学家把这种现象称为"网络效应"或"网络外部性"。网络外部性推翻了传统产品"物以稀为贵"的价值定理,使用越是普及,用户使用越多的产品就越有价值。

网络外部性使小网络几乎不可能发达。但是每个新网络都必须从一砖一瓦开始。对试图在市场中推出新的、不兼容的技术的公司来说,最大的挑战就是通过克服总转移成本——所有用户的成本的总和——来扩大网络规模。总转移成本是对当前的市场占有者最有利的力量。对潜在进入者和创新者来说最糟糕的是,转移成本的作用是非线性的。没有人愿意第一个放弃网络外部性,冒被孤立的风险。

2. 正反馈

当市场规模达到一定临界值时,需求方和供给方的规模经济会产生良性互动,从而会引发网络经济中的正反馈效应,使网络经济表现出与传统经济截然不同的经济规律——边际收益递增规律,并使市场竞争呈一种"赢家通吃"的态势,如图 8-8 所示。因而,需求方的网络外部性与供给方的规模经济并不是完全割裂的,两者之间存在相互作用、相互加强的内在机制,这种机制所引发的正反馈效应正是网络型产业的本质特征所在。

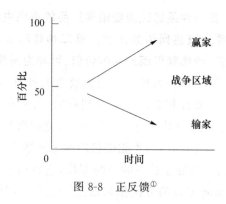

图 8-8　正反馈①

所谓反馈,是指将产出或系统过程的信息作为系统的投入,返回系统所导致转换过程和未来产出的变化。反馈有正负之分。**正反馈是指反馈信息与输入信息相同,反馈的结果加剧系统已经偏离目标(或平衡态)的运动,使系统趋向不稳定状态。负反馈则是反馈信息与输入信息相反,反馈的结果是反抗系统偏离目标的运动,最终使系统趋于稳定状态,实现动态平衡。**

第一,网络型产业中强的正反馈效应,使网络产品的产生、壮大和死亡的速度远远快于传统产业。微软公司在产业中的统治地位更多的是基于需求方的规模经济,微软公司奇迹般的增长也源于此。

第二,网络型产业中强的正反馈效应,往往会导致市场中只有一个赢家。在极端的案例中,正反馈会导致"赢家通吃"现象,也就是一个技术或企业击败了所有的竞争对手。如图 8-9 所示,横轴是产品 A 使用者在所有同类产品用户群体中所占的份额大小,纵轴是下一个潜在的用户购买 A 产品的概率,C 点对应的是使用者规模,一般称为临界容量(critical mass)。在收益递增的情况下,当产品所占的市场份额越过图中的 C 点后,由于正反馈的作用,下一个潜在用户购买 A 产品的概率就会越来越高,到最后 A 产品会完全主导市场,这种现象通常被称为"锁定"(lock-in)。②

3. 成本结构特殊

产品的成本可分为固定成本和变动成本。具有网络型产业的产品,在第一件产品的副本过程中需要投入大量的人力、物力、财力,故其第一件产品的副本非常昂贵,即其固定成本很高。而再生产后继产品时只是简单的复制,因此其生产的变动成本很小,从而导致固定成本和变动成本的差异巨大,其中固定成本的主要部分是沉没成本,即如果在生产第一份副本的过程中因故终止,那么这种成本就不可能收回,盈利就更无从谈起了。③

这类产品的边际成本也有其特殊性。例如:对于一个钢铁厂,其生产能力是有限的,当市场需求超过它的生产能力时,必定要想办法增加生产线或投资建立新厂。而对于网络型产业而言,如通信业、软件业,它的生产是没有容量限制的,即无论生产多少个副本,其成本也不会增加,故其边际成本是不变的。网络型产业特殊的成本结构,提高了市场的进入壁

---

①　卡尔·夏皮罗,哈尔·瓦里安:信息规则——网络经济的策略指导,中国人民大学出版社,2000 年,第 156 页。
②　Arthur Brain W:Increasing returns and new world of business[J]. Havard Business Review,1996:pp100～109.
③　何海燕,刘国新:基于网络外部性的产品竞争策略研究,科技与管理,2004(4):133。

垒,也使网络型产业具有某种自然垄断的特性。

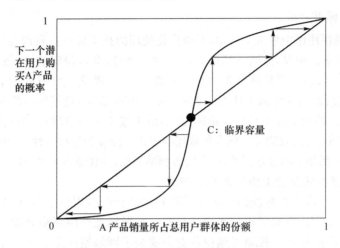

图 8-9 正反馈导致的"赢家通吃"现象

资料来源:谢伟.标准竞争的特点和信息产业.软科学,2004,Vol.18(4):10～11。

8.4.2 标准与网络型产业的内在关系

在网络经济学中,标准化问题是由网络外部性和产品兼容性引发的,因而也被狭义地理解为兼容性标准,如泰勒尔认为,标准是"选择一种对每个人都适用的特定技术"。标准与网络型产业具有如下的内在关系。

1. 标准增强了网络外部性和正反馈

标准增进了兼容性和互联性,使与标准兼容的产品网络中的用户无须经过任何格式上的转换就能共享数据和信息,提高了该产品给现有用户所带来的效用。于是更多的消费者会选择使用该产品,扩大了网络,也扩大了该产品的网络外部性,并进入一种良性的正反馈循环:一种标准之下的产品在市场上的份额越来越大,在用户中越来越普及,会吸引更多的制造商采用这一标准生产与该标准兼容的系统组件或者互补产品,这又进一步推动了产品的普及化和标准化,实现了标准化就意味着能达到规模化,从而使企业能降低平均成本,提高经济效益,供给方的规模经济与需求方的规模经济达到了良性互动。这使得网络型产业的市场中,企业控制网络最有力的工具就是标准。如果一个企业控制了标准,那么,它就有权决定谁可以与自己兼容,谁不可以与自己兼容。谁控制了标准,谁就控制了整个网络,如果厂商控制的是一个大网络,那么厂商也就控制了市场。

2. 正反馈使标准呈现"路径依赖"和"锁定"

由于网络产业的正反馈效应,市场最终选择的主流技术或标准往往取决于一个有限数量的最初使用者,具有这种特性的动态过程称为"路径依赖",即初始使用者的行为触发了一系列以后的使用行为,这种自我强化的正反馈效应将使得该标准最终能够达到较高的市场

规模,从而成为市场标准。因此,在每一种网络形成的初期,每个厂商都希望采用自己的标准,于是就会产生标准之战。

由于用户已经在使用中形成了习惯,对被广泛使用的技术标准进行改变,必然增加用户的转换成本和学习成本。所以,标准一经确立,用户都希望标准是稳定的,在技术升级过程中也能保持既有习惯。因此,许多软件开发商在开发新产品时,都兼顾已有的标准,如金山公司开发 WPS Office 的过程中,在界面设计上向 Microsoft Office 靠拢,迁就用户既有使用习惯。

当然,标准的这种稳定性也是有一定限度的,由于技术更新速度的加快,既定标准也存在着被新出台的更简单、更高效的技术标准所取代的压力。标准的这种特性,使得企业不论在领先还是落后的形势下,都要不断加强技术创新,完善标准战略,构建竞争壁垒,营造持续的竞争优势。

3. 标准竞争是网络型企业竞争的主要方式

根据网络型产业特征和标准的内在关系得知,规模越大,用户越多,产品越具有标准性,所带来的商业机会越大,收益呈现加速增长趋势。掌握标准是网络型企业竞争制胜的关键。于是,企业争夺标准提供者或控制者地位的竞争成为了网络型产业竞争的主要方式,可以称之为"标准竞争"。标准竞争又称为网间竞争、系统竞争①,是厂商基于不同的网络进行的竞争。与之相区别,如果竞争性的厂商在同一个网络内进行竞争,那么这种竞争就是常规的产品竞争,又称为网内竞争、组件竞争。标准竞争与产品竞争的关系,如图 8-10 所示。

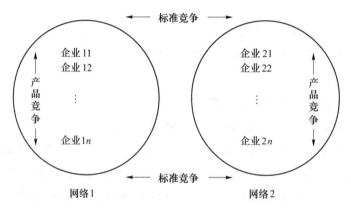

图 8-10 标准竞争与产品竞争

资料来源:卡尔·夏皮罗,哈尔·瓦里安,张帆译:信息规则——网络经济的策略指导.中国人民大学出版社,2000 年。

8.4.3 网络效应的供给与需求

信息通信技术(ICT)产业似乎存在一些传统经济理论无法解释的"市场失灵":市场或者在竞争中导向一种技术低效的标准上,或者长期锁定在一种低效率的技术或标准上。前者如家用录像机市场上,录像质量相对较差的 VHS 标准打败了质量更好的 Beta 标准;打字机键盘长期锁定在最初的"QWERTY"键盘设计标准上,虽然之后出现了更有效的键盘设计即"DVORAK"键盘,看上去效率较低的"QWERTY"却依然独步市场。导致市场无法选择

---

① Katz Michael L,Sharpio Carl. System Competition and Network Effects. Journal of Economic Perspectives,1994,8(2):pp93~115.

最有效率的技术或技术标准的原因在于ICT产业的"网络效应"。也就是说,网络效应使这些市场上的技术标准竞争表现出与传统市场不同的特征。

网络效应(买方规模经济)带来的最直接影响是正反馈。当某种具有网络效应的产品刚刚投入市场时,从用户的角度考虑,由于要面对前述不利因素,所以用户群必定很小。初期的用户大多数是技术爱好者和高收入者等对价格不敏感的人。此时市场容量的增长是一个相对缓慢的过程。然而,随着用户数增多,上述障碍将被逐步消灭,越来越多的人会从效益、利益示范中发现该产品是值得购买的。当用户数量达到某个临界容量后,该产品将正式进入大众市场,开始超常发展阶段,可见,能否在早期获得更多用户的支持,进入向上的正反馈,对于厂商具有重要的意义。这一具有网络效应产品的供给与需求的市场过程可用图8-11来表示。

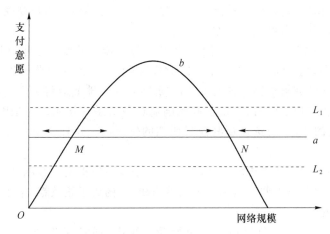

图 8-11 网络效应产品的供给与需求过程

资料来源:张晓峰,杨朝军.信息产业的经济特征分析,上海经济研究,2001(1)。

在图8-11所示中,a表示供给曲线,是一条平行于水平轴的直线,其高度为生产商的边际成本,也是厂商能够承受的价格下限。b表示需求曲线,为峰形曲线,它反映随着产品用户群规模的变化,新用户相应愿意承担的价格,即边际支付意愿。该曲线前半段的上升来自于网络外部性带来的用户边际支付意愿的上升;后半段曲线下降则是由于信息产品在上市之后竞争逐渐加剧,同时产品内含的技术逐渐过时,因此用户的边际支付意愿最终将会下降。图中供给和需求曲线有两个交点M和N,它们代表了用户边际支付意愿等于厂商价格下限的情况,是稳定的。加上O点,即产品完全不被接受的情况,共有3个稳定点。除此之外的情况都是不稳定的,具体博弈结构如下。

(1) 在O点到M点之间,用户的支付意愿小于必须支付的价格,可以说是吃亏的。此时吸引新用户加入相当困难,而老用户随时都有退出的可能。因此这一阶段对于厂商来说是风险最大的。

(2) 在M点到N点之间,用户的支付意愿大于应付的价格,也就是说从产品的购买中获得了额外收益。此时正反馈将促使越来越多的消费者踊跃加入用户行列,厂商因此而获得丰厚的回报。

(3) 在N点之后,由于竞争的加剧,新产品的出现,用户的支付意愿重新降到价格线以下,购买产品又成为不划算的事。产品市场由此开始萎缩,进入衰退期。图中M点所对应的用户规模就是前面提到的"临界点"。如果产品无法突破该临界点,那就只能退回到零供给、零需求的无市场交易点。从图 8-11 所示中还能发现下列问题。

第一,上述过程实际上是动态变化的。例如在某些行业(如传真机行业)产品的价格相当高,但随着时间的推移会逐步降低。如图 8-11 所示中的虚线 L_2 所示,临界点将变得越来越低。这样,即使初期用户数量增长并不显著,但是最终可能由于偶然的销售额波动,或者厂商的某次促销活动,用户规模终于超越了临界点。

第二,在 M、N 之间区段,用户的支付意愿大于现行价格,这给厂商一个机会,提高价格以获取更多利润。此时供给曲线上移到图 8-11 中的虚线 L_1 位置。用户由于仍能够获得额外收益,所以会继续使用产品,而厂商的利润将获得提高。不过这一行为也存在潜在风险,因为此时临界点也相应右移了,倘若价格升幅过猛,那么可能出现用户规模重新低于临界点的情况,这意味着正反馈有可能向反方向转变。

第三,当存在网络规模经济效应的时候,早期用户对产品的评价要比后期的用户低得多,因此卖方应该向他们提供更低(甚至低于边际成本)的价格作为补偿,这也就是通常所称的"渗透定价"。

第四,当市场规模突破临界点进入大众市场之后,正反馈效应将为厂商提供重要的竞争优势,在不断吸引新用户的同时,客观上起到削弱竞争对手的作用。这是因为,用户总是尽量规避有失败风险的产品,而选择那些前景明朗的供应商。这样竞争者就更难吸引到足够用户以步入正反馈。

"正反馈使强者更强、弱者更弱"。保罗·克鲁格曼明确指出:"在网络经济中,供给曲线下滑而不是上扬。"向上需求曲线遇见向下供给曲线,就构成了正反馈,它不是一种均衡的经济,而是赢家通吃的经济。

理性均衡的经济是一种负反馈:"在负反馈系统中,强者变弱、弱者变强,双方皆大欢喜";"这种此消彼长反映了负反馈的作用,市场找到一个平衡点,而不是走向单个公司主宰的极端"。在这里,均衡的本质不仅是供求相等,而且是指理性,即所有真实世界的供求,必须一元化地、集中化地、非个性化地以唯一理性的方式相等。凡均衡,必理性。

8.4.4 网络型产业的市场结构与标准竞争

市场结构描述了在市场上竞争的企业数量、特征和相互关系。传统经济学通常将市场结构定性地划分为完全竞争、垄断竞争、寡头垄断和完全垄断四种类型,而用市场内各个企业的市场占有率对市场结构进行定量描述,如赫芬达尔指数[①]。市场结构与市场行为密切相关,从短期考察,可以把市场结构看成既定的要素,从根本上制约市场行为。而市场行为的长期作用又会使市场结构发生变化,所以,在一个较长的时期内,市场结构与市场行为之间是双向的因果关系。根据网络型产业的内在属性,加之标准竞争行为的持续作用,网络型产业市场结构与传统的四种市场结构存在明显不同之处,总体上表现为一种竞争性垄断,其全新的特点如下:

1. 产品的差异是基于同一产业技术标准上的差异

产品虽然存在差异,但产品差异是基于同一产业技术标准之上的。一方面,这是因为技术发展存在路径依赖性。任何新产品的开发研制必须以技术演进过程中已产生的沉淀性技术为基础,而技术的不断累积将最终形成产业技术标准,从而有效减少产品创新的不确定

---

① 赫芬达尔指数 $= \sum S_i^2$。其中,S_i 是第 i 个企业的市场占有率,i 从 $1 \sim n$,n 为该市场企业的数目。

性。另一方面,技术应用具有系统性和兼容性。在互补产品之间、同一技术系统内的关联技术、并行技术之间,只有通过统一的产业技术标准才能实现互联互通和系统兼容,这也要求产品差异必须建立在统一的标准之上。

2. 垄断是技术主导的垄断

虽然仍存在垄断,但这一垄断是技术主导的垄断形态[①]。与传统垄断形态有所不同的是:

(1) 竞争性垄断市场的垄断主要源于技术创新所带来的技术垄断壁垒。这是因为由于风险资本的产生,在很大程度上消除了传统规模垄断的进入资金壁垒。

(2) 垄断地位并不持久。信息技术的迅猛发展和技术创新频率的加快,现有的垄断力量将不断地被新的技术创新所削弱甚至代替。

(3) 网络外部性在一定程度上促进了垄断,形成市场竞争中"强者越强、弱者越弱"的马太效应。

3. 企业的规模和分布具有新的特征

一方面,与垄断竞争市场相同的是,产业市场上存在为数众多的企业,还存在一些潜在竞争者,包括替代品生产者和潜在进入者,市场是可竞争市场[②],不存在严重的进入障碍;另一方面,竞争性垄断又与寡头垄断相似,竞争性垄断的市场上始终存在一两个技术领先者占据着市场的主要份额,他们拥有一定的垄断地位,有所不同的是,不断的技术创新将使垄断者随时都面临被替换的威胁。

综上所述,这种竞争性垄断与其他市场结构的比较,如表 8-2 所示。

表 8-2 竞争性垄断市场结构与其他市场结构的比较

市场结构类型	厂商数量	赫芬达尔指数	产品差异	垄断状况	市场进入
竞争性垄断	较多	0.2~0.7	存在同一产业标准之上的产品差异	存在垄断,但垄断地位不稳固	通过创新打破垄断,新企业不断涌现
完全竞争	很多	小于 0.2	产品完全同质	不存在垄断,企业是市场价格的接受者	市场没有壁垒,企业可任意进出
垄断竞争	较多	小于 0.2	产品存在差异	一定程度上存在对细分市场的垄断	市场比较容易进入
寡头垄断	几个	0.2~0.7	产品差别较少	寡头企业对市场及价格具有较大控制力	市场存在较高的壁垒,不易进入
完全垄断	一个	大于 0.7	产品单一,几乎没有相近的替代品	垄断者完全控制市场及价格	市场完全不能进入

资料来源:郑小平,胡碧玉,黄璐. 论市场竞争的新阶段——标准竞争的形成、市场结构及其特点. 西华师范大学学报(哲社版),2004(1)。

[①] 杨晓铃. 论技术垄断形态主导的市场结构的形成[J],南开经济研究,2000(1)。
[②] 可竞争市场是鲍莫尔等人(1982)所提出的,只要"市场进入完全自由"和"不存在特别的进入成本",市场就是可竞争的,仍能产生很好的生产效率和市场效绩。

8.4.5 标准竞争对网络型市场结构形成的作用

网络型产业中,在标准竞争中获胜的一方,正反馈可以转化为迅速地增长,形成一个良性循环;相反,失败的一方很可能陷入衰败的恶性循环中。因此,当两个或更多的企业争夺正反馈效应很大的市场时,往往只有一个会成为赢家,单个公司或技术击败了所有的对手,从而在市场上形成垄断。

对于不同标准之间的竞争,从某种意义上说,标准本身就是一种壁垒[①];对于同一标准之下的网内竞争,标准的控制者往往故意让小企业有很低的进入壁垒,小企业进入之后就不得不跟随其标准的发展,产生强烈的路径依赖,以致想退出却有很高的退出壁垒,最终被大企业所控制。

标准竞争虽然容易导致垄断的产生,但竞争并没有从市场中消失。由于标准的稳定性是有一定的限度的,随着技术更新速度的加快,既定标准也存在着被新出台的更简单而高效的技术标准所取代的压力,这种潜在的新旧标准之争不断威胁着垄断者。此外,同一标准之下的组件竞争更是从未停止过,每位生产者都要在遵守标准的前提下将自己的产品差别化,而由于这种差别化是有限度的,因此价格竞争也会非常激烈。

综上所述,网络型产业的竞争性垄断市场结构,正是标准竞争行为运行的环境,这种市场结构加剧了标准竞争的激烈程度,同时,每次标准竞争的胜负或妥协,都会导致具体市场结构的变化与重组。标准竞争一方面会产生垄断,另一方面又促使潜在的竞争威胁垄断者的垄断地位,使这种竞争性垄断的市场结构具有动态性。

1. 同代技术标准之间的竞争

技术标准竞争均衡的多样性和临界容量的存在使这一市场很容易表现出"一边倒"现象:市场中的不同技术标准在竞争时,没有实现临界容量的技术标准的市场地位是不稳定的,即使达到第一个均衡点,也是不稳定的,市场很可能导入负反馈,使该技术标准最终退出市场。而一旦用户规模达到了临界容量,市场的正反馈机制就会自动导向一个更大市场的稳定均衡,或者极大的市场优势地位。

一种技术标准处于负反馈或正反馈,取决于该技术标准的市场规模是否实现了临界容量。而技术标准能否实现临界容量,用户的市场预期非常关键:用户市场预期乐观的技术标准很容易实现临界容量,达到稳定均衡;而预期悲观的技术标准的市场逐渐萎缩。而影响预期好坏的关键因素又是技术标准现有的用户规模。这是一个自我强化的循环机制:乐观强化乐观,悲观强化悲观。

以移动通信市场 3G 为例,TD-SCDMA、CDMA 2000 和 WCDMA 虽然同为 3G 的国际标准,但由于路径依赖,大多数国家都沿袭 2G 的技术标准,继续采用欧美升级标准 WCDMA 和 CDMA 2000。因此,同代技术标准竞争的结果,世界上只有我国移动一家企业在运营 TD-SCDMA。我国移动虽然是世界最大的移动通信运营商,其所采用的技术标准也具有频谱利用率方面的优势,但却无法胜出。

因此,在同代技术标准竞争的市场,隐含着市场无效率的情况:因为在这一市场上,通常是市场规模大的技术标准,而不是技术先进的标准能够在竞争中生存下来。

---

① 任少林:网络经济下标准竞争战略研究.汕头大学,2001。

2. 不同代技术演进中的竞争

由于网络效应的存在,在信息通信产业的不同代技术演进竞争中也有一些市场失灵的现象,比如锁定效应和过度创新。

锁定效应使市场被长期锁定在一种落后的旧技术上。网络型产业的用户在做选择时,总希望其他人也做出相同的选择。可是由于对其他人偏好的信息不完全,没有用户能够保证在转向一种新技术的过程中其他人也会跟进。所以当新技术出现时,可能会出现即使所有用户更喜欢新技术也没有人转移的现象,于是市场被"锁定"在一种技术上,即使存在更好的技术。

而过度创新,指的是在某种技术或标准已经主导市场时,一种新技术或新产品也可能被过早引进。换句话说,市场过早转向一种新技术或新产品。比如,在计算机的 CPU 市场,从奔 2、奔 3 到奔 4,Intel 公司一次又一次地成功引进了新产品,而且引进的速度越来越快。

技术过度创新的出现与网络型产业的"停滞效应"及"企鹅效应"有关。"停滞效应"是指使用新一代技术的用户没有考虑他们给旧用户带来的成本。在他们选择了新技术之后,那些以前购买老技术的人就被抛在了原地,而且由于互补软件数量下降,旧用户的资本投资开始贬值。因此,当新技术被一些先行者采用了之后,后来的采用者会担心被抛弃或孤立,很少会继续采用旧技术,于是新技术对后来的采用者就变得更有吸引力,而同时旧技术的吸引力则降低了。

"企鹅效应"的原意是指"企鹅下水觅食时总是尽量走在后面,因为它们害怕有掠食者,希望其他企鹅先下水试探一下",它被用来描述每个用户都希望别人成为领头人,自己成为跟随者的现象。而一旦有人采用新技术,其他人将纷纷跟进。所以,当一种新技术出现并被一些先行者采用之后,由于企鹅效应的存在,其余的用户必然纷纷跟进,这就进一步加重了"停滞效应"。其结果就是新技术的无效率,即冲力过大,或者过度创新。

3. 政府干预的合理性

根据前面的分析,由于网络效应的影响,同代技术标准与不同代技术标准竞争都存在市场无效率的情况。当同时出现在市场的同代技术标准相互竞争时,网络效应使技术标准扩散过程出现临界容量效应和多种均衡特征,从而使市场出现"一边倒"现象:市场总是导向用户规模大的技术,而非先进技术。由于网络效应,用户的选择并不完全能体现自己的意愿,而是要受到先进入市场的用户选择行为的"挟持"。因而市场选择技术标准的结果常常伴随着无效率。

即使市场在同代技术选择时恰好选择了有效率的"先进技术"(可能是因为头一批用户正好选择了先进技术,后来的很多用户也随之跟进的结果),但随着时间推移,当更先进的新技术出现在市场上时,与这一曾经是"最先进"但现在已经落后的旧技术一起竞争时,由于新旧技术竞争的"企鹅效应"的存在,常常会导致市场长期锁定在一种"劣等"技术标准上。而在增长速度快的市场上,新旧技术竞争可能会由于"冲力过大"而导致"创新过度"的情况:新技术的所有者或创导者通过技术升级强迫用户使用它们所不需要的新技术。比如微软公司不断升级其操作系统和办公软件版本,一些本没有升级需要的用户出于与其他用户兼容需要不得不跟着升级。ICT 产业技术竞争的无效率现象的存在给政府干预这一市场提供了经济理由。

如图 8-12 所示为移动通信的技术标准和应用的升级。这里既有技术本身给人类带来的信息传输速率的提升和越来越广泛的应用,也有在国际范围内同代技术标准的竞争与不同代技术标准之间的竞争。例如,3G 时代在我国就上演了三个国际标准之间的竞争,4G 时代不仅是两个国际标准之间的竞争,更有 2G、3G、4G 不同代际标准的同时运营和 5G 商用前的试验。图 8-12 还勾勒出移动通信每 10 年一次的技术标准升级。这既有标准竞争的驱动,又有消费需求的推动:从传输速率的提升到场景应用的变化。

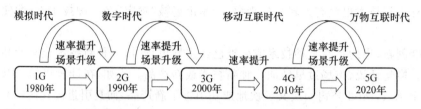

图 8-12　移动通信技术标准和应用的演进和升级

资料来源:招商证券.5G 行业分析报告,2017 年 8 月 17 日。

8.5　影响标准竞争的因素

如果市场上只有两个竞争对手参与标准竞争,竞争结果一般有以下几种可能:第一,独占均衡,即一种标准或技术独占市场,另一种标准被淘汰;第二,对称均衡,即两个标准共存,各自产品的市场占有率相近;第三,不对称均衡,即一种标准之下的产品占据了大部分的市场份额,另一种标准仅占少部分。① 对这些竞争结果产生重要影响的因素主要有以下几个方面。

8.5.1　用户基数

用户基数在网络型产业的技术标准竞争中起着非常重要的作用。一旦它到达某一关键数量,拥有该技术的企业就会通过自增强机制的作用成为产业的主导者。用户基数包括两部分:第一,已经采用了某一技术标准的在位用户;第二,现在尚未采用、但未来会采用某一技术标准的预期用户。

1. 在位用户

在位用户数量的多少是确立技术标准的基本条件,它对于理性的用户决定是否采用某一技术具有举足轻重的作用。在存在直接网络效应的情形下,在位用户的作用是显而易见的。例如,一个电话网络中的已有用户越多,意味着加入这个网络就能够与更多的人通话,相应获得的效用也就越高。在存在间接网络效应的前提下,现有的在位用户数量越多,就意味着与现有硬件产品相配套的软件产品的需求量越大,相应地就会有众多的供应商积极为其开发多种高质量的配套产品。同时,相关配套产品的生产存在规模经济和学习效应,更大

---

① 李波.基于网络效应的标准竞争模式研究.浙江大学,2004。

的用户基数往往意味着相关产品成本的不断降低,因而也会增加消费者剩余,进而吸引更多的用户加入。一个产业早期的在位用户往往是某种特定技术的明显偏好者,对不同技术之间的差异有着较强的感知;同时,技术以外的因素,如企业的品牌声誉、促销策略、产品包装、用户培训等也是吸引早期在位者的重要原因。

2. 预期用户

预期用户数量对于技术标准的确定来说,往往比现有在位用户数量的作用更强大。一种标准即使已有的在位用户数量较大,但是如果其发展不被看好,那么它还是很难被潜在用户采纳。因为用户在采纳了一种技术标准的同时,也是在进行一系列专用性资产的投资,重新转换标准的成本很高,亦即存在锁定的风险。在这种情况下,消费者必然会依据各种信息,对不同技术标准未来发展的网络规模进行预期,选择预期规模最大的网络加入,以规避风险,获得更大的网络收益。而且更高的预期用户数量,本身也预示着相关配套产品发展的潜力更大,在配套产品的可获得性、价格水平和质量方面的表现更优。当然,消费者在预期某一标准未来用户的数量时,往往是以在位用户数量为基础的,或者说,这是一种适应性的预期。

在存在网络效应的市场,产品或技术的基数是重要的,因为未来消费者的选择将影响现在消费者的收益,因此,当消费者在采纳一种技术的时候,他必然对未来消费者的选择形成一种预期。当他预期未来消费者采纳某种技术时,他也将采纳该种技术;当他预期未来的消费者不会采纳某种技术时,该技术也将不会被他采纳。消费者的预期决定着技术或标准的采纳。

3. 消费者偏好(一个简单模型)

在存在网络效应的产业中,技术标准的竞争是非常激烈的,结果通常会出现"甩落"(Tipping)——一种技术标准会把竞争者的其他技术标准淘汰出市场,即所谓的"赢者通吃"。Besen 对 FM 与 AM 收音机的研究(1992 年)、Farrell 和 Shapiro(1992 年)对彩色与黑白电视机的研究都证明了这一点。这里可以用一个简单的模型作一般化的说明。

第一,假定在产业发展的初期存在两个企业,分别开发并使用 A、B 两种竞争性的技术为用户提供相同或相似的产品或服务,如中国移动通信领域中的 TDD-LTE 和 FDD-LTE 标准、数字电视领域中的 DVB 制式和 ATSC 制式。为简便起见,假设利用两种技术所生产的产品价格相同。

第二,假定用户并不是同质的,而是分为偏好不同的 a 和 b 两种类型,其中 a 类用户偏好标准 A,b 类用户偏好标准 B。我们用 U_{aA} 表示即使在没有其他用户采用 A 技术的情况下,a 类用户采用技术 A 也能得到的效用,这一效用也被称为"单独效用";U_{bB} 表示 b 类用户购买技术 B 所得到的单独效用。为更清楚地说明问题,我们假设 a 类用户对技术 B,b 类消费者对技术 A 都不存在单独效用,即 $U_{aB}=0, U_{bA}=0$。

第三,假定两类用户都偏好用户基数大的技术,因为更大的用户基数意味着更大的网络效应。令 N_A、N_B 分别表示 A、B 两类技术的用户基数(也就是两个网络的规模),则两个网络对用户产生的网络效用分别为 μN_A、μN_B。其中,$\mu > 0$,它表示网络效应强度,也就是网络的用户基数每增大一个单位为用户所带来的效用增加量,μ 越大,表明网络效应越强烈,产业的网络化特征越强。

给定上述假设，a,b 两类用户分别采用 A、B 两种技术时，所获得的效用水平是不同的，如表 8-3 所示。利用该表，可以对网络化产业中技术标准竞争的几种可能的均衡结果进行分析。

表 8-3　a、b 两类用户分别选择 A、B 两种技术时的收益矩阵

	标准 A	标准 B
用户 a	$U_{aA} + \mu N_A$	μN_B
用户 b	μN_A	$U_{bB} + \mu N_B$

如果 $U_{aA} + \mu N_A > \mu N_B$，即 $N_B - N_A < U_{aA}/\mu$，同时，$U_{bB} + \mu N_B > \mu N_A$，即 $N_A - N_B < U_{bB}/\mu$，那么，a 类用户将选择 A 标准，b 类用户将选择 B 标准，A、B 两种技术将同时在产业中并存。

如果 $U_{aA} + \mu N_A < \mu N_B$，即 $N_B - N_A > U_{aA}/\mu$，也就是 $N_A - N_B < -U_{aA}/\mu$，那么 B 技术将成为产业技术标准，A 标准被淘汰，a、b 两类用户均采用 B 标准。

如果 $U_{bB} + \mu N_B < \mu N_A$，即 $N_A - N_B > U_{bB}/\mu$，那么 A 标准将成为产业技术标准，B 标准被淘汰，a、b 两类用户均采用 A 标准。

上述分析的三种结果如图 8-13 所示。横轴表示用户顺序进入市场，纵轴表示标准 A 与标准 B 之间用户基数的差异。在这种差异比较下，限于区间 $[-U_{aA}/\mu, U_{bB}/\mu]$ 内时，每一类用户都会选择使用他所偏好的技术标准；但是，一旦超出这个区间，每类用户都会选择用户基数更大的一种技术标准，以获取更大的网络效应，而另一种网络效应较小的技术标准则被淘汰出局，这样，就出现了"甩落"现象。

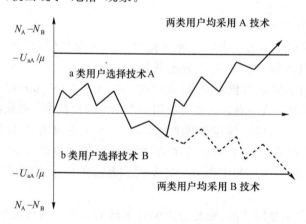

图 8-13　网络化产业中标准竞争的三种可能结果[①]

通过上述分析，可以看到，在存在网络效应的条件下，随着时间的推移，一个产业最终会选择单一的一种技术标准，并且锁定在该标准上。这一点对于产业中参与竞争的企业来说具有十分重要的意义。因为"赢者通吃"的规律告诉我们，哪一家企业的技术标准被确立为整个行业的标准，这一企业就将通过控制技术标准而控制整个市场，从而在较长一段时期内获取持续的利润。除了直接的经济利益外，确立了技术标准也就等于制定了产业的游戏

---

① Katz Mchael L, SharPio Carl. Network Externalities, Competition, and Compatibility. The American Economic.

规则,尤其在信息通信产业这样的高技术产业中,企业暂时的市场领先或技术完善是远远不够的,如果遵循的是由其他企业确立的技术标准,那么在技术生命周期的快速更迭中,这种"领先""完善"很快就会成为历史,企业将跟随在标准制定者的后面疲于奔命。而控制了产业标准的企业,实际上成为游戏规则的制定者,在很大程度上掌握了产业发展的节奏和方向,面对不断的技术变化,往往处于游刃有余的位置。在这方面最突出的例子就是芯片行业的 Intel 和计算机操作系统产业中的微软。

正因如此,做标准的制定者已经成为许多企业,尤其在具有较强网络效应产业中的高新技术企业的首要目标。但是,技术标准竞争也有很大的风险,一旦企业在这场竞争中失败,则意味着企业不仅要退出该产业或接受获胜者的标准而在产业中扮演跟随者的角色,而且开发技术所投入的大量前期投入也将变为沉没成本,将因此而蒙受巨大的损失。因此,制定合理而有效的技术战略,对于网络化产业中的企业具有极其重要的意义。

8.5.2 兼容性

标准的兼容性指的是不同厂商所生产的产品或服务在技术上的相互融合程度。

从兼容的方向上来看,兼容可以是单向的,也可以是双向的。所谓的单向兼容指的是一个企业的产品或服务可以与其他企业的产品或服务共同使用,而其他企业只能使用自己的产品或服务。可见,单向兼容扩大了前者的用户基数,后者的用户基数不变。而双向兼容指的是不同企业之间的产品和服务可以交互使用,即不同技术的用户基数都增加了。

从兼容的程度上来看,又可以分为完全兼容和部分兼容[1]。在完全兼容的情况下,不同技术的客户群体实质上处于同一网络之中,或者说,不同技术的用户基数都是相同的,是各种不同技术自身用户相加之和。部分兼容则对兼容的程度施加了一定的限制,各种技术的用户基数大于本技术自身的用户数,但小于各种技术自身用户数之和。

从产业链的角度,兼容又可分为纵向兼容与横向兼容。纵向兼容是指主导厂商将自己的专有技术授权或开放给其他的独立制造商,使他们在自己的标准平台上提供兼容的互补产品,从而扩大自己标准内的用户基数,获得正反馈的临界容量(critic mass)。但这样的兼容也引入了竞争,削弱了厂商自身的纵向扩展能力。横向兼容指的是将自己的技术与竞争对手兼容,使自己的产品与竞争对手的产品(互为替代品)能够互联互通,也可以在一定程度上扩大用户基数,但这种兼容实质上是一种妥协,不仅失去了获得垄断的机会,还面临着成为附庸的风险。

兼容性会对网络用户基数的大小产生影响,进而影响技术标准的竞争结果。在网络型产业的竞争中,由于技术兼容决策问题而导致厂商不同命运的案例屡见不鲜。例如:由于Apple 公司拒绝向独立软件开发商开放自己的技术,最终在与 IBM 公司的竞争中败下阵来。1987 年 IBM 公司最初推出 MCA 微机的 18 个月期间,由于采取排他性的市场策略使得MCA 市场份额裹足不前,而当 1989 年 IBM 公司将这一技术免费向其他厂商开放时,才重新赢得市场[2]。但另一方面,开放标准也可能面临对其网络失去控制权的风险,例如 Sun 公司把 Java 技术授权给尽可能多的厂商,最后导致过度的竞争甚至技术控制权的旁落。

---

[1] Freeman C. Networks of Innovators: A Synthesis of Research Issues[J]. Research Policy, 1991.
[2] Hiroshi Ohashi. Network externalities and consumer welfare: home video cassettes recorders in the U. S1978—1986. [working paper]SUNY at Stony Brook, 2001.

由此可见,具有专有技术的厂商在制订其技术标准的兼容决策的时候存在两种效应:一种是正向的网络外部性效应,即在该标准中引入另一兼容性的厂商将增加该标准内在位厂商的用户基数,使采用该标准产品的消费者效用增加,从而主导厂商也将获得更大的市场份额;另一种效应是标准内的竞争效应,即主导厂商不仅要与不兼容的技术标准相竞争,还要与标准内兼容性的跟随厂商展开竞争。因此,具有网络外部性效应的市场具有"合作竞争"的产业特征,每一技术标准的主导厂商在引入兼容性的跟随厂商时将面临"两难"问题。

8.5.3 价格

价格水平在决定哪种技术标准将会胜出的过程中也发挥着重要作用。在其他因素既定的情况下,更低的价格必然意味着更大的消费者剩余和更强的采纳意愿,进而产生更大的用户基数。尤其需要指出的是,网络化产业比其他产业的需求价格弹性更大,这也意味着进行低价渗透的效果也更明显。即使两种技术的价格相同,但实际上不同的厂商往往有成本结构、不同的定价策略,这也会对用户的选择产生重要影响。

网络型产业中产品降价的效果如图 8-14 所示,在价格为 P_0 时,市场需求量为 Q_0。当价格降低到 P_1 之后,在非网络型产业中,需求量将沿需求曲线 D_1 增加至 Q_1,但是在网络化产业中,较低的价格吸引更多的用户加入之后,构成了更大的用户基数,这会产生正反馈效应,进而吸引更多的用户进入,使得需求量沿需求曲线增加至 Q_1'。低价渗透的效果比其他产业更明显、更强烈。

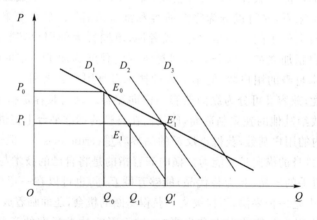

图 8-14 网络型产业中产品降价的效果[①]

8.5.4 政治力量

虽然在市场经济中政府的职能只是维护市场公平竞争的环境,政府作为国家的行政机关,一般不介入严格意义上的市场活动,但是网络效应所产生的市场结果可能并不是社会最优的,市场竞争的结果可能会使市场锁定在一种较劣的技术标准上。此时,政府就有必要进行干预。

---

① 王生辉,张京红. 网络化产业中的技术标准竞争战略. 科学管理研究,2004,Vol.22(2):48-49。

一方面,在标准竞争中,当企业的技术力量和市场力量都不占优时,企业可以通过商业政治手段,改变标准竞争的格局。一种标准一旦取得政府的支持,就可能很快发生正反馈效应作用,使市场需求不断向这种标准的产品集中。如微软公司通过捆绑 IE 和漫长的诉讼程序拖垮了网景公司,爱立信和诺基亚公司通过游说欧洲政府采用 GSM 标准打败了具有庞大市场力量的摩托罗拉公司和具有更先进技术 CDMA 的高通公司。

另一方面,政府可以采取措施和手段扶持国内企业进行研究开发具有自主知识产权的技术标准,支持企业参与国际标准竞争,使本国的标准在国际上获得有利地位,从而带动本国相关产业的发展。美国和欧洲关于移动通信业的 1G 和 2G 的标准之争超出了企业或企业联盟的控制范围,这主要表现在政府在标准之争中并没有袖手旁观而是通过出面协调标准的制定,通过贸易谈判为国内公司开拓海外市场等参与手段,为国内标准的发展争取了更多的机会。

政府可以以三种不同身份干预市场:消费者、组织者和监控者[1]。作为消费者,政府可以通过采购方式支持特定的标准。在网络条件下,用户基数是一个标准能否在竞争中胜出的首要条件。作为大客户的政府,通过自己的采购行为,不仅使该标准的基础得以确立,而且可以影响其他消费者的信心和预期,对推动特定技术标准成为事实标准产生举足轻重的效果。作为组织者,政府可以通过官方的标准化组织协调各种标准之间的竞争关系。通过建立标准联盟整合资源,防止"内讧"和过度竞争。而作为市场监控者的政府可以运用如下政策。

1. 竞争政策

竞争政策目的是维护市场秩序,保护创新和竞争环境。虽然标准化有许多积极作用,如保障安全、便利交流、扩大规模经济等,但是,标准形成后也可能阻碍创新、形成垄断、限制竞争、减少消费者选择。这就需要相应的规制,比如资源共享、开放接入以及限制在位企业滥用市场势力等。作为发展中国家,特别要防止国外强势企业利用标准优势建立和扩张市场势力。

2. 知识产权政策

知识产权是标准竞争的关键因素。知识产权既可以鼓励创新,也可能保护先行者的垄断权利,而且知识产权常常成为发达国家企业对发展中国家"掠夺"的重要工具。许多研究表明,对于研发能力一般、专利获得不多的发展中国家来说,按照发达国家标准实施严格的知识产权保护政策无疑是下策。因此,发展中国家建立强度适中的知识产权保护体系,既有利于激发创新,又有利于国内企业在学和模仿中前进。

3. 产业政策

制定产业政策扶持企业的研究开发能力,是实现国家竞争优势的必由之路。无论发达国家还是落后国家都在实施产业政策,只不过形式不同而已。如日本的半导体和韩国的汽车工业,欧盟的航空业,美国的半导体和计算机业及其产业标准的确立都离不开政府产业政策的支持。

标准竞争中,政治力量可能是最大的变数,当企业的技术力量和市场力量都不占优时,企业可以通过商业政治手段,如获得政府默认的违反《反不正当竞争法》的行为、直接游说政府颁布法定标准,从而改变标准竞争的格局。这些商业政治行为对于我国企业在运用上还

---

[1] 毛丰付. 标准竞争与公共政策,南京政治学院学报,2005,vol.21(01):61。

不够熟练,但在最标榜自由竞争的欧美国家却一直是大行其道。因此,标准竞争的关键取决于企业所拥有和能利用的各种资源,合理整合竞争资源将成为取得竞争优势的关键。

关键概念

技术标准　通信技术标准　锁定　转移成本　网络外部性　正反馈　负反馈

思考题

1. 简述电信技术标准的内涵。
2. 标准的作用是什么?标准与技术的区别说明了什么?
3. 什么是锁定?转移成本与锁定有怎样的关系?
4. 信息产品形成高转移成本的主要原因有哪些?
5. 网络型产业的基本特征有哪些?
6. 标准与网络型产业的内在关系是怎样的?
7. 标准竞争对网络型市场结构形成有哪些作用?
8. 影响标准竞争的因素有哪些?

第 9 章 国际通信服务贸易的新发展

随着信息通信技术的融合发展和广泛应用,通信服务贸易在全球范围内迅速增长,除早期的通信服务贸易外,逐渐出现数据贸易、电子商务、软件服务外包等,催生出一系列通信服务贸易的新形式。基于此,本章对国际通信服务贸易近年来催生出的新兴模式:软件贸易、数据贸易、信息技术服务外包等进行一定的探讨与阐述,力图把握住当前国际通信服务贸易发展的新趋势。

9.1 数据国际贸易

数字经济时代,数据成为新的关键生产要素。数字经济与经济社会的交汇融合,特别是互联网和物联网的发展,引发数据爆发式增长。数据每年增长50%,每两年翻一番。迅猛增长的数据已成为社会基础性战略资源,蕴藏着巨大潜力和能量,有着重要的价值。20世纪90年代以来,数字化技术飞速发展,如今人类95%以上的信息都以数字格式存储、传输和使用,同时数据计算处理能力也提升了上万倍[1]。2016年,全球大数据硬件、软件和服务整体市场增长22%,达到281亿美元,让大数据成为技术领域更具吸引力的领域之一[2]。

9.1.1 数字经济与数据

1. 数据是数字经济的基本单元

目前,网络空间正日益发展成为与传统物理空间同等重要的平行空间,它的客观存在基础是以数据为基本元素的网络信息系统。数据已然成为信息技术与网络空间得以存在与发展不可或缺的物质性基础要素。数据是记录认识主体对认识对象之主观反映的信息载体。数据的特征表现为数据建构网络空间、数据电子化与传播无国界以及数据资源共享性等多个方面。尽管很多电信运营商已经开始着手向数字化服务提供商转型,但是,面临技术周期、竞争对手行动以及客户需求等领域不断加速的转变,整个电信业仍面临一系列挑战。

数字经济是以数字化的知识和信息为关键生产要素,以数字技术创新为核心驱动力,以现代信息网络为重要载体,通过数字技术与实体经济深度融合,不断提高传统产业数字化、智能化水平,加速重构经济发展与政府治理模式的新型经济形态。数字经济包括数字产业

---

[1] 中国信通院. 中国数字经济发展白皮书. 2017年7月.
[2] Wikibon. 2016年全球大数据整体市场达281亿美元,增长22%,2017年3月22日.

化和产业数字化两大部分,如图 9-1 所示。一是数字产业化,也称为数字经济基础部分,即信息产业,具体业态包括电子信息制造业、信息通信业、软件服务业等;二是产业数字化,即使用部门因此而带来的产出增加和效率提升,也称为数字经济融合部分,包括传统产业由于应用数字技术所带来的生产数量和生产效率提升,其新增产出构成数字经济的重要组成部分。

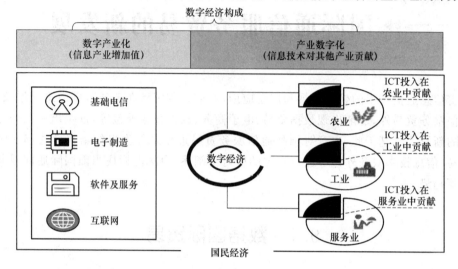

图 9-1　数字经济构成

资料来源:中国信通院. 中国数字经济发展白皮书.2017 年 7 月,第 4 页。

数字经济能够降低实体经济成本、提升效率、促进供需精准匹配,使现存经济活动费用更低,并激发新业态、新模式,使传统经济条件下不可能发生的经济活动变为可能,推动经济向形态更高级、分工更精准、结构更合理、空间更广阔的阶段演进①。在数字经济中,"关键生产要素"包括数据、数字技术、综合信息基础设施等。

数字技术具有基础性、广泛性、外溢性、互补性特征,将带来经济社会新一轮跨越式发展和变迁,推动经济效率大幅提升,引发基础设施、关键投入、主导产业、管理方式、国家调节体制等经济社会最佳惯行方式的变革。如伴随互联网与电信技术的快速发展与融合,互联网企业、电信运营商和手机终端设备产业出现跨界竞争现象,移动互联网使互联网不再被办公场所限制,深刻改变了人类的生活方式。数字经济技术范式具有三大特征:数字化的知识和信息是重要的经济要素;数字技术有非常强烈的网络化特征;数字技术重塑了经济与社会。

2. 数据是数字经济的关键生产要素

历史经验表明,每一次经济形态的重大变革,必然催生出新的生产要素。如同农业经济时代以劳动力和土地,工业经济时代以资本和技术为新的生产要素一样,数字经济时代,数据成为新的关键生产要素。数字经济与经济社会的交汇融合,特别是互联网和物联网的发展,引发数据爆发式增长。数据每年增长 50%,每两年翻一番。迅猛增长的数据已成为社会基础性战略资源,蕴藏着巨大潜力和能量。数据存储和计算处理能力飞速进步,数据的价值创造潜能大幅提升。人类社会逐渐由工业文明时代走向信息文明时代,如表 9-1 所示。

---

① 中国信通院. 中国数字经济发展白皮书.2017 年 7 月。

当今全球进入网络和数据驱动经济社会创新发展的数字经济时代,基于数据的商品和服务的全球化趋势在最近十年的全球化发展历程中得到显著的体现。根据麦肯锡全球研究院(MGI)的研究,数据流动对全球经济增长的贡献已经超过传统的跨国贸易和投资,不仅支撑起包括商品、服务、资本、人才等其他几乎所有类型的全球化活动,同时也在发挥着越来越独立的作用。随着数据的资源价值逐渐得到认可,数据交易的需求不断增加。

表 9-1 文明演进与科技革命

	文明演进与科技革命	主导性技术群落	关键性生产要素	标志性产业/设施	创新性经济模式
工业文明	蒸汽革命(约1760—1840年)以蒸汽机的发明/商用为标志,农业文明向工业文明的转型阶段	蒸汽动力技术及相关机械制造技术	棉花、煤炭、生铁等	纺织、机械制造、运输等新兴产业;蒸汽动力的海陆交通网	工厂经济模式。机器取代传统手工生产,劳动密集型,工厂成为经营主体,依靠经验管理
	电气革命(约1870—1930年)以电灯、汽车、飞机的发明/商用为标志,工业文明基本形成阶段	内燃机技术、电力技术及电磁通信技术	钢铁、电力等	电力、钢铁、汽车等新兴产业;海陆空交通网,电话、电报等通信网络	产品经济模式。股份制公司成为经济主体,资本密集型,泰勒制管理和福特式流水线生产出现,强调组织化的命令与控制
信息文明	电子革命(约1940—1990年)以计算机和大规模集成电路的发明/商用为标志,后工业文明与信息文明萌芽的交汇融合阶段	计算机技术、自动控制技术,航空技术	石油、核能、芯片等	化学工业、计算机、通信制造等。全球性的交通系统和通信网络	规模/产业链经济模式。跨国企业主导,基于产业链的全球分工,资本密集向知识密集,泰勒制松动
	网络革命(约1980—2010年)以互联网的发明/商用为标志,信息文明的全面起步阶段	互联网技术、移动通信技术、新能源、新材料技术	IT硬件/软件、新材料、新能源	智能终端、通信服务、内容产业、电子商务、网络社交等;互联网成为全球最主要基础设施	服务/知识经济模式。创新企业主导,以服务和解决方案为价值载体,知识密集型,网状扁平化组织替代金字塔形组织,组织边界打开
	数据革命(约2010年至今)以云计算、大数据、人工智能等技术商业应用为标志,信息文明深度发展阶段	云计算、物联网、大数据、人工智能、虚拟/增强现实等	数据资源	数据产业以及被全面数据化的各类传统产业;互联网与物联网融合产生的全球网络空间	平台/共享经济模式。平台企业主导,云端制组织模式,数据密集型。产业边界被打破,大规模跨产业协作,柔性化生产满足人类个性化需求

资料来源:惠志斌. 数字经济时代美国数字贸易的政策主张[EB/OL]. 网安观察,2016-11-09. http://view.inews.qq.com/a/20161109G05EFR00? refer=share_recomnews。

数据开始渗透人类社会生产生活的方方面面，推动人类价值创造能力发生新的飞跃。由网络所承载的数据、由数据所萃取的信息、由信息所升华的知识，正在成为企业经营决策的新驱动、商品服务贸易的新内容、社会全面治理的新手段，带来了新的价值增值。更重要的是，相比其他生产要素，数据资源具有的可复制、可共享、无限增长和供给的禀赋，打破了传统要素有限供给对增长的制约，为持续增长和永续发展提供了基础与可能，成为数字经济发展新的关键生产要素。从图9-2中可以看到，从农业社会向工业社会的发展，生产函数中资本起了重要而关键的作用；从工业经济向数字经济的发展，生产函数中数据起着关键的支撑作用。(1)数据成为新的生产要素；(2)新的技术经济范式("数字技术—经济范式")正在形成。

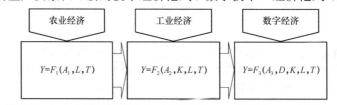

Y：经济产出　F：生产函数(含组织形态、政府管理等)　A：技术进步　L：劳动力　T：土地

图9-2　经济形态与生产要素变革

资料来源：中国信通院、中国数字经济发展白皮书2017年7月，第6页。

大数据成为塑造国家竞争力的战略制高点之一，国家竞争日趋激烈[①]。目前，各国加速数字技术、产品和服务创新，积极制定相关激励战略。德国通过建立两个大数据中心，推动大数据创新在"工业4.0"、生命科学、医疗健康领域的应用，并促进ICT、信息安全、微电子、数字服务等领域的投资。欧洲数字议程提出"数字技术标准和兼容性"的概念，以确保新的数字技术设备、应用程序、数据存储库和服务之间无缝交互。日本强调支持超高速网络传输技术、数据处理和模式识别技术、传感器和机器人技术、软件开发和无损检测、多语种语音翻译系统等。

当前，国内外电信大数据应用呈现蓬勃发展态势，如图9-3所示。2011—2012年间，国际运营商领先开始进行大数据业务布局，打造大数据应用平台，从内部应用大数据支撑运营起步，以基于位置的对外精准营销服务为突破点，不断丰富和深化在零售、医疗和智慧城市等多个垂直领域的数据应用和价值变现。经过近5年发展，国际运营商大数据运营能力已逐渐成熟，2016—2017年大数据应用市场已处于稳定发展期。

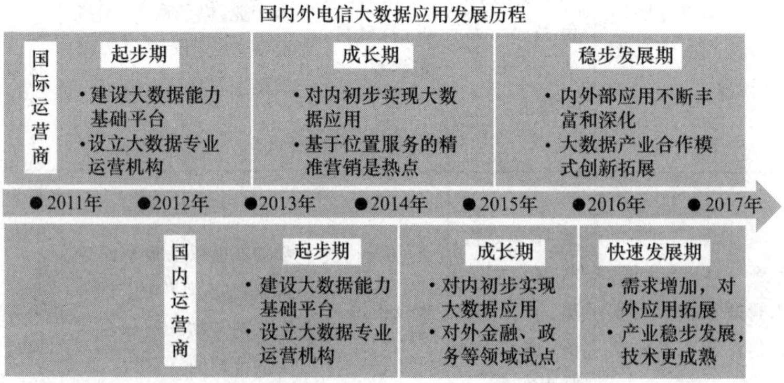

图9-3　国内外电信大数据应用发展历程

来源：大数据发展促进委员会电信工作组．电信大数据应用白皮书(2017年)．2017年3月。

① 工信部：大数据产业发展规划(2016—2020年)，2017-1-17。

我国运营商在 2013—2014 年间，先后将大数据业务定位于公司转型与创新发展的重要战略方向，通过构建大数据能力平台、设立大数据业务专业化运营团队等措施，逐步形成大数据应用发展基础能力。目前，我国大数据应用市场需求不断增长，大数据相关产业技术不断成熟，电信大数据应用正处于快速发展期。

9.1.2 数据交易现状

国际上，数据交易大致始于 2008 年，一些具有前瞻性的企业开始加大对数据业务的投入，"数据市场""数据银行""数据交易公约"等数据应用新业态已初见端倪。国外的数据交易形式主要为数据中介公司通过政府、公开和商业渠道，从数据源头处获取各类信息，进而向用户直接交付数据产品或服务。其中，数据源头、数据中介和最终用户构成了数据流通和交易的主体。例如，Twitter 公司将自身数据授权给公司 Gnip、Data Sift 和 NTT DATA 进行售卖；Acxiom 等公司通过各种手段收集、汇聚关于企业和个人的信息；Sermo.com 和 Inrix 等公司则通过网络和传感器直接从公众采集数据，获得了传统上单个企业难以采集的海量、实时数据。

近年来，国际上各种数据相关平台都选择了自己有所侧重的数据类型，不再以"综合性"为主要策略。例如，Datamarket 公司以国民经济与工业相关的数据集为主；InfoChimps 公司在地理位置、社交网络、网络信息等方面的数据更为突出，且逐渐转型为 PaaS 平台；Factual 公司从提供全范围的数据交易平台转为专注于提供地理位置相关的数据集。

从国内来看，中国信息消费市场规模量级巨大，增长迅速。我国潜在的大数据资源非常丰富，从电信、金融、社保、房地产、医疗、政务、交通、物流、征信体系等部门，到电力、石化、气象、教育、制造等传统行业，再到电子商务平台、社交网站等，覆盖广泛。如果数据交易行业可以得到充分、健康发展，必将对国民经济各个方面起到积极的影响。然而，尽管中国当前大数据存储和挖掘技术已经逐步成熟，但"数据孤岛"的大量存在，制约了数据的流通和变现。在大数据时代要实现商业价值变现，需要实时对接数据市场的多样化需求，而平台化运营成为满足这一产业需求的必要条件。唯有将数据进行合理定价，出现数据交易市场、交易指数，才能真正带动大数据产业的繁荣。大数据实现交易，将打破行业信息壁垒，优化提高生产效率，深度推进产业创新。这正是大数据交易平台最核心的价值和意义所在。

我国已经有地方政府相继试水大数据应用和建立交易市场，众多企业也在积极投资布局。2015 年 4 月 14 日，全国首个大数据交易所——贵阳大数据交易所正式挂牌运营并完成首批大数据交易。由上海经济和信息化委员会指导的上海大数据交易中心也于 2016 年 4 月 1 日挂牌成立。此外，北京数海科技、数据堂、TalkingData、中关村大数据产业联盟等企业和产业联盟在数据交易流通也走在了行业前列。

大数据应用也给云计算带来落地的途径，使得基于云计算的业务创新和服务创新成为现实。大数据的应用不仅仅停留在 IT 领域，在医药、科学、制造以及气象等行业，都出现海量的数据应用。如果能合理地利用这些资源，对行业将带来巨大的推动，但目前来看，大数据流通率仍然较低，数据交易潜力有待进一步挖掘。未来几年，大数据也将走向更多应用实践并拓宽到更多行业。

9.1.3 数字贸易规则的制定

近年来全球数字贸易发展迅猛,在全球经济和贸易中扮演了重要的角色,但多边贸易协定并没有适应数字贸易的复杂性,数字贸易规则远远滞后于实践。这一问题日渐受到发达经济体重视,数字贸易规则制定出现诸多新的动向。

1. 美国试图引领数字贸易规则的制定

美国作为数字贸易大国,在拓展其数字贸易方面具有鲜明的进攻利益。美国国会强调应在塑造全球数字贸易政策方面发挥关键作用,应对日益增长的贸易挑战。美国先后发布《联邦云计算战略》《大数据的研究和发展计划》《支持数据驱动型创新的技术与政策》,将技术创新战略从商业行为上升到国家战略,维持美国在数据科学和创新领域的竞争力。近年来美国主导规则制定主要有三个特点。

(1) 率先提出体现自身优势的数字贸易定义。数字贸易的基础是数字产品(Digital Products)。但由于数字产品的边界和外延尚不清晰,目前全球还没有专门关于数字产品交易方面的统计。美国作为这一领域的领先国家,率先对"数字贸易"这一概念做出界定。根据美国国际贸易委员会的定义,"数字贸易"是指"通过有线和无线数字网络传输产品或服务",具体分为数字内容服务、社交网站服务、搜索引擎服务和其他数字服务等四大类。这是一个较为宽泛的定义,既包括国内商业服务,也涵盖国际贸易,囊括了美国在这一领域具有领先优势的大部分业态。根据美国商务部经济与统计局的统计,2011年美国通过数字传输的数字交付服务贸易出口3 574亿美元,进口2 219亿美元,占全部美国服务出口的比重超过60%,占货物和服务出口的17%。从数字产品服务出口的增加值看,其在美国出口增加值中的比重更高,占整个国际贸易的比重超过1/3。

(2) 利用美国主导的经贸谈判推出数字贸易规则。美国在其主导的双边贸易协定中,率先将数字贸易规则作为电子商务这一单独章节下的独立条款出现,既不放在货物贸易章节,也不放在服务贸易章节。从规则演进趋势看,大致经历了四个阶段:一是数字产品交易规则1.0版本,以2001年生效的美国—约旦特惠贸易协定为蓝本,首次以"电子商务"专章形式出现,形成了数字贸易交易规则的雏形;二是数字产品交易规则2.0版本,以2003年美国—智利自贸协定为代表,明确了数字产品的定义、关税和非歧视待遇;三是数字产品交易规则3.0版本,以韩国—美国自贸区协定为代表,第一次提出了数据产品交易中的跨境信息流以及互联网的访问和使用原则;四是数字产品交易规则4.0版本,以跨太平洋伙伴关系协定为代表,进一步对相关规则进行了完善和细化。

(3) 致力于服务美国在数字贸易领域的商业利益。以TPP协定为代表,不仅涵盖了美国主导的数字贸易规则基本条款,也实现了美国国会讨论的数字贸易法案核心内容。其规则主要包括以下方面。

一是坚持因特网应保持自由开放。一个免费且开放的网络能创造并促进一个新兴的、改变游戏规则的网络服务,改变我们今天的社会网络、信息、娱乐、电子商务和其他服务。二是对数字产品禁收关税。这将保证关税不会成为音乐、影视、软件和游戏流通的障碍,因此创造者、艺术家和企业家将获得公平待遇。三是保证基本的非歧视原则。通过制定一系列规则,确保贸易伙伴不会采取进一步的保护性措施,如不能将缔约方数字产品置于竞争劣势地位,不能对跨境信息流建立歧视和保护主义壁垒,禁止强迫本国公司在计算服务中采取本地化策略,禁止要求公司向本国个人转让技术、生产流程或专有信息,等等。四是保证跨边境数据流通。公司和消费者必须能够在他们认为合适的地方移动数据。许多国家的规定遏制了信息的自由流通,这抑制了竞争并让美国企业家处于不利地位。五是保护关键源代码。美国创新者不一定必须要将他们的源代码或专有算法告知他们的竞争者或是会将其交给国有企业的管理者。此外,相关规则也对保护个人隐私、维护网络竞争、促进加密产品开发等方面,做出了一系列规定。

美国为保护其文化产业,尤其是好莱坞娱乐巨头的经济利益,将其《千禧年数字版权法案》中严格的知识产权侵权责任条款照搬进 TPP 谈判中,主张允许知识产权人追踪互联网服务提供者为用户所提供的音视频、图片等信息产品,这将赋予知识产权人跨国收集用户信息的合法权利。例如,美国的知识产权人可以要求他国网站在向他国国民提供有关节目下载服务时,实时向美国知识产权人提供用户下载信息,意在以此约束盗版行为,维护美国知识产权人的利益。

可以看出,这些规则几乎是为致力维护美国在数字贸易的四大类别——内容服务、社交网站服务、搜索引擎服务和其他数字服务等领域的优势量身定做的。以内容服务为例,美国音乐产业的数字内容已占内容产业的 57%,远远高出其他经济体;在搜索引擎服务方面,Google 作为全球最大的搜索引擎,占世界市场份额的 62%;在社交网络服务方面,2014 年全球超过 20 亿人使用社交网络,其中美国著名的社交网站 Facebook 每月拥有 15.5 亿活跃用户。作为信息技术先进国家,美国拥有世界领先的云计算服务产业,美国在 TPP 中推行跨境数据自由流动,反对他国政府设置互联网数据跨境流动限制措施,反对他国的数据本地存储要求,意在为美国相关企业开拓国际市场扫清障碍。

2. 欧盟与美国在数字贸易规则方面的分歧与博弈

毋庸置疑,美国在数字产品及贸易领域占据全球竞争优势,在相关规则制定方面也处于引领地位,但由于数字产品本身的复杂性和快速发展,很多领域不仅没有定论,也存在很多值得探讨和谈判的空间。

近年来,围绕着正在进行的跨大西洋贸易与投资伙伴协议谈判,美欧就数字贸易规则中的一些问题展开了激烈争锋,其中最具代表性的就是个人信息保护领域。早在 2000 年,为保障欧盟个人数据安全,欧盟就与美国签署了安全港(safe harbor)协议,要求美国企业满足欧盟的《个人数据保护指令》。但 2013 年"斯诺登事件"激发了欧盟对个人隐私和国家信息安全问题的关注。2015 年 10 月 6 日,欧洲最高法院裁定美国商务部与欧盟在 2000 年签订的跨大西洋数据传输协议——安全港协议无效,必须予以撤销。按照这一裁定,美国的大型科技公司再也不能随便把欧洲客户资料转到美国,而只能在欧洲设立数据中心,对于中小科技公司而言影响就更大。基于企业对客户资料的需求,美欧进行了跨境数据传输方面的重新谈判。2016 年 2 月 2 日,欧盟和美国就两地公司之间传输个人数据涉及的隐私保护问题达成新的框架协议。新协议要求美国公司履行更加严格的义务来保护欧洲的个人数据,承诺关于个人数据如何处理和个人权利得到保障的"稳健义务"。

总的来看,当前围绕数字产品贸易的国际规则是初步的、不成熟的。很多专家认为,这一领域还有很多共性规则需要探讨,如个人隐私保护、互联网安全、知识产权和电子支付相关的数字货币等。即使在每个数字产品部门的个性规则,例如 3D 打印、社交网络和工业互联网等相关的跨境交付规则等方面,仍有很多值得讨论的细节。可以预见,数字贸易规则制定将是一个异常复杂的过程,背后不仅是围绕商业利益的谈判,还涉及了大量复杂的公共问题、技术问题和商业问题,势必面临更多的激烈博弈。

9.1.4 数据交易模式

1. 根据数据结构化程度划分的交易模式

根据数据结构化程度,目前大数据交易模式主要分为以下四种。

(1) 原始大数据交易模式。常见的有国内的百度与国外谷歌关键词的搜索;国内微博与国外 Twitter、Facebook 等社交网站的个人评论足迹的追踪、统计;知网、维普的学术数据检索使用。这种模式交易的特点就是以大数据使用权交易为主,能够实现多次交易,价格相对较低,主要是大数据需求方通过向产生数据的企业以大数据在线租赁等形式实现。例如,美国 Factual 公司不仅向大公司提供数据,同时也面向规模较小的软件开发商提供数据。目前在中国,作为创业公司的数据堂公司的数据商城平台,以电商的形式实现大数据资源的在线共享与交易。

(2) 经过分析、甄别处理后的大数据交易模式。其特点是分析、甄别处理后的大数据交易,主要存在企业与企业之间的交易,有数据出租、买断、收益等形式。这种交易类似于信息交易,已具有信息交易的雏形,受到相应的知识产权保护。中国信息通信研究院发布的《中国大数据发展调查报告 2015》显示,在被调查的企业中,70%企业选择自建大数据平台,37%企业选择购买云服务来构建大数据平台。由此看来大多数企业都希望获取基础大数据,然后利用大数据技术获取分析、甄别处理后的大数据。例如,沃尔玛就是借助于大数据分析公司天睿的分析来获得营销的灵感与创新。

(3) 基于大数据的决策方案交易模式。这种模式交易的特点是以大数据拥有权的决策服务提供、一次性交易为主,主要提供商为大数据企业,目标客户包括个人、企业、政府,如图 9-4 所示,价格相对较高。

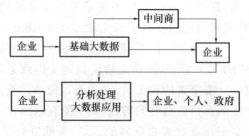

图 9-4 大数据交易模式示意图

国外主要有麦肯锡公司提供市场分析、性能基准测试和定制研究,以帮助能源公司做出战略投资、交易和操作的关键决策,而且涉及领域非常广泛,包括先进的电子、航空航天与国防、化学制品等。IBM公司不仅提供大数据技术,出售分析后的大数据及行为决策,同时还提供大数据的技术指导服务,其特色服务是提供简便的方式来访问Hadoop集群上的数据,构建应用程序以及分析结构化数据或非结构化数据的水平更是领先于国内的大数据厂商。目前多数国内面向大众的分析平台技术只能分析结构化数据,如国内蓝讯的数据集中备份解决方案、数据库集群解决方案以及企业信息化建设方案等。

(4)大数据中间商交易模式。贵阳大数据交易所作为全球第一所大数据交易所,本身不生产数据,而是通过与提供大数据源的企业合作,将大数据出售给会员,收取手续费,这是大数据新交易模式的探讨。统计数据显示,贵阳大数据交易所发展会员已经突破800家,预计2017年突破3 000家。其中,包括腾讯、华为、阿里巴巴、中国联通、泰康人寿、天弘基金等知名企业,交易所已累计完成1.2亿元数据交易,有望在年末达到3亿元。目前,交易所可交易数据涵盖政府、电商、征信、电信、社交等30大领域,数据之间的碰撞融合正在发生"核聚变"效应[①]。作为我国首家大数据交易所,贵阳大数据交易所自成立以来动态链入全国所有政府公开数据,已接入200多家优质数据源。大数据交易所是中国大数据交易模式的新探讨,作为战略部门在政府的扶持下正快速发展。可以说,这种大数据交易模式是中国的创新,为数据供求双方搭建桥梁,带动大数据产业的继续向前,现有企业大数据模式,如表9-2所示。

表9-2　现有企业大数据模式

数据交易模式 \ 国家或地区	中国	美国	欧洲
基础大数据源 (多是大数据使用权交易形式)	知网、百度、贵阳大数据交易所等	美国Factual公司、谷歌、EBSCO学术期刊数据库等	英国开放式数据研究所ODI,以开放数据为主
大数据技术服务 (以大数据分析、甄别、建模等交易为主,得到处理后的大数据)	国内正处于大数据技术发展阶段,百度云、阿里云等都是以大数据技术服务为主	数据分析平台、应用和服务供应Teradata天睿公司、大数据处理领域第一家上市公司Splunk	英国与大数据处理公司Cloudera合作、法国Pivotal公司
大数据应用交易 (大数据成熟应用的交易,目标市场广泛,以数据拥有权的交易为主,有针对性)	数据堂、九次方等创业企业,提供行业解决方案	美国知名大数据企业麦肯锡、IBM,以提供大数据应用服务为主	德国SAP公司,涉及各个领域大数据的解决方案交易

[①] 贵阳大数据交易所会员已经突破800家,2017-4-18,it168网站原创。http://software.it168.com/a2015/0810/1753/000001753419.shtml。

2. 根据数据产权转让划分的交易模式

根据数据产权转让，分为所有权、使用权、收益权三种交易模式。

（1）数据使用权交易模式。数据主要以租赁、检索等形式进行交易。常见的形式为数据库的出租，企业可以将数据库数据销售给尽可能多的消费者，如国内知网的学术数据库、美国 EBSCO 学术期刊数据库、UMI 提供的学术研究图书馆与医学电子期刊全文数据库等。这些数据库大多以出租的形式让消费者在指定的时限内使用，超过时限若继续使用就要续费。数据企业可以对大数据进行再次加工，以更高的价格出售给其他消费者。

（2）数据收益权交易模式。主要是指数据需求者对数据使用后得到的利润需要与数据提供商进行利益分割。就目前而言，这种以数据收益权为交易对象的相对比较少见。一般是数据供给者通过对数据进行分析加工后，形成基于数据的解决方案，提供给某个用户的个性化定制产品服务。

（3）数据所有权交易模式。指的是数据需求者获得数据产品的使用权，如决策分析报告、数据技术服务等，以数据的所有权进行交易的产品一般是形成知识产权的数据产品，针对性很强，对于数据买家的创新和发展起着至关重要的作用。

9.2 数据的国际流动与存储

跨境数据流动的概念最早出现在个人隐私和数据保护条款中。从国际组织以及部分国家对跨境数据流动的管理制度来看，对跨境数据流动主要有两种理解：一种是数据被跨越国界传输和处理；另一种是数据本身虽未被传输出境，但能被别国的主体访问。"棱镜门"事件前，网络数据开放逐年深化，针对跨境流动等的国际合作不断推进，"注重开放"成为国际网络空间数据使用的主流态度；而"后棱镜门"时代，各国开始明确并不断强化网络数据安全保护，加强网络数据安全管理。

9.2.1 跨境数据流动规制模式及管理手段

1. 跨境数据流动规制模式

就跨境数据流动安全管理总体框架而言，目前世界各国尚无统一制度，但一般的通行思路都是对不同数据采取分级分类管理，并有针对性地采取不同的保护措施，确保跨境数据流动不得危及公民权益和国家安全。数据天然地具有流动性，互联网产业的良性发展、信息与知识的传播更新等无不依赖于数据的自由流动，而全球化的深入发展则进一步凸显了数据流动的跨国性。目前全球范围内大体形成了以下三种规制模式。

（1）重要数据禁止跨境流动模式。这种模式，禁止数据离境，强力保护数据安全，尤其对核心、敏感数据的控制力。以俄罗斯、澳大利亚为代表。例如，俄罗斯要求实现信息数据的强制本地化，其国家通讯委员会的操作规则要求电子通信和网络提供商配备数据留存设备实现数据的收集操作并且在服务器上保留 12 小时以上。俄罗斯通过法令，要求本国公民信息必须存储在俄罗斯境内。澳大利亚规定安全等级较高的政府数据不能存储在任何离岸公共云数据库中，而必须存储在具有较高安全协议的私有云数据库中。并专门针对个人医疗信息做出了禁止出境的立法规定,其 2012 年《个人控制电子健康记录法案》,明文规定不得将(个人电子健康)记录移至澳大利亚境外,也不得在境外加工或处理这些记录。韩国则规定通信服务提供商应采取必要手段,防止有关工业、经济、科学技术等重要信息通过互联网向国外流动。

(2) 公共数据有条件跨境流动模式。在特定情形下解除对数据流动的禁止。政府和公共部门的一般数据和行业技术数据有条件地限制跨境流动。例如,澳大利亚将政府信息分级,要求对其中的非保密信息也必须经过安全风险评估后才能实施外包。欧盟以一系列指令和条例为规范主干,强调数据目的国应当具备充分的数据保护水平,注重引入安全评估机制以在数据跨境传输之前开展一定意义上的事先审核。而韩国则通过其 2011 年《个人信息保护法》,进一步规定必须获得数据主体的同意,依赖的是权利人自决机制。

(3) 普通数据本地备份流动模式。一部分国家试图实现流转与安全等各种价值诉求的折中处理,在制度安排上更多地倚重国内数据中心建设机制,在原则上开放数据跨境流通的同时要求各当事主体必须事先在位于境内的特定数据中心完成数据备份等操作,最大限度地实现数据本地化处理。普通个人数据允许跨境流动,但需要数据流入国满足一定安全认证要求。目前多个国家都参与了数据跨境流动的国际或国家间认证,为本国数据流出和接受他国数据流入搭建通道。例如,印度尼西亚 2012 年《电子系统与交易操作政府条例》,明文规定提供公共服务的电子系统运营者应当把数据中心设置在印尼境内。而在印度,根据其现行各类电信法规范,所有用户信息以及其他客户信息必须存储在印度境内的数据中心。

2. 跨境数据流动的管理手段

国际上关于跨境数据流动的管理并未形成统一框架,综合来看,目前国外对跨境数据流动主要采取以下管理手段。

(1) 数据跨境流动预先审查。在欧盟,根据 1995 年颁布的《欧盟数据保护指令》,在实施数据处理之前,数据控制者应当向监管机构报告;对于可能给数据主体的权利和自由带来特殊危险的数据处理行为在实施之前进行审查。数据的处理包括数据的收集、转移、存储等行为。

(2) 要求服务提供商采取措施防止重要数据向境外流动。韩国《信息通信网络的促进利用与信息保护法》第 51 条,政府可要求信息通信服务提供商或用户采取必要手段,防止任何有关工业、经济、科学、技术等重要信息通过信息通信网络向国外流动。

(3) 标准格式合同管理。标准格式合同管理模式,即由政府对跨境数据处理合同条款中应当包含的安全管理内容进行规定。例如,在欧盟,由数据保护主管部门制定标准格式合同条款,在条款中依据数据保护法的原则纳入数据保护的要求,企业之间签订的跨境数据流动处理合同如果包含了格式合同的条款,就不需经数据保护主管部门的同意即可实现跨境数据流动。

(4) 通过安全协议限制数据跨境流动。例如,美国政府在进行外资安全审查时,通过与外资签订安全协议的方式来控制数据跨境流动,美国在安全协议中要求用户的通信数据只能存储在美国。

(5) 数据跨境安全风险评估。安全评估认证制度主要是指数据控制者在将数据转移至境外前,要对数据安全风险进行评估或者认证。从目前来看,风险评估主要是针对政府和公共部门的数据转移至境外的情况。在澳大利亚,根据《澳大利亚政府信息外包、离岸存储和处理ICT安排政策与风险管理指南》,澳大利亚的政府信息分为几个层级,其中,对于非保密的信息,要求政府机构先进行安全风险评估之后才能实施外包。

9.2.2 国外跨境数据流动管理最新趋势

数字经济全球化激起了海量数据需求,云计算和大数据技术的普及让跨境数据流动更加方便、快捷,各国开始重新审视跨境数据流动监管政策,并且聚焦于商业数据等敏感数据的跨境管理。美国、欧盟长期以来通过立法、谈判、对话等方式力图主导跨境数据流动规则的建立。在国际上,以美欧为首的两大阵营,关于跨境数据流动制度的博弈仍在继续。

1. 商业社群主张跨境数据自由流动

作为数字经济的直接受益者,全球商业社群一直是推进数据跨境流动的积极倡议者。全球移动通信系统协会(GSMA)发布的《数字经济2017》指出,建立健全的隐私保护规则对跨境数据流动具有重要意义。报告指出,随着数字经济全球化的程度加深,各国需要协调彼此的隐私和个人数据保护规则,从而构建一个问责机制以保证跨境数据有效且充分地流动,进而推动数字经济的繁荣。

2017年1月,20国集团工商界活动(B20)发布了《20国集团数字转型的关键议题》报告,强调应当以积极的心态看待跨境数据流动,并采取必要措施降低跨境数据流动可能面临的壁垒以释放数字经济潜力;同时,应当高度重视数据保护,以推动全球链接。

2. 美国对数据自由跨境流动的自由裁量权保留

美国法律并未对数据跨境流动做强制性规定,其外资安全审查机制要求国外网络运营商将通信数据、交易数据、用户信息等必须存储在美国境内,通信基础设施也必须位于美国境内,并且依据《出口管理条例》和《国际军火交易条例》分别对非军用和军用的相关技术数据进行出口许可管理,只有根据法律规定获得相应出口许可证的提供数据处理服务或掌握数据所有权的相关主体才能进行数据出口。

美国在奥巴马执政时期,与日本、澳大利亚等12个国家在2016年2月正式签订了《跨太平洋伙伴关系协定》(TPP),进而在此框架下主导跨境数据流动的规则制定,其核心原则是支持跨境数据自由流动,反对他国对跨境数据自由流动设限,反对他国的数据本地存储要求。但同时规定,不阻止成员国为了公共政策目的实施相关的政策,只要这个政策没有构成任意的和不合理的歧视或者变相的对贸易限制。然而,什么是为了公共政策目的实施的政策,如何确认该项政策是否构成了任意不合理的歧视和对贸易的限制,尚没有明确。因此,TPP协议虽然以促进跨境自由流动为首要原则,但也没有完全排除对跨境数据流动实施合理限制性措施的可能。特朗普上台后便宣布退出TPP,引发了业界对美国是否坚持奥巴马时代的跨境数据流动政策的猜测,一些公司甚至已经考虑重新修订个人数据保护制度以适应未来趋势。因此,退出TPP是否意味着数据本地化存储趋势的抬头仍有待观察。

这充分展示了美国政策的灵活性和两面性:一切以美国最大利益为出发点和落脚点,当符合自己利益时,就强调数据的自由流动,毕竟本国的企业在大数据和云计算方面走在了世界的前头;当触犯自己利益时,就通过一般条款下的特殊条款来保护自己的利益,惩戒触犯者。这就是一般规则下都深埋着对自己有利解释的自由裁量权。

3. 欧盟努力打造跨境数据流动的"欧盟标准"

从欧盟与美国达成"隐私盾"协议到出台《一般数据保护条例》,欧盟一直在努力打造跨境数据流动的"欧盟标准",以充分性保护水平作为与域外国家跨境数据流动的基本要求。2017年的典型案例便是起草有关跨境数据流动的谈判文本,供欧日贸易协定中涉及跨境数据流动部分使用。

欧盟将域外国家数据保护水平的充分性作为跨境数据流动的基本要求,域外国家企业如果要实现与欧盟的跨境数据自由流动,必须要事先通过欧盟委员会或欧盟成员国的数据保护水平认证。所谓的"充分性"标准有两条:一是跨境数据域外流入国的处理规则必须符合欧盟要求;二是有充分确保规则有效实施的相关机制,满足上述标准的国家则进入"白名单",才可与欧盟实现跨境数据自由流动。从立法进度来看,欧盟一直努力实现"在高水平的个人数据保护规则和推动数据跨境流动之间寻求道德和利益上的平衡",这一点既符合欧盟的利益也符合其价值观。

欧盟坚持对跨境数据流动实施严格的监管。2015年10月,欧盟最高司法机构欧洲法院做出裁决,认定欧盟委员会(简称"欧委会")通过的关于美欧安全港框架的"2000/520号欧盟决定"无效,使得欧盟与美国之间数据传输所依托的安全港框架丧失了合法性基础。在欧盟取消原有安全港协议的合法性地位之后,为了促进美欧之间的数据跨境流动,美国又紧锣密鼓地与欧盟再次就美欧之间的跨境数据流动进行磋商,达成新的协议。在此次协议中,美国公司将遵循更加严格的义务,美国商务部和联邦贸易委员会也将加强监管。协议规定,美国公共部门为了执行法律和国家安全访问数据,要受到严格的条件限制,需要提供安全保证和监督机制。协议建立了欧盟公民个人信息被滥用的赔偿机制和投诉机制,由欧盟设立的监察员负责。欧盟和美国之间建立了年度联合审查机制,以密切关注这项协议的执行情况。

除了欧盟以外,一些国家为防范以美国为首的国家对全球的数据侦听和收集,美国《爱国者法案》效力的过度延伸,加强数据安全,立法限制跨境数据流动。目前,有超过20多个国家,包括发达国家和发展中国家做出了数据本地存储的要求,对跨境数据流动进行限制。

9.2.3 数据存储管理

20世纪90年代以来,数字化技术飞速发展,如今人类95%以上的信息都以数字格式存储、传输和使用,同时,数据计算处理能力也提升了上万倍。数据开始渗透人类社会生产生活的方方面面,推动人类价值创造能力发生新的飞跃。IDC报告显示,预计到2020年全球数据总量将超过40ZB(相当于4万亿GB),这一数据量是2011年的22倍。在过去几年,全球的数据量以每年58%的速度增长,在未来这个速度会更快。

1. 美国明确反对数据存储当地化

美国在其主导的双边及区域贸易协定中,一贯明确反对"数据存储当地化"政策。美国认为这类政策的蔓延会造成全球范围的"网络割据",并进而影响开放。在TPP协议第14.13条"计算设施的位置"中的第2款是专门的"禁止数据存储设备和存储技术强制当地化"的规定:"缔约方不将设立数据中心作为允许其他缔约方的企业进入市场的前提条件"。

数据存储设备强制当地化和信息保护通常有着很强的关联,这两个议题经常被同时提出。因为强制当地化经常被认为是有效保护信息隐私的措施。尤其在 2013 年美国政府电子监听计划被曝光后,更多国家关注并采取了强制当地化措施以保护和监管国内的信息。

2. 强制数据存储设备当地化的两面性

从正面来看,它在方便国家监管的同时,还对数据的安全性有所保障。尤其"斯诺登事件"后,出于国家安全考虑,一些国家要求数据存储当地化来避免让美国等外国国家有机会获取安全机密信息也是无可厚非的选择。

从负面考虑,强制数据存储于本国境内会导致更多的支出,更低的数据安全性,限制 ICT 服务的多样性。第一,并不是所有国家都拥有完整的 ICT 产业链,能够提供具有成本竞争力的服务,而如果重新建造冗余的基础设施将转移部分投资,导致其他部门效率的下降。第二,在本国境内存储数据并不能保证数据的安全性。事实上,在很多情况下,本地的信息技术安全程度低于云服务提供者所具备的安全度,近年来发生的若干起安全漏洞就是佐证。第三,还存在其他能够提供数据保护服务、使数据免于窃取的方法,如使用外部第三方的云安全网关服务。

3. 强制数据存储设备当地化对中小企业发展的影响

由于在世界范围内更容易寻找比国内存储机械性价比更高的服务,数据存储当地化会令国内企业,尤其中小企业的运营成本大大增加。因为遵守这一政策意味着只能使用国内的云储存设备。大企业一般有雄厚的财政实力支持研发专属的储存设备,而对于中小企业来说,基本上没有足够的财政和技术资源来支持开发购置储存设备。

为了遵守国家政策,中小企业只能把储存数据这一作业外包给当地的云存储数据设备公司,从而导致中小企业承担更高的成本。而且,当地化储存也未必如采取当地化国家所想的那么安全,问题出在当今云存储的主流做法:当接收到用户的数据包时,云存储数据设备公司会同时把这个数据备份到不同国家的存储设备里。这种做法可以保证原存储地的数据遭受不可修复的损害时,也可以迅速地从其他服务器中提取备份好的信息,有效地防止数据丢失。如果存储设备都采用这种技术,为了保护信息安全而采取数据当地化的意义就不大了,因为在数据当地化的同时,信息也会被复制到其他国家。

4. 中国对数据存储的管理

我国现有部分法律法规也对数据存储管理做了相关规定。我国 2016 年通过的《网络安全法》第 37 条规定,"关键信息基础设施的运营者在中华人民共和国境内运营中收集和产生的个人信息和重要数据应当在境内存储",明确了数据跨境流动的基本规则和安全审查制度,《"十三五"国家信息化规划》中明确提出"建立跨境数据流动安全监管制度"。例如,中国人民银行对个人金融信息数据[①];国家卫计委(现已改为国家卫生健康委员会)对涉及人口健康信息数据[②];网络出版[③];网络约车等都要求在中国境内存储。

管理实践中,我国在相关政策标准中提出过基础设施本地化的管理要求。《关于大力推进信息化发展和切实保障信息安全的若干意见》中规定,为政府机关提供服务的数据中心、

---

① 参见《关于银行业金融机构做好个人金融信息保护工作的通知》(银发〔2011〕17 号)。
② 参见《人口健康信息管理办法(试行)》(国卫规划发〔2014〕24 号)。
③ 参见《网络出版服务管理规定》第八条。

云计算平台等要设在境内;《信息安全技术云计算服务安全能力要求》(GB/T)提出,云服务商应确保云计算服务器及运行关键业务和数据的物理设备位于中国境内。实施国家大数据战略,推进数据资源开放共享。

9.3 软件贸易形式

软件是新一代信息技术产业的灵魂,软件是信息革命的新标志和新特征。软件和信息技术服务业是引领科技创新、驱动经济社会转型发展的核心力量,是建设制造强国和网络强国的核心支撑。软件是一种高智力的产品,具有极高的价值和使用价值。进入 21 世纪以来,随着互联网应用、智能计算机的广泛使用,软件的商业化和开发的专业化也在迅速发展。这些发展促进了各国之间软件贸易的迅速增长。

9.3.1 软件贸易的内涵

1. 软件贸易及其性质

以数据驱动的软件正在成为融合应用的显著特征。一方面,数据驱动信息技术产业变革,加速新一代信息技术的跨界融合和创新发展,通过软件定义硬件、软件定义存储、软件定义网络、软件定义系统等,带来更多的新产品、服务和模式创新,催生新的业态和经济增长点,推动数据成为战略资产。另一方面,软件加速各行业领域的融合创新和转型升级。软件激发了研发设计、仿真验证、生产制造、经营管理等环节的创新活力,加快了个性化定制、网络化协同、服务型制造、云制造等新模式的发展,推动生产型制造向生产服务型制造转变;软件服务深刻影响了金融、物流、交通、文化、旅游等服务业的发展,催生了一批新的产业主体、业务平台、融合性业态和新型消费,引发了居民消费、民生服务、社会治理等领域多维度、深层次的变革,涌现出分享经济、平台经济、算法经济等众多新型网络经济模式,培育壮大了发展新动能[①]。

因此,软件贸易对于软件产业的形成具有重要的意义。**软件贸易是指软件的研究、开发、生产及获得软件著作权和软件著作权使用许可的过程,是在市场上交易完成的。**由于软件开发的产业化和专业化,软件开发者开发的大部分软件都不是为了自己使用的,而软件用户使用的大部分软件也不是自己开发的,这种情况导致了软件贸易的产生和发展。

软件贸易的范围非常广泛,从其产生和发展可以归纳出软件的性质:一是它具有一般商品贸易的共同性质。有些软件贸易活动甚至是单纯的一般商品交易,如销售软件复制品。这一交易活动的完成不含有任何技术内容。二是软件贸易还具有技术贸易的性质。软件作为一种高技术的商品,在很多情况下,产品的转移并不意味着贸易活动的结束,卖方还应当让买方掌握这些产品中所包含的技术成分。在这些贸易活动中,贸易的对象并不是包含软件技术内容的载体(如磁盘、资料等),而是软件技术本身。三是软件贸易又具有著作权贸易的性质。在实际软件贸易中,并非所有的软件贸易都能通过技术合同的形式实现,在很大程度上,软件贸易体现了著作权(版权)贸易的性质。

---

① 工业和信息化部:软件和信息技术服务业发展规划(2016—2020 年),2017-1-29。

2. 软件贸易的特征

软件贸易的以上性质,决定了软件贸易具有以下两个特征。

(1) 软件贸易具有很强的综合性。这种综合性主要体现在三个方面:

① 贸易产品的多样化,既可以是软件复制品,也可以是软件技术的载体、软件技术、软件著作权等;

② 贸易方式的综合化,既可以是一般的交易方式,也可以是技术、版权贸易方式;

③ 保护方式的综合化,在贸易过程中,当事人可以寻求多种法律的保护。

(2) 软件贸易体现的是一种合同关系。不论哪一种软件贸易方式,归根结底体现的是一种合同关系。这种合同关系可能是购销合同,也可能是技术合同,还可能是著作权转让和使用许可合同。

9.3.2 软件贸易形式

软件贸易形式是以合同方式来体现的。根据合同的不同,软件贸易可以划分为以下几种。

1. 软件开发贸易

软件开发贸易的主要形式是**软件委托开发贸易。是指软件开发者根据用户的特定要求开发某一个或几个软件的贸易活动**。这类贸易中的用户是委托人,既可能是软件的最终用户,也可能是销售软件或含有软件的其他产品的单位。由于开发者一般都是以承包方式承接开发任务的,因此这类贸易又可称为**软件承包开发贸易**。

用户与开发者之间需要签订软件委托开发合同,合同应包括以下主要内容。

(1) 软件的内容、形式和要求。在这一条款中双方应明确需要开发的软件内容,否则很有可能开发者做出来的软件不是委托人所需要的。开发者则应当严格按照有关规范进行开发,如国家标准《计算机软件开发规范》(GB 8566—88)。双方在合同中还应明确软件开发成果的表现形式,即开发者应向委托人提交的成果是什么,是源代码还是目标代码(包括载体的形式),以及文件资料的清单。

(2) 开发计划。这一条款应当包括开发阶段的划分、各个阶段的起止时间、各个阶段应完成的工作等内容。

(3) 开发经费的数额及其支付、结算方式。开发经费的数额计算应当考虑到多方面的因素。但总的来讲,计算方式有两种:提出一笔总金额或采用依据开发过程中实际所需各种费用计算的方式。合同还应约定经费的支付、结算方式,是一次付清还是分期支付,以及具体的支付时间、数额或比例。

(4) 软件著作权的归属。合同双方应当约定软件著作权的归属,这对双方未来的权利义务有重大影响,对开发经费数额也有重大影响。大陆法系国家(包括我国)一般认为,如果双方没有约定归属,则软件著作权归开发者,但委托人享有使用权。

(5) 验收的标准和方法。对于开发的软件是否符合要求,不同的验收标准和方法会得出截然不同的结论。因此双方应有明确的约定,以避免不必要的纠纷。

(6) 违约金或者损失赔偿额的计算方法。由于在软件开发违约方面我国尚无法定违约金的规定,当事人双方应对违约金或者损失赔偿额应有明确规定。

(7) 名词和术语的解释。对于专业性较强或有不同理解的名词和术语,合同中也应做出专门的解释。

2. 软件复制件的购销

这种贸易形式是软件用户直接购买已经复制完成的软件。这种贸易方式可以是直接面向最终用户的,也可以是面向分包商的。一般而言,其价格远低于软件开发贸易的价格。因此,这类软件往往是通用型的,能够大量生产为通用的软件包。

由于这种贸易形式很多是零售的,涉及的金额较少,且是即时结清的。因此,这种贸易的购销双方往往不签订书面的正式合同。但双方的合同关系仍存在,销售方仍应为软件的质量对用户负责。

软件复制件的购销,不论是否存在正式的书面合同,反映的都是购销合同关系。这类购销合同在形式上与一般货物的购销合同很接近,但在内容上,两者有很大的不同。一般货物的购销,奉行的是"权利穷竭"原则,即合同履行之后,买方获得了货物的所有权,卖方无权再对买方如何处置货物进行干预。软件复制件的购销则不同,不存在软件著作权人权利穷竭的问题。买方仅享有法律、法规明确规定的有限的权利。

3. 软件著作权的使用许可

软件著作权的使用许可,是指软件著作权人许可他人以一种或几种方式使用其软件并由此获得报酬的贸易方式。

4. 软件著作权的转让

软件著作权的转让,是指软件著作权人向他人转让软件使用权和使用许可权,并由此获得软件转让费的贸易方式。

从软件著作权的角度看,后两种贸易方式(软件著作权的使用许可、软件著作权的转让)是主要的贸易方式,可称之为软件著作权贸易。因此,软件著作权制度对这两种贸易方式也有明确规定。

9.4　信息技术服务外包

全球服务外包的萌芽最早可以追溯到 20 世纪 60 年代,美国本土的一些企业为了有效降低成本,尝试采用外包方式进行计算机系统的建设。1962 年,美国 EDI 公司开展了最初的 IT 外包业务,1971 年,纽约的一家公司 Rochester 开始外包工资数据的处理[1]。1989 年,柯达公司将信息技术(Information Technology,IT)部门卖给 IBM(国际商业机器)公司,开创了巨型公司 IT 部门外包的先例。[2] 同年,市值约 130 亿美元的英国石油勘探公司(British Petroleum)开始考察 IT 外包的可能性,发现外包本身极为复杂,经过相当长时间的研究,他们制定了行之有效的外包战略:设法与多家软件服务商合作,但又要求各家协作如一。五年后,该公司成功地将相当于 1 200 人的 IT 业务工作量外包给软件服务商,公司自身则集中精

---

[1] 从 1.0 到 2.0,服务外包产业的繁荣与消亡,中国外包网,2012-8-24。
[2] Gupta U G,Gupta A. Outsourcing the IS function[J]. Information Systems Management,1992,9(3):44-50.

力改善核心业务流程,提高业务质量,削减运营成本,获得了良好的市场效益[①]。近年来,服务外包市场迅速扩大,据 IDC(互联网数据中心,Internet Date Center)的报告显示,2002 年全球 IT 服务外包市场规模就已接近 700 亿美元[②]。

从 2008—2017 年的 10 年发展,中国服务外包企业从 500 多家增长至近 4 万家;离岸服务外包执行金额增长了 51 倍,我国成为全球第二大服务接包国;全国总共批准了 31 个服务外包示范城市,形成了东中西错位发展的总体布局;从业人员从不足 6 万人猛增至 856 万人[③]。

9.4.1 信息技术服务外包的内涵与发展

1. 信息技术服务外包的定义

按照服务外包的类型,可将其分为生产服务外包、物流服务外包、商业流程服务外包(如人力资源管理服务、会计服务、呼叫中心服务)和信息技术服务外包(Information Technology Outsourcing,ITO),本书以 ITO 为研究对象。ITO 起源于美国,最早可追溯到 20 世纪 60 年代。而其得到广泛关注则是在 1989 年柯达公司与 IBM 公司签订了高达 10 亿美元的业务协议,并将其四个数据中心外包出去之后。柯达公司的此次行为不仅改变了信息系统领域对外包主要信息技术职能的看法,也给予了信息技术外包"合法"的地位。自此,世界范围内的企业纷纷效仿,如美国大陆银行、英国石油公司以及德意等国家的一些企业。理论界也掀起了对信息技术外包的研究热潮,但关于信息技术外包的概念至今尚未达成共识,不同的学者给出的表述是不同的,不同时期的表述也略有差异。目前理论界从客户的视角对 IT 外包有两类不同的定义。

第一种定义,就其基本形式而言,可以将外包理解为从外部采购原来由企业内部提供的产品或服务[④]。按照此类定义,外包就是一个过程,它与业务执行的转移有直接的关系,即有些业务原来是由企业内部完成,现在改为企业外部完成,这种转移过程称为外包。

第二种定义,外包是指外部服务商提供实物或人力资源承担用户组织的部分或全部信息技术基础设施的服务方式[⑤]。这一定义强调的是企业获取所需资源采取的一种战略安排,并不强调这种战略安排形成的过程,只要企业从外部得到所需的服务,不论这些服务原来是否由企业自己提供,都是服务外包。

借鉴以上两种学术界对信息技术服务外包的定义,本书将**信息技术服务外包看作是企业以合同或契约的方式将自有的 IT 资产、员工或由 IT 驱动的业务或功能部分或全部交由服务商完成的一种经营模式**。企业以长期合同的方式委托信息技术服务商向企业提供部分

[①] Cross J. IT Outsourcing:British Petroleum's Compertitive Approach[J]. Harvard Business Review,1995,73(3):94-102.

[②] Gilbert A Report:Big Blue still biggest in IT outsourcing[EB/OL]. http://news.com.com/2100-1011_3-5085055.html,2003-10-1.

[③] 服务外包产业进入"黄金发展期",2017/9/7,中国经济网。

[④] Lacity M,Hirschheim R. The information systems outsourcing bandwagon[J]. Sloan Management Review,1993,35(1):73-86.

[⑤] Loh L,Venkatraman N. Determinants of Information Technology Outsourcing:A Cross-Sectional Analysis[J]. Journal of Management Information Systems,1992,9(1):7-24.

或全部的信息功能,专注于自己的核心业务,将IT资产、IT专业人员和由IT驱动的业务或功能分别逐步列出,这既符合信息技术外包的发展进程,又能更清晰地表现出我国的信息技术外包现状。目前我国企业尤其是中小企业大多是只外包其部分IT资产(比如呼叫中心的建立),而有些企业则对包括其IT人员在内的有关IT的业务或功能实行了外包(如业务流程外包)。常见的信息技术外包涉及信息技术设备的引进和维护、通信网络的管理、数据中心的运作、信息系统的开发和维护、备份和灾难恢复、信息技术培训等。

2. 服务外包的发展

一般认为,1989年佩罗系统公司与ICH签订的外包服务合同,成为首份真正意义上的服务外包协议,也成为外包历史的重大事件,标志着全球服务外包产业正式进入外包1.0时代。

服务外包1.0时代也是整体产业的初级发展阶段,基于基础性的IT技术构架,接发包双方之间形成一种较为松散的服务采购关系,整体产业及市场都呈现出明显的成本导向式发展模式,服务的执行和交付不断从在岸和近岸向成本更低的离岸转移。同时随着服务外包模式的普及,其业务领域也从ITO逐步拓展到BPO(业务流程外包)以及高端的KPO(知识流程外包),同各个垂直行业的结合也更加深入和紧密。

随着服务外包的发展,产业逐渐走向成熟,从初级的降低成本逐步转为对外包服务价值的关注。全球买家更注重如何更加有效地利用整个产业的外部资源获得更有价值的外包服务,从而帮助实现企业自身的战略提升和发展。在买家需求的推动下,全球服务外包产业开始回归本质,也就是外部资源的充分利用以及社会分工进一步优化的创新商业模式,产业的发展有了质的飞跃和发展。

从2010年开始,全球服务外包产业正式进入2.0时代。外包服务的交付模式从传统的单线定向在岸/离岸交付升级为全球交付模式(Global Delivered Service Model,即GDM,由Infosys公司首次提出),GDM模式提供了巨大的时间和成本优势,大大降低了IT开发、测试和运营的难度,并为大型企业(往往拥有庞大的IT系统)节省大量的成本,推动了大额服务外包订单的增加及企业的规模化发展。同时,作为第四次IT革命,云计算的兴起和应用也为外包服务的执行和交付模式变迁提供了全新的技术架构支持,有效推动产业向高端升级发展,以及产业链利益再次划分和全球产业重构。而服务外包2.0时代最核心的特征,则是价值导向式的发展路径,如表9-3所示。它不仅推动服务外包企业向产业价值链高端领域升级,同时也推动了传统接发包双方的关系朝着更加紧密的、利益绑定的战略合作伙伴关系转变。

表9-3 服务外包不同时代的核心特征

服务外包阶段	1.0时代	2.0时代	3.0时代
技术架构	IT技术	云计算	云计算、大数据和移动互联网
服务模式	在岸/离岸交付模式	全球交付模式	合作伙伴
产业路径	成本导向式	价值导向式	价值增值式

资料来源:根据《从1.0到2.0,服务外包产业的繁荣与消亡》修改整理。中国外包网,2012-8-24。

全球服务外包产业从1.0时代到2.0时代的发展历程,产业发展包括:

（1）价值层面，从IT服务领域迅速拓展到BPO及KPO领域，在实现自身服务附加值提升的同时也逐步进入客户企业运营和发展的核心领域。

（2）地域层面，从在岸或近岸到离岸再到全球服务中心，服务外包借助互联网及IT技术架构在扁平化的世界中迅速扩张，推动经济全球化的进一步加深。

（3）产业层面，服务外包作为一种新兴商业模式，同以金融、电信、生物医药为代表的各个垂直行业融合发展，金融外包、CRO等细分领域具备了越来越多的垂直产业特征及趋势，不同领域内的服务外包企业所具有的共性越来越少。

现代的服务外包是信息技术和互联网双重技术推动下的产物，其发展和变革必然会受到信息技术发展的影响和作用。在云计算的浪潮下，基于"云"平台和"云"模式的外包服务已经出现，并日趋成为外包行业发展的主流和趋势。目前，全球服务外包已进入"3.0时代"。

"3.0时代"的服务外包业是指随着以云计算、大数据和移动互联网为标志的第二次信息技术革命兴起而开启的服务外包新阶段，它与以简单降低成本为目的的服务外包有本质区别，对企业来说是巨大发展机遇，同时要求企业在技术、业务领域和业务模式上创新。3.0时代客户不仅仅关注降低成本，而且更关注一些增值服务。客户需要服务外包企业成为合作伙伴并帮助他们在市场上更好地竞争，从软件外包商向个性化解决方案提供商和集成综合服务提供商转型。

云外包的核心就是外包企业建立标准化的统一外包服务处理平台，通过标准化、模块化和流程化将服务集成到统一云平台上，在数据库里面进行统一处理。而后根据客户的需求，再针对企业的个性需求定制部分流程，这样服务就可以在云外包系统上进行流水线式的操作处理。同时，它也是云端的服务，云和端要有很好的耦合。设施和平台是云，服务是端。只有在"云端"，才能形成云外包：不管是软件开发，软件服务，还是财务管理，人力资源，所有的服务器都变成了一种服务。"云外包"的核心是其资源动态分配、按需服务的设计理念，以及低成本解决海量服务需求的特点。

云外包＝（软件云＋平台云＋设施云）×服务

现在发包方更重视利用外包实现自身业务流程调整和转型，需要外包企业提供创新、有效的解决方案，且更加青睐利润分享协议、激励协议、共享风险回报协议等新定价模式。因此，服务外包企业需要从商务流程外包和信息技术外包向业务流程管理外包和知识流程外包转型，从被动外包商转为主动管理服务商。新时代服务外包以"大数据"为突出特征，要为客户提供个性化的集成解决方案，就需要利用与客户相关的"大数据"。

9.4.2 信息技术外包的动因

除了经济全球化、信息化等大环境的压力外，有哪些因素促成了信息技术服务外包形成呢？

1. 实现网络外部性

信息技术外包之所以能够形成并且盛行的一个很重要的原因，就是存在需求方的规模经济，即实施信息技术外包的企业越多，外包所带来的收益就越大。如一般意义上的网络系统——结点是网络的基本单元、联系结点的连接帮助结点与结点进行通信并支撑整个网络的运行一样,信息技术外包市场也是由多个企业或组织构成的网络配置系统。其中外包服务商及其合作伙伴、客户企业等组成了该系统的结点,而各企业间的业务关系则形成了网络的连接。在一个网络结构中,为了提供特定的商品或服务,自然就需要网络中许多成分的共同参与。而信息技术外包恰是由外包服务商和客户企业的共同参与所实现的。效益明显。

信息技术外包产生这种网络外部性的关键原因,还在于各外包参与者之间存在很强的互补性。主要表现在:

(1) 信息技术外包行为的互补。客户企业需要实施信息技术外包,而外包服务商提供信息技术外包服务。

(2) 信息技术外包内容的互补,有的企业只外包与信息化有关的基础设施,而有的企业则将由IT驱动的业务全部进行外包。

(3) 定价方向和对外包过程监控程度的互补。客户企业总是希望信息技术外包的价格尽量低,且能对外包实现过程进行尽量多的监控,而服务商则是尽量抬高外包价格,且要求对承包的业务有足够的自由权。

(4) 信息技术外包信息的互补客户企业提供要外包的业务信息,而IT服务商提供服务信息。

正是由于信息技术外包过程中存在诸多的互补性,使得参与信息技术外包的企业越多,各互补性越能够得到满足,外包的效用也随之而增加。

2. 降低交易费用

交易费用包括外包交易过程中的一切费用。据美国外包协会的一项研究显示:IT外包协议使企业平均节省9%的成本,而能力与质量则上升15%。

首先,信息技术外包服务商能够降低搜索市场信息的费用。信息技术外包的形成与发展,使得外包服务商的供给信息和客户企业的需求信息相对集中。因此从某种程度上可将企业实施信息技术外包的过程看作是一种集中交易。

其次,信息技术外包服务商能够降低外包中的交易成本。在信息技术外包形成初期,由于IT资产的高专用性以及外包服务商数量的缺乏,使得客户企业在寻找或中途更换合作商的成本很高,而且即使对所提供的产品和服务心存不满也只能继续与其维持合作关系。这种由于供应商数量较少而致使企业难以更换供应商的现象称为"锁定效应"。

3. 实现规模经济

由微观经济学的生产函数可知,当产出超出一定范围时,平均成本会下降,此时产品或服务的生产过程就表现出规模经济性。信息技术外包服务商能够实现规模经济是整个外包行业的商业逻辑。其规模经济性主要表现在基础设施的建造、对IT专业人员的培训以及提供低成本高质量的服务等。

4. 降低经营风险

信息技术外包服务商能够降低经营风险。信息技术行业是一种高风险高收入并存的行业。如果企业在技术、资金和人才等方面缺乏充足的准备和必要条件(中国企业尤其是中小企业大都存在此类问题),则会在自建系统过程中面临很大风险,从而就很容易导致在信息技术项目上投资的失败。因此,对这些企业来说选择自建系统是不理性的。相反,选择信息技术外包则可将由于自身不足所可能造成的风险转嫁给外包服务商,而服务商恰恰具备降低此类风险的能力。

9.4.3 信息技术服务外包的分类

信息技术服务外包已经是一种比较普遍的商业服务,按照不同的分类标准可分为以下几种。

1. 按业务类型分类

(1) 运营维护。它的服务对象从单台设备、软件到整个复杂的信息系统;运营维护工作包括排除设备硬件故障、软件安全系统日常优化升级等多种工作内容。不过,产品保修期内或新建系统维护期间内由厂商提供的服务不算做服务外包。

(2) 软件定制开发。包括产品开发、产品支持、软件升级和优化、软件本地化、软件测试、网页制作等多种子类型。与硬件产品的维修相似,由开发者或销售者提供的例行性的产品升级服务不是独立存在的服务外包。

(3) 系统集成。这是中国IT企业很关注的一类服务,主要是将一个企业内的计算机、网络设备和软件等要素组合成一个有机的信息系统。

(4) IT咨询。既包含偏向于技术方面的为客户提供IT架构的咨询和应用系统的咨询,也包括管理方面的IT部门与业务部门沟通的咨询,以及两者兼顾的ERP实施的咨询事物。

(5) 安全服务。包括认证系统、渗透测试、风险评估、应急响应、安全响应、安全加固、信息安全监控中心(Security Operation Center,SOC)、顾问咨询等子类型。

(6) 派遣服务。服务商向客户派遣工作人员,这些人员的工作是在客户指定的地点完成客户分配的任务,派遣人员的身份是服务商的员工,对他们的培训、福利和其他烦琐的人力资源管理由原服务商完成。

(7) 专业培训。在客户企业的IT设施没有完全外包给服务商的时候,客户企业需要有掌握了专业知识的人来规划、建设或维护这些设施。由于信息技术发展速度非常迅速。IT人员的知识更新周期不断缩短,专业培训服务也就产生了。专业培训服务分为两类:一类是通用的信息技术培训,如计算机操作、程序设计、项目管理等;另一类则与特定的软硬件有直接的联系。

(8) 电信服务。包括互联网接入服务、网络连接服务(如为银行营业部与总部的通信提供租用线路)、在传统电话网的基础上开通的电话虚拟专网服务、即时消息通信服务、集团短信服务等多种子类型。提供电信服务的服务商不但包括传统电信运营商(如中国电信、中国联通等公司),还包括腾讯、微软等新兴的增值电信运营商。

(9) 托管服务。以上八种服务外包的共同特征是IT设施的所有权属于客户,服务商到客户指定的地点提供服务。如果IT设施的所有权和维护责任都属于服务商,或者将IT设施转移到了服务商指定的位置,则服务商提供的就是托管服务。应用服务提供、主机托管、主机租用、信息系统租用等服务都属于托管服务。

按照业务类型分类反映了具体的IT服务外包活动的区别,它们有着内在的联系,按服务方式的标准化程度和服务成果的不确定性可以将它们组织成一个完整的体系,如图9-5所示。

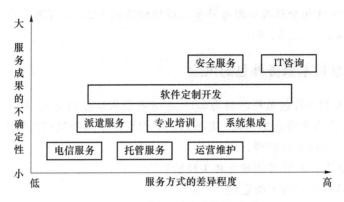

图 9-5　不同服务类型之间的联系

2. 按服务商与客户的关系分类

（1）基于交易合同的服务。在这种服务模式下，服务商根据特定的交易合同为客户提供服务。由于 IT 服务常常需要涉及客户的关键业务，所以基于交易合同的服务会限制 IT 外包向纵深方向发展。

（2）战略合作型的服务。服务商和客户为服务投入专属的资源，并进行长期的合作就可能形成战略合作型的服务。这种形式的外包能为客户提供更加全面的服务，有一系列成功案例。但是，服务商的投入不一定能得到应有的回报，而客户担心被服务商套牢，所以这种形式的服务也有一定的局限性。

（3）模糊企业边界的服务。当企业认为必要的 IT 基础设施可以较容易地在市场上获利时，就可能将其原有的 IT 业务部门从原企业剥离出去。在美国，被剥离的部门通常会成为完全独立的企业，与原企业有着明显的边界。但在欧洲，这些被剥离的部门与原企业却保持着非常密切的关系，原企业是其最主要的客户，这种形式在中国也比较常见[①]，这种形式也被称为"准外包"，区别于真正意义上的外包。考虑到形式上被剥离的部门是单独注册的企业，实质上它也不再是原企业的成本中心，而是成了利润中心，它的经营服务与其他服务外包商有许多共同之处，所以本书也将其作为外包的一个案例。

3. 按外包承接商的地理分布状况分类

按照信息服务外包承接商的地理分布状况，IT 服务外包可以简单分为离岸外包和在岸外包两种类型。离岸外包是指客户与为其提供服务的承接方来自不同国家或地区，外包工作跨境完成。在岸外包指客户与为其提供服务的承接方来自同一个国家或地区，外包工作在境内完成。2011—2013 年包括计算机硬件、企业软件、IT 服务、电信设备、电信服务在内的软件与信息技术业的全球支出保持持续稳定的增长态势。

从市场区域构成来看，美国、日本、欧洲是主要的发包方，提供了全球服务外包业务的绝大多数份额，且美国是最主要的发包国。从承接国来看，基于市场、文化、资源优势和对于产业转移机会的把握，中国、印度、俄罗斯、巴西、爱尔兰等新兴经济体为主要接包国家的基本格局已经形成。目前，印度和中国已经成为全球最大的两个离岸服务外包承接国。全球离岸服务外

---

① Earl M J. The Risks of Outsourcing IT[J]. Sloan Management Review, 1996, 37(3):26-32.

包市场发展迅速,2011年全球离岸服务外包市场规模达到 102 597 百万美元,其中,IT 服务达到 54 166.6 百万美元,占比 52.8%[①]。

9.4.4 信息技术服务外包的风险

从事信息技术服务外包虽然能够为客户、服务商带来双赢的交易,但在整个外包交易执行过程中,依然存在许多潜在的风险。Earl(1996)识别出了与外包相关的以下 11 种风险[②]。

(1) 削弱对信息技术的管理;
(2) 服务商的工作人员可能缺乏相关经验;
(3) 商业上具有强烈的不确定性;
(4) 服务商可能疏于掌握新技术;
(5) 与某一客户直接相关的特有的问题;
(6) 隐藏的成本;
(7) 外包可能导致组织难以从 IT 系统的演进中学习;
(8) 缺乏创新能力;
(9) 服务外包商、设备供应商与客户之间的复杂关系可能减缓对问题的处理速度;
(10) 某些系统具有技术上不可分割的特性,如果外包出去可能会导致严重的后果;
(11) 外包将关注的焦点集中于服务商,服务商感兴趣的是"怎样做"而不是"为什么要做",客户可能失去对运作进行优化的机会。

基于以上潜在的风险,服务商应遵从某些特定的风险规避策略,减少外包执行过程中出现的不确定性及损失,如表 9-4 所示。

表 9-4 服务商主导的客户风险规避策略、风险来源与风险

风险来源	风险	风险规避策略
服务商	(2)服务人员缺乏经验;(4)服务商疏于掌握新技能;(6)隐藏的成本	建立知识管理体系
客户	(5)直接与特定客户相关的问题;(7)难以学到新的 IT 知识;(8)缺乏基于 IT 的创新能力;(10)IT 资源变得支离破碎;(11)IT 资源不再与核心业务紧密相关	接受合适的业务
服务商;交易	(1)削弱对 IT 的管理;(3)商业上的不确定性;(6)隐藏的成本	在合同中包含 SLA[③] 条款
客户;交易	(7)难以学到新的 IT 知识;(8)缺乏基于 IT 的创新能力;(9)服务商、客户管理者及技术人员之间可能缺乏沟通;(11)IT 资源不再与核心业务紧密相关	帮助客户建立合同管理团队
交易	(1)削弱对 IT 的管理;(3)商业上的不确定性;(9)服务商、客户管理者及技术人员之间可能缺乏沟通	定期进行项目评估

资料来源:王凤彬,沈维涛.企业信息技术管理组织模式及其历史演进[J],2001(04):26-30,81。

---

① 2014 年全球软件与信息服务市场概况分析,中商情报网(http://www.askci.com/),2014/6/27
② Earl M J. The Risks of Outsourcing IT[J]. Sloan Management Review,1996,37(3):26-32.
③ SLA:Service-Level Agreement 的缩写,意思是服务等级协议,是关于网络服务供应商和客户间的一份合同,其中定义了服务类型、服务质量和客户付款等术语。

9.4.5 信息技术服务外包提供商

目前提供信息技术服务外包的企业大体上有五种类型。

(1) 全面的IT服务外包商。如EDS、IBM等公司,提供从IT咨询、软件定制到系统运维等几乎所有类型的服务。

(2) 以硬件制造为主要业务的服务外包提供商。如Dell公司以提供计算机及相关产品为主要服务,同时也通过前向整合的战略进入服务外包市场,不过此类公司提供的服务外包大都与其硬件产品有密切的联系。

(3) 以软件开发为主要业务的服务外包提供商,又可分为两类。一类以套装软件开发为主要业务,这些企业大都有相对明确的专业领域,提供的服务外包也集中在特定的领域,例如国内的防病毒软件厂商瑞星公司提供安全服务外包。另一类企业的主要业务是定制软件开发,还可能延伸至系统集成等相关领域。

(4) 电信运营商,如AT&T为商业客户提供虚拟专网、主机托管等服务,管理IBM等公司的全球通信网络。

(5) 专业的IT服务外包商。只提供某一特定领域的IT服务外包,例如有些公司专业提供数据恢复服务,有些公司则只提供维修服务外包。

在《竞争战略》中,波特(Porter)按产业成熟度将基本产业环境划分为新兴产业、向成熟转化的产业和衰退产业三种基本类型。其中新兴产业的基本特征有技术不确定、战略不确定、高初始成本但成本迅速下降,有大量萌芽企业和另立门户的企业,客户多是首次购买者。

信息技术发展成为服务外包产业的技术基础,数字交付成为服务外包交付的重要方式。信息技术外包(ITO)已由软件编码和测试等拓展到软件平台开发和数据中心运维服务。业务流程外包(BPO)和知识流程外包(KPO)也正在为更多的行业提供专业服务,ITO、BPO和KPO的边界不断被打破,逐步互相融合,服务外包向技术更智能、领域更广泛、价值链更高端的趋势发展。2011—2015年,我国信息技术外包、业务流程外包、知识流程外包的离岸执行金额的比例从58∶16∶26发展到49∶14∶37[①]。

关键概念

数字经济 软件贸易 软件开发贸易

思考题

1. 美国对数字贸易的定义是什么?
2. 美国与欧盟在数字贸易规则制定上有哪些分歧?我国的对策应是怎样的?
3. 分别从数据的结构化程度和产权转让角度阐述数据的交易模式有哪些?

---

① 商务部、发展改革委、教育部、科技部、工业和信息化部:国际服务外包产业发展"十三五"规划,2017-4-28。

4. 数据跨境流动的定义和管理模式是什么？
5. 试论数据存储管理和信息保护的关系。
6. 软件贸易形式有哪些？
7. 信息技术服务外包的动因都包括哪些？

第10章 国际通信服务贸易政策

通信服务贸易政策是一项特殊的服务贸易政策。本章从国际服务贸易政策着手,论述了国际服务贸易政策的演变,阐述了服务贸易政策的类型及国际服务贸易政策的发展趋势;然后分别对服务贸易的两大政策趋势——国际服务贸易保护政策和自由化政策进行了论述,并分析了两者的微观经济基础及其特点、经济效应,阐明了国际服务贸易自由化政策与国家竞争力的关系及其相应的政策措施;在此基础上,对国际通信服务贸易政策进行分析,并阐述了主要发达国家的通信服务贸易政策,最后阐述了国际通信服务贸易新秩序。

10.1 国际服务贸易政策概况

10.1.1 国际服务贸易政策的演变

国际服务贸易政策是指一国为了本国利益的需要而制定的对国际服务贸易活动进行管理的方针和原则。

贸易政策包含的基本要素有:

(1) 贸易主体,即政策制定者和实施者。

(2) 贸易客体或贸易对象,即贸易政策所规划、指导、调整的贸易活动以及从事贸易活动的企业、机构和个人。

(3) 政策目标,即贸易政策制定必须在政策目标的指导下进行,是实施政策所要达到的最终结果。

(4) 政策内容,即实施什么政策,针对不同的对象采取什么样的相关措施。

(5) 政策手段或政策工具,即所采取的对外贸易管理措施,如关税措施、非关税措施,还包括建立某些贸易制度。

各国制定国际服务贸易政策的出发点是国际服务贸易对其政治和经济等诸方面的影响,以及各国对待国际服务贸易的态度。不同时期和不同国家的国际服务贸易政策往往是极不相同的。其演变大体可分为以下几个阶段。

1. 自由服务贸易政策阶段

第二次世界大战前,全球范围内的服务贸易基本上采取的是自由化政策。早期的国际服务贸易规模较小,项目单一,在全部服务贸易收入中,运输服务和侨汇等相关的银行服务就占70%以上。新的服务贸易内容,如电信、计算机软件,甚至是信息高速公路、多媒体技术、知识产权类服务及其他与现代生活相关的服务,只是在第二次世界大战后才出现的,有些则是在20世纪80年代末,90年代初刚刚兴起的。因此,在贸易政策上,早期的服务贸易限制较少,再加上当时的世界政治经济体系主要由少数几个工业发达国家所操纵,所以,在全球范围内基本上采取的是服务贸易自由化政策。

2. 有组织的商业利益导向的发展阶段

第二次世界大战后,西方国家为了恢复经济,从国外大量引进服务人员,并欢迎技术转让和金融服务入境,于是服务贸易进入了有组织的商业利益导向的发展阶段。美国作为世界经济的"霸主",通过"马歇尔计划"①和"道奇计划"②,分别对西欧和日本进行"援助",伴随着货物输出,大量的资金和技术等服务也输往境外,并取得了巨额的服务收入。在该阶段,发达国家总体上服务贸易壁垒较少,但发展中国家对服务贸易表现并不积极。相反,却设置了重重障碍,限制境外服务的输入。

3. 对服务贸易制定严格政策措施阶段

20世纪60年代以后,各国都对服务的进出口制定了一系列政策措施。随着世界各国医治战争创伤的结束,经济迅速发展,大家普遍意识到服务外汇收入是一项不可忽视的外汇来源。同时,基于国家安全、领土完整、民族文化与信仰、社会稳定等政治、文化及军事目标,各国均对服务的输出输入制定了各种政策和措施,其中不乏鼓励性质的,但更多的是限制性的,再加上传统的业已形成的限制性经营惯例,从而极大地限制了国际服务贸易的发展。

由于服务贸易项目繁杂,方式多样,因此,规范它的政策和法规也就层出不穷。加之各国基于本国的发展水平和具体情况,又实施不同的管理手段,所以更加重了它的复杂性。如果说服务贸易自由化更多地体现于一些鼓励性的措施与法规的话,那么服务贸易的保护则一般是依靠一国政府的各种法规和行政管理措施等非关税壁垒来实施的,很难对其加以数量化的分析。由于在壁垒和"合法"保护之间存在着许多"灰色区域",所以服务贸易自由化目标的实现比商品贸易要困难得多,其中充满着不确定性和主观随意性。

10.1.2 国际服务贸易的政策类型

一个国家在选择开放其服务贸易的政策时也与货物贸易一样,表现为自由贸易与保护贸易两种基本的形式。以这两种基本的理论形态为基础,在国际服务贸易的实践中具体表现为:积极开放型、保守开放型和限制开放型。

1. 积极开放型的政策

采取积极开放战略模式的国家往往在服务贸易相关行业中具有比较优势或竞争优势,具有服务贸易出口大国的地位,其国内市场对各种服务贸易的需求发育较早、水平较高、生产能力也较高,存在着大量的过剩生产能力,需要国际市场提供发挥这些潜在能力的场所。

在积极开放型的服务贸易战略模式中,往往包含着一定的扩张因素,即利用自己在国际

---

① 马歇尔计划,又称欧洲复兴计划,是第二次世界大战结束后美国对被战争破坏的西欧各国进行经济援助、协助重建的计划,对欧洲国家的发展和世界政治格局产生了深远的影响。

② 美国为抵制和对抗共产主义势力的"浸透",首先在欧洲实施了"马歇尔计划",接着又在日本推行了马歇尔计划的翻版"道奇计划",其结果是加快了包括战败国德、日在内的有关诸国的经济复兴。

服务贸易方面的优势,主张服务贸易的自由化,强制性地要求其他国家开放其国内的服务市场,从而为其本国的经济利益服务。在国际经贸关系中所确立的这种战略模式往往具有扩张的性质。

2. 保守开放型的政策

采取保守开放战略模式的国家往往在相关行业中仅仅具有初步的国际竞争实力,国内服务业市场供需大体平衡。一方面,国内市场是孕育其服务行业的摇篮,为国内相关服务行业提供了基本市场保障;另一方面,其生产能力正在开始立足国内,走向世界。因此,这类国家对国内市场的开放持有保守的态度,其战略模式的指导思想是,借国内市场发挥服务生产潜力,逐步扩大,最终参与国际市场的激烈竞争。

3. 限制开放型的政策

采取限制开放战略模式的国家出于各种原因对其国内市场进行严密的保护。在当今全球经济一体化的大趋势下,在世界贸易组织的国际规范指导或约束下,作为世界贸易组织的一个成员或者是国际经济社会中的一个成员,断然拒绝开放其服务贸易,或明确表示不开放的国家是极为少见的,也是不现实的战略选择。但是,在具体的开放政策上,限制开放的潜在内涵也是存在的。这里所说的限制开放型战略模式是指那些出于国家经济利益和安全的考虑所表现出来的模式特征,在国际贸易谈判中所采取的一种策略。其目的是提高本国在国际谈判中的地位,把开放服务贸易作为一种谈判的筹码,来制定本国在服务贸易上的开放政策。

总之,在国际贸易的实践中,保护贸易一般是新兴国家在进入国际市场初期采取的主要模式,自由贸易是具有国际竞争力的国家经常采取的整体政策模式。随着国家贸易活动的发展与演变,即使是一些发达国家,虽然其整体经济在国际市场上具有较强的竞争力,也会由于某一服务行业竞争优势的转移,而相应地对该行业采取贸易保护的政策。

10.2 国际服务贸易的保护政策

10.2.1 国际服务贸易保护政策的微观理论基础

政府对服务业的干预主要基于以下几个原因。

第一,自然垄断。当某个行业或部门需要高额的原始投资和高技术的知识保障时,这势必导致该行业或部门的自然垄断。事实上,当某种产业或某项服务的供给必然形成垄断时,政府又有必要对其加以管制。如果对其采取自由放任的政策,那么,很容易形成恶性竞争并带来市场运作的低效率,(规模经济理论认为,对于自然垄断的行业,由一家来提供产品是最有效率的)。而政府进行管制也有两种形式,一种是实行公有制,另一种是有管制的私有制。如在某些国家(一般为发展中国家),很多服务业都由政府提供,最典型的如邮电、交通等行业。而在有些国家(一般在发达国家),这类服务活动由政府管制下的私营企业提供。

第二,非对称信息。在国际服务贸易中,服务的买卖双方可能存在错误的信息或非对称信息。例如服务消费者不能完全了解或掌握服务生产者提供服务的质量,即有关服务质量的信息在服务提供者与消费者之间呈不对称分布。在这种情况下,很可能对消费者带来不利的影响,为了维护本国消费者的利益,政府有必要采取谨慎的管制措施来保护消费者。

第三,外部经济性。如果消费者直接关注另一个经济代理人的生产和消费,那么,可以说这种经济情形包含了消费者外部经济性和外部效应。当某个厂商的生产可能受到其他厂商或消费者选择的影响时,就会产生外部经济性,此时,政府的干预作用就在于协调各种经济利益的分配问题。

10.2.2 国际服务贸易保护政策产生的原因

一般来说,采取保护贸易政策的多半是发展中国家或最不发达国家和地区,在这些国家和地区,服务业属于其新兴产业,整个产业还处于成长期,缺乏竞争力,需要合理期限的保护,故多采取保护政策,其目的如下所述。

1. 保护国内服务业的建立和发展

按照比较优势理论,在现行的国际贸易格局中,发达国家在服务贸易中占有绝对优势,而发展中国家的比较优势主要体现在商品贸易中。近年来,服务贸易的迅速发展使得发展中国家更担心自己的经济利益受到损害。各国尤其是发展中国家在认识到服务贸易对于促进经济发展重要性的同时,也担心开放服务市场会扼杀和冲击国内民族服务业的发展,服务市场被外国服务业占据,造成其对外国服务业的依赖,最终使得本国服务业更加落后。

例如,WTO成员国在一般关注《卫生与植物检测措施协议》和《技术贸易壁垒协议》这些规则和标准外,还必须遵守在紧急状态条件下所采取的事先知会新的卫生与植物检测措施和技术贸易壁垒措施。如表10-1所示,截至2015年12月31日WTO成员国的各种反倾销、反补贴税和安全保护等贸易措施,都进一步加剧了服务贸易壁垒。

表10-1 截至2015年12月31日WTO成员国贸易救济通告强加措施

措施形式	措施/项	经济体/个
反倾销	1494	30
反补贴税	111	8
安全保护措施	155	35

资料来源:WTO:World Trade Statistical Review 2016,P69。

2. 维护本国的安全和政治利益

服务业中涉及一些比较敏感的行业,如邮政、通信、电力、金融等行业通常关系到国家的主权和安全问题,一旦这些部门为外国控制,一国经济的独立性就会受到极大威胁,甚至会导致所谓"依附经济"产生。一旦形成这种局面,一国服务贸易的发展对其国民来说作用不仅有限,甚至是有害的,从而出现"贫困化的经济增长"或"没有经济发展的经济增长"。因此,很多服务业不是很发达的国家政府基于这一考虑,对外国服务的输入及其引起的相应的外汇支出进行限制,对服务资本的境内外流动以及外国金融机构在本国的活动进行管制。

例如,美国自1990年老布什总统阻止一家中国公司收购一家西雅图企业开始,到2017年9月13日特朗普总统签署命令,禁止一家有中资背景的投资基金收购美国芯片制造商莱迪思半导体公司,27年共有四次是由美国总统亲自叫停的中资收购,皆是以保护国家安全为由。从全世界来看,到2015年2月31日,由WTO成员国120个经济体在正常或紧急状态下通知的卫生与植物检测标准达14 807项,128个经济体做出的技术贸易壁垒达20 459项[①]。

3. 政治和文化上的考虑

这是服务贸易保护主义不同于商品贸易保护主义的一个十分重要的方面。教育、新闻、娱乐、影视、音像制品等服务部门虽非一国经济命脉,但却属于意识形态领域。任何国家和政府都希望保持本国在政治、文化上的独立性,反对外国文化的大量入侵,因此须对这些部门进行保护。

4. 维持国内劳动力的就业水平

增加本国国民的就业机会,充分保护国内劳动力市场,对于维护一国经济和政局的稳定具有直接的影响。如果一国开放国内劳动力市场,势必会带来境外移民的增加,尤其是发展中国家的廉价劳动力必定会给工业化国家某些产业部门的就业工人造成巨大压力,减少当地国民的就业机会。因此,该因素常为发达国家所考虑。

10.2.3 服务贸易保护政策分类及其特点

1. 服务贸易的非关税壁垒

虽然服务贸易壁垒也大体分为关税壁垒与非关税壁垒两大类,但由于服务贸易标的的特点,对于服务贸易的保护政策,各国难以采用关税壁垒的形式,而更多地采用非关税壁垒。

所谓非关税壁垒,一般指一国政府对外国服务生产者或提供者的服务提供或销售所设置的有障碍作用的政策措施,即关税以外的一切限制进口的措施,也包括对服务出口的限制。

非关税壁垒可分为直接的和间接的两大类。直接的非关税壁垒指进口国直接对进口服务的种类和金额加以限制或迫使出口国直接按规定的服务项目或金额限制出口。间接的非关税壁垒指进口国未直接规定进口服务的种类或金额,而是对进口服务制定种种严格的条例,间接地影响和限制了服务的进口。目前国际服务贸易领域的非关税壁垒多达2 500多种。

历史上,国外商品进口的主要壁垒,也称市场准入壁垒,是进口关税和行业配额。而在服务贸易的领域内几乎是毫无关税可言的。各国建立的服务进口壁垒基本上属于管制性质。行业的法律法规,只包含限制和防止外国服务提供商在本国进行销售的条款。比如,A国只允许五家外国银行在其国内建立银行;B国只允许四家外国航空公司在该国经营国际航线,而且每周每家只允许有一个航班;或者只允许100%由C国国民拥有的零售业公司向C国消费者出售产品和提供服务。在这种情况下的贸易自由,也就是向外国竞争者逐步开放。迄今为止,还比较封闭或高度限制的国内市场,需要逐渐地放松和取消那些禁止外商销售的法律法规。回到前面的例子,A国可能选择将外国银行的许可证从五个增加到十个;B国可以将航班密度从每周1次增加到每周3次;C国可以把零售业公司的本国拥有率从100%降到51%。

---

① WTO:World Trade Statistical Review 2016.

但是直到乌拉圭回合开始时，几乎所有这些贸易自由化只是在单方面达成。当然这样做所冒的风险是：旧的政府可能取消了贸易壁垒，新的政府又可能恢复其贸易壁垒。在乌拉圭回合中，服务贸易谈判的目的是为了找到某种机制，它能保证使贸易各方减少服务贸易壁垒且不可逆转。就像当初 GATT 为商品制定关税减免表那样。这就是 GATS 中特定承诺计划表的精髓所在。在这个计划表中，每个国家都提出了实现贸易自由化的各种措施，并保证自己永远不减弱措施的力度，以减少服务贸易壁垒。

2. 服务贸易壁垒的分类

（1）鲍德文与本茨的分类。R. 鲍德文将主要贸易壁垒分为 12 种，美国经济学家 S. 本茨将其中的 11 种分成两大类别应用于服务业。

第一类是投资或所有权问题，包括以下几种。

① 限制利润、服务费和版税汇回母国；

② 限制外国分支机构的股权全部或部分由当地人持有或控制，这基本上等同于完全禁止外国公司进入当地市场；

③ 劳工的限制，如要求雇佣当地劳工，专业人员须经认证以及取得签证和工作许可证等；

④ 歧视性税收，如额外地对外国公司收入、利润或版税征收不平等税赋等；

⑤ 对知识产权、商标、版权和技术转移等信息贸易活动缺乏足够保护。

第二类是贸易或投资问题，包括以下几种。

① 政府补贴当地企业并协助它们参与当地或第三国市场的竞争；

② 政府控制的机构频繁地执行一些非营利性目标，以限制外国生产者的竞争优势；

③ 烦琐的或歧视性许可证规定、收费或税赋；

④ 对外国企业某些必要的进口物质征收过高的关税，或直接进行数量限制，甚至禁止进口；

⑤ 不按国际标准和惯例生产服务；

⑥ 限制性或歧视性政府采购规定。

从国际服务贸易限制的主要手段看，近年来外资所有权和其他市场准入限制是主要手段。2016 年经济合作与发展组织（OECD）发布的服务贸易限制指数显示，在 18 个行业中，外资所有权和其他市场准入限制是各国实行服务贸易限制的主要手段，主要分布在电视广播、海运、公路运输、保险、分销、电影、快递、商业银行、会计、空运等行业；人员移动限制是法律、工程和设计三大行业服务贸易限制的主要手段；其他歧视性措施和国际标准是建筑服务贸易限制的主要手段；竞争和国有化要求是音像、电信、铁路运输三大行业服务贸易限制的主要手段；监管透明度和管理要求是计算机行业服务贸易限制的主要手段。

（2）按服务贸易模式进行的分类。按服务贸易模式将服务贸易壁垒划分为产品移动、资本移动、人员移动和开业权存在壁垒四种形式，如表 10-2 所示。

① 产品移动壁垒。产品移动壁垒包括数量限制、当地成分或本地要求、补贴、政府采购、歧视性技术标准和税收制度，以及落后的知识产权保护体系等。

数量限制包括不允许外国航空公司利用本国航空公司的预订系统，或被给予一定的服务进口配额。当地成分包括服务厂商被要求在当地购买设备，使用当地的销售网或只能租赁而不能全部购买等。对于本地要求,如德国、加拿大和瑞士等国禁止在东道国以外处理的数据在国内使用。缺乏保护知识产权的法规或保护知识产权不力,都可能有效地阻碍外国服务厂商的进入,因为知识产权既是服务贸易的条件,也构成服务贸易的内容和形式。

表 10-2 服务贸易壁垒四分法

壁垒	服务领域的贸易与投资			
	贸易		投资	
	跨境	国内	国外收入	第三国
产品移动壁垒	市场准入 当地采购 远程信息处理与远程通信业务 政府行为(包括补贴、倾销、采购、惯例规章、垄断) 技术标准 收费与税收 知识产权	远程信息处理与远程通信业务(在消费者本国)	市场准入 当地采购 远程信息处理与远程通信业务 政府行为 技术标准 收费与税收 知识产权	市场准入 当地采购 远程信息处理与远程通信业务 政府行为 技术标准
资本移动壁垒	货币限制	货币限制	货币限制 利润汇回	货币限制 利润汇回
人员移动壁垒(劳动力、消费者)	工作许可 承认与许可证要求 经济及劳动力市场需求测试 国籍和居住条件 工资评价要求	签证 启程税(Departure Tax)	工作许可 职工安置与管理限制	工作许可 签证 启程税
开业权壁垒			创业权 对生产投入的获取	创业权 对生产投入的获取

资料来源:Banga,R.,Tread and Foreign Direct Investment in Services:A Review,ICRIER Working Paper Services,February 2005.

② 资本移动壁垒。主要形式有外汇管制、浮动汇率和投资收益汇出的限制等。**外汇管制主要是指政府对外汇在本国境内的持有、流通和汇兑以及外汇的出入境所采取的各种控制措施**。外汇管制将影响到除外汇收入贸易外的几乎所有外向型经济领域,而不利的汇率将严重削弱服务竞争优势,它不仅增加厂商的经营成本,而且会削弱消费者的购买力。对投资者投资收益汇回母国的限制,也在相当程度上限制了服务贸易的发展。如限制外国服务厂商将利润、版税、管理费汇回母国,或限制外国资本抽调回国,或限制汇回利润的额度等措施,这类措施大量存在于建筑业、计算机服务业和娱乐业中。

③ 人员移动壁垒。种种移民限制和出入境烦琐手续,以及由此造成的长时间等待等,

都构成人员移动的壁垒形式。在一些专业服务如管理咨询服务中,能否有效地提供高质量服务,通常取决于能否雇用到技术熟练的人员。比如,在美国与加拿大之间存在工作许可证制度。人员移动的壁垒,主要涉及各国移民限制的法律。由于各国移民法及工作许可、专业许可的规定不同,限制的内容和方式也不同。例如,规定有一定的投资额和股权额,才可移民或暂时入境提供服务。要求雇佣东道国工作人员,暂时入境只能是高层管理人员。外国服务者须熟悉东道国语言和法律,专业人员接受东道国教育和培训并取得其考试机构的资格证书。

④ 开业权壁垒。开业权壁垒又称生产者创业壁垒,或商业存在壁垒。据调查,2/3 以上的美国服务业厂商都认为开业权限制是其开展服务贸易的最主要壁垒。在与被调查厂商保持贸易关系的 29 个国家中都有这类壁垒,即从禁止服务进入的法令到东道国对本地成分的规定等。一般地,即使外国厂商能够在东道国开设分支机构,其人员构成也受到诸多限制。除移民限制外,政府有多种办法限制外国服务厂商自由选择雇员,如通过就业法规定本地劳工比例或职位等。美国民权法、马来西亚定额制度、欧洲就业许可证制度、巴西本地雇员比例法令等,都具有这类性质。

(3) 世贸组织的分类

如果按照"乌拉圭回合"谈判采纳的方案,服务贸易壁垒又可分为两大类:影响市场准入的措施和影响国民待遇的措施。虽存在某些无法归入以上两大类的其他措施,如知识产权等,但人们认为现在应集中探讨市场准入和国民待遇问题。

市场准入措施是指那些限制或禁止外国企业进入国内市场,从而抑制市场竞争的措施。国民待遇措施是指有利于本国企业但歧视外国企业的措施。包括两大类:一类为国内生产者提供成本优势,如政府补贴当地生产者;另一类是增加外国生产者进入本国市场的成本,以加剧其竞争劣势,如拒绝外国航空公司使用本国航班订票系统或收取高昂使用费。将贸易壁垒以影响市场准入和国民待遇为原则进行划分,也是较为有效的分类方法。原因在于:首先,它便于对贸易自由化进行理论分析。现有国际贸易理论一般从外国厂商的市场准入和直接投资环境两大角度,分析贸易自由化的影响。其次,它便于分析影响服务贸易自由化的政策手段。

近年来,WTO 一直致力于构筑新的服务贸易监管国际框架。可以预见,在 WTO 框架下,未来国内规制改革将在明确国内监管的形式、透明度、必要性测试、国际标准、规制协调等方面出现新的变化。在全球价值链生产的国际背景下,改革和完善国内监管体制、促使国内监管与国际规制协调正在成为各国面临的重要课题。

3. 服务贸易壁垒的特点

非关税壁垒起源于商品贸易,与关税壁垒相比,非关税壁垒具有更大的灵活性、针对性、隐蔽性和歧视性,比关税壁垒更能达到限制进口的目的。就目前情况而言,发达国家的服务贸易壁垒多为间接性的,往往表现为一些苛刻复杂的技术标准和质量检验与认证制度;发展中国家的服务贸易壁垒则更多地表现为直接规定对某类服务的外资限入,或限定外资比例。在各种服务贸易壁垒中,技术性壁垒是最隐蔽、最棘手、最难对付的贸易障碍。一些发达国家往往运用技术法规、技术标准及产品服务认证制度对外国产品和服务筑起一道无形屏障。服务贸易壁垒的运用,主要表现为以下特点。

(1) 服务贸易壁垒的隐蔽性强。由于服务贸易的标的服务比较复杂,各国对本国服务业的保护无法采用关税壁垒的方式,因此只能采取在市场准入方面予以限制或在进入市场后不给予国民待遇等非关税壁垒形式。规定复杂苛刻的技术标准,控制服务的提供。发达国家规定的严格繁多的技术标准,包括产品标准、试验检验方法标准、卫生安全标准、环境保护标准、包装标签标准等。对商品设计、制造、管理、生产、销售乃至使用、维修进行严格控制。这些复杂苛刻的技术标准既限制了产品的进口,也限制了与产品相关的服务的进口。

(2) 服务贸易壁垒的保护性强。推行认证制度,建立巨大的市场保护网。**所谓"合格认证",根据国际标准化组织 ISO 的定义,是指借助合格证书或合格标志来证明某项产品和服务是符合规定的标准和技术条件的活动。**"合格认证"的依据是各种技术法规和标准。按照技术法规和标准的规定,对企业生产、产品、质量、安全、环境保护及其整个保证体系进行全面的监督、审查、检验,合格后授予国家或国外权威机构统一颁发的认证标志。国际贸易中通常采用第三方认证。越来越多的国家认识到,认证是一种加强商品和服务国际竞争力的重要手段,同时又可以利用认证制度来形成巨大的市场保护网,控制商品和服务进口。由于认证是一项复杂的系统工程,对于大多数发展中国家的企业来说,要获得国际知名机构的认证是相当困难的,因而认证制度实际上就成为发达国家推行市场保护的专利。

(3) 服务贸易壁垒的灵活性强。以技术法规形式确立的商品的特性和适用性。所谓技术法规包括有关技术性的法律、法令、行政条例等,由于是进口国政府制定、颁发,所以具有法律约束力。通过技术法规的实施,对商品的生产、质量、技术、检验、包装、标志,以及工艺过程等进行严格的规定和控制,使本国商品具有与外国同类商品所不同的特性和实用性,由此而形成贸易壁垒。技术法规所涉及的范围很宽广,包括环境保护、卫生和健康、劳动安全、节约能源、交通规则、计量、知识产权等方面。技术法规有相当一部分能影响到服务、特别是高技术服务的进口。这些措施既可以针对外国服务对本国的市场准入,也可以针对外国服务进入本国市场后应采取的经营管理形式和方法,因此选择性很广。一国可以根据自己的需要,灵活选择适当的壁垒形式。例如,对于外国的信息服务,一国既可以不允许其进入本国市场,也可以允许其进入本国市场,并要求其必须接受本国对其内容的审查,必须使用本国的传输服务等。

(4) 服务贸易壁垒与投资壁垒联系密切。由于消费服务的当地化倾向,服务贸易与投资通常密不可分,因此服务贸易壁垒往往与投资壁垒交织在一起并通过投资壁垒实现。无论是发达国家还是发展中国家,服务业的投资活动都受到比其他产业更严格的限制。服务业的直接投资不仅受制于东道国的投资政策,而且还受到国家安全战略乃至社会文化政策的约束。因为这不仅是对服务自身的管理,而且还涉及对服务提供者和服务消费者的管理,一些服务贸易内容还直接关系到输入国的国家主权和安全、文化与价值观念、伦理道德等极其敏感的意识形态的问题。各种投资的壁垒在一定程度上就是服务贸易的壁垒。

(5) 服务贸易壁垒的互动性强。国际服务贸易所涉及的服务各要素中,只要对其中的一种要素设置障碍,就可能会影响其他要素的流动,进而影响整个服务贸易。例如,如果只允许资本流动(即允许以商业存在的形式进行服务业的投资),但不允许相关管理人员进入东道国,就会使整个投资所追求的结果无法实现;反之,如果只允许自然人移动,而不允许资本流动,就无法实现在东道国的规模化服务贸易,并给人员提供服务带来场地、媒介、设施等方面的困难。如果限制信息流动,就会使大量的依赖于信息传递的服务无法实现。这时,即使人员、资本、货物能够流动,但这种流动已不具有服务贸易的意义。

除了上述非关税壁垒的显著特点外,与货物贸易相比,服务贸易还存在以下两个方面的特点:其一,对服务贸易的保护以行业性保护和"限入"式的防御性保护为主,而不是以区域性保护和"奖出"式的进攻性保护为主。其二,发展中国家在服务市场保护方面,往往采用直接的限制性规定,相比发达国家的服务贸易壁垒看起来更直观,因而更容易受到发达国家的指责。

10.2.4 服务贸易壁垒的衡量

关于非关税壁垒(NTBs),已经有专业人士对其进行了测量。量化服务贸易非关税壁垒以及随之产生的关税等值有三种最常用的方法:频度衡量法、价格方法和数量方法。这些方法对于货物贸易和服务贸易都适用。现着重介绍频度衡量法和价格方法。

1. 服务壁垒频度衡量法

服务壁垒频度衡量法是由赫克曼(Hoekman)和太平洋经济合作理事会(PECC)于1995年提出的。服务壁垒频度指数度量服务贸易的数量与程度,本质上就是将国内现有的服务贸易壁垒罗列出来,作为考察一个国家政策立场的工具。这些壁垒的实施情况可以从该国的GATS承诺时间表中得到,包括服务提供的所有四种模式。赫克曼用服务壁垒频度指数计算关税等值的方法是,给这个部门中保护主义最强的国家指定一个关税等值作为基准,其他国家的关税等值就是将它们(承诺)的覆盖率与该基准相比的比值。具体方法如下。

使用"三类加权法"将GATS承诺表涉及的每个服务部门的每种提供模式的市场准入或国民待遇承诺加以数量化。

(1) 如果一成员方没有提出任何警告而做出承诺,或者对于特定模式由于缺乏技术可行性而不做承诺(而如果其他模式是不加限制的,比如建筑及相关工程的跨境提供),则赋予的权数为1。

(2) 如果一成员方保留特定限制而做出承诺,则赋予的权数为0.5。如果除水平承诺中内容外不做承诺,也被赋予0.5的权数。这通常对于自然人移动承诺的情形,在该种情况下的移民限制继续适用。

(3) 如果一成员方没有做出任何承诺,则赋予的权数为0。赫克曼将这些权重称为开放或限制因子(openness/binding factors)。按照赫克曼的计算,GATS分类表中共有155个服务部门和分部门、4种提供模式,这样对于每个经济体来说,其市场准入和国民待遇方面总承诺数为$155\times4\times2=1\,240$,即每个方面为620个。

有了上述权重或因子,赫克曼计算出三种部门覆盖指数,或称为赫克曼指数、频率指数或比率。第一种指数为一国在其GATS列表中做出的承诺数除以部门总数620。这类似于货物贸易领域中用于衡量非关税壁垒(NTBs)的频率比率,即等于受到NTBs影响的产品数除以产品总数。第二种指数被赫克曼称为"平均覆盖"(Average Coverage),即等于所列部门或模式数比例,再以开放或限制因子进行加权。这类似于用来衡量受NTBs影响的进口值的进口覆盖比率,即等于受到NTBs影响的进口值除以该类产品的总进口。第三种指数为"无限制"承诺在一国总承诺或155个部门中所占的比重。

赫克曼用该指数近似地反映不同国家和不同服务部门的服务贸易市场准入壁垒的相对限制程度。比如,如果一国在620个部门或模式中做出了10%的承诺,那么,采用第一种赫克曼指数则可以得到0.9的限制度,即意味着90%的部门或模式是不开放的。另外,赫克曼还用覆盖指数,就每个服务部门设立一套关税等值标准,来反映相应部门在市场准入方面的受限程度。基准关税等值的范围位于最高的200%到最低的20%～50%,最高的表示相应服务部门的市场准入是被禁止的,如内河运输、空运、邮政服务、声讯服务和寿险等,最低的则意味着相应服务部门的市场准入是受到较少限制的。据此,每个国家和部门的关税等值等于基准关税等值乘以频率比率。比如,假定邮政服务的基准关税等值为200%,反映市场准入承诺的频率比率为50%,则该部门的关税等值就为100%(200%×50%＝100%)。

这种方法有较大的局限性。最主要的就是对保护主义最强的成员方的关税等值的估计有一定的主观性和武断性;另外,相同的服务贸易壁垒对不同国家不同部门的影响也不同,而且指数是基于GATS的分类而不是基于实际政策。尽管有这些不足,赫克曼的估测方法还是被学者和研究人员广泛使用。一些研究者、部门或组织机构还对赫克曼服务壁垒频度指数进行改进,以期更真实地反映现实状况。

表10-3所示列出了Warren(2001)的研究结果:一些经济体电信服务领域针对本国和外国提供者的关税等值壁垒。Warren(2001)使用经济计量模型估算主要经济体电信服务领域中的关税等值壁垒。

表10-3 主要经济体电信服务领域中的关税等值壁垒

国家	关税等值壁垒	
	本国	外国
澳大利亚	0.31%	0.31%
奥地利	0.85%	0.85%
比利时	0.65%	1.31%
巴西	3.81%	5.68%
加拿大	1.07%	3.37%
智利	1.68%	1.68%
哥伦比亚	10.55%	24.27%
丹麦	0.20%	0.20%
芬兰	0.00%	0.00%
法国	0.34%	1.43%
德国	0.32%	0.32%
爱尔兰	1.46%	2.67%
意大利	1.00%	1.00%
日本	0.26%	0.26%
韩国	4.30%	8.43%
墨西哥	6.24%	14.43%
荷兰	0.20%	0.20%
新西兰	0.27%	0.27%
新加坡	2.10%	2.72%
西班牙	2.03%	3.93%
瑞典	0.65%	0.65%
瑞士	1.23%	1.23%
土耳其	19.59%	33.53%
英国	0.00%	0.00%
美国	0.20%	0.20%

资料来源:程大中.国际服务贸易学.上海:复旦大学出版社,2011,第272页。

2. 服务壁垒价格衡量法

基于价格的衡量法(Price-based Measures)是根据国内外的价格差异或称为"价格楔子"(Price Wedge)来衡量服务贸易非关税壁垒的。如果关于价格的数据很充分,就可以直接比较进口品的国内价格(P)和国际价格(P_w),找出引起国内外价格差异的原因。该种方法隐含的基本理论是:如果市场不存在进入壁垒,那么,这样的市场将是竞争性的,市场价格将趋于企业的长期边际成本。但如果存在壁垒,价格和边际成本之间就会出现差异。由于低成本的提供者被排除在市场之外,或者由于被保护企业不是以最低成本来运营,那么成本本身将提高,这时的价格也将高于没有市场壁垒时的价格。

图10-1所示,横轴表示提供服务的数量,比如国家电信;纵轴表示服务价格。其中,P_m为本国市场上的垄断价格;P_r为本国市场上的管制价格;P_h为本国市场上的竞争价格;P_i为在本国市场上最优外国投资者提供的价格;P_w为世界价格。该图反映一个经济体某种服务的市场状况。

为简化分析,假定供给曲线是水平的(边际成本=平均成本)。最低价格(P_w)是指在世界市场上由最廉价提供者提供服务时的价格。假定该提供者以母国为基础提供服务,按照当地价格使用当地投入以及按照世界价格购买国际投入,同时如果该经济体是个小国,那么在此价格水平上的供给曲线将具有完全弹性。如果服务是可贸易的,而且不存在跨境贸易壁垒,则本国经济中的价格将等于世界价格(P_w)。

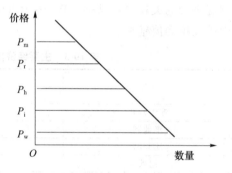

图10-1 不同情况下的服务价格比较

但事实上并非所有服务都是可贸易的(跨境意义上的)。为了给当地消费者提供服务,世界上最优的服务企业将不得不在当地市场进行投资。这样该企业面临的成本将高于其在母国市场上的成本。所有这些因素都可以通过使用计量技术而进入企业的成本函数。于是该企业提供的价格将高于P_w,比如P_i。因此,如果服务是不可贸易的且不存在外国投资壁垒,本国竞争条件下的价格将等于该最优服务企业在本国市场上所能提供的价格(P_i)。由此可以得到一个基准价格,即不存在贸易与投资壁垒时的价格:如果服务是可贸易的,则该基准价格为P_w;如果服务是不可贸易的,则该基准价格为P_i。

但如果本国市场在受到保护而排除国际服务贸易与投资的竞争之后仍然是相对竞争的话,由于本国企业无法获得世界最好的管理和技术,那么本国的服务价格为P_h,高于P_i和P_w。现在假定本国只有一个服务提供者(由于规模经济),如果该家企业不被管制,仍然存在贸易壁垒,那么该家企业就是一个垄断者,其价格将为P_m(边际收益等于边际成本确定利润最大化);如果本国服务市场是受管制的,当地企业的服务价格为P_r。

图10-1所示的逻辑可以用来分析服务领域改革的效应:①如果一经济体决定对本国服务市场放松管制,但不促进服务贸易自由化,则服务价格将从P_m或P_r降至P_h;②如果该经济体允许外国投资者进入,服务价格将从P_h降至P_i;③如果该经济体允许外国提供者基于其母国而对本国自由提供服务(假定服务是可贸易的),则服务价格将降至P_w。

10.2.5 服务贸易保护程度的衡量

1. 名义保护率(Nominal Rate of Protection, NRP)

名义保护率是衡量贸易保护程度较普遍使用的指标。它通过测算世界市场价格与国内市场价格之间的差额,衡量保护政策的影响。世界银行将**名义保护率定义为:由于保护引起的国内市场价格超过国际市场价格的部分与国际市场价格的百分比**。公式为

$$\text{NRP} = \frac{\text{国内市场价格} - \text{国际市场价格}}{\text{国际市场价格}} \times 100\% \tag{10-1}$$

假定国内市场网络费为 1 分/K,国际市场网络费率为 0.20 分/K,那么,该国信息服务市场的名义保护率为

$$\text{NRP} = \frac{1 - 0.2}{0.2} \times 100\% = 400\%$$

在服务贸易领域,由于各国服务价格的差异往往不仅仅是由关税壁垒引起的,还与要素禀赋、技术差异、规模经济和不完全竞争等因素密切相关。服务贸易大多难以使用关税手段进行保护,这就限制了 NRP 在衡量服务贸易保护程度方面的作用。

2. 有效保护率(Effective Rate of Protection, ERP)

"有效保护"概念最初是由澳大利亚经济学家 M. 科登和加拿大经济学家 H. 约翰逊提出来的。他们将**有效保护定义为:包括一国工业的投入品进口与最终品进口两者在内的整个工业结构的保护程度**。假如这一结构性保护的结果为正,那么,其关税保护是有效的;反之,如果为负或零,则是无效的。由此可见,一国的关税政策是否有效,不仅要看其最终产品受保护的程度,而且还要看受保护的那个产业的进口中间产品是否也受到了一定的保护,从而使得该产业的实际保护为正。有效关税的保护取决于一个产业所面对的实际关税,而实际关税则是由中间产品即投入与最终品即产出的关税共同来决定的。**有效保护率就是用来衡量投入和产出政策对价值增值的共同影响的指标**。公式为

$$\text{ERP} = \frac{\text{国内加工增值} - \text{国外加工增值}}{\text{国外加工增值}} \times 100\% \tag{10-2}$$

或

$$\text{ERP} = \frac{\text{最终品名义保护率} - \frac{\text{中间品价格}}{\text{最终品价格}} \times \text{中间品名义保护率}}{1 - \frac{\text{中间品价格}}{\text{最终品价格}}} \times 100\% \tag{10-3}$$

由式(10-2)或式(10-3)可知,要获取有关服务业的投入—产出系数等信息资料,往往是很难的。另外,实际保护率并没有反映导致产出扭曲的所有政策效果,所以影响生产要素价格的因素可能在价值增值中没有得到反映,因而没有被包括在实际保护率的计算中,这其中包含在衡量商品贸易领域保护程度中广泛采用的国内资源成本(Domestic Resource Costs, DRC)的计算。**国内资源成本是以国内生产一单位商品的资源成本与以外部价格衡量的该商品的增加值之间的比例来表示**。广泛采用的资源成本分析就是试图找出一国具有真正比较优势的产品,衡量一国保护某一产业的代价以及由其他扭曲(包括市场失灵和政府干预等)造成的福利损失。

3. 生产者补贴等值(Producer Subsidy Equivalent, PSE)

生产者补贴等值或生产者补贴等值系数(PSE Coefficient)方法最早被经济合作与发展组织用于对其成员国农业政策和农产品贸易的分析报告。随着这一衡量方法在许多国家的运用过程中被改进提高，尤其是在"乌拉圭回合"多边贸易谈判中被政治决策者们广泛接受之后，这一指标正在日益受到重视，并不断完善。**生产者补贴等值是用来测算关税和非关税壁垒，以及其他与分析相关政策变量保护程度的一种衡量指标**。它是对政府各种政策包括支持、税收和补贴等的总体效应进行评估。通常可用两种方法获得生产者补贴等值：一是通过观察政府政策的预期效果；二是通过观察政策措施引起的国内外价格的变动。

在图10-2所示中，世界价格P_w低于国内供给线S与需求线D的交点，故将从价格更低的世界市场上进口服务。关税的实施使国内价格上升至P_t，使服务进口减少($Q_d^w Q_d^t$)。关税使国内生产者增加的福利用$P_t P_w ab$表示。由于生产者补贴等值的衡量是建立在现有关税水平的生产与消费的基础上，因而不能准确测度生产者福利水平。生产者补贴等值的关税影响体现在关税产品($P_t - P_w$)和生产数量Q_s^t两个方面。同样，消费者因关税导致的福利损失由$P_t P_w dc$表示，消费者补贴等值(Consumer Subsidy Equivalent, CSE)表现在关税产品($P_t - P_w$)的负数和现有关税水平下的消费量Q_d^t两个方面。由此可分别得出作为生产价值比率的生产者补贴等值(PSE)和作为消费价值比率的消费者补贴等值(CSE)：

$$\text{PSE} = \frac{(P_t P_w) Q_s^t}{P_t Q_s^t} = \frac{P_t P_w}{P_t} \tag{10-4}$$

$$\text{CSE} = \frac{(P_w P_t) Q_d^t}{P_t Q_d^t} = \frac{P_w P_t}{P_t} \tag{10-5}$$

可用类似的办法导出出口配额这种非关税壁垒的保护效果。在图10-3所示中，世界价格P_w低于国内供需线之交点，故进口量为($Q_d^w Q_s^w$)。若外国厂商的竞争受到出口配额的限制，如一国政府为本国船队保留一定数量的货物运输份额，则将有效减少本国航运服务的进口量。这样，国内市场将拉动国内供给曲线移动，其结果，国内市场价格上升至P_q，国内航运服务的生产将提高到Q_s^q，消费将下降到Q_d^q，国内生产者因市场保护份额而增加了福利，由$P_q P_w ab$表示。**名义保护系数(Nominal Protection Coefficient, NPC)则为国内价格与世界价格的比率**。公式为

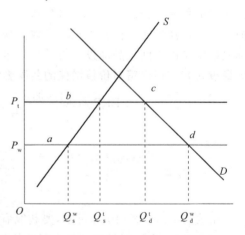

图10-2 补贴等值下的关税影响

$$\text{NPC} = \frac{\text{国内价格}}{\text{世界价格}} \tag{10-6}$$

与非关税壁垒效果分析的一般结论相同，政府希望为国内服务厂商保留市场份额而对其提供有效保护，以替代作为竞争者的外国厂商，但这样做将提高服务的国内价格。对于消费者，配额的福利损失在图10-3所示中由$P_q P_w dc$表示，等于国内价格与世界价格之差的负数乘以国内消费数量。

生产者补贴等值方法是通过比较国内价格与国外价格的差异来考察一揽子政策的净效果,考虑贸易政策的总体影响,而不仅仅考察单个政策的效果,它测算的是政府政策给予生产者的价值转移量或政府政策对生产者收益的贡献。在不同时期,不同国家,甚至不同的领域,生产者补贴等值是不同的。

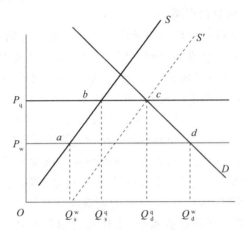

图 10-3　补贴等值下的出口配额影响

10.3　国际服务贸易的自由化政策

服务贸易自由化应囊括所有的服务贸易形式,但各国专注于服务贸易自由化的领域或行业就是其认为具有竞争实力的领域与行业。在经济全球化的背景下,谁都不愿意将其比较劣势或较为虚弱的行业暴露在国际服务贸易领域:各国都对强势服务部门实行自由化政策,对弱势服务部门则实施保护。各国服务业发展水平不一,政策偏好相左,很难找到使发达国家与发展中国家双赢的"服务贸易自由化",致使服务贸易自由化谈判旷日持久。至今没有人能够从理论上证明服务贸易自由化绝对是双赢的。

10.3.1　自由贸易与经济效率

1. 服务贸易自由化

服务贸易自由化是指排除新的合格生产者进入市场的壁垒,刺激有能力提供优质服务的生产者扩大生产,迫使那些能力有限的生产者退出市场,从而使服务市场优胜劣汰。自由化可以从三个方面来解释,即一国对外贸易趋向中性、自由和开放。中性意味着在进口部门和出口部门中采用不偏不倚的均衡政策。政府的干预相对较少,开放意味着资源的国际流动限制较少。

一般来说,贸易自由化可以广义地区分为纯粹的、无条件的自由化和对等互利原则、有条件的自由化。比较 GATT 1994 与 GATS,作为推动贸易自由化的法律与制度平台,GATT 1994 体现了纯粹的、无条件的贸易自由化的主要方向与要求,而 GATS 在推动服务贸易自由化时主要基于对等互利、渐进的现实优化考虑,即允许各成员根据其他成员给予自己的服务与服务提供者的待遇来决定自己给予其他成员服务和服务提供者的待遇。虽然表面上看,对等原则是从无条件的最惠国待遇原则的倒退,但它夯实了目前不断深化的多边服务贸易自由化协定的发展基础,是从现实约束条件出发的次优选择。

2. 生产率的提高与自由化的联系

经济效率的实质是一个行业以最小社会成本生产一定质量的产品,该行业产品的价格与其提供给消费者而导致的社会成本之间近似无差异,即生产者与消费者共同使他们的福利实现帕累托最优,以至不能改善其中一个经济成员的福利而不损害其他经济成员的利益。经济有效率并不要求所有国家都采用先进的生产技术。而是要求各国对生产技术的选择应该反映其要素禀赋的稀缺程度。通常认为贸易自由化与生产率增长之间呈正相关关系。

这种联系有多种解释:①贸易壁垒的拆除使厂商直接暴露在竞争中,迫使其更加努力提高劳动生产率;②自由化允许厂商参与更为广泛的国际市场竞争,如果这些厂商规模报酬递增且自由化导致厂商或行业产出增长,那么,平均成本将会下降,生产率得以提高;③将宏观经济稳定性与自由化效应结合起来,一个稳定的宏观经济环境可以创造健康的投资环境和引发技术革新和增长,伴随更高的投资水平,出现更快的资本替代率和更高的生产力增长率。通过社会稳定计划,某些贸易政策的变革可以导致更加稳定的宏观经济环境。例如,智利在1971—1981年贸易自由化后,制造业平均劳动生产率提高了42%,墨西哥于1986年贸易自由化后,制造业增加劳动生产率提高2%,而加拿大实现贸易自由化后,实际收入提高8.6%。

3. 新增长理论

贸易自由化改变了厂商经营的市场条件,包括可用技术和投资R&D的动机等,促进了创新和技术变革,因为自由贸易能提供比保护贸易有更多的学习和创新的机会。这对企业家学习和创造新技术和新方法,为出口或与进口竞争等都提供了更大的激励。新增长理论强调提高生产率的四个内生变量:提高专业化程度带来的收益、人力资本存量增大带来的收益、"干中学"带来的收益以及投资R&D带来的收益。在这四个内生变量中,正的外部性导致更高的生产率增长率。

4. 服务的相关理论

尽管许多理论试图找到生产率增长与贸易自由化之间的联系,但没有一种理论是令人信服的。另外,发展中国家实行贸易自由化后,厂商和产业的经验事实与许多现行理论相互冲突。新增长理论所强调的内生技术革新的结论也只是在某些情况下符合这一联系,并且,这种分析大多针对制造业而不是服务业的,相比之下,有关国际服务贸易自由化效应的讨论显得不足。然而,有理由相信,服务业通过自由化不仅可以提高分配效率,而且可以提高生产率的增长,因为许多服务投入直接有利于新技术的创新和吸收。更为重要的是,国际服务贸易经常涉及生产要素而非产品的移动,它们更可能体现生产率增长的跨境外溢效应。因此,服务贸易自由化对促使生产率提高的技术创新的刺激,很可能比没有要素移动的商品贸易自由化的直接效应来得大。

10.3.2 服务贸易自由化与一国国民福利的效应分析

《服务贸易总协定》确定了服务贸易逐步自由化的目标,要求成员方通过不断的努力,在权利和义务平衡的基础上扩大服务贸易的对外开放。开放服务贸易无疑会对一国服务部门的发展带来好处,如将外国竞争者引入本国市场给本国服务提供者带来了革新和提高效率的压力,这是本国服务部门发展和国民收入增长的动力。另外竞争使服务价格降低,并有助于服务提供者实现更广泛的规模经济和在其拥有比较优势的部门提供更为专业化的服务等。这些都是本国服务部门进步发达的潜在源泉。

1. 弗·布格斯的模型含义

弗·布格斯将服务贸易自由化定义为服务要素流动的自由化,即服务的提供需要本国服务要素和他国可流动的服务要素的共同投入。这实际上主要是指服务贸易中的商业存在和自然人移动两种方式,因为跨境提供主要是服务产品的流动,涉外服务则是消费者的流动。他认为服务生产、消费和交易的同时性使服务产品不具有跨越国境的可贸易性,而只存在服务要素的跨国流动。当然我们看到其定义范围是有局限的,事实上服务的直接跨境提供和涉外服务不仅大量存在,而且已构成《服务贸易总协定》对服务贸易定义的组成部分。但商业存在毕竟还是当今国际服务贸易最主要的提供方式。

在布格斯模型中指出,如果服务要素的流入对产品部门的特定要素具有互补作用,国民经济就会受益;如果服务要素的流入与产品部门特定要素之间具有互替性,经济则会受损。事实上,分析两者的关系在很大程度上取决于服务部门特定要素的性质。服务部门范围广泛,其特定要素在各个具体领域也有所不同。在有的部门,这种特定要素主要是资金,如银行、保险、证券服务部门等;在有的部门,特定要素主要是具有特殊技能的人员,如律师、会计师、医师、建筑师的服务以及管理、投资等咨询服务;还有的部门特定要素主要为自然或人文景观,如旅游业;另一些部门,特定要素则是资金、技术、设施、具备专业技能的人员的总和,如航天服务业。

2. 布格斯的政策建议

在特定要素是资金的情况下,分析服务要素流入对产品部门特定要素的作用格外重要。对于资金短缺、服务业落后的国家来说(大多数发展中国家),允许作为服务要素的资金从国外流入对产品部门特定要素的增长具有促进作用,至少互替作用是很微弱的。尤其在商业存在方式的对外开放中,外国服务者提供资金是设立商业存在的前提之一,且投资设立商业存在可增加当地的就业,甚至有助于提高当地劳动力的素质以及增加当地劳动力的收入,这些都有扩大产品需求的效应,对产品部门特定要素的增加也有拉动作用。

在特定要素为专业人员的服务部门,也不会因开放该要素流入而使产品部门的特定要素减少。因为作为产品部门特定要素的专业技术人员与服务部门的专业技术人员是不可替换的,两者的业务技能、专业知识大相径庭。对服务业落后的国家来说,外国要素的流入还会对产品部门良好的运作带来潜在的好处,为其创造更好的经营环境。例如外国律师所提供的法律服务、会计师所提供的会计、审计、税务服务等对产品部门的出口、融资、日常业务处理和进行国际经济合作等都会有很大的帮助。同时也有利于产品部门特定要素的增长,使产品部门在获取资金、先进设备、改进技术以及培训专业技术人员等方面渠道更为畅通。

并且,引进外国专业人员的服务,该特定要素的使用费(即外国专业人员的收入)将有相当部分在本国花费,不可能全部汇回,在产品部门特定要素与服务部门特定要素不存在互相排斥关系的情况下,开放服务贸易就更有可能对国民福利带来好处。

在特定要素为自然、人文景观的服务部门推行开放措施显然与产品部门的特定要素不存在互替关系。产品部门特定要素的增减基本上不影响景观的存在。如果说资金的分配对两部门的特定要素有影响的话,例如维护和开发景观需要有一定的资金投入,开放该服务部门、引进外资反而能解决资金不足的问题。此外,开放措施还将使外国投资的旅游服务设施增加,从而提高本国景观的利用率和旅游业的收入,并增加当地就业人数。

在特定要素为资金、技术、专业技术人员等综合的服务部门进行开放,引进国外要素,也会对产品部门特定要素产生积极的影响。如在航空服务领域,机场、飞行区等基础设施建设和运力增加、航线增多本身就对相关产品部门(钢材、建筑材料、飞机及零部件)的发展有巨大的促进作用,不仅为其产品提供了需求,更主要的是外国的服务要素——资金、技术、设备和专业人员的流入会使与航空运输业紧密相关的产品部门更容易获得所需的特定要素。

值得注意的是,布格斯模型将服务贸易自由化定义为要素流动的自由化,因而没有充分分析服务产品流动和消费者流动的两种服务贸易自由化的方式,而事实上随着通信和计算机技术的发展,跨境提供方式的服务贸易将更为常见,如网上提供服务正在以前所未有的速度发展。由于跨境服务和境外投资方式是直接以本国资金支付外国服务,其对产品部门特定要素的影响是负面的,可能会使产品部门的资金减少,而很难论证其对产品部门特定要素的互补作用。况且这两种方式的服务贸易自由化会使本国的服务提供者面临更大的竞争压力,对政府来说则难以实施有效的监管措施,又无法获得税收收入,显然对本国的不利影响居多。

3. 服务贸易自由化的福利效应特点

通过一个例子来说明服务贸易自由化特点。假设 H-O 基本假设条件都成立,有一点例外,在信息贸易中要素在国内可以自由流动、在国家之间不能流动的假设不成立。两个国家 A 和 B,两种产品 X 和 S 的信息贸易模型。A 国:现代信息产品 X 禀赋丰富,现代信息服务禀赋 S 稀缺。B 国:正好相反。A 国向 B 国出口信息产品 X 以换取信息服务 S,B 国向 A 国出口信息服务 S 以支付进口的信息产品 X。信息服务和信息产品均不存在二级市场。

图 10-4 中,$T_A T_A'$ 和 $T_B T_B'$ 分别为 AB 两国信息生产可能性曲线,A 国向 B 国出口信息产品 $Q_A A$,进口信息服务 AC;B 国则出口信息服务 $Q_B B$ 进口 A 国信息产品 BC。由于不存在二级市场,故 A 国贸易三角 $\triangle Q_A AC$ 与 B 国贸易三角 $\triangle Q_B BC$ 相等。C 点位于两国生产可能性线以外,信息自由贸易使两国福利都有所增加。

由于信息产品生产成本与使用规模无关,信息厂商一旦生产出信息产品后就能够以非常低的边际成本销售高附加值的信息产品,为信息厂商持续开拓市场提供了可能。相对于生产或经销商品的厂商,信息厂商更重视信息市场特别是国际信息市场的开发。信息服务产品在被信息厂商自身销售中形成了二级信息市场,这一特征特别有利于开拓国际市场。因为信息服务的跨国界流动既可以是有形的生产要素的物理移动,也可以是无形的非要素、非物理的移动。信息服务提供者生产成本与信息服务消费者的消费规模无关的特征,构成同等贸易条件下信息服务贸易福利收益大于商品贸易福利收益的基础。

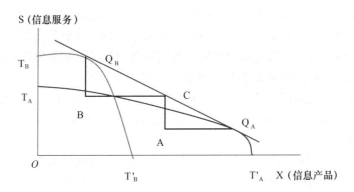

图 10-4　信息服务贸易自由化效应

A 国在不损失本国信息生产可能组合的情况下使 B 国信息生产可能组合发生变化,且两国福利均得到实际提高。由此得出结论和推论如下。

(1) 在同等贸易条件下,贸易国从信息服务贸易中获得的福利大于或至少不小于从同等规模的商品贸易中获得的福利。

推论:在同等规模的贸易中,贸易国在信息服务贸易中具有的比较优势所带来的竞争力高于或至少不低于在商品贸易中具有的比较优势所带来的竞争力。

(2) 在同等贸易条件下,信息服务贸易比商品贸易更能同时提高贸易双方的福利水平,但信息服务出口国从出口中获得贸易收益高于同等规模商品出口获得的贸易收益,信息服务进口国从服务进口中获得的贸易收益则不低于同等规模商品进口获得的贸易收益。

推论:当具有信息服务比较优势的贸易国与具有商品比较优势的贸易国发生贸易时,前者从贸易中获得的收益高于或至少不低于后者。

若双方都开放市场,那么,在同等贸易规模条件下,前者在信息服务贸易中获得的贸易顺差足以抵消商品贸易逆差,后者在商品贸易中的顺差则不足以弥补在信息服务贸易中的逆差,除非后者扩大商品贸易出口规模。

10.3.3　服务贸易自由化的政策选择

无论对发达国家还是对发展中国家,服务贸易都是一把"双刃剑",它既可能危及国家安全和主权,也可能因为能够提高国家竞争力而又最终维护国家安全。一般来说,服务贸易自由化给贸易国带来的福利收益大于同等条件下商品贸易自由化的福利收益,然而,服务贸易自由化进程需与国家竞争力和商品贸易自由化发展相适应,否则,将导致国家福利损失。

1. 服务贸易自由化与国家安全

服务贸易自由化进程中一个最为敏感的问题就是国家安全问题。国家安全涉及五种基本的国家利益,即政治利益、经济利益、军事利益、外交利益和文化利益。服务贸易比商品贸易更多地涉及国家安全问题。

服务贸易自由化对于发达国家安全的影响主要包括:①可能削弱、动摇和威胁现有的技术领先优势,提高竞争对手的竞争实力;②可能潜在地威胁国家的战略利益,特别是潜在地威胁长远军事利益,因为服务优势有助于国家在未来的信息战中取得军事上的比较优势或绝对优势;③可能造成高技术的扩散而给国家安全造成潜在威胁,因为服务贸易中包含着大量的高技术要素或信息,一旦这些要素或信息扩散到其他国家或被恐怖组织掌握,则可能危及国家安全或民族利益;④可能危及本国所在的国际政治与经济联盟的长远利益。

基于上述理由,发达国家或技术领先国家认为有必要长期保持其在国际市场中的技术领先地位,以此获得最大的国家政治、经济和外交利益,并期望通过限制先进技术等服务的出口长期保持对技术落后国的信息优势。于是,发达国家之间或内部就出台了各种限制服务出口的政策措施。

服务自由化对发展中国家安全的影响主要包括:①可能对其幼稚服务业,特别是对国有或国家控制的企业,造成毁灭性打击;②由于取消对外国投资的某些限制,对本国金融服务市场稳定和安全构成潜在威胁,进而可能影响国家政权的稳定;③服务大量进口诱使外汇外流,不利于发展中国家实现国际收支平衡目标,可能弱化国家总体经济目标;④可能影响本国电信服务市场的正常发展,不仅可能弱化对国家政治、军事和经济机密的保护,而且可能侵犯国家主权;⑤可能威胁本国文化安全,威胁本国民族文化的独特性和创造性,从而影响本国精神文化的正常发展。基于以上原因,发展中国家制定各种非关税壁垒,限制外国服务进口,以实现本国发展目标,抵御外国文化入侵,防止"服务帝国主义"。

需要指出的是,以国家安全或其他理由对本国服务贸易进行出口控制或进口限制的保护政策,都将面临一定的保护成本。无论是发达国家还是发展中国家,都面临在国家利益、国家安全利益与服务贸易利益三者之间进行权衡或抉择的问题。不同时期,三种利益的权重不同,国家利益随经济规模的扩大而不断扩散和增长,国家安全利益与服务贸易利益之间的利益分割线可能是一条随时间而波动的曲线,如图10-5所示。

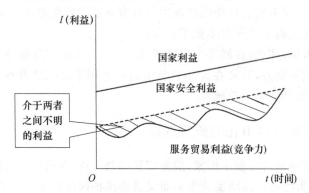

图10-5 国家利益、国家安全利益与服务贸易利益之间的关系

图10-5中可以看到,国家安全利益与服务贸易利益之间的分割线是一条波动曲线,原因在于服务贸易将给贸易国带来强有力的竞争力。政府在权衡国家安全利益与服务贸易利益时将随时间而波动,有时更多地强调国家安全利益,有时更多地考虑维护和提高竞争力。

2. 服务贸易自由化与国家竞争力

服务贸易自由化推动服务部门专业化的发展,而服务部门专业化一方面产生规模经济效应;另一方面导致服务部门技术标准化和服务综合化,这些均构成一国服务部门竞争力的基础。政府在权衡国家安全利益和服务贸易利益时将随时间而波动,有时可能更多地强调国家安全利益,有时则更多地考虑维护或提高竞争力。比如,军用信息技术往往领先于民用信息技术,一旦前者转化为后者,将会极大地推动工业、服务业,特别是服务贸易的发展。但当国家安全的要求特别强烈时,不仅限制军民两用信息技术出口,而且还限制这种转化,最终可能损害国家经济竞争力。

我们的分析是建立在服务贸易自由化可以提高竞争力的假设基础之上的,这种假设先后被 M·波特等经济学家从不同角度给予理论分析和数据论证。获得低成本优势和寻求产品差异性是服务贸易自由化提高厂商乃至国家经济竞争力的基础。服务贸易给予厂商或国家竞争优势的基本要素可分解为以下六个。

第一,服务技术(高技术)要素,即服务贸易能通过技术基础设施或物理载体等方式促使厂商及时采用各种最新信息技术以获取成本优势和产品差异。

第二,服务资源要素,即服务贸易使厂商能够获得相对于初始投资更低的数据库、网络信息、软件、专利技术等。

第三,服务管理要素,即多数服务贸易过程既是实施服务管理的过程,又是提高服务管理技术和质量的过程。

第四,服务市场要素,即服务贸易既为本国厂商利用国际市场、发挥比较优势创造了条件,又促进了国内服务市场的竞争,进而提高了本国厂商的国际竞争力。

第五,服务资本(投资)要素,即服务贸易往往与直接投资紧密相连。服务贸易带来直接投资,而外资的持续进入需要各种跨国服务的支持,两者相互促进,共同推动本国市场开放度的提高。

第六,服务产品要素,即服务贸易带动服务技术、资源、管理、市场和投资等诸要素的跨国流动,促进本国服务产品的生产和销售,进而推动国家产业升级和服务业的规模扩展,提升国家竞争力。

波特将上述六个要素与波特的国家竞争优势组合理论结合起来,认为需求条件、生产因素、相关与辅助产业、厂商策略(企业结构和行业竞争)、机会和政府构成一国竞争力的基本因素。

总之,服务贸易自由化既与一些敏感性问题,如国家安全,特别是经济安全和文化安全密切相关,又对国家经济竞争力的提高发挥着越来越强烈和越来越广泛的影响。正因为如此,目前还没有一个国家愿意完全开放本国服务市场,也没有一个国家倾向于执行严格的服务进口替代政策。

10.4 主要国家和地区的通信服务贸易政策

20世纪90年代,发达国家通信运营业开始尝试将竞争由国内引向国际。各国政府纷纷放松管制,开放市场,鼓励多家通信企业竞争,并以世界贸易组织为主渠道,呼吁并实施在世界范围的通信市场开放。1997年2月15日,拥有全球通信业务90%以上的69个世贸组织成员国,正式签署了《全球通信基本协议》,承诺于2000年对外开放通信市场,协议覆盖了电话、数据传输、卫星和无线通信等所有形式的通信服务。随着大多数国家开始兑现对外开放通信市场的承诺,世界通信产业进入到全球竞争的阶段。

10.4.1 美国与通信服务贸易相关的政策

美国是世界通信服务贸易的主要推动者(major player),同时美国也是国际通信服务贸易规则制定的积极参与者和最大获益者之一,对《基础通信协议》的诞生和发展起到了重要作用。

1. 美国通信服务贸易政策总体概况

美国是世界上最大的通信服务市场,1999年其通信服务收入占世界通信服务总收入8 250亿美元的30%左右。2011—2014年美国电信服务收入保持3.0%、4.1%、2.4%和1.8%的稳定增长,美国通信服务的绝对优势远远超过其他国家。

长期以来,美国支付给外国通信公司的远程通信服务费都超过外国公司支付给美国通信公司的远程通信服务费。2002年赤字为0.43亿美元,比1996年的50亿美元降低了116%。在远程通信服务的跨国贸易中出现这种逆差现象是通话模式和国家间远程通信费用差异的反映。由于经济实力雄厚、收入水平高以及外国移民多等原因,美国打往国外的国际电话远远多于从外国打入美国的国际电话。此外,由于美国市场更具开放性和竞争性,国外电话用户对美国国内的通话只需付给美国通信公司少量话费,而美国电话用户在相同时间内打往国外付给外国通信公司的通话费却高得多。

美国在通信服务贸易及其相关领域内的政策都是以维护和获取自身最大利益为转移的。其主要表现为:

(1) 美国在信息和通信技术领域的壁垒,使寻求进入美国通信服务市场的外国公司重重受阻,尤其在卫星通信服务和移动通信服务领域。如美国的通信服务既受联邦管制又受各州管制,各州不仅管制程序不同,认证的条件、资格等也有区别。这对外国通信运营商造成了额外的成本,事实上成为一种市场准入障碍。在外国运营商的认证和许可问题上,美国政府仍保留有较大随意性的"公共利益"标准,而所谓公共利益可能是贸易的影响、所属国的外交政策、高竞争风险等弹性很大的因素。这些情况与美国一贯倡导的市场准入原则不一致,给已经进入其他国家同类市场的美国公司提供了竞争优势。

GATS基础电信协议自1998年实施以来已经在市场准入方面取得很大进展,但美国在市场准入方面依然存在一些限制,如投资限制、冗长的手续、有条件的市场进入,以及互惠基础上的程序。例如,美国虽然允许外国投资通信业,但是不能超过20%的股份。美国还对进入卫星通信市场进行限制,这与美国市场准入的政策相违背。

(2) 美国的技术性壁垒。美国有较完善的知识产权保护法律体系,但其中有些规定与美国的国际条约义务不符。美国制定了大量的技术性法规、标准和评定程序,其中很多不完全符合世贸组织《技术性贸易壁垒协议》的规定,给其他国家产品对美国的出口造成了障碍。

按照《技术性贸易壁垒协议》,世贸组织成员必须使用国际标准作为技术性规定、标准和一致性评估程序的基础,然而在某些情况下,美国借口要与其本国的管理规定"技术上对等",迟迟不接受由国际组织确立的技术管理标准。此外,其技术标准和管理规定的透明度不足。在合格评定程序上,美国普遍采用"第三方评定"的方式,给外国制造商带来了不合理的负担。同时,美国的合格评定体系也过于分散和复杂,给外国制造商增加了额外成本。

(3) 专利认定中的"先发明"制度和新颖性认定中的问题。美国是世界上少数在专利认定中仍使用"先发明"制度的国家之一。按这一专利制度,只要能证明发明在前,即可获得专利,即使有人已申请在前。尽管这并不违反 TRIPs 协议的有关规定,但会导致专利申请缺乏确定性和可预测性,实际上增加了外国公司在美国申请专利保护的成本。在对所申请专利的新颖性进行认定时,美国遵循的是其《专利法》第102条的有关规定。这些规定对在美国完成的发明创造与在美国之外完成的发明创造的新颖性标准是不一样的。比如它规定专利只要是在美国申请获得,即可得到专利保护,而如果是在其他国家申请获得的专利,则须比他人在美国的申请早12个月。与美国申请人相比,上述规定对其他国家申请人在美国申请并获得专利不利。

(4)美国的"301条款"。301条款是美国《1974年贸易法》中第301条款的简称。美国于1974年修改了《贸易法》,制订了第301条,并历经修改,其主旨在于保护美国在国际贸易中的利益。美国"301条款"有狭义和广义之分。狭义的301条款只是美国1974年修订《贸易法》制定的第301条。具体内容是一种非贸易壁垒性报复措施或者说是一种威胁措施。当别国有"不公正"或"不公平"的贸易做法时,美国贸易代表可以决定实施撤回贸易减让或优惠条件等制裁措施,迫使该国改变其"不公正"或"不公平"的做法。广义的301条款包括一般301条款、特别301条款、超级301条款及具体配套措施。在这个意义上,美国"301条款"法律制度倾向于范围逐渐扩大的趋势。

其中,一般301条款,即狭义的301条款,是美国贸易制裁措施的概括性表述。然而超级301条款、特别301条款、配套条款等是针对贸易具体领域做出的具体规定,构成了美国"301条款"法律制度的主要内容和适用体系。具体来说就是:特别301条款是针对知识产权保护和知识产权市场准入等方面的规定;超级301条款是针对外国贸易障碍和扩大美国对外贸易的规定;配套措施主要是针对通信贸易中市场障碍的"通信301条款"及针对外国政府机构对外采购中的歧视性和不公正做法的"外国政府采购办法"。按照条款规定,美国贸易代表可自行对上述国家进行认定、调查和采取报复措施。每年三、四月份,美国便会发布"特别301评估报告",全面评价与美有贸易关系国家的知识产权保护情况,并视其程度,依次分成"重点国家""重点观察国家""一般观察国家"。对于"重点国",美国将与之谈判;若谈判未果,则实行高关税等报复手段。

按照"301条款"的有关法律规定,如果其他国家的商品进入美国市场,就必须以同等条件开放市场,一旦美国人认为开放国的贸易政策和行为不符合美国利益和标准,美国就会动用"301条款"制裁,以此达到强迫贸易伙伴改变其贸易政策的目的。

2. 美国电信业务方面的壁垒

综合美国在1994年对增值电信业务和1997年对基础电信业务的承诺可见:第一,在增值电信业务市场开放上,美方已经开放了列入承诺表中的所有增值电信业务,并且给予外资国民待遇。第二,在基础电信业务市场开放上,涉及外资企业在美投资的,主要是"商业存在"方式。美方 WTO 承诺表明,涉及卫星通信业务时,只有美国 Comsat 公司拥有接入国际通信业务和国际海事卫星的专营权,排除外资进入。

(1)电信牌照方面。美国联邦通信委员会(FCC)是美国电信行业的监管机构,也是电信牌照的许可者。在电信牌照方面,根据美国《通信法》以及 FCC 制定的行政法规,美国电信牌照主要有三大类:"214牌照""310牌照"和海底电缆租用牌照。

① "214 牌照"。根据《美国通信法》第 214 条,主要是在美国申请新建通信线路的许可,其中不需要获得许可的包括州内线路,长度不超过 10 英里的本地、分支和终端线,以及通过公司并购获得线路以及电报线路。

② "310 牌照"。根据《美国通信法》第 310 条涉及的无线电业务许可。根据美方 WTO 承诺规定,下列性质的外资不能在美获得无线电业务许可证:外国政府或其代表;非美国公民或其代表;非按照美国法设立的美国法人;由外国政府、外国人和外国法人拥有超过 20% 的发行股比的美国法人①。

③ 海底电缆牌照。根据《美国通信法》第 34～第 39 条和《关于海底电缆租用许可证的外资所有权法》,外资租用美国海底电缆开展相关业务。

④ 审查依据与程序。在申请电信牌照许可过程中,FCC 会将涉及国家安全等问题提交电信小组(Telecom Team)审查,并根据其意见做出决定。以"214 牌照"为例,根据美国 1934 年通信法(1996 年修订)214 条规定,取得 214 条款业务需要符合"公共便利及需要"(Public Convenience and Necessary)要求,这是美国对 214 牌照申请相关公共利益审查的法律基础。从 1934 年电信法开始,美国对外国及国内运营商申请 214 条款业务进行公共利益分析(Public Interest Analysis)。在 1995 年《外国运营商准入令(Foreigner Carrier Entry Order)》颁布前,FCC 对美国电信运营商中的外国投资申请进行个案分析,每一项外国实体的申请都进行公共利益分析。

美国法律规定,申请 214 牌照要对公共利益因素进行考虑。在申请者向 FCC 提出许可申请之后,FCC 应当敦促公司向国防部部长、国务卿以及相关州的州长提交申请,FCC 也可以自行向这些部门发放通知。这些部门可以对申请许可提出相关意见,包括外资进入对美国电信市场竞争的促进、基于成本计算资费及行政机关关注的国家安全、执法、外交政策、贸易政策等。因此,FCC 认为不适用简易程序的,需要对公共利益影响进行分析,需要另外 90 日审查期。可见美国相关立法并没有对类似审查明确时间界限。一般来说,所有向 FCC 申请 214 牌照的外国电信公司,凡是外资直接持股超过 5%,或者间接持股超过 25% 的,FCC 将申请移交给电信小组(Telecom Team),征求审查意见。

(2) 并购国家安全审查。并购国家安全审查是政府和监管部门的实质性审查壁垒。这主要是由美国外国投资委员会(CFIUS)进行实际操作。CFIUS 成立于 1975 年,是一个机构间组织,按照 1950 年《国防生产法》第 721 条(该条被 2007 年《外国投资和国家安全法》修订)运作。CFIUS 有权对可能会造成外资控股的交易进行审查,以确定交易是否会影响到美国的国家安全。CFIUS 成员包括如下联邦机构:财政部(主管部门)、司法部、国土安全部、商务部、国防部、国务院、能源部、美国贸易代表处、科学技术政策办公室等。CFIUS 由财政部主管,但是根据 2007 年通过的《外国投资和国家安全法》,其他政府机构同样可以被指定为领导机构对交易进行调查。国防部、国土安全部、商务部和司法部经常在 CFIUS 过程中扮演最活跃的角色。

---

① 美世贸组织承诺减让表电信业部分,即美国在 WTO 增值电信业务谈判后,于 1995 年制定的《Foreign Carrier Entry Order》。当时外资进入美国市场时对外资采取 ECO 测试,实质是采取对等原则,即只有在美国运营商能进入对应外国电信市场时,才允许目标国的外资对等进入美国电信市场。

（3）电信小组审查。电信小组并非按照法律建立和行事，审查内容无法从公开途径查询。电信小组从20世纪90年代中期开始出现，在"911事件"出现后得以进一步发展和加强，由司法部、国防部、国土安全部以及联邦调查局（FBI）组成，所有的电信小组成员都在CFIUS拥有席位。与CFIUS的审查相比，CFIUS审查范围是所有涉及投资并购的行业，而电信小组和FCC的审查范围是电信行业，且主要是获取电信牌照环节。CFIUS的组成与运行机制有严格法律规定，而电信小组却缺乏相应法律支撑。

（4）国会监督机制影响外资准入。根据美国《外国投资和国家安全法》，国会对商业交易具有监督权力。国会行使监督权的具体流程包括：企业约谈、会见、发送问卷、举行听证会、出具报告等。报告中会提出立法方面的建议，督促美国政府将相关安全措施合法化。

此外，在反垄断及并购控制方面，主要由《1914克莱顿反托拉斯法案》和《1976哈特-斯各特-罗迪诺反托拉斯改进法案》《1890谢尔曼反托拉斯法案》进行了规定，反垄断审查也可能成为贸易壁垒。

综上所述，美国通过CIFIUS审查、电信小组审查、国会报告等多种形式，打出"组合拳"，构建美国电信业外资准入贸易壁垒。总之，美国有两张"面孔"：一张是"决策分散、自由竞争、市场决定"；另一张是"自下而上的高度组织化"。一方面，美国积极推动WTO贸易体制，限制各国政府对商业和贸易的干预和保护，在全球范围内强化知识产权保护，巩固自己的先发优势；另一方面，美国已经形成了以跨国公司为基础，以行业协会和产业联盟为中间层，以驻外商会、商务部和大使馆作为协同发展框架，自下而上的制度化的协同体制。英特尔、微软、思科、高通等企业都是在这种模式下成长为全球霸主的。

10.4.2　欧盟的通信服务贸易政策

2016年欧洲信息社会指数为0.7017，是全球信息社会发展水平最高的地区，比2015年增长了1.50%，比2011年提高了8.81%[①]。

欧盟于2000年3月制定了著名的"里斯本战略"，提出在2010年前使欧盟成为"以知识为基础的、世界上最有竞争力的经济体"这一战略目标。在2005年2月欧盟委员提出了重启"里斯本战略"的"增长与就业计划"。随着"里斯本战略"的重启，欧盟采取了大量措施以加快实现2000年的里斯本目标，努力提高欧盟各国的经济增长和就业率。而ICT在实现这一目标中发挥重要作用，因为它的发展带来了劳动生产率的极大提高。通过发展ICT产业能带来服务产业服务质量的提高、产业结构的升级和劳动生产率的提高。作为国民经济的重要组成部分，ICT产业产值的增加能带来GDP的增加。2004年，欧盟四分之一的GDP增长量来自于ICT产业，45%的劳动率增加量是由对ICT的投资产生的。为实现"里斯本目标"，构建欧洲信息社会，欧盟从以下几个方面努力，通过政策的制定来提高ICT产业的竞争力。

1. 欧盟成员国之间的通信市场开放

1987年，欧盟委员会（CEC）公布了《开发通信业务共同市场》的绿皮书。这个绿皮书的宗旨就是要逐步放开欧洲的通信市场，为通信结构改革提供合适的条件，在欧洲建立与新的

---

① 国家信息中心：全球信息社会发展报告2016。http://www.sic.gov.cn/News/250/6354.htm。

竞争环境相适应的标准框架。它与通信业务相关的内容包括：①在网络基础设施运营上，明确划分垄断与竞争的界限，将垄断业务的范围缩小至基本电话和电传业务，放开其他业务。②对放开业务提供明确的入网要求。③通信管理部门实行政企分开。④对主体运营商实行交叉补贴。

1988年，欧盟所属的国家最先放开了通信终端设备市场，随后放开了部分通信业务的市场。截止到1993年，通信增值业务和数据通信已在大多数欧盟成员国放开竞争。1991年，英国为了结束国内通信市场由BT和水星公司双头垄断的局面，颁布了《竞争与选择：90年代的通信政策》的白皮书，按照先国内业务后国际业务的开放顺序，到1996年全部放开通信市场。德国于1996年7月实行新通信法，在1998年1月1日前结束通信垄断，开放市场。首先，在通信市场准入原则上不再受任何限制；其次，对外国公司获取许可证和购买国内公司的股份不进行任何限制；再次，以专门的经营法规来保证平等竞争。

欧盟通信政策的"黄金时代"随着市场的自由化而到来。1998年1月1日，市场在15个成员国间开放，走向充分竞争。目前，所有欧盟成员国都已将《框架》纳入到了本国一级立法中。为敦促成员国更好地完成这项工作，欧盟委员会共对23个成员国采取了法律行动。

（1）宽松的市场准入制度。欧盟新的通信管制框架中要求欧盟成员国把通信市场准入由许可证制度转向一般授权制。

（2）宽松的资费管制。2005年《欧盟通信监管与市场报告》中总结道：放松管制促进了通信市场竞争，降低了资费，为消费者带来了切实的好处。

此外，泛欧的通信规则主要是关于技术协调及标准问题，这产生了一些里程碑式的事件，例如泛欧的类型认证。最引人注目的事件是欧盟在20世纪80年代及90年代推动了初期GSM泛欧移动标准。布鲁塞尔尽了很大努力，先在欧洲，后在全球宣传和促进GSM。之后，这一事件成为大部分欧洲技术政策及支持它的规章的标志。在自己"家里"团结一致，并试图控制全球市场，这个战略取得了一定成功。

在欧洲开放、竞争的通信市场上经过一番奋斗并取得胜利后，欧盟将其自由化模式应用到各成员国的国家监管机构（NRA）中。其基本的原则是，当完成新的规则及法令并随后使其成为市场策略时，给每个NRA一定的自治权利和独立性。

2. 统一对外的贸易政策

欧盟各成员国已经将大部分贸易政策决策权上交给欧洲联盟，其中由各成员国部长组成的欧洲理事会设立有贸易政策委员会（133委员会），为贸易政策设定优先议程。欧盟委员会贸易总司（DG Trade）是贸易政策的执行机构，具体负责进行贸易谈判和贸易调查。作为服务贸易总协定的缔约方，欧盟也是作为一个统一整体来签约的。欧盟经济社会理事会代表广泛的利益相关团体，对贸易政策有建议权。欧洲法院可对贸易政策行使司法审查权。行业协会可以利用所有这些正式渠道影响欧盟贸易政策，如法国农业协会就成功说服法国政府对欧盟贸易委员施加影响，导致欧盟的农业贸易谈判立场显得较僵硬。通常这种正式程序缺乏灵活性，行业协会也可通过更灵活的非正式决策咨询机制，如DG Trade与行业团体和公民社会对话的机制，通过各种沟通渠道，公开或私下表达意见，直接去布鲁塞尔说服欧盟贸易委员，或者直接去日内瓦，向WTO和各国大使说明立场。行业协会还可向欧洲法院申请对欧盟贸易政策实行司法审查，尽管欧洲法院一般不愿意受理。

WTO 于 1995 年成立时承认了非政府组织(NGO)的参与权利,并于 1997 年新加坡部长会议设立非政府组织论坛。欧盟于 1999 年开始建立与 NGO 对话的渠道,英国贸工部也建立了类似的机制。这些措施包括:承认 NGO 对贸易政策的关注,增加政策透明度,向 NGO 及时提供信息,听取并采纳 NGO 的建议,组织 NGO 召开例会和特定主题会议,并资助 NGO 参加会议等。目前已经有 600 多个欧盟 NGO 团体注册参加贸易政策对话,有 50～120 个 NGO 团体经常活跃地参加活动。NGO 倡导和关注的一些议题,比如有关药品专利权、有关转基因食物政策等,有些已经被 WTO 和欧盟纳入贸易谈判和贸易政策的议程,有些已经有了结果。

依照欧盟 2002 年颁布的《通信监管框架》(简称《框架》),一些成员国已基本完成了国内的相关立法和政策调整工作。其余的成员国也取得了长足进步。尤其是在传统通信行业与广播行业日趋融合的背景下,大多数欧盟成员国已经建立了融合的监管机构。

总之,欧盟有"两只手":一只代表一体化,扶持和促使竞争;另一只代表壁垒,阻碍来自外部的竞争。欧盟内部市场一体化,消除了贸易壁垒;对外则设置了各种技术壁垒,环境保护限制等。同时,欧盟还不惜一切代价推进欧盟标准和国际标准的一体化,如 GSM、WCDMA 等,爱立信、诺基亚、西门子等欧洲通信设备制造企业伴随这些标准的推广而迅速壮大。

关键概念

非关税壁垒 市场准入措施 名义保护率 有效保护率 贸易政策 贸易自由化

思考题

1. 国际服务贸易政策主要有哪几种类型?
2. 国际服务贸易保护政策产生的原因有哪些?
3. 服务贸易壁垒主要有哪些特点?
4. 服务贸易壁垒有哪些衡量指标?如何运用?
5. 服务贸易自由化与国民效应的关系是怎样的?
6. 服务贸易自由化政策选择主要取决于哪些因素?
7. 美国通信服务贸易政策的主要内容及特点。

参考文献

[1] 陈宪,殷凤. 国际服务贸易[M]. 北京:机械工业出版社,2016.

[2] 赵书华. 国际服务贸易研究 [M]. 北京:中国对外经济贸易出版社,2006.

[3] 杜振华. 国际电信服务贸易[M]. 北京:北京邮电大学出版社,2006.

[4] 程大中. 国际服务贸易学[M]. 上海:复旦大学出版社,2011.

[5] 尹晓波,袁永友. 国际服务贸易[M]. 大连:东北财经大学出版社,2013.

[6] 服务贸易发展"十三五"规划[D],商服贸发[2017]76 号,2017-3-2.

[7] 郑吉昌. 国际服务贸易[M]. 北京:中国商务出版社,2004.

[8] 饶友玲. 国际服务贸易——理论、产业特征与贸易政策[M]. 北京:对外经济贸易大学出版社,2005.

[9] 张汉林. 国际服务贸易[M]. 北京:中国对外经济贸易出版社,2002.

[10] 夏杰长. 坚持现代服务业和先进制造业并举[N]. 人民日报,2015-5-21.

[11] World Trade Organization. World Trade Statistical Review 2016, Developing economies' participation in world trade.

[12] WTO (2012), 15 Years of the Information Technology Agreement, Geneva: WTO.

[13] WTO (2014), World Trade Report 2014: Trade and development: recent trends and the role of the WTO, Geneva: WTO.

[14] LANZ R, MAURER A. Services and global value chains - some evidence on servicification of manufacturing and services networks. WTO Working Paper ERSD-2015-3.

[15] 赵瑾. 全球服务贸易发展未来走势明朗[N]. 北京:经济日报,2017-2-21(1).

[16] 张二震,马野青. 国际贸易学[M]. 南京:南京大学出版社,1998.

[17] 杨小凯,张永生. 新贸易理论、比较利益理论及其经验研究的新成果:文献综述[J]. 经济学(季刊),2001,1(1):19-44.

[18] PR, Krugman. Increasing returns, monopolistic competition and international trade [J]. Journal of International Economics,1979,9(4):61-64.

[19] DICK R, DICKE H. Patterns of trade in knowledge. H. Giersch (ed) International Economic Development and Resources Transfer, Tubingen: J. C. B. Mohr, 1979.

[20] SAPER A. Trade in services: policy issues for the eighties[J]. Columbia Journal of World Business,1982,17(3):77-83.

[21] 韶译,婧赟. 国际服务贸易的相关理论[J]. 北京:财贸经济,1996(11):51-55.

[22] DEARDORF A. Comparative advantage and international trade and investment in services. In R. B. M. Stern(ed). Trade and Investment in Services: Canada/US perspectives, Toronto: Ontario Economic Council, 1985:39-71.

[23] TRCKER K, SUNDBERG M. International trade in services. Rortledge. 1988.

[24] 谢康. 国际服务贸易[M]. 广州:中山大学出版社,1998.

[25] 陈卫平. 中国农业国际竞争力:理论、方法与实证研究[M]. 北京:中国人民大学出版社,2005.

[26] 饶有玲. 国际技术贸易[M]. 天津:南开大学出版社,1999.

[27] 詹姆斯R,马库森JR. 跨国公司与国际贸易理论[M]. 强永昌,陆雪莲,杨泓艳,译. 上海:上海财经大学出版社,2005.

[28] 信息产业部. 电信业务分类目录[Z]. 1:1,2003.

[29] 杜振华."互联网+"背景的信息基础设施建设愿景[J],重庆:改革 2015(10).

[30] 张彬,等. 电信增值业务[M]. 北京:北京邮电大学出版社,2002.

[31] 北京福来得实用管理培训学校编写组. 邮电经济专业知识与实务(中级)[M]. 上海:华东理工大学出版社,2004.

[32] 托马斯·达文波特,约翰·贝克. 注意力经济[M]. 北京:中信出版社,2004.

[33] 蔡雄山. 2016年中国企业国际化法律风险管理报告——全球电信和互联网行业分报告——以美国电信服务贸易壁垒为视角. 凤凰国际智库,2016-10-6.

[34] UN Broadband Commission, The state of Broadband: Broadband Catalyzing Sustainable Development, September 2016.

[35] 国际电联. 1996/1997年世界电信发展报告.

[36] 张彬,等. 现代电信业务[M]. 北京:北京邮电大学出版社,2000.

[37] 曾剑秋. 电信产业发展概论[M]. 北京:北京邮电大学出版社,2001.

[38] 国际电联. 电信改革趋势2013年——网络社会监管的跨国问题. Place des Nations CH-1211 Geneva, Switzerland, 2013-5.

[39] WTO: World Trade Statistical Review 2017, Centre William Rappard Rue de Lausanne 154CH-1211 Geneva 2Switzerland.

[40] 任维赫,张子淇. 统筹推进卫星互联网发展时不我待[EB/OL]. 泰尔网,http://www.cttl.cn/tegc/article/201708/t20170810_2200739.html,2017-8-10.

[41] 国家信息中心信息化研究部. 全球信息社会发展报告2016年,2016-5-17.

[42] ITU. 2016年电信改革趋势[R].

[43] 高通IHS经济部和IHS技术部. 5G技术将如何影响全球经济,2017-2-27.

[44] 惠志斌. 数字经济时代美国数字贸易的政策主张[EB/OL]. 网安观察,http://view.inews.qq.com/a/20161109G05EFR00?refer=share_recomnews,2016-11-9.

[45] 译自:美国贸易代表办公室网站. 美国数字贸易24条[EB/OL]. 2017-2-6. http://cache.baiducontent.com/c? m.

[46] 中国信息通信研究院. 大数据白皮书(2016年)[R]. 北京:中国信息通信研究院,2016.

[47] 商务部政策研究室. 全球数字贸易规则新动向值得关注[EB/OL]. http://zys.mofcom.gov.cn/article/d/201605/20160501315050.shtml.

[48] 李杨,陈寰琦,周念利. 数字贸易规则"美式模板"对中国的挑战及应对[J]. 北京:国际贸易,2016(10):24-27.

[49] 王晶. 发达国家数字贸易治理经验及启示[J]. 深圳:开放导报,2016(2):50-54.

[50] 李骥宇. 大数据交易模式的探讨[J]. 北京:移动通信,2016,40(5):41-44.

[51] 李海英. 数据本地化立法与数字贸易的国际规则[J]. 北京:信息安全研究,2016,2(9):781-786.

[52] 石月. 数字经济环境下的跨境数据流动管理[J]. 北京:信息安全与通信保密,2015(10):101-103.

[53] 石月. 新形势下的跨境数据流动管理[J]. 北京:电信网技术,2016(4):48-50.

[54] 韩静雅. 跨境数据流动国际规制的焦点问题分析[J]. 石家庄:河北法学,2016,34(10):170-178.

[55] 张郁安. 外国跨境数据流动安全管理措施给我国的启示[J]. 北京:世界电信,2016(3):76-80.

[56] 何红锋,翁瑞琪,孙小红. 软件贸易概述[J]. 北京:软件,1996(02):20-22.

[57] 于立,刘慧兰. 信息技术外包的成因分析——信息技术外包服务商的视角[J]. 西安:情报杂志,2006,10:11-13.

[58] GUPTA U G, GUPTA A. Outsourcing the IS function[J]. Information Systems Management,1992,9(3):44-50.

[59] CROSS J. IT Outsourcing:British petroleum's compertitive approach[J]. Harvard Business Review,1995,73(3):94-102.

[60] Gilbert A Report:Big Blue still biggest in IT outsourcing[EB/OL]. http://news.com.com/2100-1011_3-5085055.html,2003-10-1.

[61] 计世资讯. IT服务市场预期乐观[N]. 北京:计算机世界,2004-4-5.

[62] LACITY M. HIRSCHHEIM R. The information systems outsourcing bandwagon[J]. Sloan Management Review,1993,35(1):73-86.

[63] LOH L, VENKATRAMAN N. Determinants of Information Technology Outsourcing:A Cross-sectional analysis[J]. Journal of Management Information Systems,1992,9(1):7-24.

[64] PINNINGTON A, Woolcock P. How far is IS/IT outsourcing enabling new organizational structure and competences? [J]. International Journal of Information Management,1995,15(5):353-365.

[65] LACITY M, HIRSCHHEIM R. Realizing outsourcing expectations. (Cover story)[J]. Information Systems Management,1994(11):7-18.

[66] JURISON J. The role of risk and return in information technology outsourcing decesions[J]. Journal of Information Technology,1995(10):239-247.

[67] DASH J. Oracle outsourcing ERP application[J]. Computerword,1993,33(41):20.

[68] 张云川. 信息技术服务外包及其执行过程风险的规避[M]. 湖北:武汉理工大学出版社,2016:27-29.

[69] 王凤彬,沈维涛. 企业信息技术管理组织模式及其历史演进[J]. 天津:南开管理评论,2001(4):26-30,81.

[70] EARL M J. The risks of outsourcing IT[J]. Sloan Management Review,1996,37(3):26-32.

[71] 国际电联. 2013年电信改革趋势网络社会监管的跨国问题,2013-5.

[72] 吴沈括. 数据跨境流动与数据主权研究[J]. 乌鲁木齐:新疆师范大学学报(哲学社会科学版),2016,37(5):112-119.

[73] 张郁安. 各国跨境数据管理制度带给我国的启示[N]. 北京:人民邮电报,2016-3-21.

[74] 外交部和国家互联网信息办公室. 网络空间国际合作战略. 2017-3-1.

[75] 工信部:大数据产业发展规划(2016—2020年).

[76] 美国商会. 跨境信息和通信技术服务的全球经济影响. 2017-3.

[77] 单寅,王亮. 跨境数据流动监管 立足国际,看国内解法[EB/OL]. 通信世界网,2017-5-8.

[78] 从1.0到2.0,服务外包产业的繁荣与消亡[EB/OL]. 中国外包网,2012-08-24.

[79] 全球服务外包已进入"3.0时代". 企业网D1Net,2014-6-20.

[80] "云外包"模式将引领服务外包发展的3.0时代[EB/OL]. https://www.aliyun.com/zixun/content/1_1_282389.html,2014-12-9.

[81] 张汉林. 国际服务贸易[M]. 北京:中国对外经济贸易出版社,2002.

[82] 陈忠培,等. 国际技术贸易实务教程[M]. 北京:中国海关出版社,2003.

[83] 迈克尔.E. 波特,著. 竞争优势[M]. 陈小悦,译. 北京:华夏出版社,2005.

[84] 何平,烽言. 欧美日电信强国核心:扶持本土企业全[EB/OL]. 泰尔网,2006-4-12.

[85] 崔玉庆,李洪宾. 基于产业链变革的固网运营商竞争策略分[EB/OL]. 泰尔网,2006-8-14.

[86] 张志强. 对中国电信业国际化的思考[J]. 北京:世界电信,2005(9).

[87] 刘朝晖. 我国电信业未来的发展取向[J]. 武汉:统计与决策,2004(12):82-83.

[88] 姚群峰. 中国电信企业国际化的战略路径分析[J]. 北京:世界电信,2005,18(9):27-30.

[89] 张岩. 中国电信设备市场回顾与展望[J]. 北京:数字通信世界,2005(4):48-50.

[90] 中兴:前进途中的短暂困难前景依然辉煌[EB/OL]. http://www.cs.com.cn/ssgs/02/t20060512_919925.html.

[91] 黄芬. 中兴通讯以实力谱写国际化主旋律[J]. 北京:通信世界,2005(23):50-51.

[92] 左小德,李辉,程守红. 电信增值业务价值链分析[J]. 南昌:价格月刊,2004(5):33-34.

[93] 修媛媛,付亦重. 中国电信服务贸易管制及政策差异性影响研究[J]. 国际经贸探索,2014,30(5):91-101.

[94] 金珍. 华为国际化经营战略分析[D]. 湖北:华中科技大学,2014.

[95] 刘迪玲. 新形势下中国技术贸易发展对策研究[J]. 北京:国际经贸,2016(9):28-31.

[96] 黄海峰. 中国电信云服务携手华为如何助力中资企业"走出去"[J]. 北京:通信世界,2015(28):40.

[97] 卞雅莉.中兴通讯:创新国际化的典型经验及启示[J].武汉:对外经贸实务,2012(7):74-76.

[98] 钟晓韵.基于国际技术合作现状与中国企业的对策[J].深圳:特区经济,201(2):115-117.

[99] 宋充,刘冰峰,程磊.论技术联盟的稳定性[J].武汉:科技创业,2012(8).

[100] 经济日报.中国信息通信技术发展指数全球排名上升4个名次[EB/OL].http://it.sohu.com/20151204/n429633294.shtml,2015-12-4.

[101] 赵艳薇.ICT融合变革:四大设备厂商或迎来最激烈竞争[J].北京:通信世界,2016(26):40.

[102] 陈志刚.中国电信企业的全球化漫谈[J].北京:中国电信业,2012(11):54-55.

[103] 梅新育.中国电信设备制造业跨国经营政治性风险及其应对[J].北京:国际贸易,2013(1):4-12.

[104] 工业和信息化部电信研究院.通信设备产业白皮书(2014年),2014-5.

[105] 中国信息通信研究院.ICT制造业发展报告(2016年),2016-10.

[106] IT互联网数据中心.2017年全球贸易趋势报告:颠覆将成为常态,2017-11-9.

[107] 卡尔·夏皮罗,哈尔·瓦里安.信息规则——网络经济的策略指导[M].北京:中国人民大学出版社,2000.

[108] 泰勒尔.产业组织理论(中译本)[M].北京:中国人民大学出版社,1997.

[109] 刘易斯·卡布罗.产业组织导论[M].北京:人民邮电出版社,2002.

[110] 胡泳.标准为王[J].北京:中国企业家,1999(6).

[111] 郭斌.产业标准竞争及其在产业政策中的现实意义[M].北京:中国工业经济,2000.

[112] 李岚.信息产业中的标准竞争[J].北京:世界标准化与质量管理,2002(6):4-7.

[113] 林强,阳宪惠,姜彦福.标准之战——高技术企业竞争的新热点[J].北京:中国软科学,2000(3):57-61.

[114] 李太勇.网络效应与标准竞争战略分析(上)[J].上海:外国经济与管理,2000(8):7-11.

[115] 王生辉,张京红.网络化产业中的技术标准竞争战略[J].科学管理研究,2004,22(2):46-50.

[116] 王国才,龚国华.网络产品标准竞争赶超策略研究[J].呼和浩特:研究与发展管理,2005,17(3):101-105.

[117] 帅旭,陈宏民.具有网络外部性的产品兼容性决策分析[J].杭州:管理工程学报,2004,18(1):35-38.

[118] 翁轶丛,陈宏民.基于网络外部性的技术标准控制策略与企业兼并[J].长沙:系统工程论方法应用,2001,10(3):189-193.

[119] 鲁文龙,陈宏民.网络外部性与我国第三代移动通讯标准竞争[J].杭州:管理工程学报,2004,18(4):113-116.

[120] 谭静.论企业标准联盟的动机[J].哈尔滨:决策借鉴,2000,13(5):7-9.

[121] 谢伟.标准竞争的特点和信息产业[J].北京:软科学,2004,18(4):9-12.

[122] 互联网实验室. 新全球主义:中国高科技标准战略研究报告. 2004-7.

[123] 张平,马骁. 技术标准与知识产权战略的结合[J]. 北京:电子知识产权,2003(2):44-47.

[124] KATZ M L,Shapiro Carl. Systems competition and network Effects[J]. Journal of Economic Perspective,1994,8(2).

[125] CHURCH J,NEIL G. Network effects,software provision and standardization[J]. Journal of Industrial Economics,1992,40(1):85-103.

[126] ECONOMIDES N. Desirability of compatibility in the absence of network externalities[J]. American Economic Review,2001,79 (5):1165-1181.

[127] 黄国忠,武永田.《万国邮政公约》及其演变[J]. 北京:中国邮政,2003(3):46-47.

[128] 刘东升. 国际服务贸易[M]. 北京:中国金融出版社,2005.

[129] WTO 服务贸易多边规则[M]. 北京:北京大学出版社,2006.

[130] 彭俊,乔楠,赵艳. WTO《基础电信协议》及各国电信改革[J]. 北京:通信世界,2001(3):7-13.

[131] 杨圣明 服务贸易:世界与中国[M]. 上海:立信会计出版社,1998.

[132] 郭秀明. WTO 规则与电信服务业[EB/OL]. 信息产业部网站. 2002-8.

[133] 黄国忠,武永田.《万国邮政公约》的变化趋势[M]. 北京:中国邮政,2003(4):46-47.

[134] 杜琼,傅晓冬. 服务贸易协定(TiSA)谈判的进展、趋势及我国的对策. 中国经贸导刊,2014(31).

[135] 联合国贸易和发展会议. 2003 年电子商务与发展报告.

[136] 李伍荣,冯源.《国际服务贸易协定》与《服务贸易总协定》的比较分析. 北京:财贸经济,2014-7-1.

[137] 汤婧. 五方面推进 电信服务贸易发展[EB/OL]. 中国经济网,2017-8-16。

[138] 吴洪. 国外通信管理[M]. 北京:北京邮电大学出版社,2001.

[139] 容月林,等. 国外通信业改革与发展[M]. 北京:人民邮电出版社,2000.

[140] 唐守廉. 通信管制[M]. 北京:北京邮电大学出版社,2004.

[141] 杜振华,何佩珊. 软件贸易强国建立和发展的基础分析[J]. 北京:全球化 2017(1).

[142] 张传明,曹培忠,周艳波. 美国贸易法"301"条款的法律审视[EB/OL]. http://www.lwlm.com/guojifalunwen/200811/192773.htm,2003-11-17.

[143] 何平,烽言. 欧美日通信强国核心:扶持本土企业全[EB/OL]. 泰尔网,2006-4-12.

[144] 赵春明,赵远芳,国际贸易新规则的挑战与应对[J]. 北京:红旗文稿,2014(21):18-20.

[145] 赵瑾. 全球服务贸易发展的基本格局与新特点[J]. 北京:国际贸易,2015(4):45-58.

[146] 蔡雄山. 美国电信与互联网服务贸易壁垒研究[J]. 北京:信息安全与通信保密,2016(10):81-87.

[147] 刘继森,郑晗. 欧盟信息和通信技术产业政策及其启示[J]. 北京:党政干部论坛,2007(6):38-40.